Verlag Hans Huber,
Programmbereich Pflege

Beirat Wissenschaft
Angelika Abt-Zegelin, Dortmund
Christel Bienstein, Schermbeck
Silvia Käppeli, Zürich
Doris Schaeffer, Bielefeld
Hilde Steppe †

Beirat Ausbildung und Praxis
Barbara Knigge-Demal, Bielefeld
Jürgen Osterbrink, Nürnberg
Christine Sowinski, Köln
Franz Wagner, Eschborn

Bücher aus verwandten Sachgebieten

Pflege-Grundausbildung

Arets/Obex/Vaessen/Wagner
Professionelle Pflege 1
Theoretische und praktische Grundlagen
3. Auflage
1999. ISBN 3-456-83292-3

Arets/Obex/Ortmans/Wagner
Professionelle Pflege 2
Fähigkeiten und Fertigkeiten
1999. ISBN 3-456-83075-0

Arets et al.
Lehrerhandbuch zur Reihe «Professionelle Pflege»
1997. ISBN 3-456-83067-X

Pflegepraxis

Aguilera
Krisenintervention
2000. ISBN 3-456-83255-9

Kitwood
Demenz
Der person-zentrierte Ansatz im Umgang mit verwirrten Menschen
2000. ISBN 3-456-83435-7

Morgan/Closs
Schlaf – Schlafstörungen – Schlafförderung
2000. ISBN 3-456-83405-5

Phillips
Dekubitus und Dekubitusprophylaxe
2001. ISBN 3-456-83324-5

Regouin
Berichten, Rapportieren, Dokumentieren
2000. ISBN 3-456-83327-X

Salter
Körperbild und Körperbildstörungen
1998. ISBN 3-456-83274-5

Tideiksaar
Stürze und Sturzprävention
2000. ISBN 3-456-83269-9

Walsh/Ford
Pflegerituale
2., überarb. u. erw. Auflage
2000. ISBN 3-456-83332-6

Pflegeprozess

Brobst et al.
Der Pflegeprozess in der Praxis
2., vollst. überarb. Auflage
2001. ISBN 3-456-83553-1

Dykes/Wheeler
Critical Pathways – Interdisziplinäre Versorgungspfade
2001. ISBN 3-456-83258-3

Johnson
Interdisziplinäre Behandlungspfade
Pathways of Care
2001. ISBN 3-456-83315-6

Pflegetheorie

Dennis
Orems Selbstpflege- und Selbstpflegedefizit-Theorie
2001. ISBN 3-456-83300-8

Fawcett
Konzeptuelle Modelle der Pflege im Überblick
2., überarb. Auflage
1998. ISBN 3-456-83109-9

Fawcett
Spezifische Theorien der Pflege im Überblick
1999. ISBN 3-456-82882-9

Meleis
Pflegetheorie
1999. ISBN 3-456-82964-7

Orem
Strukturkonzepte der Pflegepraxis
1997. ISBN 3-456-83275-3

Pflegepädagogik

DeCambio-Störzel/Estermann/Fierz-Baumann/Räz
Pflegeausbildung im Krankenhaus
1998. ISBN 3-456-82907-8

Glen/Wilkie
Problemorientiertes Lernen für Pflegende und Hebammen
2001. ISBN 3-456-83550-7

Groothuis
Soziale und kommunikative Fertigkeiten
2000. ISBN 3-456-83308-3

Groß/Wagner (Hrsg.)
Werkstattgespräch Pflege 1: Schule
1997. ISBN 3-456-83068-8

Kaplan
Öffentlich sprechen
1999. ISBN 3-456-83506-X

Koch
Bildung und Pflege
1999. ISBN 3-456-83263-X

Niegemann
Neue Lernmedien
2000. ISBN 3-456-83448-9

Oelke/Scheller/Ruwe
Tabuthemen als Gegenstand szenischen Lernens in der Pflege
2000. ISBN 3-456-83323-7

Panke-Kochinke
Fachdidaktik der Berufskunde Pflege
2000. ISBN 3-456-83511-6

Picado/Unkelbach
Innerbetriebliche Fortbildung (IBF)
2001. ISBN 3-456-83325-3

Reinmann-Rothmeier/Mandl
Individuelles Wissensmanagement
2000. ISBN 3-456-83425-X

Rennen-Allhoff/Bergmann-Tyacke (Hrsg.)
Lehrerinnen und Lehrer für Pflegeberufe in Europa
2000. ISBN 3-456-83377-6

Wagner/Osterbrink
Integrierte Unterrichtseinheiten IUEs
2001. ISBN 3-456-83249-4

Weitere Informationen über unsere Neuerscheinungen finden Sie im Internet unter:
http://verlag.hanshuber.com oder per E-Mail an: verlag@hanshuber.com.

Prof. Margot Sieger
(Herausgeberin)

Pflegepädagogik

Handbuch zur pflegeberuflichen Bildung

Unter Mitarbeit von
- Inge Bergmann-Tyacke
- Elfriede Brinker-Meyendriesch
- Roswitha Ertl-Schmuck
- Wiltrud Gieseke
- Martina Harking
- Michael Isfort
- Barbara Knigge-Demal
- Sabine Ried
- Annette Rustemeier-Holtwick
- Kerstin Schönlau
- Dorothee Spürk
- Gertrud Stöcker

Verlag Hans Huber
Bern · Göttingen · Toronto · Seattle

Prof. Margot Sieger (Hrsg.), Professorin für Pflegewissenschaft
an der Ev. Fachhochschule RWL in Bochum Fachbereich Pflege, Immanuel-Kant-Str. 18–20, D-44803 Bochum

Die Deutsche Bibliothek – CIP Einheitsaufnahme
Pflegepädagogik : Handbuch zur pflegeberuflichen Bildung / Margot Sieger (Hrsg.).
Unter Mitarb. von Inge Bergmann-Tyacke ... – 1. Aufl. – Bern ; Göttingen ; Toronto ;
Seattle : Huber, 2001
 (Verlag Hans Huber, Programmbereich Pflege)
 ISBN 3-456-83328-8

1. Auflage 2001
© 2001 by Verlag Hans Huber, Bern

Anregungen und Zuschriften an:
Verlag Hans Huber
Lektorat: Pflege
Länggass-Strasse 76
CH-3000 Bern 9
Tel: 0041 (0)31 300 4500
Fax: 0041 (0)31 300 4593
E-Mail: georg@hanshuber.com

Lektorat: Jürgen Georg, Michael Herrmann, Marina Schnabel, Elfriede Derrer
Titelillustration: pinx. Winterwerb und Partner, Design-Büro, Wiesbaden
Herstellung: die Werkstatt, Kurt Thönnes, Liebefeld-Bern
Satz: SatzTeam Berger, Ellwangen/Jagst
Druck und buchbinderische Verarbeitung: AZ Druck- und Datentechnik GmbH, Kempten

Printed in Germany

Die Wiedergabe von Gebrauchsnamen, Handelsnamen oder Warenbezeichnungen in diesem Werk berechtigt auch ohne besondere Kennzeichnung nicht zu der Annahme, dass solche Namen im Sinne der Warenzeichen-Markenschutz-Gesetzgebung als frei zu betrachten wären und daher von jedermann benutzt werden dürfen.

Dieses Werk, einschließlich aller seiner Teile, ist urheberrechtlich geschützt. Jede Verwertung außerhalb der engen Grenzen des Urheberrechtes ist ohne Zustimmung des Verlages unzulässig und strafbar. Das gilt insbesondere für Vervielfältigungen, Übersetzungen, Mikroverfilmungen sowie die Einspeicherung und Verarbeitung in elektronischen Systemen.

Inhaltsverzeichnis

1 Die Pflegeausbildungen – Anforderungen und berufsrelevante Qualifikationen . . . 13
Margot Sieger, Inge Bergmann-Tyacke
  1.1 Pflegeberufliche Bildung im Kontext des staatlichen Bildungssystems in Deutschland
      (Margot Sieger) 13
  1.2 Pflegeberufliche Bildung im Kontext der Entwicklungen in Europa
      (Inge Bergmann-Tyacke) 15
      1.2.1 Berufsstruktur 16
      1.2.2 Berufsausbildungen 17
      1.2.3 Harmonisierung 18
  1.3 Die Perspektive der Bildung *(Margot Sieger)* 21
      1.3.1 Qualifikationserwerb und Persönlichkeitsbildung 21
      1.3.2 Bildung in einer multikulturellen Gesellschaft 22
  1.4 Der Rahmen der Berufsgesetze *(Margot Sieger)* 23
  1.5 Die Perspektive der Pflegenden *(Margot Sieger)* 25
  1.6 Das soziale Berufskonstrukt «Pflege» *(Margot Sieger)* 25
      1.6.1 Ziele der Pflege 25
      1.6.2 Pflegerische Arbeit 26
      1.6.3 Die Patientin als Partnerin 27
      1.6.4 Prozesse der Kooperation und Koordination 28
      1.6.5 Organisation pflegerischer Arbeit 29
      1.6.6 Zielgruppen von Pflege 30
  1.7 Für die Pflegeberufe relevante Kompetenzen *(Margot Sieger)* 30
  1.8 Anzustrebende Qualifikationen *(Margot Sieger)* 33

2 Curricula und deren Bedeutung für die Ausbildung 39
Barbara Knigge-Demal
  2.1 Problemabriss 39
  2.2 Begriffsbestimmungen – Curriculum vs. Lehrplan oder Richtlinie 40
      2.2.1 Curriculumtheorie 40
      2.2.2 Curriculum und Lehrplan bzw. Richtlinie 40
      2.2.3 Offene vs. geschlossene Curricula 40
  2.3 Anforderungen an ein Curriculum 41
  2.4 Der Konstruktionsprozess eines Curriculums 44
      2.4.1 Leitziele und Berufsverständnis 44
      2.4.2 Exemplarische Analyse eines Handlungsfeldes 47
      2.4.3 Analyse der Lernvoraussetzungen 50
      2.4.4 Analyse der wissenschaftlichen Disziplinen 50
      2.4.5 Lerneinheiten bzw. Lernfelder einer neuen Pflegeausbildung 50
      2.4.6 Evaluation und Revision eines Curriculums 52
  2.5 Überprüfung von Lernerfolg und Berufsbefähigung 53
  2.6 Kriterien zur Analyse von Curricula, Lehrplänen und Richtlinien 54

3 Erwachsenenpädagogische Prämissen für die Ausbildung ... 57
Wiltrud Gieseke

3.1 Die institutionelle Organisation der Aus- und Weiterbildung ... 58
3.2 Transformation von erwachsenenpädagogischem Wissen für die Kommunikation und Beratung am Krankenbett sowie für die Wissensvermittlung ... 58
3.3 Altersheterogene Gruppen in der Ausbildung – Neue Anforderungen an den Lernprozess ... 60
    3.3.1 Erwachsenenpädagogische Inhalte ... 60
    3.3.2 Institutionalformen des Lernens und der beruflichen Weiterbildung, Organisationsentwicklung und -beratung ... 61
    3.3.3 Ermittlung von Bedarf und Bedürfnissen ... 62
    3.3.4 Programmplanungskompetenz und Managementfähigkeiten ... 63
    3.3.5 Didaktik für die Weiterbildung, Bedingungen des Erwachsenenlernens, demokratische Lernkulturen und kommunikative Kompetenz ... 64
    3.3.6 Pädagogische Berufsrollen in institutionellen Kontexten, professionelles Handeln ... 65
    3.3.7 Erfahrungen, Biographie und Emotionalität im Lernen Erwachsener ... 65
    3.3.8 Das Geschlechterverhältnis in pädagogischen Berufen und in Lernsituationen ... 67
    3.3.9 Hospitation und Analyse von Lehr- und Lernprozessen ... 68

4 Transfer in der Bildung fördern – Aspekte aus der Forschung ... 71
Sabine Ried

4.1 Einleitung ... 71
4.2 Begriffsklärung ... 72
4.3 Erklärungsansätze – Darstellung und Diskussion ... 72
    4.3.1 Traditionelle Ansätze ... 72
    4.3.2 Ansätze situierten Lernens ... 73
    4.3.3 Der Deutungsmusteransatz ... 77
4.4 Fazit ... 78

5 Didaktische Orientierungen für das Berufsfeld der Pflege ... 81
Margot Sieger

5.1 Ausgangslage ... 81
5.2 Zum Begriff der Didaktik ... 82
5.3 Fachdidaktik im Kontext allgemeiner Didaktik und Fachwissenschaft ... 82
5.4 Orientierungen für eine Pflegedidaktik ... 86
    5.4.1 Was liegt bereits vor? ... 86
    5.4.2 Der spezifische Zugang ... 88
    5.4.3 Erstes Prinzip – Handlungsorientierung und Handlungsbefähigung ... 89
    5.4.4 Zweites Prinzip – Situationsbezogenheit ... 91
    5.4.5 Drittes Prinzip – Wissenschaftsorientierung ... 93
5.5 Entscheidungshilfen für das Lehren in Theorie und Praxis ... 95
5.6 Anforderungen an die Lernarrangements ... 96
    5.6.1 Projektlernen ... 97
    5.6.2 Exemplarisches Lehren und Lernen ... 98
    5.6.3 Selbst gesteuertes Lernen ... 98
5.7 Anregungen zur Gestaltung der Lehrerinnenrolle ... 99

5.8 Unterrichtsentwurf «Sauberkeit allein ist nicht genug» –
Dokumentation einer Unterrichtssequenz zum Thema «Körperpflege in der
Krankenpflegeausbildung» *(Martina Harking)* 99
    5.8.1 Die professionelle Aufwertung des Themas 99
    5.8.2 Der Weg zu didaktischen Entscheidungen 100
    5.8.3 Beschreibung des Unterrichtsablaufs 106
    5.8.4 Anlagen zum Unterrichtsentwurf 119
5.9 Fachdidaktische Ansprüche und Alltagshandeln als Lehrerin für Pflegeberufe
(Martina Harking, Margot Sieger) 123

6 Neue Medien in Pflegebildungseinrichtungen und ihre pädagogische Legitimation 131
Michael Isfort
6.1 Einleitung 131
6.2 Wissenschaftsorientierung und neue Medien 134
6.3 Situations- und Handlungsorientierung und neue Medien 137
6.4 Selbst gesteuertes Lernen und neue Medien 140
6.5 Die Rolle der Lehrenden 142
6.6 Ausblicke und Grenzen der neuen Medien 143

7 Die Bedeutung der Methoden 147
Roswitha Ertl-Schmuck
7.1 Der Zauberstab der Unterrichtsmethodik in der pflegeberuflichen Ausbildung . . . 147
7.2 Methodisches Handeln in organisierten Lehr- und Lernprozessen 148
    7.2.1 Zur Begriffsbedeutung – Terminologische Probleme 148
    7.2.2 Verschiedene Dimensionen methodischen Handelns –
    Versuch einer Klassifikation 149
7.3 Didaktischer Implikationszusammenhang oder die Einheit von Ziel, Inhalt
und Methode unter der Perspektive bildungstheoretischer Position 151
    7.3.1 Zur Bedeutung des didaktischen Implikationszusammenhangs 151
    7.3.2 Auswirkungen auf das Verhältnis von Theorie und Praxis in der
    Pflegeausbildung 153
7.4 Didaktischer Implikationszusammenhang – Exemplarische Darstellung im
Kontext der Leittextmethode 154
    7.4.1 Was heißt Leittextmethode? 154
    7.4.2 Pädagogische Zielsetzungen – Selbststeuerung von Lernprozessen,
    Vernetzung von Theorie und Praxis 157
    7.4.3 Erstellung von Leittexten 158
    7.4.4 Möglichkeiten der Mitgestaltung und Unterschiede zu
    herkömmlichen Methoden 159
    7.4.5 Grenzen der Leittextmethode 161
7.5 Die Leittextmethode aus bildungstheoretischer Perspektive in der
Pflegeausbildung – Eine Chance zur Vernetzung von Theorie und Praxis 161
    7.5.1 Rahmenbedingungen 161
    7.5.2 Wie sieht der pädagogische Arbeitsalltag mit dieser Methode aus? . . . 162
    7.5.3 Anregungen zur Entwicklung von Leitfragen 162
7.6 Perspektiven im Kontext bildungstheoretischer Position 164

8 Lernortkooperation – Von einer systemisch-theoretischen Betrachtung zu einer Gestaltung in den Pflegeausbildungen ... 167
Elfriede Brinker-Meyendriesch, Anette Rustemeier-Holtwick, Kerstin Schönlau
- 8.1 Eine systemisch-theoretische Betrachtung ... 167
  - 8.1.1 Die Interessenproblematik zwischen den Lernorten Betrieb und Schule auf der Grundlage der Systemtheorie ... 167
  - 8.1.2 Die Lernorte Schule und Betrieb als Teilsysteme der Systeme Bildung und Beschäftigung ... 168
  - 8.1.3 Die Lernende, ein psychisches System ... 169
  - 8.1.4 Das Interaktionssystem der Beteiligten ... 170
- 8.2 Eine systemisch-praktische Gestaltung für die Pflegeausbildung ... 171
  - 8.2.1 Das Interaktionssystem der an der praktischen Ausbildung Beteiligten ... 171
  - 8.2.2 Problemaufriss – Ergebnisse einer explorativen Studie ... 172
  - 8.2.3 Lernorte in der Pflegeausbildung ... 174
  - 8.2.4 Lernort Schule – Bedingungen des Interaktionspartners ... 175
  - 8.2.5 Lernort Schule – Interessen, Ziele oder Intentionen des Interaktionspartners ... 175
  - 8.2.6 Lernort Betrieb – Bedingungen der Interaktionspartner ... 176
  - 8.2.7 Lernort Betrieb – Interessen, Ziele oder Intentionen des Interaktionspartners ... 177
  - 8.2.8 Innovationsleistung im Lernort Betrieb ... 178
  - 8.2.9 Das Strukturmodell der geplanten, zielgerichteten praktischen Anleitung ... 178
  - 8.2.10 Innovationsleistung im Lernort Schule ... 180
  - 8.2.11 Evaluation und weitere Perspektiven ... 181
- 8.3 Metaebene – Zusammenfassung ... 182

9 Schul- und Qualitätsentwicklung an Pflegeschulen ... 185
Dorothee Spürk
- 9.1 Problemlage ... 185
- 9.2 Theoretischer Bezugsrahmen ... 186
  - 9.2.1 Erläuterung der Begriffe Schule und Schulentwicklung ... 186
  - 9.2.2 Gegenüberstellung der Konzepte «Pädagogische Schulentwicklung» und «Institutioneller Schulentwicklungsprozess» ... 187
  - 9.2.3 Strategien der Schulentwicklung ... 189
- 9.3 Eine explorative Studie zur Schulentwicklung an Krankenpflegeschulen ... 194
  - 9.3.1 Fragestellung, Zielsetzung und Untersuchungsdesign ... 194
  - 9.3.2 Ergebnisse der Studie ... 196
  - 9.3.3 Diskussion der Ergebnisse ... 199
  - 9.3.4 Zusammenfassung ... 202

10 Qualität der Ausbildung – Der Schlüssel, um sich am Bildungsmarkt zu behaupten? ... 207
Kerstin Schönlau
- 10.1 Problemlage ... 207
- 10.2 Zur Bestimmung des Begriffs Qualität ... 207
  - 10.2.1 Vom Allgemeinen zum Besonderen ... 207
  - 10.2.2 Dimensionen der Dienstleistungsqualität im Kontext der Pflege ... 208
  - 10.2.3 Verfahren des Qualitätsmanagements, die auf den Kontext der Pflege übertragbar sind? ... 209

  10.2.4 Eignung der Qualitätsmodelle für die Pflege 213
 10.3 Der Qualitätsbegriff im Bildungsbereich 214
  10.3.1 Qualitätsmanagementverfahren – Erfahrungen in Pflegeaus- und
     -weiterbildungen 215
  10.3.2 Positionierung der Bundeskonferenz der Pflegeorganisationen ADS
     und DBfK 216
  10.3.3 Qualitätsdimensionen für die Pflegeausbildungen 217

11 Von den Bedingungen der Lehrerinnenbildung 221
 Gertrud Stöcker
 11.1 Identitätsbildung zwischen Pflegen und Lehren 221
  11.1.1 Erstausbildung in der Pflege 221
  11.1.2 Berufliche Weiterbildung in der Pflege 222
 11.2 Verberuflichung – Der Weg zur Pflegelehrerin 223
  11.2.1 Berufliche Weiterbildung zur Lehrerin für Pflegeberufe 224
  11.2.2 Lehrerinnenbildung an Hochschulen 225
  11.2.3 Europäische Impulse für die Lehrerinnenbildung in Deutschland 227
  11.2.4 Berufsbezeichnung 229
  11.2.5 Bedingungsgefüge für das Alltagshandeln 230
 11.3 Pflegelehrerinnen in der berufspolitischen Landschaft 231
  11.3.1 Identitätsbildung und politisches Engagement 231
  11.3.2 Selbstverständnis der Berufspolitik 232
  11.3.3 Potenziale organisierter Bildungspolitik 234
  11.3.4 Fazit 236

Verzeichnis der Autorinnen und Autoren 240

Sachwortverzeichnis 243

Geleitwort

Die derzeitige und künftige Gesundheitssituation der Bevölkerung in Deutschland sowie in Europa lässt hinsichtlich der demographischen Entwicklung und des veränderten Krankheitsspektrums unübersehbar wachsende Anforderungen an eine angemessene Pflege bzw. medizinische Betreuung von Menschen aller Altersgruppen und Angehörigen verschiedener Kulturkreise erkennen.

Neue gesetzliche Rahmenbedingungen im deutschen Gesundheits- und Sozialwesen geben über dies ernsten Anlass, bisherige Konzepte von Pflege und medizinischer Betreuung zu überdenken und prinzipiell neue Wege zu beschreiben.

Das hat vor allem Konsequenzen für die künftige berufliche Aus-, Fort- und Weiterbildung in den Pflege- und anderen Gesundheitsberufen.

Zum Teil sind radikale Umorientierungen in Richtung auf eine fortgeschrittene berufliche Bildung, auch in europäischer und internationaler Perspektive, von Nöten und ausgetretene Pfade zu verlassen. Noch mangelt es vor allem an theoriegeleiteten und evidenzbasierten Konzepten zur beruflichen Bildung im Pflege- und Gesundheitswesen.

Mit der fortschreitenden Einrichtung neuer Studiengänge für Pflegefachberufe an Universitäten und Fachhochschulen in Deutschland geht ein inflationärer Gebrauch des Begriffes «Pflegepädagogik» einher.

An der Berliner Humboldt-Universität spricht man gar von «Medizin- und Pflegepädagogik» und kennzeichnet damit ein in der Tradition an der Humboldt-Universität gewachsenes Konzept, das sowohl das Berufsfeld «Pflege» als auch das Berufsfeld «Diagnostik/Therapie» erfasst.

Die sich in Deutschland schrittweise etablierende «Pflegewissenschaft» wendet sich im Rahmen der Erforschung des Pflegeprozesses ebenfalls dem Problem der «Pädagogik in der Pflege» zu.

An diesem kurzen Exkurs wird deutlich, dass die Situation noch recht verworren ist und eine wissenschaftliche Disziplin, die das Wesen der «Pflege- und Medizinpädagogik» theoretisch beschreibt und handlungswirksam gestaltet, erst entwickelt werden muss. Der gegenwärtige Stand der Fachdiskussion sowie der in der Praxis gefundene Konsens zeigen, dass «Pflege- und Medizinpädagogik» in sehr unterschiedlichem Begriffsverständnis gebraucht wird und theoretische und praktische Ebenen in unzulässiger Weise miteinander vermischt werden. Dabei ist für das gegenwärtige Stadium der Suche nach einem eigenen Objekt- und Forschungsbereich der Medizin- und Pflegepädagogik eine einfach lineare Zuordnung dieses spezifischen Erkenntnis- und Handlungsbereiches zur Erziehungswissenschaft zu kurzschlüssig.

Vielmehr untersucht Pflege- und Medizinpädagogik als wissenschaftliche Disziplin das pflege- und medizinpädagogische Geschehen als Prozess in verschiedenen sozialen Situationen. Auf theoretischer Ebene sind in diesem Prozess insbesondere Berufs- und Erwachsenenpädagogik, Humanwissenschaften, Gesundheitswissenschaften, Pflegewissenschaft und Medizin mit der Pflege- und Medizinpädagogik in spezifischer Weise verknüpft. Auf der praktischen Handlungsebene spiegelt sich dieses Verflochtensein im interprofessionellen Handeln beruflicher Arbeit im Gesundheits- und Sozialwesen wider. Damit gehen die Gegenstandsbereiche von Pflege- und Medizinpädagogik über den traditionellen Blickwinkel von Berufs- und Erwachsenenpädagogik und den mit ihnen verbundenen Didaktiken hinaus.

Der Bildungsauftrag erfolgt hier doch in der Regel immer mit Blick auf ein «drittes Subjekt», den «souveränen» Patienten mit seinen Bedürfnissen.

Pflegewissenschaft und Pflege- und Medizinpädagogik sind aufgefordert, notwendige Voraussetzungen zu schaffen, damit Bildungsreformen in diesem so eminenten Bereich gesellschaftlicher Arbeit eine wissenschaftliche Basis und damit auch die Chance einer dauerhaften Perspektive haben. Dazu gehört nicht nur die wissenschaftliche Begleitung der Erarbeitung moderner in die Zukunft gerichteter Curricula und Aus-, Fort- und Weiterbildungskonzeptionen, sondern auch die Begründung langfristiger Strategien.

Langfristige Strategien müssen Reformen des Berufsbildungssystems der Gesundheitsfachberufe konsequent vor dem Hintergrund veränderter Bedingungen beruflicher Arbeit im Gesundheit- und Sozialwesen konzipieren und sich aktiv in diese neuen zukunftsorientierten Gegebenheiten einbringen.

Dabei ist davon auszugehen, dass diese Bedingungen Ausdruck gewandelter objektiver und subjektiver gesellschaftlicher Entwicklungsprozesse sind, in denen sich die aktuellen und künftigen Gesundheitsbedürfnisse sowie die Krankheitssituation der Bevölkerung in Deutschland und in Europa und der Umgang der Gesellschaft mit diesen Phänomenen widerspiegeln.

Die Vermittlung von inter- und transdisziplinären Fähigkeiten sowie von Schlüsselqualifikationen erhält angesichts der Auflösung von festen beruflichen Typisierungen und der Veränderung fachlicher Qualifikationsanforderungen im Gesundheits- und Sozialwesen. eine besondere Bedeutung für die künftige Gestaltung von Studienangeboten.

Es werden über dies neue Lehr- und Lernformen – orientiert am Leitziel eines «lebenslangen Lernens» – erforderlich sein, um die genannten Kompetenzen in einem Hochschulstudium grundlegend auszubilden. Initiativen wie sie die Autoren mit dem vorliegenden Buch zur Pädagogik in der Pflegebildung ergreifen, schaffen erforderliche Rahmenbedingungen, damit künftig Studierende nationalen und internationalen Erfordernissen beruflicher Arbeit in Pflege- und Gesundheit entsprechen können.

Betrachtet man die berufliche Bildung – und damit sind immer Aus-, Fort- und Weiterbildung gemeint, in den Pflege- und anderen Gesundheitsfachberufen, so werden eine Fülle von Besonderheiten und teils gar gesetzlich fixierte Regelungen deutlich, die sich in ihrer Summe eindeutig als Nachteile gegenüber fortgeschrittener regulärer Berufsbildung in Deutschland ausmachen lassen.

Lange Zeit haben Vertreter der Pflege- und anderer Gesundheitsfachberufe einen Vorteil in diesen «Sonderregelungen» gesehen. Vielleicht waren diese Sonderregelungen in einen gewissen Anfangsstadium der Professionalisierung sogar notwendig. Heute – und das kann man ziemlich eindeutig sagen – erweisen sich diese Sonderregelungen im Bereich der Schulformen überwiegend als hemmend, wenn nicht gar als Fessel, Innovationen, insbesondere Reformen der Berufsbildung voranzutreiben.

Die Autoren gehen in dem vorgelegten «Handbuch» kritisch und zugleich konstruktiv mit diesem Problem um, indem sie «nicht auf morgen vertrösten» und in einen Chor von «aber, aber erst ...» einstimmen. Angesicht des Handlungsdruckes, der aus den beschriebenen objektiven und subjektiven Bedingungen erwächst, zeigen sie Wege und Möglichkeiten zur Veränderung auf, die eigentlich schon jetzt beschritten werden können. Das betrifft vor allem die Unterrichtsgestaltung selbst.

Angesichts der vielfach beklagten Probleme gesundheitlicher und sozialer Betreuung der Bevölkerung wächst die Erwartungshaltung an Absolventen von Lehrer/Lehrerinnen-Studiengängen im Bereich Pflege bzw. Diagnostik/Therapie – geht man mit Recht doch davon aus, dass der qualitativen Verbesserung beruflicher Aus-, Fort- und Weiterbildung eine Schlüsselfunktion zukommt.

Notwendige inhaltliche strukturelle Veränderungen im Bereich der beruflichen Bildung im Gesundheits- und Sozialwesen in Deutschland – die Heranbildung einer neuen Generation von Angehörigen dieser Berufsgruppen, deren berufliches Handeln durch Autonomie und Kooperation gekennzeichnet ist und die pflegerische, soziale und medizinische Betreuung nach einem ganzheitlichen Konzept gestalten, – sind demnach nicht ohne Lehrende zu erreichen, die selbst eine qualifizierte Ausbildung erfahren haben.

Die Autorinnen des vorliegenden Buches haben ihren Beiträgen diese Perspektive zugrundegelegt. Davon ausgehend orientieren sie sich vor allem auf die berufliche Bildung der Pflegefachberufe. Ausgehend von einer kritischen Analyse der derzeitigen defizitären Situation der beruflichen Bildung in der Pflege werden Notwendigkeit und Zielrichtung von Reformen deutlich gemacht.

Dabei schöpfen die Verfasser die Möglichkeiten des Handbuchcharakters geschickt aus, um ein breites Spektrum aktuell in der berufs- und erwachsenenpädagogischen Diskussion behandelter Probleme anzusprechen und auf die gegenwärtige (aber auch künftige) «Sondersituation» beruflichen Lehrens und Lernens in der Ausbildung der Pflegefachberufe anzuwenden. Das betrifft sowohl berufspolitische, bildungspolitische, berufs- und erwachsenenpädagogische sowie fachdidaktische und schulorganisatorische Themen.

Sowohl künftige Lehrende für Gesundheitsfachberufe als auch bereits in der Praxis tätige Lehrer und Lehrerinnen erhalten eine Vielzahl von Informationen, die sowohl ihr «Problembewusstsein» fordern als auch Aussagen für die tägliche Unterrichtspraxis ergeben.

Prof. Dr. Jutta Beier
Berlin, im Februar 2001

Vorwort

Die Motivation für dieses Handbuch liegt in der langjährigen Beschäftigung mit den Bedingungen der Pflegeausbildungen, insbesondere in dem Anliegen, dass erst die curriculare und didaktische Einheit von schulischer und praktischer Ausbildung das Gesamtbild der Pflegeausbildungen kennzeichnen. Der Arbeitsalltag in der Pflege hat sich gravierend verändert, die Anforderungen an das Wissen und Können der Pflegenden sind gestiegen. Auslöser dafür sind einerseits die jüngsten gesundheitspolitischen und sozialpolitischen Entwicklungen und Umbrüche im Gesundheitswesen, aber auch die Professionalisierungsbestrebungen innerhalb der Pflegeberufe sowie die langsame Entfaltung einer Pflegewissenschaft. Da Ausbildung immer auf Zukunft gerichtetes Handeln ist, nehmen die Lehrerinnen und Lehrer in der Gestaltung des Berufes eine Schlüsselfunktion ein. Ihre Aufgabe ist es, diese Entwicklungen aufzugreifen, zu antizipieren, zu bewerten und in Lehr- und Lernprozesse zu überführen.

Das Anliegen dieses Buches ist es, hierbei Orientierung zu geben, einmal den Studierenden in der Lehrerinnenbildung aber auch den pädagogisch Tätigen in den Schulen, die immer wieder gefordert sind, die neuen Entwicklungen zu reflektieren und die Ausbildungskonzepte aber auch ihre eigenen Unterrichtskonzepte entsprechend zu überarbeiten. Den verschiedenen Aspekten von Ausbildung in den Pflegeberufen ist jeweils ein Kapitel gewidmet. Dass jeweils eine Autorin bzw. ein Autor die einzelnen Fassetten der Themen unter einem spezifischen Theoriezugang bearbeitet hat, erklärt den Handbuchcharakter dieses Werkes.

Durchgehend ist in den Texten die weibliche Form verwandt, da in den Pflegeberufen und auch in den Pflegeschulen in der überwiegenden Zahl Frauen tätig sind. Die männlichen Kollegen, Patienten, Schüler, Lehrer, Praxisanleiter und Tutoren sind aber gleichermaßen angesprochen. In Zitaten oder wenn diese Form das Textverständnis behindert, wurde davon abgewichen.

Mit der Herausgabe eines solchen Buches ist immer auch ein Lernprozess verbunden. So gestalteten sich die Diskussionen im Kreis der Autorinnen und des Autors inspirierend und bereichernd für die gesamten Texte. Hilfreich waren auch die Fragen von Christiane Lindemann bei dem ersten Redigieren der Texte. Eine systematische Bearbeitung und Verknüpfung der Einzelbeiträge leisteten Karsten Sieweke und Georg Diekgers. Geduld und Beharrlichkeit kennzeichnete die sachkundige Lektoratsarbeit von Michael Herrmann vom Huber Verlag.

Margot Sieger

1 Die Pflegeausbildungen – Anforderungen und berufsrelevante Qualifikationen

Margot Sieger

1.1 Pflegeberufliche Bildung im Kontext des staatlichen Bildungssystems in Deutschland

(Margot Sieger)

Die Pflegeberufe lassen sich unter bildungsstrukturellen Gesichtspunkten in den Kontext der Berufsausbildungen einordnen. Die Arbeitsverrichtung erfordert besondere Qualifikationen, die in der Regel einen mehrjährigen Ausbildungsprozess verlangen, und ist auf (Geld-) Erwerb ausgerichtet (Schelten, 1994).

Die Pflegeausbildungen sind dem dualen System der Berufsausbildungen zuzuordnen, da die Ausbildung an den Lernorten Schule und Betrieb stattfindet, sie erfüllen jedoch nicht alle Bedingungen für diese Zuordnung (Bals, 1990; Brucks und Sieger, 1983). Aus berufspolitischer Sicht wird eher die Zuordnung zu den Berufsfachschulen favorisiert (Bundesausschuss der Länderarbeitsgemeinschaften der Lehrerinnen und Lehrer für Pflegeberufe, 1997; Deutscher Bildungsrat für Pflegeberufe, 1994, 1997). Allerdings grenzen die einschlägigen Gesetze, das Berufsbildungsgesetz und die Schulgesetze der Länder gerade die Gesundheitsberufe von einer solchen Regelung aus, sodass wir bis heute auf den Sonderstatus einer Ausbildung «… besonderer Art, angesiedelt an der Nahtstelle zwischen schulischer und dual-betrieblicher Ausbildung als einer Ausbildung eigener Art und Prägung» verwiesen sind (Kurtenbach, Golombeck und Siebers, 1986, S. 95). Lediglich einzelne Bundesländer, wie Mecklenburg-Vorpommern, Thüringen, Hamburg, Niedersachsen und Baden-Württemberg, haben die Ausbildungen für die Altenpflege in das länderspezifische Regelbildungssystem integriert (vgl. Ministerium für Arbeit, Gesundheit und Soziales des Landes Nordrhein-Westfalen, 1996).

Der Einfluss und die Interessen der Ausbildungsträger bestimmen unmittelbar die Gestaltung der Ausbildung, weil die Schulen in der Regel von einer frei gemeinnützigen Einrichtung, wie z.B. einem Krankenhaus oder Wohlfahrtsverband, getragen werden. Die Fachaufsicht über die Ausbildung und die Gewährleistung der Prüfungsverordnung liegen beim Fachministerium. Dieses delegiert seine Verantwortung z.B. an die Bezirksregierungen, Landesprüfungsämter, Kreisordnungsbehörden (Gesundheitsämter), vornehmlich an Medizinalbeamte oder, wie in einem Bundesland, an universitär qualifizierte Pflegepersonen.

Die Regelungen zur Weiterbildung in der Pflege obliegen den Ländern. In einigen Ländern wurden spezielle Weiterbildungsgesetze erlassen, die einen Teil der Weiterbildung regeln. Um einen Überblick über die Hauptlinien in den Angeboten zu geben, zeigt **Tabelle 1-1** eine grobe Zuordnung der verschiedenen Weiterbildungen:

- die Aufstiegsbildung
- die fachliche Spezialisierung und
- die pädagogische Qualifizierung.

Aus der Angebotsvielfalt wurden spezifische Weiterbildungen ausgewählt.

Im Bereich der Spezialisierung besteht das Ziel darin, berufliche Fähigkeiten über eine Palette pflegespezifischer Arbeitsbereiche zu ver-

Tab. 1-1: Weiterbildungen in der Pflege (Quelle: in Anlehnung an das Sondergutachten des Sachverständigenrates für die konzertierte Aktion im Gesundheitswesen [1997])

Ordnungsprinzip	Aufstiegsbildung	Fachliche Spezialisierung	Pädagogische Qualifizierung

Beispiele	• Leitung einer Wohngruppe/Pflege- und Wohneinheit, ca. 400 bis 600 Ustd.
	• Pflegedienstleitung, ca. 3000 Ustd.
	• Verantwortliche Pflegefachkraft SGB XI, ca. 460–720 Ustd.
		• Gerontologische Pflege
		• Intensivpflege
		• Psychiatrische Pflege
		  – ca. 700 Ustd. Theorie
		  – ca. 2000 Ustd. Praxis
			• Praxisanleitung
			  – 200 bis 400 Ustd.
			• Lehrerinnen für Pflegeberufe
			  – ca. 3000 Ustd.

Regelungskompetenz	Mit einigen Ausnahmen keine gesetzliche Regelung, aber Empfehlungen von berufsständischen Organisationen	Weiterbildungsgesetze der Länder	Mit einigen Ausnahmen keine gesetzliche Regelung, aber Empfehlungen von berufsständischen Organisationen

tiefen. Der Bereich der pädagogischen Qualifizierung gestaltet sich entsprechend den Erfordernissen und der spezifischen Ausgangslage in den Erstausbildungen. Hier wird unterschieden zwischen

- den Lehrerinnen für Pflegeberufe, die an den Kranken- und Kinderkrankenpflegeschulen und teilweise auch an den Fachseminaren für Altenpflege lehren, und
- den Praxisanleiterinnen, die eher für die Strukturierung des praktischen Ausbildungsprozesses zuständig sind.

Die jüngsten Entwicklungen im Gesundheits- und Sozialwesen haben unmittelbar Einfluss auf die Entwicklungen in den Pflegeberufen und werfen erneut die Frage nach ihrer Einordnung in das staatliche Bildungssystem auf. Dies sei im Folgenden kurz skizziert:

- Zum einen führt das Erleben des Missverhältnisses zwischen Personalmenge, -qualifikation und erhöhtem Pflegebedarf – gefasst in dem Schlagwort «Pflegenotstand» in den 80er Jahren – zu einer enormen Aufbruchstimmung bei den Pflegenden. Auf der Basis einer jahrelangen Diskussion um das Wesen der Pflege (Grauhan, 1990) mündet diese Auseinandersetzung in den produktiven Prozess einer inneren Professionalisierung, hier verstanden als Reifeprozess. Festzumachen ist dies an einer reflexiven Auseinandersetzung mit dem Berufsgegenstand Pflege, an einer vertieften Diskussion um theoretische Zugänge sowie an der kritischen Reflexion tradierter Handlungsmuster.
- Zugleich erfahren die Pflegenden tagtäglich, dass die Behandlung von Krankheit unter dem Blickwinkel der medizinischen Wissenschaft alle Anteile des Erlebens von Kranksein und Gesundwerden sowie die Begleitung und Unterstützung in der Auseinandersetzung mit Krankheit und Leiden nur unzureichend berücksichtigt wird.
- Der Wandel des Krankheitspanoramas von akuten zu chronischen Verläufen sowie erhöhte Anforderungen als Ergebnis invasiver Diagnostik und Therapie der Medizin zeigten sich als neue Herausforderungen für die Pflege.
- Die demographischen Veränderungen in unserer Gesellschaft rückten die Sicherung pflegerischer Versorgung alter und kranker Menschen aus gesellschafts- und gesundheitspolitischer Sicht ins öffentliche Interesse und führten als politische Reaktion zu strukturverändernden Gesetzen für das Gesundheits- und Sozialsystem.

Die berufspolitische Auseinandersetzung, die persönlichen inneren Reifungsprozesse bei vielen Pflegekräften und die strukturellen Umwälzungen mündeten gesellschaftspolitisch (Mayntz, 1989) in eine «Qualifizierungsoffensive» in der Pflege (Ministerium für Arbeit, Gesundheit und Soziales, NRW, 1992). Die neue Qualität in den Bildungsangeboten für Pflegende zeigte sich durch die Einrichtung von Pflegestudiengängen. An den Hochschulen der Länder kristallisieren sich folgende Schwerpunkte in der Profilbildung der Studiengänge heraus:

- Ein Schwerpunkt ist auf die Qualifizierung zur Leitung des Pflegedienstes in Einrichtungen des Gesundheits- und Sozialwesens ausgerichtet.
- Ein zweiter Schwerpunkt entwickelt sich in der Qualifizierung von Lehrerinnen und Lehrern an den unterschiedlichen Bildungseinrichtungen der Pflege.
- Ein dritter Schwerpunkt wird als «generalistische Qualifizierung» umschrieben. Die Intention dieser Studiengänge an Fachhochschulen ist es, eine wissenschaftlich fundierte Fach- und Strukturentwicklung der Pflege zu leisten. Auf dieser Grundlage können dann unterschiedliche anwendungsbezogene Studienschwerpunkte bzw. Kompetenzprofile gewählt und kombiniert werden (Sieger, 1996; Zander, 1993).
- Darüber hinaus etablieren sich an Universitäten rein pflegewissenschaftliche Studiengänge mit unterschiedlichen Abschlüssen. Seit kurzem besteht in Deutschland auch die Möglichkeit zur Promotion in Pflegewissenschaft.

Erfreulicherweise strebt die Entwicklung zu einer weiteren inneren Differenzierung innerhalb der Studiengänge und zu den Nachbarwissenschaften hin. Insbesondere zu den Gesundheitswissenschaften kristallisieren sich Schnittmengen heraus.

Mit der Einrichtung der Studiengänge ist darüber hinaus – sozusagen als «Nebeneffekt» – eine Eingliederung der Pflege in das staatliche Bildungssystem gelungen, und zwar auf der tertiären Ebene, ohne die Durchlässigkeit von der Sekundärebene in den nächsten Bildungsbereich zu sichern.

Umso drängender werden die Anfragen an eine Reform der Berufsgesetze. Eine Entwicklung zeichnet sich bereits ab. Sie liegt in der Zusammenführung der einzelnen Ausbildungsgänge der Kranken-, Kinder- und Altenpflege zu einem neuen, generalistischen Profil und damit auch in einem neu formulierten Pflegebegriff. (vgl. Bundesausschuss der Länderarbeitsgemeinschaften der Lehrerinnen und Lehrer für Pflegeberufe, 1997; Deutscher Bildungsrat für Pflegeberufe, 1994, 1997; Dekanekonferenz Pflegewissenschaft, 2001)

1.2 Pflegeberuflichen Bildung im Kontext der Entwicklungen in Europa

(Inge Bergmann-Tyacke)

Diese beschriebenen gesellschaftlichen Veränderungen und Entwicklungen sind nicht auf Deutschland allein beschränkt, sondern betreffen das gesamte europäische Ausland (Beratender Ausschuss für die Ausbildung in der Krankenpflege, 1997). Die Herausforderung, den erhöhten Bedarf an Pflege und die erhöhten Anforderungen an den Pflegeberuf mit dem Aufruf des Sparens in Einklang zu bringen, steht in allen europäischen Ländern auf der (berufs-) politischen Tagesordnung. Die gesellschafts-, gesundheits- und berufspolitischen Auseinandersetzungen und Reaktionen auf diese Herausforderungen zeigen allerdings unterschiedliche Schwerpunkte und führen zu einer Vielfalt von Konsequenzen und Entwicklungen.

In Bezug auf die Ausbildung in den Pflegeberufen muss diese Vielfalt im Kontext unterschiedlicher Gesundheits- und Bildungssysteme in den einzelnen Ländern gesehen werden – nur vor solchem Hintergrund wird auch Vergleichbarkeit möglich (Rennen-Allhoff und Bergmann-Tyacke, 2000).

Eine besondere Rolle bei der Betrachtung eines europäischen Kontexts nehmen die Länder des ehemaligen Ostblocks ein. Die gesellschaftlichen Veränderungen in diesen Ländern haben sich im letzten Jahrzehnt in ganz anderen Dimensionen bewegt, als dies in den westeuropäischen Staaten der Fall war. Ebenso überwältigend sind die damit verbundenen Herausforderungen. In diesen Ländern hat die Entwicklung eines völlig neuen Berufsbildes begonnen. Das bedeutet für alle Betroffenen einen intensiven Veränderungs- und Lernprozess. Diese Entwicklung geht mit einer neuen Wertschätzung der Person, des Individuums, und mit einer beruflichen Identitätsfindung der Krankenschwestern und Krankenpfleger einher, die sich nun an der Patientin bzw. am Patienten orientiert und darauf bezogen eigenverantwortliche Handlungs- und Entscheidungsspielräume definiert. (Bergmann-Tyacke, 2000)

Einige der osteuropäischen Länder erhalten dabei starke Unterstützung von angrenzenden westlichen Nachbarn. So dienen z.B. zahlreiche Projekte zwischen Gesundheitsinstitutionen der skandinavischen Länder auf der einen Seite und der baltischen Länder auf der anderen Seite der Unterstützung und Implementierung solcher Veränderungen. Dabei fließen Gelder von Regierungen und Institutionen sowie die Erfahrung von Kolleginnen aus Ost und West zusammen. Mit der Unterstützung von Berufsverbänden, WHO und Ministerien werden Konferenzen organisiert, auf denen Projekte vorgestellt, Erfahrungen ausgetauscht und neue Kontakte geknüpft werden. Ziel dieser Zusammenarbeit ist unter anderem, durch die Entwicklung von Curricula nicht nur eine neue Qualität der Ausbildung zu fördern, sondern auch eine Ausbildung zu gewährleisten, die den Harmonisierungsrichtlinien der Europäischen Union entspricht. (Ersta University College, 1996)

Vor diesem Hintergrund müssen sich die deutschen Verantwortlichen in Politik und Pflege die herausfordernde Frage gefallen lassen, ob nicht hinsichtlich der besonderen deutschen Situation sowohl eine besondere Verpflichtung, vor allem aber auch eine besondere Chance gegeben ist, sich bei der Berufsentwicklung der östlichen Nachbarländer zu engagieren. Bislang erscheint ein solches Engagement auf Einzelinitiativen individueller Institutionen, wie z.B. Kranken-, Kinderkrankenpflegeschulen und Hochschulen, begrenzt zu sein.

In den folgenden Abschnitten dieses Kapitels wird trotz der großen Bedeutung der Entwicklungen in den osteuropäischen Ländern überwiegend auf die gegenwärtigen EU-Mitgliedsstaaten eingegangen, da diese für den Rahmen der Harmonisierung der Pflegeausbildung zurzeit relevant sind. Ein weiterer Grund liegt aber auch in der lückenhaften Literatur, die bislang zu diesen Ländern vorliegt.

1.2.1 Berufsstruktur

In allen Ländern der Europäischen Union hat es in den 90er Jahren wesentliche Umstrukturierungen im Bereich der Pflegeberufe gegeben. Diese können im Allgemeinen an neuen Ausbildungsregelungen und -gesetzen festgemacht werden, die ihrerseits auch Schwerpunkte oder Umgewichtungen in der Berufsstruktur widerspiegeln.

Bereits die Zuordnung der Pflegeberufe innerhalb des Gesundheitssystems zeigt die unterschiedlichen Orientierungen oder Perspektiven, aus denen heraus diese Berufe gesundheitspolitisch betrachtet und inhaltlich besetzt werden. Während beispielsweise in Dänemark der Krankenpflegeberuf zusammen mit den Berufen der Hebamme bzw. des Entbindungspflegers, der Physiotherapeutin und Radiographerin den Gesundheitsberufen zugerechnet wird, fällt die Krankenpflege in Frankreich unter die paramedizinischen Berufe, während die Hebamme dort den medizinischen Berufen zugerechnet wird. In Österreich wurde die Berufsbezeichnung geändert, und statt der Krankenpflege gibt es nun die Gesundheits- und Krankenpflege. In Großbritannien fallen die Berufe Krankenpflege, Entbindungspflege und Health Visitor unter die Zuständigkeit einer gemeinsamen zentralen Aufsichtsbehörde.

Auf Grund der Richtlinien zur Harmonisierung der Ausbildung gibt es in allen Ländern das Äquivalent der Krankenschwester bzw. des Krankenpflegers für die allgemeine Krankenpflege. Die Ausbildungen, die zu dieser Qualifikation führen, sowie die Rolle, die dieser Beruf in seiner Einordnung im Bereich der Gesundheitsberufe einnimmt, unterscheiden sich aber von Land zu Land. Beispielhaft soll im Folgenden darauf eingegangen werden.

Das häufigste Muster ist eine generalistische Krankenpflegeausbildung, nach deren Abschluss unterschiedliche Spezialisierungen möglich sind. Solche Spezialisierungen können teilweise auch zu neuen Berufsbezeichnungen führen, wie z.B. in Schweden und Spanien, wo die generalistische Krankenpflegeausbildung die Voraussetzung für eine Ausbildung zur Qualifikation als Hebamme darstellt. Während diese aufbauende Ausbildung in Schweden im tertiären Bildungsbereich stattfindet, handelt es sich in Spanien jedoch um eine klinische Weiterbildung.

Ähnlich wie in Deutschland gibt es auch in Österreich, Finnland und Irland mehrere grundständige Ausbildungsgänge, von denen ein Ausbildungsgang jeweils die generalistische Pflegeausbildung darstellt. In Österreich allerdings können die Spezialisierungen (Kinderkrankenpflege und psychiatrische Gesundheits- und Krankenpflege) sowohl als grundständige Ausbildung als auch als Weiterbildung im Anschluss an die generalistische Ausbildung erlangt werden.

Der Idee einer generalistischen Krankenpflege am nächsten kommt wohl Dänemark. Hier gibt es eine Pflegeausbildung, deren Regelung ausdrücklich festlegt, dass sich die Berufsausübung auf Menschen aller Altersgruppen und alle Orte (Privatwohnungen, Arbeitsplatz, Krankenhaus oder andere Institutionen) bezieht. Pflege befasst sich mit gesunden, gesundheitlich gefährdeten, akut oder chronisch, psychisch oder somatisch kranken Menschen. Es finden keine fachlichen Spezialisierungen statt, die Möglichkeit zur akademischen Weiterqualifizierung besteht aber.

Einen Einzelfall stellt Großbritannien dar, indem hier das Ausbildungskonzept «Project 2000» einen Ausbildungsgang mit integrierter Spezialisierung innerhalb der Krankenpflege-Erstausbildung vorsieht. Die vier Spezialisierungsbereiche sind:

- die Erwachsenenpflege
- die Kinderkrankenpflege
- die psychiatrische Pflege (Mental Health Nursing)
- die Behindertenpflege (Mental Handicap Nursing).

Obwohl als Spezialisierung definiert und eingeführt, wurde der Bereich der Erwachsenenpflege an die Kriterien der EU-Richtlinien angepasst, sodass in Großbritannien die allgemeine Pflege nun (unter Ausbildungsgesichtspunkten) eine Spezialisierung darstellt. Die Berufsbezeichnung nach Abschluss des Erwachsenenpflege-Programms lautet *general nurse*. Diese Ausbildungssituation wird allerdings seit etwa zwei Jahren kontrovers im Land diskutiert. Dabei geht es weniger um die Frage nach generalistischer Ausbildung gemäß EU-Harmonisierung, sondern vor allem um die kritische Frage, ob die in diesen Strukturen Ausgebildeten den Anforderungen der modernen Gesundheitsversorgung noch entsprechen können. Der United Kingdom Central Council for Nursing, Midwifery and Health Visiting (UKCC) und das Royal College of Nursing (RCN) arbeiten seit Anfang des Jahres 2000 gemeinsam an der Umsetzung verschiedener von UKCC formulierten Empfehlungen. Die umfangreichste dieser Empfehlungen betrifft die mögliche Umstrukturierung der Erstausbildungen. (RCN, 2000)

1.2.2 Berufsausbildungen

In Deutschland wird bedauert, dass sich die Krankenpflegeausbildung als nicht ins allgemeine Bildungssystem integrierte Ausbildung in einer besonderen Situation befindet. Ein Blick ins europäische Ausland zeigt, dass die Krankenpflegeausbildung in fast allen Ländern auf die eine oder andere Weise eine «Ausbildung besonderer Art» ist. Dies kann beispielsweise an den Zuständigkeiten festgemacht werden: Während die Regelung der Berufsausübung in allen Ländern den Gesundheitsbehörden zugeordnet ist, liegt die Zuständigkeit für die Krankenpflegeausbildung bei unterschiedlichen Autoritäten.

Mit den Reformen der 90er Jahre wurden die Pflegeausbildungen in vielen Ländern in den tertiären Bildungsbereich verlegt. Dadurch verlagerten sich die Zuständigkeiten für die Ausbildung aus dem für das Gesundheitswesen zuständigen Bereich in die Ministerien, die das Bildungswesen regeln.

Unterschiedliche Zuständigkeiten haben potenzielle Interessenkonflikte und komplizierte Situationen hervorgerufen. Die Frage nach der Finanzierung tut sich auf, insbesondere für die Phasen der klinischen Ausbildung, aber es ergibt sich auch die mehr philosophische Frage: Brauchen Pflegekräfte Bildung oder Training? Die Antwort hält wesentliche Implikationen für die Ausbildungsprogramme sowie u.a. für die Qualifizierung der Lehrerinnen bereit. In Großbritannien führt die Auseinandersetzung mit dieser Frage gegenwärtig zu einer Umformulierung: Nicht mehr von «*nurse training*», sondern von «*nurse education*» ist die Rede.

In einigen Ländern, wie z.B. Schweden und Dänemark, haben die Reformen der Ausbildung und die Akademisierung dazu geführt, dass die Zahl der Krankenpflegeschulen drastisch reduziert wurde. Um die Kriterien für universitäre Bildungseinrichtungen erfüllen zu können, war es ökonomischer, die kleinen Schulen zu wenigen großen zusammenzulegen. Viele Pflegelehrerinnen betrachten diese Entwicklung mit Besorgnis. Nicht nur größere Anonymität und weniger Kontakt mit den Studierenden werden befürchtet, sondern mehr noch müssen die neuen Anforderungen an die Lehrkräfte dieser Schulen gesehen werden. Von Lehrerinnen im Hochschulbereich wird erwartet, dass sie forschen, dass sie andere Lehrmethoden anwenden, Projekte durchführen, englischsprachige Literatur bearbeiten etc. Viele der erfahrenen Lehrerinnen haben nicht studiert, sind kleine Unterrichtsgruppen gewohnt und beherrschen die englische Sprache nicht ausreichend, um Fachliteratur zu bearbeiten. Anders als zuvor in den herkömmlichen Krankenpflegeschulen, wird nun an den universitären Schulen keine pädagogische Qualifikation mehr gefordert, sondern ein akademischer Grad. Aus persönlichen Gesprächen der Autorin mit Kolleginnen in verschiedenen europäischen Ländern drängt sich das Gefühl der «ausgedienten» Lehrerin auf. Generell lässt sich bei einem Vergleich der Qualifikationen für Lehrerinnen in den verschiedenen Ländern tatsächlich feststellen, dass dort, wo die Krankenpflegeausbildung unterhalb der Hochschulebene stattfindet, höhere pädagogische Qualifikationen gefordert sind als im tertiären Bereich, wo ein akademischer Grad und hohes Fachwissen gefragt sind.

In Deutschland, Österreich, Luxemburg und Frankreich sind die Erstausbildungen nicht im tertiären Bereich angesiedelt, und Ausbildung und Berufsausübung werden in engem Zusammenhang von den für das Gesundheitswesen verantwortlichen Ministerien gesetzlich geregelt. Hier findet die Ausbildung in Spezialschulen unterschiedlicher Form statt. Eine Sonderform der Ausbildung existiert in Luxemburg, wo die abgeschlossene Krankenpflegeausbildung auch zum Hochschulzugang berechtigt. In Belgien und den Niederlanden gibt es jeweils zwei parallele Ausbildungsgänge, von denen jeweils einer im sekundären und einer im tertiären Bereich stattfindet. Beide Ausbildungen führen zur Anerkennung als Pflegekraft, zuständig für allgemeine Pflege gemäß EU-Richtlinien, aber die universitäre Ausbildung führt zu einem akademisch höheren Grad und zu erweiterten professionellen Verantwortlichkeiten, Pflichten und Karrieremöglichkeiten. In Griechenland und Großbritannien bestehen ähnliche Möglichkeiten, indem jeweils sowohl zum Diplom als auch zum Bachelor-Degree führende Studiengänge angeboten werden. Allerdings haben die unterschiedlichen akademischen Abschlüsse in Großbritannien keine Auswirkungen auf die berufliche Tätigkeit; Arbeit und Bezahlung sind gleich.

1.2.3 Harmonisierung

Die ursprüngliche Intention zur Harmonisierung der Krankenpflegeausbildung in den EU-Mitgliedsstaaten war politischer Natur und zielte auf die Integration und Durchlässigkeit des Arbeitsmarktes und der Bildungssysteme ab. Der beratende Ausschuss für die Ausbildung in der

Krankenpflege in der Europäischen Kommission hielt sich an diese Zielsetzung und legte formale Mindestkriterien für die Ausbildung fest. Damit war die «Harmonisierung» relativ leicht und schnell erreicht. Rückblickend wird nur zu deutlich, dass eine solche politische Harmonisierung nicht notwendig mit einer professionellen Weiterentwicklung einherging. Während in einigen Mitgliedsstaaten Gesetze zur Implementierung der Richtlinien erlassen wurden, die die formalen und strukturellen Ausbildungsbedingungen tatsächlich verbesserten, wie z.B. in Deutschland, führte die Implementierung der Harmonisierungskriterien in anderen Ländern zur Verschlechterung der Ausbildungsbedingungen, z.B. in Belgien, wo die Ausbildung verkürzt wurde und bis heute keine 4600 Stunden, sondern lediglich drei Jahre nachweisen kann (Bergmann-Tyacke, 2000). Nicht zuletzt durch die Ausbildungsreformen in den 90er Jahren scheinen diese formalen Kriterien an Relevanz verloren zu haben. Die Akademisierung der Krankenpflegeausbildung wird weithin als wesentliche qualitative Verbesserung betrachtet, und die Tatsache, dass ein Diplom- oder Bachelor-Studiengang, der normalerweise drei Jahre dauert, kaum 4600 Stunden nachweisen kann, wird von berufspolitischer Seite kaum kritisiert. Lediglich die Lehrerinnen vor Ort, die mit dem Nachweis von Stunden konfrontiert sind und manchmal gewagte Interpretationen vornehmen müssen, lassen Kritik verlauten (aus persönlichen Gesprächen der Autorin mit Kolleginnen in verschiedenen europäischen Ländern).

Es dauerte 20 Jahre, bis der Beratende Ausschuss für die Ausbildung in der Krankenpflege in seinen Berichten (1997, 1998) formulierte, dass qualitative Aspekte für eine professionelle Harmonisierung notwendig sind, und in diesem Zusammenhang den Pflegeprozess sowie Ausbildungsziele und zu erlernende Kompetenzen erneut in die Diskussion brachte. Die Qualität der Ausbildung wird nun inhaltlich diskutiert. In seinem Bericht zur Krankenpflegeausbildung analysiert der Beratende Ausschuss für die Ausbildung in der Krankenpflege (1997) den derzeitigen Stand in den EU-Ländern und beschreibt Veränderungen in der Gesellschaft und im Gesundheitswesen sowie deren Auswirkungen auf den Krankenpflegeberuf und die Krankenpflegeausbildung. Die daraus abgeleiteten Empfehlungen beinhalten unter anderem, die vorliegenden Ausbildungsbestimmungen auf der Grundlage «ergebnisorientierter Kompetenzkriterien» neu zu formulieren. Im Folgebericht des Beratenden Ausschusses für die Ausbildung in der Krankenpflege zur verlangten Fachkompetenz der beruflich Pflegenden werden «Kompetenzen als einzelne Merkmale (Kenntnisse, Fähigkeiten und Einstellungen) definiert, die es der betreffenden Person ermöglichen, ihre Tätigkeit eigenständig auszuüben, sich selbstständig beruflich weiterzubilden und sich einem sich rasch veränderndem Umfeld anzupassen» (1998, S. 4).

Der Beratende Ausschuss für die Ausbildung in der Krankenpflege betont in dieser Darstellung, dass eine solche Definition auf EU-Ebene die wichtigsten gemeinsamen Kompetenzen abdecken muss, die für die Berufsausübung in allen Mitgliedsstaaten verlangt werden. Er räumt aber ein, dass darüber hinaus jedes EU-Land weitere und zusätzliche Kompetenzen festlegen kann. Zu fragen bleibt dabei, auf welchem Abstraktionsniveau ein solcher kleinster gemeinsamer Nenner formuliert werden kann bzw. muss, um bei der Interpretation und Operationalisierung solcher Kompetenzkriterien nicht genau die «wichtigsten Gemeinsamkeiten» zu verlieren. Die Kompetenzen selbst werden auf verschiedenen Abstraktionsebenen und in unterschiedlichen Kontexten formuliert.

Allgemeine Pflege
Es wird zunächst festgestellt, dass die in der Sprache des Beratenden Ausschusses gewählte Bezeichnung «allgemeine Pflege» die pflegerische Versorgung von Menschen aller Altersstufen, bei akuten oder chronischen, somatischen oder psychischen Gesundheitsproblemen, intra- wie extramural meint.

Pflegerische Zielsetzung
Möglicherweise im Sinne einer Zielsetzung wird im Weiteren beschrieben, wozu beruflich Pflegende «in der Lage sein» müssen: «Die Gesundheit von Personen/Gruppen und die Autonomie

ihrer physischen und psychischen Vitalfunktionen zu schützen, zu erhalten, wiederherzustellen und zu fördern, wobei die psychologischen, sozialen, wirtschaftlichen und kulturellen Persönlichkeitsaspekte der Betreffenden zu berücksichtigen sind.» (Beratender Ausschuss für die Ausbildung in der Krankenpflege, 1998, S. 6)

Pflegerische Tätigkeiten
In einem dritten Absatz wird aufgelistet, wozu die beruflich Pflegenden «des weiteren fähig sein müssen». (Beratender Ausschuss für die Ausbildung in der Krankenpflege, 1998, S. 6) Diese Liste beinhaltet Tätigkeiten, die sowohl im Blick auf das, was die Schülerinnen für die Ausübung solcher Tätigkeiten zu lernen haben, als auch im Blick auf das, was diese Tätigkeiten eigentlich wirklich bedeuten, einen sehr weiten Interpretationsspielraum lassen:

1. «Maßnahmen zur Verbesserung der Gesundheit und zur Verhütung von Krankheiten für Einzelpersonen, Familien und Gruppen einzuleiten und durchzuführen
2. Die Verantwortung für ihre individuelle Krankenpflegetätigkeit zu übernehmen
3. An Untersuchungen und Behandlungen mitzuwirken und diese in einigen Fällen durchzuführen
4. Patientinnen sowie Krankenpflegeschülerinnen und Kolleginnen zu informieren und anzuleiten
5. Forschungs- und Entwicklungsarbeiten zu verfolgen, daran mitzuwirken und diese auszuwerten sowie die Qualität der Krankenpflege zu gewährleisten
6. Ihre/seine Arbeit und die Gruppenarbeit zu planen, Arbeitsteams zu überwachen und mit anderen Fachkräften zusammenzuarbeiten und ausgehend von ihrer/seiner Berufspraxis einen multidisziplinären und berufsübergreifenden Ansatz zur Lösung von Gesundheitsproblemen zu erwerben» (ebenda, S. 6).

Pflegeprozess
Im Anschluss an die Tätigkeitsliste erfolgt der Hinweis, dass bei der Ausübung der Tätigkeiten ein Pflegekonzept angewendet wird, das bestimmte Etappen umfasst. In der Beschreibung dieser Etappen wird deutlich, dass es sich bei diesem Pflegekonzept um ein bestimmtes Verständnis des Pflegeprozesses handelt:

Die Krankenschwester/Der Krankenpfleger
- hört der Patientin zu und spricht mit ihr, um eine Vertrauensbeziehung aufzubauen und ihre Mitwirkung an der Behandlung zu sichern
- ermittelt und schätzt die Bedürfnisse der Patientin im Bereich der Pflege und Hilfe unter Berücksichtigung des kulturellen und weltanschaulichen Kontextes ein
- erstellt für die Patientin bzw. in Zusammenarbeit mit der Patientin einen Pflegeplan, wobei ihre Wünsche zu berücksichtigen sind und ihre Würde gewahrt bleiben muss
- setzt den Pflegeplan um und überwacht die vorgesehenen Maßnahmen; bewertet die Durchführung und Ergebnisse der Maßnahmen.

«Die Krankenschwester/Der Krankenpfleger dokumentiert die Phasen des Pflegeprozesses» (Beratender Ausschuss für die Ausbildung in der Krankenpflege, 1998, S. 7).

Funktionen
Im Anschluss an die Beschreibung des anzuwendenden Pflegekonzeptes erfolgt nun eine Auflistung von Funktionen, in denen sich beruflich Pflegende bewegen. Diese werden unterteilt in:

- autonome Funktionen
- kooperative Funktionen
- pflegerische Forschung und Entwicklung
- Planung, Koordinierung und Verwaltung.

Die autonomen Funktionen sind dabei nochmals unterteilt in die Bereiche:

- Gesundheitsförderung und Verhütung von Krankheiten
- Information und Gesundheitserziehung
- Begleitung von Personen in Krisensituationen. (Beratender Ausschuss für die Ausbildung in der Krankenpflege, 1998, S. 7–8)

Angesichts der anfangs zitierten und diesem Bericht zu Grunde liegenden Definition von Kompetenz ist anzumerken, dass in den verschiedenen Abschnitten dieses Berichts nicht unbedingt deutlich Kompetenzen beschrieben werden (vgl. 1.7.). Es werden Tätigkeiten aufgelistet, die unter Anwendung eines bestimmten Pflegekonzeptes und in Wahrnehmung unterschiedlicher Funktionen durchgeführt werden sollen oder müssen. Welche Kenntnisse, Fähigkeiten und Einstellungen (Kompetenzen) dazu erlernt werden müssen, bleibt der Interpretation der Lehrenden (im besten Falle) oder der gesetzgebenden Behörden (im weniger günstigen Falle) überlassen. Zumindest für den deutschen Text kann aber auch gesagt werden, dass manche Formulierungen an wohl bekannte Schlagworte erinnern. Hier ist Sprache nicht immer hilfreich, wenn es um die Entwicklung neuer Gedanken oder die Erweiterung gedanklicher Horizonte geht.

Es bleibt abzuwarten, welche Konsequenzen aus diesen Entwicklungen erwachsen. Einerseits bilden diese beiden Berichte und Empfehlungen des Beratenden Ausschusses erstmals eine inhaltlich-pädagogische Herausforderung an die Ausbilderinnen, indem sie ergebnis- und/oder kompetenzbezogene Kriterien zur Harmonisierung der Ausbildung anführen, wobei auch hier in einem weiteren Schritt zu prüfen wäre, inwieweit eine solche Herausforderung z.B. Konsequenzen für die Qualifikation der Lehrenden fordert. Andererseits stellt sich die Frage, ob der Beratende Ausschuss für die Ausbildung in der Krankenpflege in der Europäischen Union bei seiner Arbeit mit den rasanten Entwicklungen und den notwendigen pragmatischen Reaktionen auf politischer und berufspolitischer Ebene in den einzelnen Ländern Schritt halten kann. Der Pflegeberuf und die Pflegeausbildungen in den Ländern unterliegen permanenten Veränderungen und Anpassungen – können die behördlichen Strukturen dem gerecht werden? Die Harmonisierung der Pflegeausbildungen auf der Basis kompetenzbezogener und damit qualitativer Kriterien ist aber auf jeden Fall eher realisierbar als auf der Basis formaler, quantitativer Kriterien.

1.3 Die Perspektive der Bildung

(Margot Sieger)

1.3.1 Qualifikationserwerb und Persönlichkeitsbildung

Unstrittig ist, dass es auch in den Berufsausbildungen um Bildungsprozesse geht. Nicht ganz so eindeutig ist allerdings die Frage zu beantworten, welchem Bildungsverständnis gerade in den Pflegeausbildungen gefolgt werden soll? Das Bildungsverständnis der Berufpädagogik betont beide Anteile: Zum einen geht es in beruflichen Bildungsprozessen um die Vermittlung und Aneignung berufsbezogener Qualifikationen, zum anderen um die Befähigung der Lernenden zur gesellschaftlichen Teilhabe (Lempert, 1976). Sowohl der Anspruch, neben dem Erwerb berufsbezogener Qualifikationen auch eine Befähigung zur kritischen Distanz gegenüber den beruflichen Bedingungen und gesellschaftlichen Erwartungen zu erwerben, als auch die Forderung, nicht nur den vorgegebenen Leistungsansprüchen gerecht zu werden, sondern gleichzeitig auch über Kompetenzen zu verfügen, um diese Ansprüche begründet hinterfragen zu können, haben bis heute nichts an Aktualität eingebüßt (Arnold und Lipsmeier, 1995; Schewior-Popp, 1998; Bertram, 1999). Auch die Bildungskommission NRW ist in ihrer Denkschrift um einen zeitgemäßen Bildungsbegriff bemüht: Bildung soll «als individueller, aber auf die Gesellschaft bezogener Lern- und Entwicklungsprozess verstanden werden, in dessen Verlauf die Befähigung erworben wird:

- den Anspruch auf Selbstbestimmung und die Entwicklung eigener Lebens-Sinnbestimmungen zu verwirklichen
- diesen Anspruch auch für alle Mitmenschen anzuerkennen
- Mitverantwortung für die Gestaltung der zwischenmenschlichen Beziehungen und der ökonomischen, gesellschaftlichen, politischen und kulturellen Verhältnisse zu übernehmen und

- die eigenen Ansprüche, die Ansprüche der Mitmenschen und die Anforderungen der Gesellschaft in eine vertretbare, den eigenen Möglichkeiten entsprechende Relation zu bringen.

Schulisches und außerschulisches Lernen können auf einen Begriff von Bildung, dessen emanzipatorischer Gehalt sich gegen eine Beschränkung von Bildungsprozessen auf den Erwerb von gesellschaftlich nützlichen Qualifikationen sperrt, nicht verzichten. Schulische Bildung und Erziehung ist in ihren Zielen, Inhalten und Formen keine bloße Funktion von gesellschaftlichen Entwicklungen. Sie reagiert nicht einfach auf Verhältnisse und Prozesse, sondern hat die Aufgabe, diese unter dem Gesichtspunkt einer Verantwortung für die Lebens- und Entwicklungsmöglichkeiten junger Menschen zu beurteilen und mitzugestalten» (1995, S. 31 ff.).

Vor dem Hintergrund der jüngsten Entwicklungen sollte diese Balance zwischen der Qualifizierung für den Beruf und der Persönlichkeitsbildung auch vor dem Hintergrund der Veränderungen in der Arbeitswelt diskutiert werden. Diese Veränderungen sind gekennzeichnet durch:

- wachsende Unsicherheit des Arbeitsplatzes
- Veränderungen der Arbeitssituation als Folge der Strukturveränderungen in den Einrichtungen des Gesundheitswesens
- die Delegation von Verantwortung
- veränderte Arbeitszeitmuster – nicht zuletzt durch
- das Verhältnis von bezahlter zu unbezahlter Arbeit.

Darum müssen die Bildungsziele so gesetzt werden, dass eine Teilnahme am Wandlungsprozess und auch an der Gestaltung neuer Perspektiven möglich wird (Bildungskommission NRW, 1995).

1.3.2 Bildung in einer multikulturellen Gesellschaft

«Bildung in der Neuzeit hat immer auch für sich in Anspruch genommen, Brücken zu schlagen zwischen Menschen unterschiedlicher Herkunft und Lebensart, zwischen verschiedenen Lebensräumen, zu zurückliegenden Epochen und in die Zukunft hinein». (Bildungskommission NRW, 1995, S. 117) In der Ausbildung der Pflegeberufe findet dieses Postulat seinen Niederschlag auf ganz unterschiedlichen Ebenen: Die verstärkte Diskussion um den Prozess der Professionalisierung ließ die Pflegenden neugierig über den nationalen Tellerrand hinausschauen und in das näher gerückte Europa und in die weiter entfernten Staaten blicken. Gerade die Kranken- und Kinderkrankenpflegeschulen bemühten sich, Kontakte innerhalb der Ausbildungsstätten Europas herzustellen und Partnerschaften aufzubauen, um so die sprachlichen Barrieren zu überwinden und einen gegenseitigen Lernprozess zu initiieren, der das Verstehen der Andersartigkeit zum Ziel hatte. Durch die Öffnung Europas erhofft sich die Pflege aber auch Impulse zur weiteren wissenschaftlichen Entwicklung des Faches.

Andererseits wurden gerade in den Pflegeberufen auf Grund des Arbeitskräftemangels Krankenschwestern aus dem Ausland und hier insbesondere aus Korea und den Philippinen nach Deutschland «importiert», ohne die Folgen für das Zusammenleben in einem neuen Kulturkreis im Vorfeld zu antizipieren und ohne umfassende Hilfe zur Integration in das westeuropäische Arbeits- und Kulturverständnis zu leisten. Multikulturalität zeigt sich bis heute in der Rekrutierung des beruflichen Nachwuchses. Gerade die hier aufgewachsenen jungen Frauen, die jedoch sozial in einen anderen Kulturkreis eingebunden sind, bewerben sich verstärkt um eine Ausbildung in den sozialen Berufen. Sie sind gerade in der Pflege mit der Notwendigkeit der unmittelbaren körperlichen Berührung konfrontiert, die für sie häufig im Gegensatz zu den sozialen Normen des eigenen Kulturkreises steht.

Besonders die Frauen aus Osteuropa müssen auf ganz unterschiedlichen Ebenen auf die Auseinandersetzung mit dem Fremden vorbereitet werden. Neben den Anforderungen des Arbeitslebens und dem Erlernen der Sprache stehen die Auseinandersetzung mit der neuen Gestaltung der Frauenrolle und mit häufig erheblich jüngeren Vorgesetzten in Ausbildung und Betrieb sowie die Konfrontation mit einer multikulturellen und quer durch die sozialen Schichten verlaufenden Klientel.

Die gesamte Palette gesellschaftlicher Auseinandersetzung um kulturelle Integration und Erhalt der eigenen Identität finden sich zugespitzt im Kranksein und Gepflegtwerden im gesundheitlichen Versorgungssystem dieses Landes. Hier treffen unter Umständen Pflegende aus Osteuropa auf Klientinnen bzw. Patientinnen aus Afrika und aus den südlichen Ländern Europas in einem deutschen System gesundheitlicher Versorgung aufeinander. Umso schwieriger wird es für die Pflegenden, das jeweilige Fremde zu identifizieren, um es in die praktische Arbeit integrieren zu können (Kellnhauser und Schewior-Popp, 1999). Hierauf muss die Ausbildung vorbereiten und das Leben und Arbeiten in und mit einer multikulturellen Gesellschaft im Klassenzimmer der Ausbildungsstätte selbst zum Thema machen (Sieger und Zegelin, 1999).

1.4 Der Rahmen der Berufsgesetze

(Margot Sieger)

Da alle Bildungsprozesse auf zukünftiges Handeln ausgerichtet sind, erscheint es notwendig, die gesellschaftlichen Entwicklungen, sofern sie mittelbar oder unmittelbar für den Beruf relevant erscheinen, aufzugreifen und in den Bildungsprozess einzubinden. Grundlegend für den Ausbildungsauftrag auf der normativen Ebene bleiben aber die Rahmenvorgaben der Berufsgesetze. In der Erstausbildung unterscheiden wir heute zwischen der Krankenpflege, der Kinderkrankenpflege, der Altenpflege und der Entbindungspflege. Gelegentlich werden auch Haus- und Familienpflege, Dorfpflege und Heil- und Erziehungspflege als Pflegeberufe bezeichnet;

diese Berufe werden in der Regel aber eher dem hauswirtschaftlichen bzw. dem pädagogischen Bereich zugeordnet (Rennen-Allhoff und Bergmann-Tyacke, 1999). Unberücksichtigt bleiben auch die Ausbildungsgänge auf dem Helferinnenniveau. Die Ausbildung zur Krankenschwester bzw. zum Krankenpfleger sowie zur Kinderkrankenschwester bzw. zum Kinderkrankenpfleger ist im Krankenpflegegesetz sowie durch die Ausbildungs- und Prüfungsverordnung von 1985 und zuletzt durch die Rechtsangleichung im Einigungsvertrag von 1989 bundeseinheitlich geregelt. Beides sind selbstständige Ausbildungsgänge. Bundesgesetzlich geregelt ist auch die Ausbildung der Hebammen und Entbindungspfleger. Hier finden wir die leitenden Ziele für die Berufe.

Für die Kranken- und Kinderkrankenpflegeausbildung werden die Kenntnisse, Fähigkeiten und Fertigkeiten gefordert, die zur verantwortlichen Mitwirkung bei der Verhütung, Erkennung und Heilung von Krankheiten notwendig sind. Dabei soll die Ausbildung insbesondere gerichtet sein auf:

1. «die sach- und fachkundige, umfassende, geplante Pflege der Patientin,
2. die gewissenhafte Vorbereitung, Assistenz und Nachbereitung bei Maßnahmen der Diagnostik und Therapie,
3. die Anregung und Anleitung zu gesundheitsförderndem Verhalten,
4. die Beobachtung des körperlichen und seelischen Zustandes des Patienten und der Umstände, die seine Gesundheit beeinflussen, sowie die Weitergabe dieser Beobachtungen an die an der Diagnostik, Therapie und Pflege Beteiligten,
5. die Einleitung lebensnotwendiger Sofortmaßnahmen bis zum Eintreffen der Ärztin oder des Arztes,
6. die Erledigung der Verwaltungsaufgaben, soweit sie in unmittelbarem Zusammenhang mit den Pflegemaßnahmen stehen.» (Kurtenbach, Golombeck und Siebers, 1992, S. 7)

Für die Ausbildung zur Hebamme bzw. zum Entbindungspfleger gilt: «Die Ausbildung soll insbesondere dazu befähigen, Frauen während der Schwangerschaft, der Geburt und dem Wochenbett Rat zu erteilen und die notwendige Fürsorge zu gewähren, normale Geburten zu leiten, Komplikationen des Geburtsverlaufs vorzeitig zu erkennen, Neugeborene zu versorgen, den Wochenbettverlauf zu überwachen und eine Dokumentation über den Geburtsverlauf anzufertigen.» (Kurtenbach, Golombeck und Sieber, 1992, S. 59)

Ganz anders verhält es sich in der Ordnung der Altenpflegeausbildung. Bis dato sind diese Ausbildungen auf der Länderebene geregelt und zeichnen sich dadurch aus, dass sie in einer kaum mehr überschaubaren Vielzahl von Zeitvarianten und Sonderlösungen im Verhältnis von schulisch-theoretischer und praktischer Berufsqualifizierung zerfallen [Becker/Meifort 1997]. Entsprechend heterogen sind die Ausbildungsziele. Allerdings zeigt ein Vergleich [Rustemeier-Holtwick 1998], dass fast alle Gesetze das Ausbildungsziel, die Vermittlung der Kenntnisse, Fähigkeiten und Fertigkeiten, die zur eigenverantwortlichen, ganzheitlichen und selbstständigen Pflege und Betreuung, Beratung, Aktivierung und Rehabilitation alter, pflegebedürftiger Menschen erforderlich sind, aufgreifen.

Seit dem 17. November 2000 wurde nun ein bundeseinheitliches Gesetz über die Berufe in der Altenpflege (Altenpflegegesetz – AltPflG) verabschiedet, dass auch im August 2001 in Kraft treten soll. Das Kernziel ist in einer Formulierung erhalten geblieben: «Die Ausbildung in der Altenpflege soll die Kenntnisse, Fähigkeiten und Fertigkeiten vermitteln, die zur selbstständigen und eigenverantwortlichen Pflege einschließlich der Beratung, Begleitung und Betreuung alter Menschen erforderlich sind. Dies umfasst insbesondere:

1. die sach- und fachkundige, den allgemein anerkannten pflegewissenschaftlichen, insbesondere den medizinisch-pflegerischen Erkenntnissen entsprechende, umfassende und geplante Pflege,
2. die Mitwirkung bei der Behandlung kranker alter Menschen einschließlich der Ausführung ärztlicher Verordnungen,
3. die Erhaltung und Wiederherstellung individueller Fähigkeiten im Rahmen geriatrischer und gerontopsychiatrischer Rehabilitationskonzepte,
4. die Mitwirkung an qualitätssichernden Maßnahmen in der Pflege, der Betreuung und der Behandlung,
5. die Gesundheitsvorsorge einschließlich der Ernährungsberatung,
6. die umfassende Begleitung Sterbender,
7. die Anleitung, Beratung und Unterstützung von Pflegekräften, die nicht Pflegefachkräfte sind,
8. die Betreuung und Beratung alter Menschen in ihren persönlichen und sozialen Angelegenheiten,
9. die Hilfe zur Erhaltung und Aktivierung der eigenständigen Lebensführung einschließlich der Förderung sozialer Kontakte und
10. die Anregung und Begleitung von Familien- und Nachbarschaftshilfe und die Beratung pflegender Angehöriger.

Darüber hinaus soll die Ausbildung dazu befähigen, mit anderen in der Altenpflege tätigen Personen zusammen zu arbeiten und diejenigen Verwaltungsarbeiten zu erledigen, die in unmittelbarem Zusammenhang mit den Aufgaben in der Altenpflege stehen.» (§3 AltPflG)

Schon beim Vergleich dieser Ziele für die Ausbildung werden das unterschiedliche Profil der Einzelberufe sowie deren gemeinsamer Kern deutlich (vgl. hierzu auch: Bundesausschuss der Länderarbeitsgemeinschaft der Lehrerinnen und Lehrer für Pflegeberufe, 1997). Gerade der Vergleich zwischen Kranken- und Altenpflege ist meiner Auffassung nach auch ein guter Beleg für die Entwicklung innerhalb der Pflegeberufe in den letzten zehn Jahren. Diese inhaltliche Differenzierung, wie sie für die Altenpflegeausbildung entfaltet wird, bedarf einer Äquivalents für die Kranken- und Kinderkrankenpflege.

1.5 Die Perspektive der Pflegenden

(Margot Sieger)

Gestaltung und Interpretation der normativen Grundlagen des Berufes speisen sich aus dem Wissen um dessen Anforderungen und Bedingungen, aber auch aus den individuellen beruflichen Erfahrungen, die durch die Konfrontation mit alltäglichem Handeln gefestigt oder modifiziert werden. Die historische Entwicklung des Berufes, die Entwicklung einer beruflichen Identität der Berufsangehörigen verweisen insbesondere in den Pflegeberufen auf eine konfliktreiche Auseinandersetzung zwischen vielfältigen, zum Teil widersprüchlichen Rollenerwartungen, idealisierten Berufsvorstellungen und schwierigen Arbeitsbedingungen (Taubert, 1992).

Die Verknüpfung von sozialen Strukturen und individuellen Kompetenzen bildet einen zentralen Bezugspunkt in der gesellschaftlichen Konstitution von Berufen (Bolte und Treutner, 1983). Die soziale und personale Bedeutung der Arbeit sowie die kollektiv artikulierten Interessenstandpunkte sind für das Verständnis der gesellschaftlichen Definition und der individuellen Einschätzung von Berufen wichtiger als die technisch organisatorischen Aspekte der Arbeitstätigkeit (Heinz, 1991). Ergänzt um die subjektiven Ansprüche, die das Individuum an die Arbeit hat, festigen Austauschprozesse im kollegialen Kontext die Berufsposition. In Weiterbildungen und Fachkongressen werden neue Impulse und Anregungen die Kenntnisse erweitern und vertiefen, und im beruflichen Alltag werden durch neue Anforderungen neue Fertigkeiten in das eigene Handlungsrepertoire integriert. All diese vielfältigen Aspekte bestimmen das Bild eines Berufes als soziales Konstrukt.

Ein solches Konstrukt wird nachfolgend vorgestellt. Es handelt sich um einen von der Autorin modifizierten Auszug aus dem Gutachten für den Sachverständigenrat der konzertierten Aktion im Gesundheitswesen (Sieger/Kunstmann, 1997/98). Diese Darstellung ist das Ergebnis eines konsensuellen Verfahrens der Autoren mit den Pflegeverbänden auf Bundesebene (Deutscher Pflegerat). In dem Abstimmungsverfahren mit dem gesamten Sachverständigenrat wurde eine in Teilen modifizierte und reduzierte Fassung veröffentlicht (vgl. Sachverständigenrat, 1997, S. 170–196).

1.6 Das soziale Berufskonstrukt «Pflege»

(Margot Sieger)

1.6.1 Ziele der Pflege

Die Pflegenden betonen vorrangig den Doppelcharakter pflegerischer Arbeit: Einerseits versteht sich die Pflege als Dienstleistung für den pflegebedürftigen Menschen in verschiedenen Lebenssituationen, gleichzeitig aber hebt die Pflege den individuellen Beziehungsprozess zwischen Pflegenden und Patientinnen bzw. Pflegebedürftigen hervor, da im Sinne des «‹Uno-actu-Prinzips› Nutzerinnen und Professionelle bei der Erstellung einer Dienstleistung eng zusammenwirken, Produktion und Konsumtion der Leistung also eine Einheit bilden» (Herder-Dornreich, 1992, S. 442).

Pflege wird erbracht mit dem Ziel, die Selbstständigkeit des Pflegebedürftigen zu erhalten, sobald als möglich wieder herzustellen oder diesen zu befähigen, mit Einschränkungen in der eigenen Lebensgestaltung umzugehen bzw. trotz der Einschränkungen neue Lebensqualitäten für sich zu entdecken. Die Entscheidungsfähigkeit und Handlungsautonomie des Pflegebedürftigen gilt es zu sichern, seine emotionale Betroffenheit zu verstehen oder wie es der International Council of Nursing (ICN) formuliert: Zur Pflege gehört die Achtung vor dem Leben, vor der Würde und den Grundrechten der Menschen (Sieger und Kunstmann, 1997/98).

Die Ziele der Pflege erschließen sich aus der Auseinandersetzung zwischen gesellschaftlichen Anforderungen und dem durch die Pflegekraft erhobenen Bedarf an Hilfe in den Lebenssituationen, in denen die eigene Kompetenz, die eigenen Kräfte nicht ausreichen, um Gesundheitsprobleme sowie körperliche und psychische Einschränkungen zu bewältigen.

Die gesellschaftlichen Anforderungen an den Beruf sind gekennzeichnet durch:
- einen erhöhten Bedarf an Pflege, ausgelöst durch die demographischen Entwicklungen
- die Chronifizierung der Krankheiten und die Multimorbidität bei älteren Menschen sowie
- steigende Ansprüche an eine menschen- und altersgerechte Versorgung im Alter bei gleichzeitigem relativen Rückgang der familiären Pflegekapazitäten.

Dies führt zur steigenden Inanspruchnahme professioneller pflegerischer Dienstleistungen.

Die jüngsten Entwicklungen in der Gesundheits- und Sozialgesetzgebung veränderten die traditionellen Strukturen, die eine strikte Trennung zwischen ambulanten und stationären Versorgungsbereichen vorsahen. Sie wurden durch die vor- und nachstationäre Versorgung, das ambulante Operieren, die teilstationäre Versorgung und die Regelungen des Pflegeversicherungsgesetzes aufgebrochen. Es veränderten sich die Organisation, das Aufgabenspektrum, die herkömmlichen Arbeitsteilungen sowie die Finanzierungsmodalitäten sowohl im Bereich der Krankenhauspflege, in der stationären Pflege älterer Menschen als auch in der häuslichen Pflege.

Grundsätzlich und nicht nur aus Kostengründen wird inzwischen die ambulante Versorgung gegenüber der teilstationären und stationären Versorgung bevorzugt. Gleichzeitig greift der Gedanke Raum, dass durch die Koordination von Diensten und durch Kooperation von Leistungsanbietern den Menschen besser und effektiver geholfen werden kann, als durch die bisherige Trennung. Die Verlagerung ganzer Behandlungssequenzen aus dem stationären in den ambulanten Bereich führt dazu, dass schwere Pflegebedürftigkeit ohne die baulichen, materiellen und technischen Standards eines Krankenhauses von den Pflegenden sach- und fachgerecht bewältigt werden muss. Die Aufhebung der scharfen Abgrenzung zwischen ambulanter und stationärer Versorgung führt zurzeit an den Übergängen der Systeme («Schnittstellen») zu einer Diskontinuität in der Versorgung und zieht somit zusätzlichen Versorgungsbedarf nach sich. Diese Schnittstellenproblematik betrifft nicht nur die Grenze zwischen ambulanter und stationärer Versorgung, sondern gleichermaßen die Koordination der Leistungen unterschiedlicher Anbieter und verschiedener Professionen.

Ziele und Interventionen der Pflege sind jeweils ausgerichtet auf die individuelle Situation eines Menschen und auf die jeweils spezifische Problemlage des Einzelnen. Durch die Begleitung in der Auseinandersetzung, Bearbeitung und möglichen Bewältigung von Krankheitsprozessen schaffen die Pflegenden Entlastung für das Individuum und lassen durch professionelle Anteilnahme Krankheit nicht in der Anonymität des Einzelschicksals verschwinden, sondern ermöglichen eine Verbindung von Individuum und Gesellschaftlichkeit. Somit können pflegerische Konzepte nur mit und nicht gegen den Willen und die Bedürfnisse des Individuums entwickelt werden. Dadurch wird die Compliance zwischen Betroffenen und Pflegenden gestärkt, die Hilfe wird effizienter.

1.6.2 Pflegerische Arbeit

Pflegerische Arbeit wird sichtbar im unmittelbaren Handeln an der Person und in der handwerklichen Unterstützung des bzw. der Pflegebedürftigen bei der alltäglichen Lebensbewältigung. Dieser sichtbare Anteil pflegerischer Arbeit leitet sich ab aus dem Aufbau, der Entwicklung und der Gestaltung einer professionellen Beziehung als Kern pflegerischer Arbeit.

Hilfe und Unterstützung werden dann notwendig, wenn die Selbstpflegekompetenz (Orem, 1997) durch körperliche Beeinträchtigung, Schmerz, Funktionseinschränkungen, psychische Veränderungen und/oder Prozesse des Alterns oder besondere Lebensereignisse, wie die Geburt eines Kindes, eingeschränkt ist. Dabei wird häufig das kulturell vermittelte und gelernte Verhältnis von Nähe und Distanz überschritten. Diese zeitweise notwendigen Grenzüberschreitungen können nur durch die Notwendigkeit, unmittelbar Hilfe zu leisten und weitere Schädigungen zu verhindern, sowie durch eine berufsethische Verpflichtung dem Menschen gegenüber legitimiert werden. Diese körperliche Nähe von Gepflegter und Pflegender erfahren beide unterschiedlich. Während sich die Pflegekraft auf diese Situation einstellen kann, erlebt die Gepflegte diese Nähe u.U. als Geborgenheit, aber auch als Belastung bis hin zum Ausgeliefert sein.

Um überhaupt angemessene Hilfen anbieten zu können, brauchen die Pflegenden Informationen über:

- die Fähigkeiten der Pflegebedürftigen
- ihre Problemsicht
- ihre eigenen Ziele auf dem Weg zur Gesundheit
- ihre Vorstellungen von Lebensqualität
- ihre Wahrnehmung des Bedarfs von Pflege.

Dieser Position der Pflegebedürftigen stehen das Wissen über Gesundheit und Krankheit, über Gesundungsbedingungen und -prozesse sowie das Können und die Fertigkeiten, die Pflegebedürftige zu pflegen und ihre Belastungen zu mindern, gegenüber. Um den Bedarf an Pflege systematisch, begründet und reflexiv zu erheben, arbeiten die Pflegenden mit der Prozessmethode. Ausgehend von einer Erhebung der jeweils spezifischen Problemlage wird pflegerisches Handeln zielorientiert geplant, durchgeführt, dokumentiert und evaluiert. Das Spannungsverhältnis von Bedürfnisäußerung und professionell bewertetem Bedarf bestimmt dieses dialogische Verhältnis (WHO, 1980, 1987; Höhmann et al., 1996).

Vor diesem Hintergrund lässt sich das Spezifische der Pflege darin sehen, dass sich pflegerisches Handeln im Aushandlungsprozess zwischen den fachlichen Notwendigkeiten, den professionellen Ansprüchen und den Zielen und Möglichkeiten der Betroffenen entwickelt. Selbst wenn das Individuum infolge massiver vitaler Bedrohungen nicht in der Lage ist, seinen Willen und seine Vorstellungen kundzutun oder diese durch psychische Veränderungen nicht sinngemäß gedeutet werden können, gilt es für die Pflegenden, alle Formen von Verhalten aufmerksam wahrzunehmen, vor dem ihnen zugänglichen Lebenshintergrund zu interpretieren und in das eigene Handeln als Balance zwischen Förderung zur Selbstständigkeit, Akzeptanz der Lebenssituation und den Notwendigkeiten pflegerischer Unterstützung als Korrektiv zu integrieren. Diese Balance gilt es vor dem Hintergrund der körperlichen, geistigen und seelischen Möglichkeiten und der sozialen Konstellation des Individuums zu beherrschen.

Auf der Basis dieser professionellen Beziehung begleiten und unterstützen die Pflegenden Menschen in der individuellen Auseinandersetzung mit Krankheit, Behinderung und Leiden bis hin zum Sterben und intervenieren im Notfall, ohne sich des Einverständnisses vergewissern zu können, zum Wohle der Betroffenen. Diese Form des Zusammenwirkens von Pflegenden und Gepflegten bringt unter Umständen erhebliche psychosoziale Belastungen für die Pflegenden mit sich und beinhaltet auch die Gefahr, neue psychische Abhängigkeiten zu schaffen. Um selbst vor Gefährdungen und psychosozialen Verletzungen geschützt zu sein, muss die Pflegekraft befähigt werden, diese berufliche Beziehung zu reflektieren und aufzuarbeiten.

1.6.3 Die Patientin als Partnerin

Mit dem oben Gesagten verändert sich das traditionelle Verständnis der Rolle der Patientin als einer Person, die auf Grund ihrer Erkrankung aller weiteren sozialen Rollenverpflichtungen enthoben ist. Bisher wurde erwartet, dass sie sich den Anweisungen ihrer Therapeuten fügt bzw. dem Rat der Expertinnen folgt, um möglichst schnell wieder so weit hergestellt zu sein, dass sie die Patientinnenrolle ablegen kann. Besonders im stationären Bereich führt dieses Rollenverständnis dazu, dass die Kranke bereits bei der Krankenhausaufnahme ihre Position als Patientin sowie ihre aus der Rolle resultierenden Handlungsmöglichkeiten bzw. -einschränkungen zugewiesen bekommt. Ein über die Patienten hinweg geplanter und organisierter Tagesablauf oktroyiert der Patientin einen ungewohnten Lebensrhythmus auf, der nur selten den eigenen Bedürfnissen entspricht (Sigrist, 1978).

Diese Reduktion des Menschen auf ein

«Krankheitsbild» und die damit einhergehende Rolle blenden seine individuelle Persönlichkeit und den gewachsenen Kontext seiner spezifischen sozialen Situation aus und stehen damit im Gegensatz zu dem Rollenbild der Pflege, die die Patientin als Menschen sieht, der seine Krankheit erlebt, die Symptomatik unterschiedlich bewertet und ein jeweils lebensgeschichtlich spezifisches Verhalten entwickelt, um mit der Krankheit und dem Genesungsprozess umzugehen. Um überhaupt unterstützend tätig zu werden, ist die Pflege darauf angewiesen, die Patientin als pflegebedürftigen Menschen zu sehen und sie für diesen Prozess als Partnerin zu gewinnen, ihr also deutlich eine aktive Rolle zuzuschreiben.

Inzwischen sind viele der vom Pflegebedarf betroffenen Menschen besser aufgeklärt und «expertokratischen» Institutionen gegenüber kritisch geworden. Die Bereitschaft, die Verantwortung für das eigene Wohlergehen an die Expertinnen zu delegieren, ist deutlich gesunken. Dies gilt insbesondere für die chronisch kranken und behinderten Menschen, die sich aus der Betroffenenperspektive häufig selbst zu Spezialisten im Umgang mit ihren Gesundheitsproblemen herangebildet haben. Die Zusammenarbeit mit einer mündigen Patientin stellt aber auch erhöhte Anforderungen an die Pflegenden: Sie müssen ihr Angebot begründen, die Patientin an Entscheidungsprozessen beteiligen und auch akzeptieren, dass sie diese partiell oder gänzlich ablehnt.

Die Veränderung in der Rollendefinition erhält einen besonderen Akzent in der ambulanten Pflege. Hier ist die Pflegekraft von vornherein nicht «Herrin im eigenen Haus», sondern «Gast» im Hause der Pflegebedürftigen. Die ambulante Pflege ist grundsätzlich auf Akzeptanz, Beteiligung und Kooperation mit der Pflegebedürftigen und deren Angehörigen angewiesen. Der inzwischen häufig – auch im stationären Bereich – gebrauchte Begriff der Pflegebedürftigen als Kundin kennzeichnet deutlich die Autonomie der Patientin und die damit verbundene Zuschreibung von Entscheidungen an die Patientin selbst.

1.6.4 Prozesse der Kooperation und Koordination

Die oben beschriebene Fähigkeit, konstruktiv und partnerschaftlich Angebote auszuhandeln sowie das Recht, selbstbestimmte Entscheidungen zu akzeptieren, bezieht sich gleichwertig auf die Zusammenarbeit mit Angehörigen bzw. entsprechenden Bezugspersonen der Pflegebedürftigen. Insbesondere in der Kinderkrankenpflege ist die pflegerische Interaktion nicht auf das Kind beschränkt, sondern bezieht die Eltern als Vertreter des Kindes gleichwertig mit ein. Das historisch gewachsene Selbstverständnis der Kinderkrankenschwester als «Ersatzmutter» für das ihrer Pflege anvertraute Kind weicht einer neugewachsenen Rolle als Beraterin, Unterstützerin und ggf. Anleiterin der Eltern, die die Verantwortung für die Pflege ihres Kindes mittragen.

In der Pflege älterer Menschen stehen die Beratung und Begleitung dieser Personen sowie die Erhaltung und Aktivierung einer eigenständigen Lebensführung im Zentrum der pflegerischen Beziehung, wobei die heutigen und zukünftigen pflegerelevanten Entscheidungen vor dem Hintergrund des gelebten Lebens bewertet und im dialogischen Prozess mit der Pflegebedürftigen entwickelt werden. Auch in der Pflege älterer Menschen wird der enge Blick auf die Pflegebedürftige und die pflegefachlichen Erfordernisse mehr und mehr erweitert. Die Kooperation mit pflegenden Angehörigen bzw. anderen Bezugspersonen und die Unterstützung einer möglichst selbständigen Lebensführung sind zusätzliche pflegerische Aspekte.

Im Rahmen der Betreuung und Versorgung von Pflegebedürftigen interagieren die Pflegenden mit den Berufskolleginnen und -kollegen sowie mit einer Vielzahl von Personen anderer Gesundheits- und Sozialberufe. Diese Form der kooperativen Zusammenarbeit verlangt von den Pflegenden einen kompetenten Handlungsentwurf, der in die Expertinnen- und Expertendiskussion einzubringen ist. Sie erwartet von allen Beteiligten die Fähigkeit zu Arbeitsabsprachen und idealerweise die Ausrichtung der jeweiligen Kompetenzen auf ein gemeinsames Behandlungs- und Versorgungsziel.

Durch die ständige Präsenz der Pflegenden im stationären Bereich fällt ihnen als primäre Ansprechpartnerinnen der Pflegebedürftigen eine zentrale Verantwortung zu. Sie koordinieren die Behandlungsprozesse und erkennen die Notwendigkeit, andere Professionen zu beteiligen. Darüber hinaus müssen sie als Vermittlerinnen zwischen der Patientin und einer Vielzahl von funktionsspezifisch tätig werdenden Spezialistinnen die Bedeutung pflegespezifischer Erfordernisse angemessen vertreten und notwendige Prioritäten in der Versorgung aushandeln können. Dies ist ein schwieriger Teil pflegerischer Arbeit, treffen doch in einem solchen Team verschiedene Interessen, Präferenzen, gewachsene Strukturen, Statusdenken sowie unterschiedliche Theorie- und Denkstrukturen aufeinander.

Hier liegt ein hohes Konfliktpotenzial. Dieses Selbstverständnis des Berufes steht im klinischen Arbeitsfeld häufig in Konkurrenz und damit im Konflikt mit den Anforderungen des medizinischen Paradigmas. Ein nicht zu unterschätzender Anteil pflegerischer Arbeit bezieht sich gerade in den klinischen Bereichen auf die Hilfe und Unterstützung der Patientinnen bei diagnostischen und therapeutischen Eingriffen. Dazu gehören auch die technische Vor- und Nachbereitung und die teilweise selbständige Durchführung medizinischer Maßnahmen. Gerade die stärkere Nutzung technischer Möglichkeiten in der Medizin in Verbindung mit einer kürzeren Verweildauer der Patientinnen in klinischen Einrichtungen hat zur Folge, dass Pflegende auch die invasive Diagnostik und Therapie für die Patientin als ethische Herausforderung für den Beruf begreifen.

1.6.5 Organisation pflegerischer Arbeit

Pflegerische Arbeit im Krankenhaus bedeutet, die eigenen Arbeitsprozesse in den Kontext eines arbeitsteilig organisierten sozialen Systems zu stellen. Die Pflegende ist nicht nur für einen oder eine kleine Gruppe von Patientinnen zuständig, sondern für eine ganze Station bzw. Abteilung. Daraus resultiert für die Organisation der pflegerischen Arbeitsprozesse ein doppelter Anspruch: Das Organisationserfordernis verlangt eine rationelle, routinemäßige Bewältigung der Arbeit, während die Patientin einen individuell geprägten und rücksichtsvollen Umgang mit ihrer Person erwartet. Hinzu kommen Probleme in der Koordination der Arbeitsprozesse zwischen den Funktionsabteilungen und den Stationen.

Die zentrale Position, Ansprechpartnerin für Patientinnen zu sein, aber auch die Aufgabe, die Behandlungsprozesse zu koordinieren, bergen die Gefahr, die eigene Arbeit ständig zu unterbrechen und auf die Anforderungen anderer Abteilungen und die Erfordernisse anderer Berufsgruppen zu reagieren. In der Folge zerfällt pflegerische Arbeit auch auf den Stationen in eine Summe einzelner Funktionen. Durch diese Arbeitszergliederung werden inhaltlich und personell zusammengehörende Tätigkeiten auseinander dividiert; der Sinn der Arbeit verliert sich zwischen den Funktionen (Büssing, 1997; Elkeles, 1993; Sieger, 1996).

Diese problematische Entwicklung ist bekannt. Pflegende im Krankenhaus haben inzwischen gelernt, sich mit den Organisationsmodellen auseinander zu setzen und die zu nutzen, die den geforderten Pflegebedarf ins Zentrum der Organisationsprozesse rücken. Bezugspflege als Modifikation des «Primary nursing»-Konzepts, dazu die Aufteilung der Station in kleinere, überschaubare Einheiten sowie der Einsatz von EDV zur Unterstützung der Abstimmungsprozesse zwischen Funktionsbereich und den Betten führenden Abteilungen sollen menschliche Nähe mit dem Erfordernis einer zielgelenkten, effizienten Arbeitsorganisation verbinden.

In der häuslichen Versorgungssituation erscheint es leichter, die ursprüngliche Ganzheit der Arbeitsaufgabe zu erhalten und sich dem Lebensrhythmus der Pflegebedürftigen anzupassen. Dadurch steigt auch der Bedarf, die Ganzheitlichkeit der Pflege als Voraussetzung von Patientinnenorientierung und Partnerschaft zu erhalten. Hier wirken die Modulsysteme für die Abrechnungen der Leistungen der Pflegeversicherung kontraproduktiv, da sie zur Zergliederung und Verteilung der Arbeit und damit zur Funktionspflege verführen. Es bedarf daher für die häusliche Pflege eines Organisationsmodells, das den gesamten Bedarf zum Ausgangspunkt der Gestaltung der Arbeitsaufgabe und des Pflegeeinsatzes macht. Das im Krankenhausbereich genutzte Modell der Bezugspflege (Büssing, 1997; Elkeles, 1993) ist auch für die ambulante Versorgung ein den Ansprüchen der Pflegebedürftigen und den Ansprüchen der Pflege angemessenes Modell.

In der stationären Altenhilfe lässt sich die ganzheitliche Intention pflegerischen Handelns am deutlichsten verwirklichen, da hier die Pflege direkt im Lebensmittelpunkt der älteren Menschen anwesend ist. Auf der anderen Seite besteht durch die engen personellen Rahmenbedingungen für viele Einrichtungen die Gefahr, dass pflegerische Arbeitsprozesse organisatorisch zerteilt, funktional gegliedert und um kommunikative und aktivierende Tätigkeiten verkürzt werden, sodass die Berücksichtigung der individuellen Pflegebedürfnisse darunter erheblich leidet.

1.6.6 Zielgruppen von Pflege

Grundsätzlich kann jeder Mensch Empfängerin bzw. Empfänger von professioneller Pflege werden, sofern die persönliche Problemlage offen gelegt und professionelle Hilfe angefordert wird. Legt man die Lebensphasen als Ordnungsprinzip zu Grunde, so ist die Kinderkrankenpflege für das Früh- und Neugeborene bis hin zu Jugendlichen zuständig. Für die folgenden Lebensphasen erklärt sich in Deutschland die Krankenpflege verantwortlich, während die Altenpflege vorwiegend die Zielgruppe der älteren Menschen im Blick hat. Da Pflege den sozialen Kontext der Pflegebedürftigen als Ressourcenpotenzial nutzt, sind bei der Beschreibung der Zielgruppen auch die jeweiligen Bezugspersonen zu berücksichtigen. Sie sind in ihren Möglichkeiten und Fähigkeiten zur Unterstützung der Pflegebedürftigen zu stärken und fachlich zu beraten.

An dieser Schnittstelle sind die Grenzen zwischen professioneller Pflege und Laienpflege fließend. Definitorisch könnte die Laienpflege umschrieben werden als jede Art von Pflege, die eine Person einer anderen Person im Rahmen des kleinen sozialen Netzwerkes, dem beide angehören, auf der Basis der Bereitschaft zur Gegenseitigkeit, gibt oder von dieser Person empfängt. Vor dem Hintergrund umfassender pflegerischer Wissensbestände können Laien von Professionellen in der Pflege beraten und angeleitet werden. Darüber hinaus können professionell Pflegende situations- und fallbezogen beurteilen, welche Tätigkeiten von Laien in welchem Umfang übernommen werden können und wann und womit diese durch fehlendes Wissen bzw. Können oder durch ihre soziale Situation überfordert sind. Gerade in häuslichen Pflegesituationen ergänzen sich somit Laienpflege und professionelle Pflege.

Als ein weiteres sinnvolles Ordnungsprinzip kann unabhängig vom Lebensalter auch die Art und Weise der Hilfeleistung – Leistungen zur Prävention, zur Kuration, zur Rehabilitation und zur Sterbebegleitung – gesehen werden. Betrachten wir schließlich den Bedarf an Pflege vor dem Hintergrund ihrer Intensität, so lassen sich im Verständnis der Progressivpflege, «Progressive Patient Care», die Phasen der Intensivpflege, der Normalpflege, der Langzeitpflege und der Minimalpflege unterscheiden (Locher, 1975).

1.7 Für die Pflegeberufe relevante Kompetenzen

(Margot Sieger)

Das soziale Konstrukt des Pflegeberufes konstituiert sich immer wieder neu. Jede politische, strukturelle, institutionelle und berufsprofessionelle Entwicklung bestimmt das aktuelle Bild und bildet die Entwicklungs- und Äußerungsschablone (Hurrelmann, 1991) für das Subjekt. Das zurzeit aktuelle Bild aus den verschiedenen Perspektiven und aktuellen Entwicklungen wurde aufgezeichnet. Dies soll nun mit dem vorgestellten Bildungsbegriff verbunden werden, der – wie in unserem Fall – die Entwicklung der Persönlichkeit im Blick hat. Aus der Verknüpfung beider Ansprüche lassen sich die Entwicklungsmöglichkeiten für den Einzelnen entfalten und die für die Ausbildung in den Pflegeberufen erforderlichen Kompetenzen herausarbeiten: In der Annäherung an den Kompetenzbegriff gilt es zu unterscheiden zwischen Kompetenz und Performanz. Dieser Unterschied fußt darauf, dass das System der Kompetenzen als universal oder sehr stabil, als eine jedem Menschen eigene Bedingung (Basiskompetenz; **Abb. 1-1**) angenommen wird. Diese universale Kompetenz ist zu unterscheiden von der tatsächlich im Alltag gezeigten individuellen Form des Gebrauchs dieser Kompetenz, der Ebene der Performanz (Lenzen, 1995; Olbrich, 1999).

tes, individuelles Handlungsgeschehen. Sinn wird nur vom Einzelnen selbst hergestellt und geht hervor aus der Verbindung von Wissen und Erfahrung, also aus einer reflexiven Verarbeitung von Ereignissen und Erlebnissen mit dem Zielpunkt, Einsicht zu gewinnen (Oevermann, 1976).

Dieser Theoriezugang wird von E. Olbrich erweitert um das Verständnis von Kompetenz als ein «genuin transaktionales Konstrukt, das sowohl durch die Person als auch durch die Komponenten der Situation und deren Zusammenspiel bestimmt ist» (Olbrich, E. in: Olbrich, Ch.,

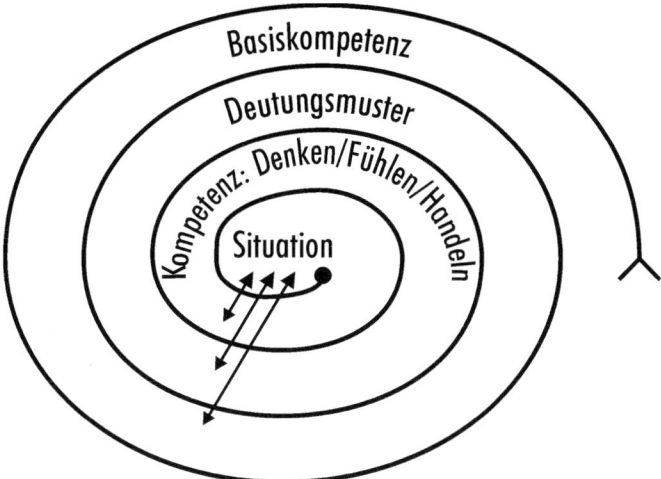

Abb. 1-1: Die Dimensionen der Basiskompetenz

Wie und in welchem Umfang von den Kompetenzen Gebrauch gemacht wird, hängt wesentlich von den performanzbestimmenden Faktoren ab:

- Die sozialen Deutungsmuster, wie Motivation, Intentionalität und Wissensbestand (Lenzen, 1995, S. 877 ff.), erwachsen aus den historischen und epochalen Zeitbedingungen. Sie sind wandelbar und zeigen sich in Einstellungen, Erwartungen oder Glaubensvorstellungen.
- Die Sinnkonstitution in der Lebenspraxis begründet die Autonomie des Subjektes. Sinn aber ergibt sich nur mit Bezug auf ein konkre-

1999, S. 27). Somit werden nicht die einzelnen Faktoren, wie die Basiskompetenz, der individuelle Gebrauch der Kompetenz und die individuelle Sinnkonstitution, zu den bestimmenden Kriterien, sondern deren Zusammenwirken in der Transaktion zwischen Person und Umwelt (**Abb. 1-2**). Im Kontext der einmaligen Situation wird das Wesen der Kompetenz bestimmt. Diese Kompetenz konstituiert sich in den Bereichen des Denkens, des Fühlens und des Handelns.

Hervorgehoben wird in dieser Betrachtung ein Prozess. Es kann also schwer von einzelnen Kompetenzen gesprochen werden, sondern es erscheint Olbrich sinnvoller, von Kompetenz und ihren Komponenten zu sprechen. Pflege-

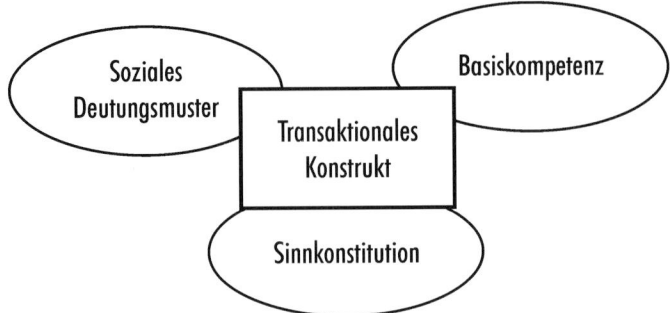

Abb. 1-2: Die Elemente des transaktionalen Konstrukts

kompetenz umfasst nicht nur einzelne Komponenten beruflichen Handelns, sondern ist Ausdruck einzelner Komponenten der Person in ihrer Gesamtheit. Kompetenz ist das Zusammenwirken von in einer Person verankerten Komponenten des Wissens, des Könnens, der Erfahrung und der Fähigkeiten. Diese Aspekte der Kompetenz sind intrasubjektiv, eine Person ist nicht an sich, sondern in Bezug zu sich oder in Bezug zu etwas kompetent (Olbrich, 1999, S. 91). Auf der Basis dieses Modells, gestützt durch empirische Ergebnisse, entwickelt Ch. Olbrich eine Theorie der Pflegekompetenz, die sich aus vier Komponenten zusammensetzt, die als Prozesse der Kompetenz zu Grunde liegen, verstanden als «auf eine Person bezogene grundlegende Prozesse, die Kompetenz bedingen» (Olbrich, 1999, S. 104). Da zwar kompetentes Handeln sichtbar ist, nicht aber die Kompetenz selbst, geht es um die Wirkmechanismen, die es einer Person ermöglichen, kompetent zu sein. Hier, im Gegenstand der Pflegekompetenz, geht es um die besondere Ausprägung und Bedeutung der einzelnen Komponenten.

1. **Routine als Basis.** Routine als Dimension des regelgeleiteten Handelns ist einerseits charakterisiert auf der Ebene des Könnens im Bereich der praktischen Fertigkeiten – die tagtäglichen Arbeitsaufgaben sind fest in das persönliche Handlungsschema eingegangen, laufen automatisch ab, ohne immer wieder reflektiert zu werden. Andererseits besteht bei routinierten Handlungsabläufen die Gefahr, dass sie auf Grund des Automatismus ihres Sinns entleert werden.

2. **Reflektierende Komponenten von Kompetenz.** Diese Komponenten der Kompetenz werden verstanden als kognitive Leistungen, als Deutungsprozess der sich auf das Denken selbst bezieht (Aebli, 1981), als Selbstbefragung des handelnden Menschen mit dem Ziel der Stärkung von Autonomie. Je mehr es dem Individuum gelingt, die Deutungsmuster seiner Sozialisation zu reflektieren, desto stetiger wächst die Autonomie des Subjektes. Bezogen auf die Pflegekraft als berufliche Person: Berufliche Autonomie wird in dem Maße zunehmen, in dem die Pflegekraft auf Grund von Reflexionsfähigkeit ihre Kompetenz erweitert.

3. **Emotionale Komponenten.** «Das Vermögen einer Pflegeperson, einer Patientin empathisch zu begegnen, ist eine elementare Voraussetzung für kompetentes pflegerisches Handeln. Dies beruht auf einer emotionalen Leistung» (Olbrich, Ch., 1999, S. 102). Die verschiedenen Anteile dieser Leistung, wie Gefühle der Anderen und die eigenen Gefühle wahrzunehmen, sich der Erwartungen bewusst sein, sich zu distanzieren, mitzufühlen und zu verstehen, kennzeichnen das Verständnis von Kompetenz als Ausdruck einer Pflegeperson in ihrer Ganzheit.

4. **Aktiv-ethische Komponenten.** Handlungsfähigkeit setzt pragmatische oder manuelle Fertigkeiten voraus, wichtiger scheint es indessen, die Handlung so zu gestalten, dass sie der Situation von ihrem Wesen her gerecht

wird. «Das Wesen einer aktiv-ethischen Kompetenz liegt in der Kunst des aktiven und sichtbaren Zusammenfügens von Komponenten, wie richtigem Tun oder Unterlassen, dem Erfassen des Wesentlichen, dem Gebrauch der Intuition, von Mut und eigener Gewissheit» (Olbrich, Ch., 1999, S. 103). Die Pflegekompetenz ist dann voll ausgeprägt, wenn das Wesentliche nicht nur erfüllt und erkannt ist, sondern wertegeleitet ist und in diesem Sinne zu einer aktiven Gestaltung der Situation führt **(Abb. 1-3)**.

1.8 Anzustrebende Qualifikationen

(Margot Sieger)
Der Systematik von Olbrich folgend lassen sich die erforderlichen Qualifikationen für eine den Anforderungen angemessene und befriedigende Ausübung eines Pflegeberufs unter der lenkenden Dimension der Pflegekompetenz erschließen.

Verstehen wir den Kompetenzbegriff als den höchsten Grad eines Lernprozesses, der die ganze Person durchdrungen hat, so bedarf es auf der Ebene der Performanz einer Beschreibung der für den Pflegeberuf relevanten Ausprägungen dieser Kompetenz. Zumal die Arbeit von Ch. Olbrich die Frage offen lässt, welche der Fertigkeiten, Fähigkeiten und Kenntnisse notwendig sind, um die Basis für eine Routine zu bilden, denn auch diese müssen im Bildungsprozess zunächst erworben werden.

Der Begriff der Qualifikation beinhaltet beide Elemente: Zum einen bezieht er sich auf die Gesamtheit der Anforderungen des Berufes, zum anderen auf die Gesamtheit der Handlungspotenziale, das das Subjekt zur Bewältigung dieser Anforderungen besitzt oder benötigt (Lenzen, 1995). Als Ergebnis der Diskussion um das

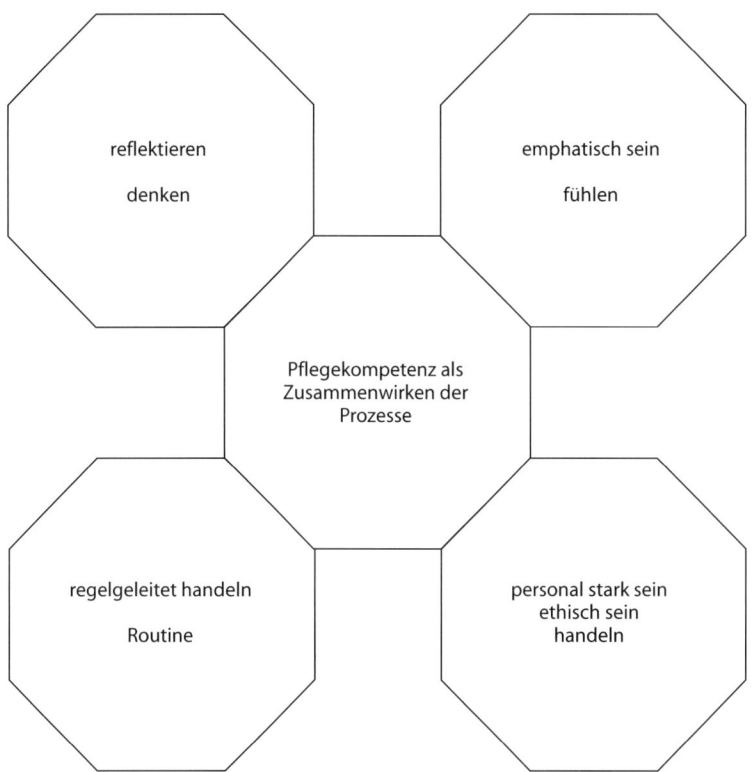

Abb. 1-3: Die einer Person zu Grunde liegenden Prozesse von Kompetenz (Quelle: Olbrich, 1999, S. 104)

soziale Berufskonstrukt Pflege sowie vor dem Hintergrund der Theorie zur Pflegekompetenz lassen sich folgende berufsrelevante Qualifikationen herausarbeiten:

- Um eine professionelle Beziehung zwischen der zu Pflegenden und der Pflegekraft aufbauen und gestalten zu können, bedarf es kommunikativer Qualifikationen. Ziel soll es sein, die Ansprüche einer professionellen pflegerischen Beziehung ernst zu nehmen und eine akzeptierende, verstehende Haltung gegenüber der Patientin bzw. Klientin zu erwerben. Das unmittelbare «Hand anlegen» an die Person, der unmittelbare Körperkontakt ist als spezifischer Aspekt der pflegerischen Beziehung hervorzuheben. Diese intime Begegnung erfordert eine sensible und verantwortungsbewusste Persönlichkeit, die in der Lage ist, eine pflegerische Situation einzuschätzen, professionell zu handeln und dabei die Integrität der Person zu respektieren. Das Professionelle dieser Beziehung ist dadurch gekennzeichnet, dass zwischen dem Wissen um theoretische Bezüge sowie dem Wissen über eine bestimmte Logik in ihrer Handhabung und dem Verstehen einer individuellen Situation vermittelt werden muss. In der konkreten Situation zeigt sich die Befähigung der professionellen Helferin durch die Gleichzeitigkeit von Begründung und Entscheidung (Oevermann, 1996). In der Situation soll ein Einverständnis über Sinn, Ziel und Art des professionellen Problembearbeitungsprozesses erreicht werden (Olk, 1986).
- Ziele und Interventionen der Pflege sind jeweils auf die individuelle Situation eines Menschen ausgerichtet. Sie sind darauf gerichtet, die Selbstständigkeit der Pflegebedürftigen zu erhalten, sobald wie möglich wieder herzustellen oder die Pflegebedürftige zu befähigen, mit Einschränkungen in der eigenen Lebensgestaltung umzugehen bzw. trotz der Einschränkungen neue Lebensqualitäten für sich zu entdecken. Um diese Balance zwischen Förderung zur Selbstständigkeit, Akzeptanz der Lebenssituation und den Notwendigkeiten pflegerischer Unterstützung vor dem Hintergrund der körperlichen, geistigen und seelischen Möglichkeiten und der sozialen Konstellation des Individuums zu beherrschen, bedarf es sowohl emphatischen Verstehens als auch der Qualifikation zur Analyse regelgeleiteten Bewertens. Dazu gehört auch das Beherrschen pflegerischer Fertigkeiten.
- Pflegerische Fertigkeiten sind auch erforderlich in der Hilfe und Unterstützung der Patientinnen bei diagnostischen und therapeutischen Eingriffen sowie bei der technischen Vor- und Nachbereitung und der teilweise selbständigen Durchführung medizinischer Maßnahmen. Gerade die stärkere Nutzung technischer Möglichkeiten in der Medizin stellt eine ethische Herausforderung auch für die Pflegenden dar. Schülerinnen müssen lernen, sich zu positionieren sowie Haltungen und Werteinstellungen zu reflektieren und zu begründen. Das Streben nach beruflicher Autonomie, das Ausweisen und Belegen des Heilfaktors «Pflege» konturiert sich insbesondere an diesem Bereich pflegerischer Arbeit. Anzustreben ist eine kritische Auseinandersetzung mit der historisch gewachsenen Bindung der Pflege an die Denk-, Handlungs- und Wertkategorien der Medizin.
- Vor diesem Hintergrund wird es notwendig, auch die Persönlichkeit der Lernenden im Sinne ihrer emanzipatorischen Entwicklung zu stärken. Dies setzt Kräfte zur innovativen Entwicklung des Berufes frei und befähigt die Schülerin, sich in Diskussionen in und um die Entwicklungen im Gesundheitswesen einzumischen und Veränderungsprozesse mit zu gestalten. Damit verbunden ist auch die Befähigung, die eigene Ausbildung kritisch zu betrachten, Eigeninitiative zu entwickeln, um Korrekturen einzuleiten und Verantwortung für das eigene Lernen zu übernehmen.
- Die Kenntnisse und Handhabung pflegerischer Arbeitsmethoden sind notwendig, um den jeweiligen Pflegebedarf zu bestimmen und um daraus pflegerische Konzepte zu entwickeln, zu implementieren und zu evaluieren. Wesentlicher Zielpunkt ist allerdings, dass diese Konzepte nur mit und nicht gegen den

Willen und die Bedürfnisse des Individuums entwickelt werden sollen. Die Stärkung einer mündigen Pflegebedürftigen bzw. Patientin erhöht auch die Anforderungen an die Pflegenden: Sie müssen lernen ihr Vorgehen zu begründen, die Patientin an Entscheidungsprozessen beteiligen und auch akzeptieren, dass sie diese partiell oder gänzlich ablehnt. Hier sind die Methoden zur Problemlösung gefragt, die dazu befähigen Handlungsalternativen zu entwickeln und «maßgeschneiderte» Angebote zu machen

- Dazu muss die Qualifikation erworben werden, den individuellen Umgang mit Migrantinnen, mit dem, was als fremd empfunden wird, vor dem Hintergrund kulturell gebundener Vorstellungen und Erklärungsmuster von Kranksein zu interpretieren und den kulturellen Faktor selbst in die Konzepte der Pflege zu integrieren. Es muss gelernt werden, die eigenen kulturellen Normen und Werthaltungen, die pflegerische Vorstellungen und Interventionen determinieren, bewusst wahrzunehmen, Fehlkommunikationen als solche zu identifizieren und sich darüber auszutauschen.
- Die Qualifikation der Schülerinnen muss auch darauf gerichtet werden, dass sie Modelle, Muster, Verfahren zur Organisation pflegerischer Arbeit auf den Grad ihrer Patientinnenorientierung hin bewerten können. Dabei sollte auch die Geschichte der Organisation sowie deren Zweck- und Zielsetzung nachvollzogen werden, um die Positionierung der Pflege innerhalb des sozialen Systems Krankenhaus, Pflegeheim usw. verstehen zu lernen. Gerade im Krankenhaus, aber auch in anderen Einrichtungen der Pflege ergeben sich erhebliche Spannungen zwischen den Anforderungen eines spezialisierten, arbeitsteilig organisierten sozialen Systems, in dem sich die Kommunikation nach geregelten Vorgaben vollzieht, und der Konfrontation der Pflegenden mit den Bedürfnissen und dem pflegerischen Bedarf der einzelnen Kranken bzw. Pflegebedürftigen. Besondere Beachtung verdienen dabei Prozesse der Kooperation und der Koordination von Arbeitsabläufen. Einerseits sind durch die strukturellen Veränderungen in unserem Gesundheitssystem neue Schnittstellen entstanden. Das gesundheitspolitische Ziel der Versorgungskontinuität hat aber andererseits den Pflegeberufen ein erweitertes Aufgabengebiet beschert und gleichzeitig die Anforderungen an eine zielgelenkte Kooperation erhöht.
- Vor dem Hintergrund umfassender pflegerischer Wissensbestände sollen die Schülerinnen qualifiziert werden, einzelne Ratsuchende sowie bestimmte Zielgruppen zu beraten, zu begleiten und anzuleiten. Über die kommunikativen Qualifikationen sollen sowohl die emotionale Nähe gefördert als auch eine kritische Distanz erreicht werden.
- Um sich selbst vor Gefährdungen und psychosozialen Verletzungen zu schützen und den eigenen Wachstumsprozess zu fördern, muss die Schülerin befähigt werden, dieses Wechselspiel von Nähe und Distanz zu reflektieren und aufzuarbeiten.

Literatur

Aebli, H.: Denken. Das Ordnen des Tuns, Band 2. Stuttgart, 1981

Arnold, R., Lipsmeier, A.: Handbuch der Berufsbildung. Leverkusen, 1995

Bals, T.: Professionalisierung des Lehrens im Berufsfeld Gesundheit. Reihe: Wirtschafts-, Berufs- und Sozialpädagogische Texte; Twardy, M. (Hrsg.). Köln, 1990 (zugl. Univ.-Diss., Osnabrück, 1989)

Becker, W., Meifort, B.: Altenpflege – eine Arbeit wie jede andere? Ein Beruf fürs Leben? Dokumentation einer Längsschnittuntersuchung zu Berufseinmündung und Berufsverbleib von Altenpflegekräften. Bielefeld, 1997

Beratender Ausschuss für die Ausbildung in der Krankenpflege, Europäische Kommission, GD XV: Bericht und Empfehlungen zur Ausbildung der für die Allgemeine Pflege verantwortlichen Krankenschwestern und Krankenpfleger in der Europäischen Union, Dokument XV/E/9432/7/96-DE. Brüssel, 1997

Beratender Ausschuss für die Ausbildung in der Krankenpflege, Europäische Kommission, GD XV: Bericht und Empfehlungen zur verlangten Fachkompetenz der für die Allgemeine Pflege verantwortlichen Krankenschwestern/Krankenpfleger in der Europäischen Union, Dokument XV/E/8481/4/97-DE. Brüssel, 1998

Bergmann-Tyacke, I.: Significance of the nursing process for basic nurse education. An exploration of the meaning of the nursing process for basic nurse education in the light of EU harmonisation. Unveröffentlichte MPhil Dissertation, School of Nursing Studies, University of Wales College of Medicine. Cardiff, 2000

Bertram, M.: Entwicklungsorientierte Berufsausbildung. Wiesbaden, 1999

Bildungskommission NRW: Zukunft der Bildung – Schule der Zukunft, Denkschrift der Kommission «Zukunft der Bildung – Schule der Zukunft» beim Ministerpräsidenten des Landes Nordrhein-Westfalen. Neuwied, Kriftel, Berlin, 1995

Bolte und Treutner (1983), zit. in: Hurrelmann, K., Ulich, D. (Hrsg.): Handbuch der Sozialisationsforschung. Weinheim, Basel, 1991

Bundesausschuss der Länderarbeitsgemeinschaften der Lehrerinnen und Lehrer für Pflegeberufe (Hrsg.): Bildung und Pflege. Wuppertal, 1997

Bundesgesetzblatt: Gesetz über die Berufe in der Altenpflege (Altenpflegegesetz-AltPflG) sowie zur Änderung des Krankenpflegegesetzes, Bonn 2000

Büssing, A. (Hrsg.): Von der funktionalen zur ganzheitlichen Pflege. Göttingen, 1997

Brucks, U., Sieger, M.: Stand und Perspektiven der Weiterbildung zu Lehrern an Krankenpflegeschulen. In: Zeitschrift für Berufs- und Wirtschaftspädagogik, 79. Band, Heft 7. Wiesbaden, 1983

Deutscher Bildungsrat für Pflegeberufe (Hrsg.): Bildungskonzept. Göttingen, Eschborn, 1994

Deutscher Bildungsrat für Pflegeberufe (Hrsg.): Weiterbildungskonzept. Göttingen, Eschborn, 1997

Elkeles, Th.: Arbeitsorganisation in der Krankenpflege – Zur Kritik der Funktionspflege. Frankfurt 1993

Ersta University College: Nurturing Neighbours in Nursing. Proceedings of the Second Baltic-Nordic Conference on Co-operation in Nurses' Education in June 1996. Stockholm, 1996

Grauhan, A.: Reflexionen über den Fortschritt in der Krankenpflege. Heidelberg, 1990

Heinz, W.: Berufliche und betriebliche Sozialisation. In: Hurrelmann, K., Ulich, D.: Neues Handbuch der Sozialisationsforschung. Weinheim, Basel, 1991

Herder-Dornreich, Ph.: Dienstleistungsökonomie. In: Lexikon des Sozial- und Gesundheitswesens. München, Wien, 1992

Höhmann, U., Weinrich, H., Gätschenberger, G.: Die Bedeutung des Pflegeplans für die Qualitätssicherung in der Pflege. Forschungsbericht 261, Bundesministerium für Sozialordnung, Bonn, 1996

Kellnhauser, E., Schewior-Popp, S.: Ausländische Patienten besser verstehen. Stuttgart, New York, 1999

Kurtenbach, H., Golombeck, G., Siebers, H.: Krankenpflegegesetz mit Ausbildungs- und Prüfungsverordnung für die Berufe in der Krankenpflege. Stuttgart, 1986

Lempert, W.: Berufsbildung – Berufliches Schulwesen. In: Wulf, Ch. (Hrsg.): Wörterbuch der Erziehung. München, Zürich, 1976

Lenzen, D. (Hrsg.): Pädagogische Grundbegriffe, Band 2. Reinbek, 1995

Locher, H.: Der Pflegedienst im Krankenhaus. Bern, 1975

Mayntz, R. et al.: Differenzierung und Verselbständigung zur Entwicklung gesellschaftlicher Teilsysteme. Frankfurt, 1989

Ministerium für Arbeit, Gesundheit und Soziales des Landes Nordrhein-Westfalen: Empfehlungen zur Durchführung von Modellstudiengängen für Lehr- und Leitungsfunktionen in der Pflege. Düsseldorf, 1992

Ministerium für Arbeit, Gesundheit und Soziales des Landes Nordrhein-Westfalen (Hrsg.): Strukturreform der Pflegeausbildungen. Ahaus, 1996

Oevermann, U.: Programmatische Überlegungen zu einer Theorie der Bildungsprozesse und zur Strategie der Sozialisationsforschung. In: Hurrelmann, K. (Hrsg.): Sozialisation und Lebenslauf. Reinbek, 1976

Oevermann, U.: Theoretische Skizze einer revidierten Theorie professionalisierten Handelns. In: Comber, A., Helsper, W. (Hrsg.): Pädagogische Professionalität. Frankfurt/M., 1996

Olbrich, Ch.: Pflegekompetenz. Bern, Göttingen, Toronto, Seattle, 1999

Olk, T.: Abschied vom Experten. Weinheim, München, 1986

Orem, D.: Strukturkonzepte der Pflegepraxis. Berlin, Wiesbaden, 1997

RCN Education Forum: Edlines. January, 2000

Rennen-Allhoff, B., Bergmann-Tyacke, I.: Lehrerinnen und Lehrer für Pflegeberufe in Europa. Ausbildungsstandards in den EU-Mitgliedsstaaten. Bern, 2000

Rustemeier-Holtwick, A.: Altenpflegeschulen. In: Bergener/Fischer/Heimann/Strohkamp/Thiele (Hrsg.): Management Handbuch Alteneinrichtungen. Heidelberg, 1998

Sachverständigenrat für die Konzertierte Aktion im Gesundheitswesen: Sondergutachten 1997: Gesundheitswesen in Deutschland, Kostenfaktor und Zukunftsbranche, Band II: Fortschritt und Wachstumsmärkte, Finanzierung und Vergütung. Baden-Baden, 1997

Schelten, A.: Einführung in die Berufspädagogik. Stuttgart, 1994

Schewior-Popp, S.: Handlungsorientiertes Lehren und Lernen. Stuttgart, 1998

Sieger, M.: Organisation pflegerischer Arbeit – kooperative und individuelle Möglichkeiten ihrer Bewältigung. In: Evangelische Fachhochschule Rheinland Westfalen Lippe (Hrsg.): Jahres Ringe. Bochum, 1996

Sieger, M.: Wohin führt uns der Weg wissenschaftlicher Pflege? In: Hygiene Praxis 1/1997, S. 5

Sieger, M.: Bildungsziele für die Berufsausbildung im Gesundheits- und Sozialwesen. In: Bundesausschuss der Länderarbeitsgemeinschaften der Lehrerinnen und Lehrer für Pflegeberufe (Hrsg.): Bildung und Pflege. Wuppertal, 1997

Sieger, M., Zegelin, A.: Berufspädagogische und didaktische Orientierungen sowie fachdidaktische Implikationen für die Pflege. In: Ministerium für Frauen, Jugend, Familie und Gesundheit des Landes Nordrhein-Westfalen (Hrsg.): Arbeitsauftrag und Zwischenbericht der Landeskommission zur Erstellung eines landeseinheitlichen Curriculums als empfehlende Ausbildungsrichtlinie für die Kranken- und Kinderkrankenpflegeausbildung. Düsseldorf, 1999

Sieger, M., Kunstmann, W. in: Deutscher Pflegerat (Hrsg.): Pflegerischer Fortschritt und Wandel – Beitrag zum Sondergutachten 1997 des Sachverständigenrates für die Konzertierte Aktion im Gesundheitswesen. Göttingen, 1998

Sigrist, J.: Arbeit und Interaktion im Krankenhaus. Stuttgart, 1978

Taubert, J.: Pflege auf dem Weg zu einem neuen Selbstverständnis. Berufliche Entwicklungen zwischen Diakonie und Patientenorientierung. Frankfurt, 1992

Weltgesundheitsorganisation/WHO/Europa: Mittelfristiges Programm für das pflege- und Hebammenwesen in Europa (1976–1983). Kopenhagen, 1980

Weltgesundheitsorganisation/WHO/Europa: People's needs for nursing care? Kopenhagen, 1987

Zander, Ch.: Curriculumentwurf für einen Diplomstudiengang Pflege in der Fachrichtung Sozialwesen an einer Fachhochschule. In: Bartholomeyczik, S., Mogge-Grotjahn, H., Zander, Ch. (Hrsg.): Pflege als Studium. Bochum, 1993

2 Curricula und deren Bedeutung für die Ausbildung

Barbara Knigge-Demal

2.1 Problemabriss

Die Krankenpflege- und Kinderkrankenpflegeausbildung ist durch das Krankenpflegegesetz (KrPflG) und die Krankenpflegeausbildungs- und Prüfungsverordnung (KrPflAPrV) vom 16. Oktober 1985 geregelt (vgl. Kurtenbach et al., 1998). Die im § 4 benannten Ziele des Berufes sowie die Ausbildungs- und Prüfungsverordnung bieten einen Interpretationsspielraum, der im positiven Sinne eine Vielfalt curricularer Gestaltungsmöglichkeiten eröffnet. Zugleich bestehen hierin die Schwächen des Gesetzes, die sich dann durchsetzen, wenn es außer der Ausbildungs- und Prüfungsverordnung keinerlei verbindliche Regelungen gibt, die eine Qualitätssicherung und Vergleichbarkeit von Ausbildungs- und Prüfungsanforderungen ermöglichen. Curricula für die Pflegeausbildung müssen sich einerseits den gesetzlichen Anforderungen stellen und den Interpretationsspielraum, den die Berufsgesetze eröffnen, operationalisieren und andererseits der Entwicklung innerhalb der Pflegeberufe Rechnung tragen. In den letzten zehn Jahren haben sich – nicht zuletzt abhängig von der Akademisierung der Pflege – veränderte Anforderungen an den Beruf artikuliert. Dazu beigetragen haben:

- der veränderte gesellschaftliche Auftrag der Pflegeberufe (u.a. das SGB XI)
- ein verändertes Berufs- und Pflegeverständnis
- die Forderung nach vertikaler und horizontaler Durchlässigkeit des Berufes
- die Ergebnisse der Pflegeforschung

- die Forderungen nach einer Integration der Pflegeberufe und Internationalisierung der Ausbildung.

Die unbefriedigende Situation in der Ausbildungsgestaltung hat in der Vergangenheit zu einer «ständigen Forderung» nach einer Implementierung verbindlicher Curricula geführt, mit denen eine Vergleichbarkeit und Qualitätssicherung der Ausbildung erreicht werden sollte. Kranken-, Kinderkranken- und Altenpflegeschulen haben sich der Aufgabe gestellt und eigene Curricula entwickelt, um sich damit den veränderten Anforderungen und der notwendigen Qualitätssicherung in der Ausbildung zu stellen.

Die grundsätzliche Vergangenheitsbezogenheit des Gesetzes kann aber auch durch eine curriculare Neugestaltung der Ausbildung nicht überwunden werden. Denn auch bei den relativ offenen gesetzlichen Rahmenbedingungen gelingt es kaum, die Strukturen eines an Fächern bzw. Fachgebieten orientierten Gesetzes auf curricularer Ebene zu überwinden, wenn die Prüfungsrichtlinien in tradierter Form umgesetzt werden. Hinzu kommt, dass die Implementierung von Curricula lediglich eine notwendige, aber keine hinreichende Bedingung zur Qualitätssicherung in den Pflegeausbildungen darstellt. Damit hebt sich die Forderung nach einer curricularen Regelung der Pflegeausbildungen meines Erachtens nicht auf, sondern sie relativiert lediglich deren Reichweite.

Dieses Kapitel soll einen Beitrag dazu leisten, die möglichen Leistungen einer curricularen Neuordnung der Ausbildungen einzuschätzen. Deshalb sollen folgende Fragen einer vorläufigen Klärung zugeführt werden:

- Was versteht man unter einem Curriculum?
- Wie kann ein Curriculum von einem Lehrplan bzw. einer Richtlinie abgegrenzt werden?
- Welche Anforderungen müssen Curricula erfüllen, und wie verläuft der Konstruktionsprozess?
- Wie lassen sich Curricula analysieren?

2.2 Begriffsbestimmungen – Curriculum vs. Lehrplan oder Richtlinie

In der Literatur finden sich vielfältige Versuche, den Begriff «Curriculum» mit wenigen Worten zu beschreiben. Zumeist wird aber nachfolgend deutlich, dass damit der Bedeutung und der Variation der Funktionsvielfalt eines Curriculums nicht entsprochen wird. Um solche problematischen Verkürzungen zu vermeiden, werden in den folgenden Abschnitten die relevanten Aspekte des Begriffes beschrieben.

2.2.1 Curriculumtheorie

Nach Frey (1971) beschreibt eine Curriculumtheorie, *warum* bestimmte Inhalte gelernt werden müssen. Dies geschieht anhand expliziter Kriterien, die zur Auswahl der Curriculuminhalte geführt haben. In Ergänzung dazu beschreibt ein Curriculum, *was* unter welchen Bedingungen gelernt werden soll.

Zur Systematik der Curriculumtheorien wendet Frey drei analytische Merkmale an:

- struktur- und inhaltsorientierte Theorien
- prozess- und systemorientierte Theorien
- taxonomische Theorien (z.B. die Taxonomie von Bloom und anderen).

2.2.2 Curriculum und Lehrplan bzw. Richtlinie

Der Bildungsauftrag von Schulen soll über ein rational gewonnenes Curriculum und dessen Umsetzung (Implementierung) im Unterricht realisiert werden.

Ein **Curriculum** wird als ein Dokument verstanden, in dem mehr oder weniger differenziert festgelegt ist, zu welchen Lernergebnissen Unterricht führen soll. Der Festlegungsgrad von Curricula artikuliert sich im Ausmaß der Verbindlichkeit und Konkretheit, mit denen die erwünschten Verhaltensdispositionen und die dafür erforderlichen Bildungsinhalte genannt werden. Mit einem Curriculum sollen die Planung und Realisierung von Bildungsinhalten der Willkürlichkeit von Einzelentscheidungen entzogen werden. Objektivierbare Lernergebnisse sollen individuell überprüfbar und vergleichbar gemacht werden.

Als steuernde Variable soll ein Curriculum den Lernprozess zielgerichtet und strukturiert beeinflussen.

Ein **Lehrplan** oder eine **Richtlinie** ist eine Setzung, die durch politische Entscheidungsträger vorgenommen wird und in staatlichen Bildungseinrichtungen verbindliche Vorgaben für den Unterricht enthält.

2.2.3 Offene vs. geschlossene Curricula

Curricula bestimmen je nach Festlegungsgrad Lernziele, Lerninhalte, Lehrmethoden und Methoden zur Überprüfung des individuellen Lernerfolges, bezogen auf einen Bildungs- oder Ausbildungsgang. Offene Curricula bieten einen geringeren Festlegungsgrad und weisen in der Regel lediglich die Leitziele eines Bildungsprozesses aus. Sie sind typisch für die nicht zertifikatsorientierte Erwachsenenbildung. Geschlossene Curricula haben einen hohen Grad an Konkretheit. Durch sie sind Unterrichtsplanungen weitgehend festgelegt. Offene Curricula ermöglichen dem Lehrer bzw. der Lehrerin Gestaltungsspielräume, die sie adressatenorientiert nutzen können, allerdings wird damit die Vergleichbarkeit von Bildungsgängen reduziert. Durch geschlossene Curricula wird diese Vergleichbarkeit zwar gesichert, aber die Realisierung bestimmter Bildungsziele, wie z.B. Mitbestimmungsfähigkeit, erschwert.

Es gilt abzuwägen, inwieweit Curricula Willkürentscheidungen in der Gestaltung der Ausbildung verhindern und in welchem Ausmaß die Gestaltungsmöglichkeiten der jeweiligen Ausbildungsstätten und der Lehrerin bzw. des Lehrers im Sinne der Realisierung von Bildungszielen erhalten bleiben sollten.

Für die Kranken- und Kinderkrankenpflegeausbildung scheint uns ein halb offenes Curriculum sinnvoll, da so eine Vergleichbarkeit von Ausbildung erreicht werden kann, und zugleich eine deutliche Ausrichtung an den jeweiligen Adressaten ermöglicht wird.

2.3 Anforderungen an ein Curriculum

Nach Robinsohn (1975) ist Bildung immer der Befähigung zur Lebensbewältigung verpflichtet. Er forderte schon 1968, dass Bildung sich grundsätzlich dem Anspruch zu stellen habe, Schülerinnen auf gegenwärtige und zukünftige Anforderungen von Lebenssituationen vorzubereiten und sie zur Bewältigung dieser Lebenssituationen zu befähigen. Überträgt man die Forderungen Robinsohns auf berufliche Bildung, dann muss Ausbildung Befähigungen sichern, die den gegenwärtigen und zukünftigen Anforderungen des Berufes entsprechen. Dabei geht es nach Robinsohn keinesfalls um eine kritiklose Adaptation an bestehende gesellschaftliche Bedingungen.

Die Gewinnung curricularer Bildungsinhalte soll nach Robinsohn durch drei Kriterien geleitet sein, mit denen mögliche Willkürentscheidungen bei der Festlegung von Lehrplan- und Curriculuminhalten verhindert werden sollen:

1. Bildungsinhalte müssen durch ihre Bedeutung innerhalb der Fachwissenschaften legitimiert sein.
2. Sie müssen Fähigkeiten vermitteln, die zum Verständnis und zur Orientierung innerhalb der jeweiligen Kultur befähigen.
3. Lehrplan- und Curriculuminhalte müssen sich dadurch auszeichnen, dass sie zu Fähigkeiten führen, die zur Bewältigung spezifischer Lebenssituationen des privaten und öffentlichen Rechts geeignet sind.

Demnach sind in Curricula oder Lehrplänen solche Lebenssituationen zu beschreiben, zu deren Bewältigung die schulischen Bildungsprozesse befähigen sollen. Des Weiteren ist festzulegen, über welche Fähigkeiten die Herausforderungen der ausgewählten Lebenssituationen zu bewältigen sind.

Wenn man Robinsohn folgt und seine Forderungen auf berufliche Bildungsprozesse überträgt, dann müssen berufliche Ausbildungsprozesse zur Herausbildung spezifischer Qualifikationen führen, die sich ihrerseits dazu eignen, Berufssituationen zu bewältigen.

Ausbildungsrichtlinien oder Curricula in der Kranken- und Kinderkrankenpflegeausbildung sind demnach nur dann legitimiert, wenn sie sowohl die beruflichen Situationen benennen, zu deren Bewältigung die Ausbildung befähigen soll, als auch die Fähigkeiten oder Qualifikationen ausweisen, die zur Bewältigung eben dieser Berufssituationen geeignet erscheinen.

Damit dies gelingt, müssen nach Robinsohn die Berufssituationen hinsichtlich ihrer Anforderungen analysiert werden, um auf diese Weise herauszuarbeiten, welche Qualifikationen zu deren Bewältigung benötigt werden. Curricula sind sowohl den Berufssituationen als auch den beruflichen Qualifikationen verpflichtet.

Siebert (1974) beschreibt in der Folge von Robinsohn einen Curriculumansatz für die Erwachsenenbildung, aus dem sich ableiten lässt, dass die Auswahl und Analyse von Berufssituationen immer vor dem Hintergrund der jeweiligen Leitziele des Berufes und des jeweiligen Berufsverständnisses geschieht. Überträgt man diese Schlussfolgerungen auf die Kranken- und

Kinderkrankenpflegeausbildung, so werden je nach Berufsverständnis und Pflegephilosophie unterschiedliche Berufssituationen benannt, zu deren Bewältigung die Ausbildung befähigen soll. Und je nach Pflegeverständnis werden die Berufssituationen mit unterschiedlichen Anforderungen verknüpft.

In Anlehnung an Siebert sind an Curricula folgende Anforderungen zu stellen. Sie müssen:

- einen Begründungsrahmen ausweisen, in dem Leitziele oder übergeordnete Berufs- und Bildungsziele ausgewiesen sind
- Handlungsfelder und Berufssituationen beschreiben, zu deren Bewältigung sie befähigen wollen
- Qualifikationen beschreiben, die durch die Ausbildung angebahnt werden sollen
- sich an den Adressaten und deren Lernvoraussetzungen orientieren und
- die Integration legitimierter wissenschaftlicher Erkenntnisse sichern.

Komplexe Fähigkeiten lassen sich nach Robinsohn (1975) nie durch die Erkenntnisse einzelner wissenschaftlicher Disziplinen anbahnen. Daraus erhebt sich die Forderung nach einem fächerintegrativen Curriculum und in der Folge nach einem fächerintegrativen Unterricht. Das Pflegeverständnis, die Berufsphilosophie oder die Leitziele sind bei allen Entscheidungen von übergeordneter Bedeutung, deshalb bedürfen sie der Legitimierung durch Konsensbildung. Leitziele haben folgende Bedeutungen: Sie sollen:

- die Auswahl von Handlungsfeldern und Berufssituationen ermöglichen sowie auch deren Analyse zielgerichtet leiten. Berufssituationen und Handlungsfelder bilden die Basis und den Ausgangspunkt zur Konstituierung beruflicher Qualifikationen.
- die spätere Auswahl von Lernzielen, Lerninhalten und Lehrmethoden begründen
- den Festlegungsgrad des Curriculums (offenes, halb offenes oder geschlossenes Curriculum) bestimmen.

Stellt man sich diesen Forderungen, so gilt es zunächst, die gegenwärtigen und zukünftigen Handlungs- oder Arbeitsfelder beruflich Pflegender zu analysieren und entsprechende Qualifikationen zu bestimmen. Für Curricula, die auf eine zukünftige Berufstätigkeit vorbereiten, können nicht nur die Anteile der theoretischen Ausbildung Gegenstand der curricularen Regelung werden, zum einen, weil die praktische Ausbildung in allen Pflegeberufen den größeren Ausbildungsanteil repräsentiert, aber auch, weil berufliche Identität vor allem durch Lernerfahrungen in der beruflichen Realität ausgebildet wird. Deshalb ist in doppelter Hinsicht die Integration der praktischen Ausbildung in curriculare Planungen zu fordern. Mit dieser Zielsetzung ist ein weiteres Problem von Ausbildungsplanung verbunden, und zwar die Verzahnung von Theorie- und Praxisphasen. Theorie ist hier im Sinne schulischer Ausbildung, Praxis im Sinne von praktischer Ausbildung zu verstehen.

2.4 Der Konstruktionsprozess eines Curriculums

Die folgende **Abbildung 2-1** zeigt die vier Phasen des Konstruktionsprozesses eines Curriculums.

2.4.1 Leitziele und Berufsverständnis

Berufsausbildungen benötigen wie die allgemeine Bildung ihre Begründung aus dem Bildungsanspruch, aus der Lebensweltorientierung und aus der Schülerinnenorientierung. Jeder Bildungsprozess ist der *Befähigung zum selbstständig handelnden Subjekt* verpflichtet und damit grundsätzlich wertorientiert.

H. von Hentig (1996) zeigt in seinem Essay zur Bildung die vielfältigen und differenzierten Betrachtungsweisen von Bildung. Für ihn zeichnet sich Bildung durch folgende sechs Maßstäbe aus:

- Abscheu vor und Abwehr von Unmenschlichkeit
- Wahrnehmung von Glück

1. Konstruktionsphase

Begründungsrahmen
Formulierung von Leitzielen, von übergeordneten Bildungszielen,
Festlegung des Begründungsrahmens

2. Konstruktionsphase

| Analyse der Handlungsfelder des Berufes | Analyse der Lernvoraussetzungen | Analyse der wissenschaftlichen Disziplinen |

3. Konstruktionsphase

Curriculum: Festlegung von Lernzielen, Lerninhalten, Lernmethoden
Festlegung von begründeten, aufeinander aufbauenden Lernsequenzen

4. Konstruktionsphase

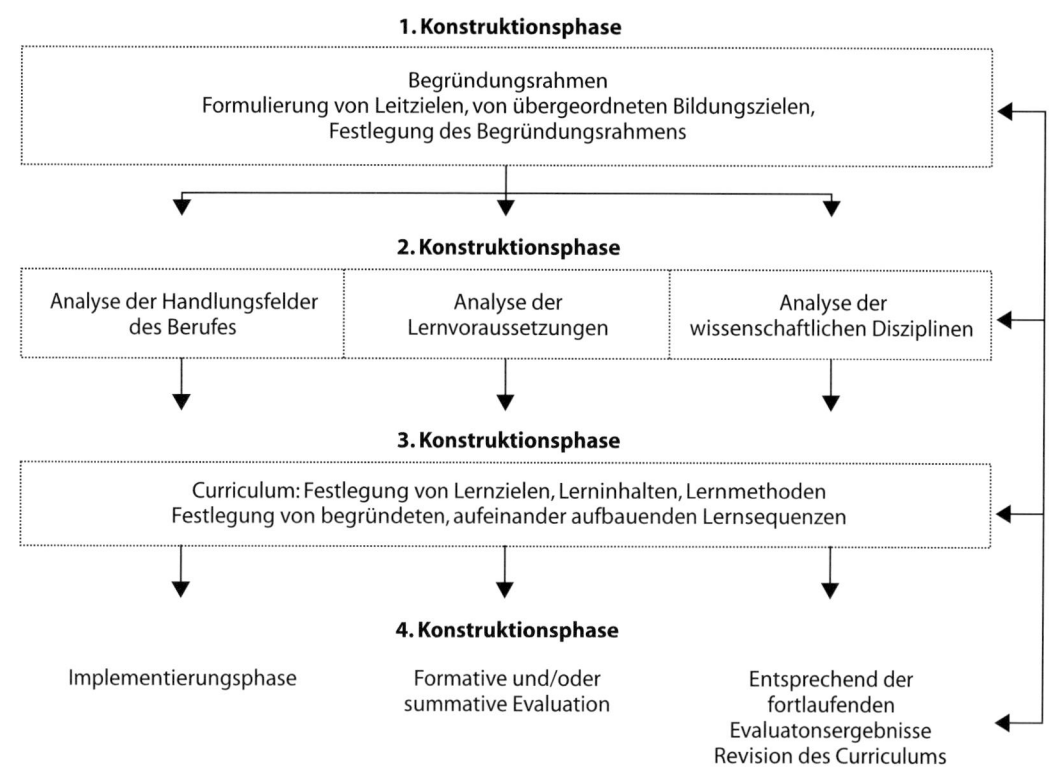

| Implementierungsphase | Formative und/oder summative Evaluation | Entsprechend der fortlaufenden Evaluatonsergebnisse Revision des Curriculums |

Abb. 2-1: Die vier Phasen des Konstruktionsprozesses eines Curriculums (Quelle: in Anlehnung an Siebert, 1974, in: Knigge-Demal, 1988/98)

- die Fähigkeit und den Willen, sich zu verständigen
- das Bewusstsein von der Geschichtlichkeit der eigenen Existenz
- Wachheit für letzte Fragen
- und – als doppeltes Kriterium – Bereitschaft zur Selbstverantwortung und Verantwortung in der Res publica (H. von Hentig, ebd., S. 75).

Pflege als berufliche Tätigkeit konfrontiert Jugendliche und junge Erwachsene mit Anforderungen, die in der vorausgehenden Sozialisationsphase eher selten auffindbar sind. Schwere Krankheit, Behinderung und Tod sind weitgehend institutionalisiert und als Erfahrung dem Alltag entfremdet. Die Schülerinnen und Schüler haben bis zur ihrem Einstieg in die Berufsausbildung wenige oder keine Sozialisationserfahrungen mit den Grenzsituationen des Lebens, die durch schwere Krankheit, Behinderung oder Tod bedingt sind. Es ist anzunehmen, dass Wertorientierungen, Einstellungen oder konkrete Handlungsabläufe für solche Situationen nur in geringem Umfang sozialisiert wurden. Pflegerische Arbeitssituationen fordern vor dem Hintergrund eines humanistischen Gesundheitssystems die von Hentig formulierten Bildungsziele ein. Pflegebedürftige Individuen benötigen zur Bewältigung ihrer Pflegeprobleme Unterstützung, Anleitung, Beratung und/oder die pflegerische Therapie. Soll sie sich am individuellen Pflegebedarf ausrichten, sind die von Hentig formulierten Bildungsziele wie die «Abscheu vor Unmenschlichkeit», die «Fähigkeit und der Wille sich zu verständigen» oder auch die «Wachheit für letzte Fragen» als eine Wertorientierung eingefordert.

Für Klafki (1996) ist Bildung grundsätzlich Persönlichkeitsbildung und drei Zielen verpflichtet:

1. der Anbahnung von Fähigkeiten zur «*Selbstbestimmung*»: Diese ermöglichen es dem Individuum, seine persönlichen, zwischenmenschlichen, beruflichen und religiösen Lebensbeziehungen und Sinndeutungen selbstbestimmt zu gestalten.
2. der Anbahnung von Fähigkeiten zur «*Mitbestimmung*». Bildung soll dem Individuum Chancen eröffnen, seinen Anspruch auf Teilhabe an gesellschaftlichen Entscheidungen zu realisieren und ihn dazu befähigen, Verantwortung für die Gestaltung gesellschaftlicher und politischer Verhältnisse zu übernehmen.
3. der Anbahnung von Fähigkeiten zur «*Solidarität*». Die Fähigkeit zur Solidarität mit denjenigen, die ihre Selbst- und Mitbestimmungsmöglichkeiten auf Grund gesellschaftlicher Bedingungen nicht realisieren können, rechtfertigt den Anspruch auf Selbst- und Mitbestimmungsfähigkeit.

Die von Klafki konstituierten Bildungsziele haben vor allem in den frühen 70er Jahren die Forderungen an eine Hochschulsozialisation bestimmt. Für diese Generation junger Menschen hat sich ein Wertewandel vollzogen. So genannte «Pflicht- und Akzeptanzwerte», wie Disziplin, Unterordnung, Pünktlichkeit und Fügsamkeit, verloren an Bedeutung, während Selbstentfaltung, Spontaneität und Selbstverwirklichung an Bedeutung gewinnen. Nach von Rosenstiel (1992) gibt es seit den späten 80er Jahren keine Konservation, sondern ein Moratorium in der Wertorientierung. Junge Erwachsene treffen beim Berufseinstieg auf Organisationen, in denen «Pflicht- und Akzeptanzwerte» eine hohe Bedeutung haben, und die diese Wertorientierung auch von jungen Menschen erwarten. Die Bewältigung der daraus resultierenden individuellen Konflikte entscheidet mit über berufliche Erfolge (vgl. v. Rosenstiel).

2.4.1.1 Wertorientierung in der Pflegeausbildung

Werte haben auf einem sehr hohen Abstraktionsniveau eine Orientierungsfunktion. Erst in Wahl- und Entscheidungssituationen konkretisieren sich Werte zu Einstellungen oder Handlungspräferenzen. Danach haben Werte Orientierungscharakter und beeinflussen vor allem in Entscheidungssituationen individuelle Handlungspläne richtungweisend.

Welche Werte sollten bei beruflicher Pflege in Entscheidungssituationen und bei Handlungspräferenzen konkretisiert werden? Pflege ist ein humanistisches, auf zwischenmenschliche Beziehungen ausgerichtetes Handeln in einem Interaktionsprozess. Durch systematisches Handeln, orientiert am Pflegeprozess, wird der Blick auf die individuelle Situation des Patienten gelenkt. Daher ist für die Pflegeberufe Persönlichkeitsbildung in *doppeltem Sinne* gefordert:

- als Fähigkeit zur verantwortlichen Teilhabe an gesellschaftlichen und betrieblichen Entscheidungsprozessen und
- als Befähigung zum Aufbau und zur Gestaltung professioneller Beziehungen. Geht man davon aus, dass berufliche Pflege Beziehungsaufnahme und Beziehungsgestaltung zu bzw. mit den Pflegebedürftigen erfordert, dann sind in den Pflegeberufen therapeutische Basiskompetenzen ein Teil der beruflichen Handlungskompetenz.

Berufliche Beziehungen sind zielorientiert auf die Realisierung des beruflichen Auftrags ausgerichtet. Je nach den Anforderungen der Situation sind unterschiedliche Befähigungen zur Gestaltung der Beziehung eingefordert. Aufmerksame und freundliche Zuwendung zur Person sind Rollenattribute, die nicht nur den Erwartungen der Pflegebedürftigen, sondern auch den Anforderungen des Arbeitsplatzes entsprechen (vgl. Kap. 1).

In Anlehnung an Alexander et. al. 1976 (bei Zimmer, 1991, S. 87 ff.) lassen sich (nach psychotherapeutischer Forschung) zwei Basiskompetenzen für den Aufbau therapeutischer Beziehungen unterscheiden:

1. die Fähigkeit zur Entwicklung einer positiven Beziehung und
2. die Fähigkeit zur Strukturierung von Beziehungen.

Das Konzept der Basis-Kompetenzen ist nicht unproblematisch, denn verallgemeinernde Aussagen vernachlässigen notwendige Differenzierungen. Aber bei einem Vergleich unterschiedlicher therapeutischer Schulen wird nach Zimmer (1991, S. 87) deutlich, dass einige «therapeutische Verhaltensklassen» bei einem hohen Prozentsatz unterschiedlicher Therapien als förderlich eingestuft werden. Diese vergleichbaren therapeutischen Kompetenzen bezeichnet er als Basiskompetenzen.

Ohne an dieser Stelle zu einer unreflektierten Übernahme von Erkenntnissen aus der Psychotherapieforschung auffordern zu wollen, scheint es dennoch sinnvoll, auch in der Pflege von diesen grundsätzlichen Basiskompetenzen zum Aufbau pflegerischer Beziehungen auszugehen. Allerdings bedarf es einer systematischen Aufarbeitung der Faktoren, durch die sich pflegerische Beziehungen auszeichnen, wie derjenigen, die mit psychotherapeutischen Beziehungen vergleichbar sind (vgl. Knigge-Demal, 1998, S. 35). An dieser Stelle soll nur kurz darauf verwiesen werden, welche grundlegenden Unterschiede zwischen einer psychotherapeutischen Beziehung und einer pflegerischen Beziehung zu verzeichnen sind:

1. die Probleme, die Anlass für eine Beziehungsaufnahme zur professionellen Helferin sind
2. das Krankheitserleben und die somatische Befindlichkeit der Patientin (in der Regel)
3. die zeitliche Ausdehnung der Beziehung und die hohe Kontaktdichte
4. der Grad an körperlicher Nähe
5. der therapeutische Vertrag, der nicht immer durch beide Kommunikationspartner freiwillig ausgehandelt wurde
6. das Handeln der Helferin im Sinne der Kompensation fehlender Selbstpflegefähigkeiten (vgl. Orem, 1997).

Dennoch lässt sich die Annahme rechtfertigen, dass die von Alexander beschriebenen Basiskompetenzen auch in der pflegerischen Beziehung relevant sind. Wenn berufliche Pflege Individuen in schwierigen Lebenssituationen bei der Bewältigung ihrer Pflegeprobleme unterstützen will, dann erfordert dies Vertrauen. Hilfe und Unterstützung können vor allem dann einen positiven Einfluss auf den Heilungsprozess ausüben, wenn Vertrauen in die Kompetenz der Professionellen existiert.

Petermann (1996) geht davon aus, dass Vertrauen dann aufgebaut wird:
- wenn sich die Kommunikation durch aufmerksame Zuwendung, Verstehen und Einfühlungsvermögen auszeichnet
- wenn Handlungen und Interventionen vorhersagbar sind und damit ihre mögliche Bedrohlichkeit verlieren
- wenn Orientierung und Sicherheit ermöglicht werden und
- wenn Vertrauen in die Handlungskompetenz des Individuums signalisiert wird und das Selbstvertrauen eine Stärkung erfährt.

2.4.1.2 Integrierte und generalisierte Ausbildung – Ein Anspruch an Gegenwart und Zukunft

Wenn eine Integration der Pflegeausbildungen gelingen soll, so muss die oben genannte Analyse mit dem Ziel verknüpft sein, Qualifikationen zu bestimmen, die für alle Handlungsfelder und Adressaten von Pflege eine zentrale Bedeutung haben. Am Beispiel des Handlungsfeldes «Häusliche Pflege» soll nachfolgend der Versuch unternommen werden, auf der Ebene eines Handlungsfeldes und der resultierenden Qualifikationen diese Integration zu leisten.

2.4.2 Exemplarische Analyse eines Handlungsfeldes

Wie aus Abbildung 2-1 ersichtlich, erfordert der curriculare Konstruktionsprozess die Analyse zukünftiger Handlungsfelder. Über diese Analyse sollen die Anforderungen des Berufes herausgearbeitet und die Qualifikationen festgelegt werden, die durch die Ausbildung angebahnt werden sollen. Um das differenzierte Feld beruflicher Qualifikationen aufzufinden, sind sowohl die stationären, die teilstationären als auch die ambulanten Handlungsfelder hinsichtlich ihrer

Anforderungen an den Pflegeberuf zu hinterfragen. An dieser Stelle soll exemplarisch das Handlungsfeld «Häusliche Pflege» analysiert werden, um den weiteren curricularen Konstruktionsprozess zu verdeutlichen. Betrachtet man die Handlungsfelder der Pflegeberufe, so zeigt sich sehr schnell, dass vor allem in der häuslichen Pflege die Trennung zwischen Kranken- und Altenpflege zunehmend mit Problemen verknüpft ist. Gemeinsames Ziel der häuslichen Pflege besteht darin, einen möglichen Krankenhausaufenthalt zu verkürzen oder zu verhindern.

Mit der Pflege in vertrauter häuslicher Umgebung vermehren sich für die Patientin (unabhängig von deren Lebensalter) die Chancen, auch in Phasen des Krankseins mögliche Lebensqualität zu erhalten. In der häuslichen Umgebung eröffnen sich besondere Chancen zur Optimierung von Ressourcen, die bei einer Institutionalisierung nicht oder nur schwer zugänglich wären. Eine besonders wirksame Ressource im Heilungs- oder Gesundungsprozess der Patientin sind deren Bezugspersonen. Die Familie bildet ein gewachsenes Beziehungsgefüge, das in der Regel Coping-Strategien entwickelt hat, mit denen belastende Lebenssituationen bewältigt werden. Nicht selten werden zumindest bei langfristiger Pflegebedürftigkeit Nachbarn, Freunde und/oder Angehörige aktiv in den Pflegeprozess integriert und jeweils mit spezifischen Aufgaben betraut. Berufliche Pflege hat dann die Aufgabe, eine Rollenklärung unter den Betroffenen zu ermöglichen (vgl. Friedemann, 1996). Von ihr sind jene Anteile des Pflegebedarfs zu isolieren, die über «Laienpflege» realisiert werden und damit an die Bezugspersonen delegiert werden können. Diese sind unter einer gemeinsamen Zielsetzung vom professionellen Pflegedienst zu koordinieren und an den Pflegezielen auszurichten (vgl. Miles et al., 1997).

Laienpflege erfordert nicht selten Anleitung und Beratung durch die ambulanten Pflegedienste. Beruflich Pflegende sind nur insoweit erforderlich, als die Selbst- und/oder Dependenzpflegekompetenzen der Betroffenen nicht ausreichen oder einer Ergänzung bedürfen. Potenzielle Überforderungsmomente der Familie oder des sozialen Systems, Konflikte zwischen Patientinnen und pflegenden Bezugspersonen sollen durch die Professionellen erkannt und durch zielgerichtete Beratung verhindert oder überwunden werden, damit die soziale Integrität des Bezugsystems erhalten bleibt und/oder gefördert wird.

Interaktionskonstellationen sind damit nicht selten höchst komplex und erfordern eine zielgerichtete Strukturierung durch die Pflegenden (vgl. Wiese, 1995). Eine vertrauensvolle Beziehungsgestaltung wird auch deshalb bedeutsam, weil das häusliche Umfeld der Patientin zu einem professionellen Arbeitsplatz und damit auch zu einem veröffentlichten Beziehungs- und Lebensraum wird. Die Privatheit ist gegenüber den beruflich Pflegenden aufgehoben und bedarf des Schutzes.

Häusliche Pflege ist aber auch gekennzeichnet durch eine Vielfalt an pflegerischen Situationen und Aufgaben. Die Patientinnen sind konfrontiert mit schwerer Krankheit bis hin zu lebensbedrohlichen Situationen, mit Schmerzen und Leid oder/und auch mit einem Leben bei bedingter Gesundheit. Für die beruflich Pflegenden entfallen ohne die Organisation Krankenhaus bzw. Altenheim die Sicherheiten, die über ein verfügbares, multiprofessionelles Team vermittelt werden. Pflegearbeit ist deshalb durch ein hohes Maß an Autonomie und Eigenverantwortung gekennzeichnet. Kooperationen sind zielgerichtet und abhängig vom Pflege- und Behandlungsbedarf der Patientin zu fördern. Im Sinne des Case Management sind professionelle Berufsgruppen, Bezugspersonen und Laienhelferinnen in den Pflege- und Behandlungsprozess zu integrieren. Dabei kommt der professionellen Pflege eine zentrale Position zu, sie hat auf das Behandlungs- und Pflegeziel ausgerichtete, integrierende Aufgaben (vgl. Finger, 1992). Die exponierte Position der Pflegeberufe im Handlungsfeld «Häusliche Pflege» bietet besondere Chancen, um die Berufsrollen in den Pflegeberufen neu zu gestalten (vgl. Büssing, 1995). Allerdings haben diese Gestaltungsmöglichkeiten mit der Einführung der Pflegeversicherung deutliche Eingrenzungen erfahren, denn häusliche Pflege ist nun weitgehend auf das reduziert, was durch die Pflegeversicherung finanziert wird. Die minimale Versorgung aller Pflegebedürftigen, die durch das Pflegeversicherungsgesetz gesichert werden sollte, ist nicht selten zur maximalen Versorgung umformuliert worden.

Das Arbeitsfeld in der häuslichen Umgebung muss täglich zu einem professionellen Handlungsfeld umgestaltet werden. Diese Herausforderung ist aber auch mit Chancen zur patienten- und pflegebedarfsorientierten Arbeitsorganisation und zur eigenverantwortlichen und kreativen Gestaltung der Arbeit verbunden (Wiese, 1995). Für die Kinderkrankenpflege bietet die ambulante Pflege besondere Chancen, um den Forderungen nach einer entwicklungsadäquaten Umgebung zu entsprechen. Die Sicherheit der sozialen Einbettung reduziert für die betroffenen Kinder mögliche Stressfaktoren und erleichtert eine angemessene Verarbeitung krankheitsbezogener Informationen und Erfahrungen. Die mit einer Krankenhauseinweisung verbundene Doppel- oder Dreifachbelastung vor allem der Mütter entfällt, und damit verbessert sich die Lebensqualität der gesamten Familie. Und dies scheint besonders bei Kindern mit längeren Krankheitsphasen, also bei chronischen Erkrankungen und bei Behinderungen, dringend erforderlich. Das bedeutet, dass das Handlungsfeld «Ambulante Pflege» zukünftig auch für die Kinderkrankenpflege einen Bedeutungszuwachs erfährt, dem in der Ausbildung durch eine entsprechende Qualifizierung zu begegnen ist. In welchem Umfang Umgebungsfaktoren die Belastungen des Familiensystems mitbestimmen, verdeutlicht eine Studie des Bundesministeriums für Gesundheit zur teilstationären Versorgung krebskranker Kinder. Je nach dem Grad der Institutionalisierung werden die gleichen medizinischen Untersuchungen und Therapien als mehr oder weniger belastend empfunden (Bundesministerium für Gesundheit, 1996).

Handeln ist immer in einen Kontext eingebettet. Rollenverständnis, Rollenanforderungen, Tätigkeiten und Beziehungen sind durch die jeweiligen Organisationen sowie durch gesellschaftliche und historische Bedingungen, in denen Patienten, Bezugspersonen und Pflegefachkräfte gemeinsam handeln, mitbestimmt. Handeln im Handlungsfeld ambulanter Pflege ist für die Pflegeberufe durch ein typisches Beziehungsgefüge gekennzeichnet, das besondere Anforderungen an die Berufsbefähigungen der Pflegenden stellt **(Abb. 2-2)**.

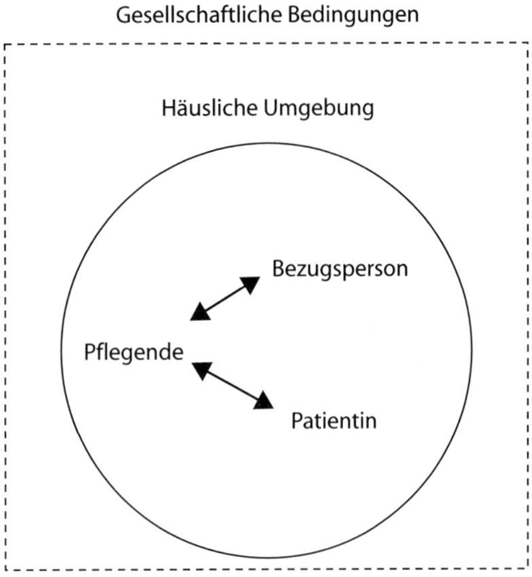

Abb. 2-2: Erweiterung der Interaktionsgefüge in der häuslichen Pflege zu einer Triade

Leitet man aus den Anforderungen des Handlungsfeldes die beruflichen Befähigungen der Pflegenden ab, so sind unter Einbeziehung des Berufsverständnisses folgende Qualifikationen für das Handlungsfeld «Häusliche Pflege» von Bedeutung:

- die Fähigkeit zum Aufbau und zur Strukturierung professioneller Beziehungen
- die Fähigkeit zur Feststellung des Pflegebedarfs und zur Festlegung eines ressourcenorientierten Pflegeplanes sowie dessen Evaluierung
- die Fähigkeit zur zielgerichteten Beratung und Anleitung von Patientinnen und deren Bezugspersonen
- die Fähigkeit zu Kooperationen mit anderen Berufsgruppen und pflegenden Angehörigen
- die Fähigkeit zur Förderung von Bewältigungsstrategien

- die Fähigkeit zur Teilhabe an Kooperations- und Koordinationsprozessen im therapeutischen Team.

Durch systematische Analyse aller Handlungsfelder können jene Qualifikationen gewonnen werden, die zur Bewältigung beruflicher Aufgaben in der Pflege erforderlich sind.

2.4.3 Analyse der Lernvoraussetzungen

Mit der Analyse der Lernvoraussetzungen sollen bereits vorhandene Qualifikationen und individuelle Lernchancen der zukünftigen und gegenwärtigen Adressatengruppe erhoben werden. Zu erwarten ist, dass die Verteilung der Eingangsvoraussetzungen eine sehr heterogene Struktur und Variation aufweist (vgl. Knigge-Demal, 1998). Orientiert man sich zur Analyse der Lernvoraussetzungen an entwicklungspsychologischen Erkenntnissen, so sind diese nicht unmittelbar für die Gewinnung von Lernzielen zu nutzen. Aus den entwicklungspsychologischen Theorien lassen sich nach Siebert (1974) jene Kriterien ableiten, die bei der Gewinnung von Lernzielen berücksichtigt werden sollen. Bei jungen Erwachsenen ist nicht nur die schulische Vorbildung von Bedeutung, sondern es sind auch die vorausgehenden Lebens- und Berufserfahrungen zu berücksichtigen, um die Lernmöglichkeiten zu verbessern. Nach Siebert (1974) ist bei Erwachsenen zu beachten, dass:

- Fähigkeiten, die beruflich geschult wurden, besser entwickelt sind als andere Fähigkeiten
- Neulernen oft einfacher ist als Umlernen, da Inferenzeffekte zu erwarten sind
- Lernmotivationen durch langfristige Interessen mitbestimmt werden und
- das Lernverhalten durch situative Faktoren beeinflusst wird.

Lernvoraussetzungen sind auch über empirische Daten zu sichern. Interessen und Vorkenntnisse der Adressaten resultieren nicht nur aus der Schulbildung sondern auch aus Lebenserfahrungen.

2.4.4 Analyse der wissenschaftlichen Disziplinen

Ziele und Inhalte der Pflegausbildung resultieren auch aus der Analyse wissenschaftlicher Disziplinen. Dabei sind nicht nur die berufsrelevanten Inhalte der jeweiligen wissenschaftlichen Disziplinen zu selektieren, sondern es sollen vor allem auch solche Inhalte ausgewählt werden, die zum wissenschaftlichen Lernen und Denken anregen. Nach Siebert (1974) entscheiden die Lernvoraussetzungen und die Analyse der Handlungsfelder über die Auswahl der Lerninhalte. Die Analyse der wissenschaftlichen Disziplinen wird durch die Frage geleitet, welche Inhalte einen Beitrag zum Qualifikationserwerb leisten können. Die Auswahl der Lerninhalte wird in der Regel durch fachwissenschaftliche Abgrenzungen eingeengt. Da Praxisprobleme nicht einer wissenschaftlichen Disziplin zugeordnet werden können, geht es an dieser Stelle darum, eine interdisziplinäre Analyse zu leisten.

Lexikalisches Anhäufen von Wissen ist durch exemplarisches Wissen oder fundamentale Prinzipien zu ersetzen, die je nach situativen Erfordernissen adäquates Handeln ermöglichen. Der Erwerb von Handlungskompetenz ist nicht nur ein inhaltliches, sondern vor allem auch ein methodisches Problem.

2.4.5 Lerneinheiten bzw. Lernfelder einer neuen Pflegeausbildung

Aus der Analyse von Handlungsfeldern lassen sich Berufssituationen konstituieren, die innerhalb eines Curriculums zu Themenschwerpunkten oder Modulen umformuliert werden. Module sind abgeschlossene Lerneinheiten, die jeweils spezifische Handlungskompetenzen vermitteln sollen und mit einem Leistungsnachweis enden. Pflegesituationen müssen lernwirksame Strukturen aufweisen, wenn sie als Module einer Ausbildung genutzt werden sollen. Nach Kaiser (1985) ist menschliches Handeln immer an konkrete Situationen gebunden und wird durch aktuelle Bedingungen einer Situation eingefordert. Struktur und Prozessmerkmale der Situationen bestimmen das Handeln in sozialen Situationen. Folgende Struktur- und Prozessmerkmale bestimmen die Berufssituationen in der Pflege:

- die beteiligten Personen und Interaktionsstrukturen (Rollenerwartungen und Rollenanforderungen)
- die Anlässe oder Zielsetzungen, die mit einer Situation verknüpft sind. Anlässe von Pflege können z.B. unterschiedliche Formen des Pflegebedarfs von Patientinnen sein. Oder Pflegesituationen können mit der Zielsetzung verbunden sein, den Pflegebedarf von Patientinnen zu erheben.
- die Kontextbedingungen der Organisation, in die die Berufs- und Pflegesituationen eingebettet sind
- gesellschaftliche und historische Bedingungen, unter denen sich der Berufsauftrag realisiert, und
- der Pflegeprozess, der pflegerisches Handeln strukturiert (vgl. Hundenborn und Knigge-Demal, 1999).

Struktur- und Prozessmerkmale kennzeichnen durch ihren jeweiligen Ausprägungsgrad die beruflichen Situationen.

So sind Berufssituationen denkbar, in denen der Pflegeanlass, also der Pflegebedarf der Patientin, im Vordergrund steht oder in denen die Interaktionsstrukturen zwischen den Berufsgruppen besonders bedeutsam sind. Ein Curriculum, das der Qualifikations- und Situationsorientierung verpflichtet ist, impliziert eine Didaktik, die sich nicht an Fächern, sondern an komplexen Qualifikationen und Berufssituationen orientiert. Folgt man den Struktur- und Prozessmerkmalen von Berufssituationen, so sind zur Abbildung von Pflegesituationen folgende zentrale Lernfelder denkbar:

1. der Pflegeberuf und die Berufsfelder
2. der Pflegeprozess
3. Mitwirkung und Kooperation bei diagnostischen und therapeutischen Maßnahmen in Prävention und Rehabilitation
4. Organisation pflegerischer Arbeit.

Das Lernfeld 1 steht unter der Zielsetzung, den Lernenden ein realistisches berufliches Rollenverständnis sowie die Variationsbreite möglicher Arbeitsfelder im Bereich der Pflege und deren Anforderungen an die beruflichen Qualifikationen zu vermitteln. Insbesondere soll damit die Quote der späteren Ausbildungsabbrecherinnen reduziert werden. Dieses Lernfeld ist u.a. im Einführungsblock anzusiedeln und mit jeweils spezifischen Aufgaben im beruflichen Praxisfeld bzw. mit Praktika zu verknüpfen.

Das Lernfeld 2 steht unter der Zielsetzung, die Basisqualifikationen für die patientennahe oder direkte Pflegearbeit anzubahnen, den Pflege- und Unterstützungsbedarf zu erheben, Ziele im Bereich der pflegerischen Prävention, Therapie und Rehabilitation bezogen auf verschiedene Patientinnengruppen festzulegen, Pflegeprioritäten zu setzen sowie pflegerische Maßnahmen zu planen, durchzuführen und zu evaluieren.

Das Lernfeld 3 ist ausgerichtet auf die Mitwirkungs- und Kooperationsaufgaben der Pflege im therapeutischen Team. Die Komplexität der Gesundheitsprobleme erfordert in der Regel eine zielgerichtete Zusammenarbeit der unterschiedlichen Gesundheitsberufe. Die jeweiligen Aufgaben sind hinsichtlich der Zielsetzung bezogen auf die Patientin miteinander abzustimmen und zu koordinieren. Der Erwerb der hierfür erforderlichen Kompetenzen steht im Mittelpunkt dieses Lernfeldes.

Das Lernfeld 4 steht unter der Zielsetzung Kompetenzen und Qualifikationen anzubahnen, die auf die Organisation und Qualität pflegerischer Arbeit ausgerichtet sind. Während sich im Lernfeld 2 die Kompetenzanbahnung auf die Pflege einzelner Patienten ausrichtet, sollen in diesem Lernfeld Befähigungen und Fertigkeiten erworben werden, die sich an der Pflege von Patientinnengruppen orientieren und sich insbesondere auf die Organisation der pflegerischen Arbeit ausrichten.

Orientiert an der Idee des Spiralcurriculums müssten sich einzelne Lernfelder im Verlauf der Ausbildung auf einem höheren Anforderungsniveau wiederholen. Zu den einzelnen Lernfeldern sind Module denkbar, die als abgeschlossene Lerneinheiten bestimmte Qualifikationen oder Teilqualifikationen in den Mittelpunkt des Lehr-Lern-Prozesses stellen. Am Ende eines jeden Moduls steht eine zielgerichtete Überprüfung des Lernerfolges.

Die Lernfelder ebenso wie die Module sind immer hinsichtlich der übergeordneten Leitziele aufzuarbeiten und als Lernsituation auszudifferenzieren. Das heißt, es sind Lernziele und Lerninhalte zuzuordnen und entsprechende Lehrmethoden auszuweisen (Krathwohl et al., 1978).

Der qualifikations- und situationsorientierte Curriculumansatz scheint für eine Integration der Pflegeausbildungen deshalb besonders gut geeignet, weil diejenigen Situationen und Qualifikationen isoliert werden können, die in allen Berufsbereichen von Pflege eine hohe Relevanz aufweisen. Wurden hierzu Module konstituiert, so müssen diese in einer sinnhaften Abfolge geordnet, das heißt zu Lernsequenzen angeordnet werden. Die oben genannten Lernfelder zeichnen eine mögliche sinnvolle Abfolge vor. Außerdem sind in einer neuen Pflegeausbildung Module denkbar, die als Pflichtveranstaltungen ausgewiesen sind. Andere Module können je nach Interessen der Adressaten und orientiert an den jeweiligen Anforderungen der Handlungsfelder eine Spezialisierung ermöglichen. Pflicht- und Wahlpflichtveranstaltungen sichern der Schülerin bzw. dem Schüler die Möglichkeit, in der eigenen Ausbildung eigenverantwortlich Schwerpunkte zu setzen. Die Berufsbefähigung zur bzw. zum professionell Pflegenden weist damit einerseits generelle und zugleich spezifische Qualifikationen auf. Lernangebote für die Ausbildung spezifischer Qualifikationen sind flexibel zu gestalten, damit eine unkomplizierte Anpassung an gesellschaftliche Herausforderungen möglich wird. Fakultativ sind Module denkbar, die den Nachweis einer Hochschulreife ermöglichen und so die vertikale Durchlässigkeit sichern.

2.4.5.1 Vielfältige Lernorte nutzen

Die Festlegung von Lernzielen und -inhalten ist nicht nur dem Lernort Schule verpflichtet. Ausbildung findet auch in den verschiedenen Handlungsfeldern von Pflege statt. Lernen in den Handlungsfeldern der Pflege ermöglicht Probehandlungen in komplexen Lebenssituationen und damit das Einüben komplexer Handlungsabläufe. Aber nicht nur psychomotorische Fertigkeiten sind besonders gut in den Praxisfeldern der Pflege zu lernen, sondern auch affektive Lernziele finden dort besonders gute Chancen einer Realisierung, wenn sie eine zielgerichtete Förderung erfahren. Handlungskompetenzen, die in zukünftigen Arbeitsfeldern erworben werden, haben hohe Transferchancen. Ein Curriculum, das sich nur auf den Lernort «Schule» begrenzt, reduziert die vielfältigen Lernmöglichkeiten in den Handlungsfeldern auf das Zufällige. Systematisches und qualifikationsorientiertes Lernen erfordert ein Curriculum, das für alle Lernorte Lernziele und Lerninhalte ausweist und begründet. Das heißt, jedes Lernfeld mit seinen spezifischen Modulen ist auch mit Lernzielen und -aufgaben im Praxisfeld «Pflege» zu verknüpfen. Um die Realisierung dieser Lernziele und -aufgaben, das heißt die Anbahnung spezifischer Kompetenzen und Qualifikationen, zu sichern, gehört zu jedem Modul im Lernort «Schule» ein entsprechendes Modul im Lernort «Praxis».

2.4.6 Evaluation und Revision eines Curriculums

Ein Curriculum beinhaltet ein System von Hypothesen. Einerseits geht es davon aus, dass bestimmte Qualifikationen zur Bewältigung beruflicher Situationen erforderlich sind, und andererseits, dass zum Erwerb dieser beruflichen Qualifikationen die Vermittlung spezifischer Lerninhalte geeignet ist. Um dieses doppelte Hypothesensystem zu überprüfen, bedarf es der Evaluation. Dabei sind folgende zentrale Fragen zu klären:

- Führt die Vermittlung der Lerninhalte zu den erwünschten Qualifikationen?
- Sind die ausgewiesenen Qualifikationen zur Bewältigung gegenwärtiger und zukünftiger Berufsanforderungen geeignet?

Mit der ersten Frage soll die interne und mit der zweiten Frage die externe Validität des Curriculums überprüft werden. Nach Siebert (vgl. Abb. 2-1) muss ein Curriculum der fortlaufenden Evaluation und Revision unterzogen werden. Evaluationsstudien erfordern als Interventionsstudien ein experimentelles Design. Über Experimental- und Kontrollgruppen muss der Einfluss möglicher Störvariablen kontrolliert werden. Veränderte gesellschaftliche Bedingungen, Veränderungen des Pflegebedarfs und der Berufsanforderungen, wissenschaftliche Erkenntnisse oder veränderte Lernvoraussetzungen der Schülerinnen erfordern eine fortlaufende Revision des Curriculums.

Evaluationsstudien zeigen, dass Lernerfolg nicht nur von den Lernvoraussetzungen der Schülerinnen, sondern auch von der Komplexität der beruflichen Anwendungssituationen abhängig ist (vgl. Knigge-Demal, 1998). Wenn berufliches Handeln sich auf mehr als einen Interaktionspartner ausrichten muss, nehmen die Chancen für die Anwendung erworbener Kompetenzen in der Ausbildung von Kinderkrankenschwestern ab. Lerndifferenzen zeigen sich auch zwischen den Schülerinnen. Wenn es sich um abstrakte und kognitive Lerninhalte handelt, zeigen jüngeren Schülerinnen mit weniger Berufserfahrungen einen deutlicheren Lernzuwachs gegenüber älteren Schülerinnen mit mehr Berufserfahrungen. Diese Ergebnisse erlauben die Schlussfolgerung, dass sowohl Personen- als auch Situationsvariablen Einfluss auf die Anwendung erworbenen Wissens ausüben.

Lern- und Transferforschung wird die Implementierung und Evaluation von Curricula begleiten müssen, um weitere Aufschlüsse über die offenen Fragen der Curriculumforschung zu erhalten. Die Konstituierung und Überarbeitung von Curricula wird damit zu den fortlaufenden Aufgaben von Pflegepädagoginnen bzw. Pflegepädagogen und von Lehrerinnen und Lehrern für Pflegeberufe gehören.

2.5 Überprüfung von Lernerfolg und Berufsbefähigung

Kontrollen des Lernerfolgs sind in einem qualifikations- und situationsorientierten Curriculum den jeweiligen beruflichen Kompetenzen verpflichtet. Dies erfordert gegenüber den jetzigen Prüfungsmodalitäten eine völlig neue Prüfungsstruktur und neue Prüfungsinhalte. Prüfungen sollen eine Vorhersage über den möglichen Berufserfolg zulassen. Das bedeutet, dass die berufsrelevanten Qualifikationen bzw. Kompetenzen des Curriculums, die als Lernziele operationalisiert wurden, überprüft werden müssen. Welche Lernziele zum Gegenstand der Prüfung werden sollen, ist einerseits durch die Leitziele des Berufes bestimmt, bedarf andererseits aber auch der Abstimmung zwischen den Betroffenen und damit auch einer Anpassung an gesellschaftliche Veränderungsprozesse. Die Lernziele gelten dann als Kriterien zur Messung des individuellen Lernzuwachses (Gage und Berliner, 1996). Die als prüfungsrelevant ausgewählten Lernziele bedürfen der Gewichtung und ausgewiesener Bewertungskriterien. Bewertungskriterien und Bewertungsschlüssel sind den einzelnen Teilaufgaben der Prüfungen zuzuordnen. (Krechting, 1998) Die notwendigen Prüfungsmaterialien sind von Expertengruppen zu entwickeln und sollten einem Assessment ähneln (Schuler, 1998). Prüfungssituationen sind der beruflichen Realität möglichst anzunähern und sollten kognitive, affektive und psychomotorische Lernziele überprüfen. Komplexe Berufsaufgaben sind so zu operationalisieren, dass sie zum Gegenstand von Prüfungen werden können. Auch in den schriftlichen Prüfungen sind Aufgaben zu konstituieren, die den Berufsalltag in seiner Komplexität abbilden (vgl. Liebe und Neumann, 1997).

2.6 Kriterien zur Analyse von Curricula, Lehrplänen und Richtlinien

Vorliegende Curricula sind hinsichtlich ihrer Verwendungsmöglichkeiten zu überprüfen. Zur Analyse vorhandener Curricula sind aus der Perspektive einer Curriculumtheorie folgende Fragen denkbar (vgl. Robinsohn, 1975; Siebert, 1994):

- Welchem expliziten oder impliziten Berufs- und Bildungsverständnis ist das Curriculum verpflichtet?
- Wie ist der Bildungsauftrag begründet (qualifikationsorientiert, bildungstheoretisch, berufspolitisch)?
- Welche didaktischen Vorannahmen liegen dem Curriculum zu Grunde und wie sind sie begründet?
- Welche Curriculumanteile sind ausgewiesen und wie wurde das Deduktionsproblem bewältigt?
- Sind Lernziele operationalisiert worden? Wenn ja, welchen Grad der Operationalisierung weisen sie auf, und welche Lernzieltaxonomie wird genutzt? Welches Anspruchsniveau liegt vor?
- Wie wird die Auswahl von Lernzielen und Lerninhalten begründet?
- Welche Hinweise auf Lehrmethoden werden vorgenommen? Sind damit die Interdependenzen zwischen Zielen (Qualifikationen) und Lerninhalten gesichert?
- Ist das Curriculum auf eine Verbesserung der Berufspraxis ausgerichtet? Wurden auch die Lernziele für die berufspraktische Ausbildung formuliert? Wurden Lernaufgaben für unterschiedliche Lernorte konstituiert?
- Welchen Grad der Festlegung weist das Curriculum auf? Welche Interpretations- oder Gestaltungsspielräume lässt das Curriculum zu?
- Wurden Angaben zur Überprüfung des Lernerfolges vorgenommen und Prüfungsaufgaben konstituiert?
- Wie wird das Curriculum evaluiert und revidiert? Welche Forschungsergebnisse liegen dazu vor?

Mit diesen und ähnlichen Fragen können vorliegende Curricula analysiert werden, und es lässt sich eine begründete Entscheidung darüber treffen, ob das vorliegende Curriculum den Anforderungen u. a. des jeweiligen Ausbildungsträgers sowie den gegenwärtigen und zukünftigen Anforderungen an den Beruf gerecht wird.

Literatur

Büssing, A., Glaser, J.: Tätigkeitsspielräume und Restriktion in der Krankenpflege. Pflege (4), S. 145–155, 1991

Büssing, A.: Organisationsstrukturen, Tätigkeit und Individuum. Bern, 1992

Bundesministerium für Gesundheit: Modellmaßnahme Teilstationäre Versorgung krebskranker Kinder im Anschluss an die Erstbehandlung. Schriftenreihe des Bundesministeriums für Gesundheit, Bd. 70, Baden-Baden, 1996

Finger, W. (Hrsg.): Curriculum Weiterbildung. Gemeindekrankenpflege – Gemeindealtenpflege. Bielefeld, Bethel, 1992

Frey, K.: Theorien des Curriculums. Weinheim, 1971

Gage, N. L., Berliner, D.: Pädagogische Psychologie, Band 2. Weinheim, 1996

Habermas, J.: Wahrheitstheorien. In: Fahrenbach, H. (Hrsg.): Wirklichkeit und Reflexion. Pfullingen, 1973

Hentig, H. von: Bildung. Ein Essay. München, Wien, 1996

Hundenborn, G., Knigge-Demal, B.: Dokumentation von Arbeitsauftrag und Zwischenbericht der Landeskommission zur Erstellung eines landeseinheitlichen Curriculums für die Ausbildung in der Kranken- und Kinderkrankenpflege. Teil 4, 6 und 7. Ministerium für Frauen, Jugend, Familie und Gesundheit des Landes Nordrhein-Westfalen, Düsseldorf, 1999

Kaiser, A.: Sinn und Situationen: Grundlinien einer Didaktik der Erwachsenenbildung. Bad Heilbronn, 1985

Klafki, W.: Neue Schriften zur Bildungstheorie. Weinheim, Basel, 1996

Knigge-Demal, B.: Subjektive Evaluation eines Weiterbildungslehrganges durch die Teilnehmer und die eingeschätzte Umsetzung der Lernziele in der eigenen Lehrtätigkeit. Diplomarbeit. Institut für Psychologie, Technische Hochschule Darmstadt, 1988

Knigge-Demal, B.: Förderung der professionellen Beziehungsfähigkeit in der Ausbildung zur Kinderkrankenschwester/zum Kinderkrankenpfleger. Dissertation, Universität Osnabrück, Fachbereich Erziehungs- und Kulturwissenschaften, Osnabrück, 1998

Krathwohl, D. R. et al.: Taxonomie von Lernzielen im affektiven Bereich. Weinheim, 1978

Krechting, B.: Von der beruflichen Handlung zur Prüfungsaufgabe: Praktische Erfahrungen und Beispiele. In: Schmidt, J. (Hrsg.): Zeitgemäß ausbilden – zeitgemäß prüfen. Bielefeld, 1998

Kurtenbach, H.: Position zur Pflegeausbildung aus der Sicht des Bundesministeriums für Gesundheit. In: Bundesausschuss der Länderarbeitsgemeinschaften der Lehrerinnen und Lehrer für Pflegeberufe (Hrsg.): Tagungsband der 6. Bundestagung. Wuppertal, 1996, S. 123–124

Kurtenbach, H., Golombek, G., Siebers, H.: Krankenpflegegesetz. Stuttgart, Berlin, Köln, 1998

Liebe, G., Neumann, R.: Handlungsorientierte Prüfungsaufgaben: Bürokaufmann/Bürokauffrau. In: Schmidt, J. (Hrsg.): Kaufmännische Prüfungsaufgaben – handlungsorientiert und komplex!? Bielefeld, 1997, S. 105–135

Miles, M. Sch.: Veränderungen der Elternrolle bei Müttern von Kindern mit einer lebensbedrohlichen chronischen Erkrankung. In: Funke, G. S. et al. (Hrsg.): Die Pflege chronisch Kranker. Bern, 1997, S. 324–334

Orem, D.: Strukturkonzept der Pflegepraxis. Berlin, Wiesbaden, 1997

Petermann, F.: Psychologie des Vertrauens. Göttingen, 1996

Robinsohn, S. B.: Bildungsreform als Revision des Curriculums. Darmstadt, 1975

Rosenstiel, L. von: Wertekonflikte bei Berufseinstieg. In: Klages, H., Hippler, H.-J., Herbert, W. (Hrsg.): Werte und Wandel. Frankfurt/M., New York, 1992

Schuler, H.: Psychologische Personalauswahl. Göttingen u.a., 1998

Siebert, H.: Curricula für die Erwachsenenbildung. Braunschweig, 1974

Wiese, M.: Wie wird die Wohnung eines Patienten zum Arbeitsplatz? In: Pflege. Die wissenschaftliche Zeitschrift für Pflegeberufe (3), S. 55–67, 1995

Zimmer, D.: Beiträge zur therapeutischen Beziehung. Fernuniversität Gesamthochschule Hagen, 1971

3 Erwachsenenpädagogische Prämissen für die Ausbildung

Wiltrud Gieseke

Die Medizin- und Pflegepädagoginnen ringen darum, in das berufliche Ausbildungssystem integriert zu werden, um eine entsprechende Ausbildung für die Lehrenden in diesem Bereich garantieren zu können. Es geht um die eigenständige Akademisierung in Richtung Lehrerbildung (Meifort und Becker, 1995; Becker und Meifort, 1995; Bundesausschuss der Länderarbeitsgemeinschaften der Lehrerinnen und Lehrer für Pflegeberufe, 1997). Einer Vielzahl an Berufen im Gesundheitsbereich, die nicht oder wenig ausreichend in das Berufsbildungssystem eingebunden sind, fehlt damit die Möglichkeit, eigene ausdifferenzierte Strukturen zu entwickeln. Die Forderung nach einer besseren Ausbildung des Lehrpersonals ist also mehr als berechtigt und längst überfällig. Gleichzeitig erleben wir aber eine Umstrukturierung in den Berufsbildern, die eine Auflösung bestimmter Berufe bei gleichzeitigen Ausdifferenzierungsprozessen neuer Berufe mit sich bringt. Dafür wird insgesamt eine neue Grundlagenqualifizierung notwendig werden, von der verschiedene Spezialisierungen ausgehen können. Über diesen Weg kann die Flexibilität in der Ausbildung gesichert werden, ohne dabei das Qualifikationsniveau zu senken. Mehr Allgemeinbildung im Zuschnitt auf medizinisch-pflegerische kommunikative Aufgaben muss hier gewährleistet sein. Andererseits kann man auch die so genannten Modernisierungserfordernisse stärker in die Fort- und Weiterbildung einbinden und hier neue Weiterentwicklungen anstoßen. Eine weitere Variante bietet die Modularisierung der Ausbildung bei gleichzeitiger individueller und damit flexibler Zusammenstellung der jeweiligen Module. (Gieseke, 1997)

Solche konzeptionellen Umstrukturierungen im Berufsbild und die zunehmende Flexibilisierung sowie die Strukturierung der Studiengänge für das Lehrpersonal im Gesundheitsbereich können aber nicht darüber hinwegtäuschen, dass die wesentlichen Entwicklungsschübe nur durch eine sich entwickelnde professionelle, empirisch gewonnene Wissensstruktur, leitende Theorien, systematisierte Handlungsmuster und förderliche interdisziplinäre Kooperationen in den Studiengängen erzielt werden.

Wir wollen hier besonders auf den letzten Aspekt, die kooperativen Beziehungen mit inhaltlicher Perspektive eingehen. Dafür kann die an der Humboldt-Universität praktizierte Kooperation von Pflege- und Medizinpädagogik mit der Erwachsenenpädagogik als Beispiel dienen, die sich nicht nur für eine Tätigkeit in der Aus- und Weiterbildung als planerisches und didaktisches Handeln anbietet, sondern auch andere Kompetenzen, wie die kommunikativen, kooperativen und beratenden Tätigkeiten am Krankenbett, unterstützt. Die besondere Beziehung zwischen Medizin-, Pflege- und Erwachsenenpädagogik leitet sich im Grunde von drei ähnlichen Anforderungen und Aufgaben in den jeweiligen Handlungsfeldern her:

1. von der institutionellen Organisation der Aus- und Weiterbildung
2. von der Transformation von erwachsenenpädagogischem Wissen für die Kommunikation und Beratung am Krankenbett wie auch für die Vermittlung von Wissen
3. von altersheterogenen Gruppen in der Ausbildung, die neue Anforderungen für den Lernprozess bedeuten.

3.1 Die institutionelle Organisation der Aus- und Weiterbildung

Die Weiterbildung und Erwachsenenbildung ist wie die Pflegeaus- und -weiterbildung nicht in das reguläre Bildungssystem integriert. Diese ist an den Betrieb, das Krankenhaus und an Vereine und Träger gebunden. Entscheidungsabläufe sind damit anders organisiert, die Lernkultur wird stärker durch die institutionellen Einbindungen bestimmt. Nicht die Schulbürokratie, sondern trägerspezifische Auslegungen der Bildungsanforderungen beeinflussen hier die Organisationswirklichkeit. Die Dozentinnen sind nicht staatlich angestellte Lehrende mit entsprechender Ausbildung und entsprechendem Anstellungsvertrag. Die Aus- und Weiterbildung wird nach dem Agenturprinzip organisiert, das heißt, Ärztinnen und entsprechend ausgebildete Pflegekräfte werden stundenweise angeworben. Dieses Personal muss entsprechend gesucht, betreut und – wenn möglich – auch weiterqualifiziert werden. Es sollte zumindest an die Arbeit herangeführt werden, um den Kontext der angebotenen Fachstunden zu kennen. Das Bildungsmanagement und die Stundenplanung für die fachliche Ausbildung sind ganz anders gefordert. Wenn auch nicht wie bei der Weiterbildung immer neue Programme zu planen und semesterweise Revisionen vorzunehmen sind, so gibt es doch auch in den Kranken- und Kinderkrankenpflegeschulen einen über schulische Bedingungen hinausführenden flexiblen Planungsbedarf. Kooperationsmöglichkeiten mit anderen Weiterbildungsinstitutionen in der Kommune oder in der Stadt könnten hier den Handlungsradius noch einmal erweitern. Die Idee der Eingliederung der Ausbildung ins duale schulische System sollte die Chancen, die in einem offenen Bildungssystem in der Kooperation mit vergleichbaren Bildungsinstitutionen liegen, nicht völlig außer Acht lassen. So lassen sich z.B. neue Community-Care-Zentren aufbauen, welche die Krankenpflegeschulen aus ihrem randständigen Dasein an den Krankenhäusern herausholen könnten. In einem weiteren, das heißt auch interdisziplinären Sinne könnte in Kooperation mit der Erwachsenenbildung, aber auch mit dem Sozialwesen eine höhere Qualität in der Organisation und im Austausch von Wissen möglich werden. Die Ähnlichkeit in den Strukturen kann dazu herausfordern, das jeweils erarbeitete Wissen zu nutzen, um den institutionellen Austausch anzuregen und eine Zusammenarbeit vielleicht in Planungsbereichen anzustoßen. Wenn die Studiengänge entsprechend weitsichtig entwickelt sind, zeichnen sich solche Möglichkeiten auch für das eigene Handeln vor Ort eher ab. Für Forschungstätigkeiten ergeben sich hier viele Möglichkeiten.

3.2 Transformation von erwachsenenpädagogischem Wissen für die Kommunikation und Beratung am Krankenbett wie auch für die Wissensvermittlung

Die Krankheitsbilder haben sich verschoben. Es scheint mehr Krankheiten zu geben, die lange Nachbehandlungen, neue Lebensstile oder besondere Verhaltensmaßnahmen bzw. bestimmte Aktivitäten der Kranken nach sich ziehen müssen. Nur so erscheint Gesundung, aber auch ein Leben mit bestimmten Krankheiten möglich. Das Lernen am Krankenbett, neue Mischformen zwischen Betreuung, Pflege und Beratung als Lernangebote für die Patienten werden bald zur selbstverständlichen Kompetenz der Pflegenden gehören müssen. Die wesentliche Gruppe der Betroffenen sind Erwachsene und zwar aus jedem Milieu und allen Alters- und Bildungsgruppen. Die Pflegenden benötigen daher Wissen und Fähigkeiten, um sich mit den Beratungsaufgaben kommunikativ auf die verschiedenen Erwachsenen mit ihren Biografien, Erfahrungen und Lebenskonzepten einzustellen und um einschätzen zu können, welche Wege und Formen der Beratung jeweils angebracht sind. Intuitive Fähigkeiten können hier vieles ausgleichen, aber sie genügen nicht mehr allein. Nicht umsonst gibt es inzwischen auch in Deutschland rezipierte multikulturelle Pflegekonzepte (Leininger, 1998), in denen kulturspezifische Fürsorgewerte, -überzeugungen und -praktiken integriert werden, um den Minoritäten im Land zu Recht mehr Beachtung zu schenken. Kulturspezifische Erfahrungen können im Pflegeverhalten nicht mehr übergangen werden, umso weniger kann dies auch für hinzukommende Anforderungen im Beratungshandeln am Krankenbett gelten. Die Ausbildung enthält Erwachsenenpädagogik zwar nicht als Fach, aber Pädagoginnen, die pädagogisches Handeln nicht nur als berufspädagogisches Interventionswissen für die Lehrtätigkeit verstehen, können den Teilnehmerinnen und Teilnehmern dennoch ein breiteres Setting an pädagogischem Wissen anbieten. Die Ausbildung für den Pflegeberuf integriert in den meisten Curricula Psychologie, Soziologie und auch Pädagogik. In den seltensten Fällen wird es aber Erwachsenenpädagogik sein, obwohl die vermittelnden, deutenden und beratenden Anteile in der Tätigkeit am Krankenbett im Umgang mit Erwachsenen aus verschiedenen Milieus auf solchen Bedarf verweisen. Es kann aber davon ausgegangen werden, dass eine Integration erwachsenenpädagogischer Studienanteile in den Diplomstudiengängen dazu führen würde, dass die Inhalte und Kompetenzen in die Ausbildung hineinwirken. Für die Konzeption der Ausbildung setzt die Erwachsenenpädagogik den Akzent jedoch anders. Sie operiert nicht mit einem Erziehungsbegriff, sondern bietet reflexive, auch selbstreflexive Entwicklungskonzepte an. Das Lehren und Lernen in der Ausbildung wird vor dem Hintergrund des lebenslangen Lernens theoretisch und empirisch ausgearbeitet (Brödel, 1998; Kade und Seitter, 1996; Arnold und Gieseke, 1999).

Eine Perspektive, die nach der Ausbildung nur noch wenig an Qualifizierung im Sinne von Weiterbildung erwartet, ist von diesem Konzept weit entfernt. Lernen wird als zur Erwachsenenrolle zugehörig betrachtet. Anschlusslernen muss also vorbereitet werden. Anderseits gibt es aber auch im Pflegebereich eine Reihe von Weiterbildungsberufen und Spezialausbildungen, die auf ein differenziertes Weiterbildungskonzept schließen lassen. Dabei ist der Hinweis nötig, dass die Begrifflichkeit differiert. Nach dem Strukturplan für das Bildungswesen von 1970 wird Weiterbildung als Oberbegriff gewählt und im Weiteren unterschieden zwischen beruflicher Weiterbildung und Erwachsenenbildung. Unter beruflicher Weiterbildung werden dann Umschulung und Fortbildung gebündelt. Im Kontext der Pflegepädagogik wird zwischen Fortbildung und Weiterbildung unterschieden, wobei Fortbildung abschlussbezogene Kurse und Weiterbildung offene Einzelangebote meint. Interessant könnte aber vor allem die in der Erwachsenenpädagogik formulierte plurale demokratische und entschulte Lernkultur sein. Sie gibt dadurch all denen, die schlechte oder unbehagliche Schulerfahrungen haben, die Möglichkeit, einen Neubeginn der eigenen Lerngeschichte zu versuchen. Lernen kann nur so wieder neu mit den eigenen Lebensplänen in Beziehung gebracht werden. Erwachsenenpädagogik ermöglicht es, den für Schule und Ausbildung – trotz eingeschleuster Selbstorganisation – üblichen Schulton und Erziehungsstil aufzugeben. Allerdings hat eine Ausbildung in der Pflege noch Normen für berufliches Handeln zu legen und muss gleichzeitig die Verantwortungsfähigkeit stärken. Die Nahtstelle zwischen Schule und Ausbildung sollte als Einstiegsschwelle vom Jugendalter ins Erwachsenenleben betrachtet werden. Dies gilt auch gerade, weil die soziologische Jugendforschung eine Verlängerung des Jugendalters bis 27 Jahre konstatiert (z.B. Ferchhoff und Müller-Stackebrandt 1997; Herrmanns, 1990; Heinz und Hübner-Funk, 1997; Hurrelmann, 1994; Münchmeier, 1998). Die Nutzung erwachsenenpädagogischer Prämissen für eine demokratische Lernkultur bereitet auf lebenslanges Lernen als verantwortliche Aktivität vor. Von einer solchen Vorbereitung der Pädagoginnen geht eine sozialisierende Wirkung auf die Schülerinnen und Schüler in der Ausbildung aus. Dass dieses auch so in der Berufspädagogik gesehen wird, sieht man an ihren Adaptionen von Ersatzstücken erwachsenenpädagogischen Denkens. Im Übrigen ist es gegenüber dem Weiterbildungsinteresse von einem Drittel der Bevölkerung und damit gegenüber der Mehrzahl der berufstätigen Menschen unter der Hinnahme der neuen Ungleichheit zynisch. Gerade aus der Perspektive lebenslangen Lernens wird deutlich, wie viel höher die Investitionen für die Bevölkerungsgruppen mit kürzeren Bildungswegen sein müssen, um langfristig partizipieren zu können. Wo eine permanente Modernisierung lebenslange, rasche Umstellungen erfordert, haben diejenigen den Vorteil, die eine sehr gute Bildung erwerben konnten. Sie schöpfen auch in späteren Lebensjahren aus ihren Bildungserfahrungen und haben raschere Anschlussmöglichkeiten zur Verfügung. Aber auch diese Gruppe ist auf lebenslanges Lernen angewiesen. Für den normalen, mit einem mittleren Ausbildungsniveau ausgestatteten Erwachsenen sind zusätzliche Förderkonzepte, Hinweise und Informationen notwendig, um hinreichend gute Grundlagen für die Nutzung von Angeboten zur eigenen Entwicklung bereitzustellen.

3.3 Altersheterogene Gruppen in der Ausbildung – Neue Anforderungen an den Lernprozess

Beim lebenslangen Lernen und damit auch in der Pflegeaus- und -weiterbildung muss immer mehr mit heterogenen Ausbildungsvoraussetzungen gerechnet werden. Dies ist auch auf die hohe Arbeitslosigkeit zurückzuführen, die sich in den letzten 20 Jahren zu einer Konstante entwickelt hat. Umschülerinnen gehören heute deshalb wie selbstverständlich zur Ausbildungssituation.

Immer wieder wird nach außen bekundet, es gäbe damit keine Probleme. Untersuchungen bei Umschülerinnen belegen aber, welche besonderen emotionalen Anstrengungen nötig sind, um sich inmitten der Töchtergeneration zu beweisen. Die Umschulungssituation scheint gleichzeitig zu überfordern und zu unterfordern:

- zu überfordern, weil unterstellt wird, die Älteren könnten alles sehr schnell begreifen oder wüssten vieles schon
- zu unterfordern dagegen oft dort, wo Erfahrungswerte eine Rolle spielen und wo die Eigenverantwortung und der Nutzen von bereits erworbenen fachfremden Qualifikationen im praktischen Handeln greifen.

Den Untersuchungen zufolge entspannt sich die Situation merklich, wenn die Teilnehmerinnen ihre Lernfähigkeit für sich selbst trotz zusätzlicher familiärer Belastungen unter Beweis stellen konnten und eine die Umschülerinnen akzeptierende Lernkultur vorzufinden ist. Erwachsenengerechte Lernmethoden und Umgangsstile sind hier stark gefordert, denn zugefügte Verletzungen im Lernverbund wirken schnell demotivierend (Gieseke et al., 1989). Didaktische Überlegungen zur generationsübergreifenden Lernarbeit stehen noch aus. Individuelle und voraussetzungsbezogene Förderangebote jenseits des Klassenverbandsdenkens werden in Zukunft realisiert werden. Damit sind vertraute Felder der Erwachsenenpädagogik angesprochen, die jenseits schulischer Lernkulturen teilnehmerorientierte Lernarrangements zur Verfügung stellen.

3.3.1 Erwachsenenpädagogische Inhalte

Die Erwachsenenpädagogik bringt in den Studiengang «Medizin- und Pflegepädagogik» folgende Inhalte ein, die sich natürlich entsprechend dem wechselnden Themenstand auch verändern. Diese sind:

- Institutionalformen des Lernens und der beruflichen Weiterbildung, Organisationsentwicklung und -beratung
- Ermittlung von Bedarf und Bedürfnissen
- Programmplanungskompetenz und Managementfähigkeiten
- Didaktik für die Weiterbildung, Bedingungen des Erwachsenenlernens, demokratische Lernkulturen und kommunikative Kompetenz
- pädagogische Berufsrollen in institutionellen Kontexten, professionelles Handeln
- Erfahrungen, Biografie und Emotionalität im Lernen von Erwachsenen
- arbeitsplatzbezogene Lernkonzepte, erwachsenengerechte Lehr- und Lernformen

- Geschlechterverhältnis in pädagogischen Berufen und in Lernsituationen
- Hospitation und Analyse von Lehr- und Lernprozessen
- Beratungskompetenz und pädagogische Diagnostik.

Diese Lerninhalte sind natürlich nicht statisch zu verstehen, sondern verändern sich mit sich wandelnden Forschungsbeständen und neuen bildungspolitischen Initiativen. Die inhaltliche Struktur der Angebote kreist aber immer um Fragen des Lernens und des didaktischen Handelns, des Kompetenzbedarfs, der Institutionalisierung und der Politik. Eine Vernetzung pflegepädagogischer Arbeit mit erwachsenenpädagogischem Wissen lässt sich am besten erschließen, wenn man zumindest einige der Inhalte anspricht, die in der Erwachsenenpädagogik bearbeitet werden.

3.3.2 Institutionalformen des Lernens und der beruflichen Weiterbildung, Organisationsentwicklung und -beratung

Institutionalformen werden analysiert, um die Organisationsformen von Bildung sowie die begleitenden politischen Entscheidungen und systemischen Entwicklungen zu erschließen (Schäffter, 1998; Wittpoth, 1997; Harney, 1998a, 1998b). Unter monopolistischen Realisierungsbedingungen – wie der staatlichen Organisation des Schulwesens – scheint es nur einen begrenzten Analysebedarf zu geben. Er betrifft dort nur verwaltungsbürokratische Strukturen. Einrichtungen der Weiterbildung realisieren sich jedoch vor dem Hintergrund offener politischer Optionen über eine Vielzahl an unterschiedlichen Entwicklungschancen und Strukturbedingungen. Eine wichtige Frage ist also, unter welchen institutionellen Bedingungen bzw. mit welchen Organisationsformen Bildungsangebote, Qualifizierungen und Kompetenzen für unterschiedliche Gruppen in wechselnden Verwertungskontexten angeboten werden. Mit einem solchen thematischen Zugriff kann die Aus- und Weiterbildung schon nicht mehr vor einem festen Rahmen betrachtet werden, sondern der Rahmen selbst muss neu mitentworfen, -analysiert oder zumindest -reflektiert werden. Die Weiterbildungsszene hat sich trotz dieser vor dem Hintergrund des Schulwesens doch labilen Struktur in den letzten zehn Jahren weiter ausdifferenziert. Im Berliner Memorandum (1999) ist sogar von einem Wildwuchs die Rede, der wieder in geordnete Bahnen gelenkt werden muss. Systematisiertes, lebensbegleitendes Lernen in einem *d*ualen, *p*luralen und *m*odularen System (DPM-System) ist auf ein Baukastendenken hin ausgelegt und zielt nicht auf die Auflösung der Berufsstrukturen, sondern auf neue Bündelungen, höhere Flexibilität und neue Kombinationsformen ab. Die notwendige Vielfalt der Lernorte und Lernortkombinationen, die hier gefordert wird, macht es durchaus möglich, dass in privaten wie in klassischen kommunalen (Volkshochschule) Weiterbildungsinstitutionen nach wie vor ausgebildet und im Berufsschulzentrum weitergebildet wird. Die Institutionalisierung der zukünftigen beruflichen Bildung muss in einer solchen neuen Flexibilität der Lernorte neu begründet werden, wenn man ein qualitätsvolles Niveau in der sich rasch verändernden Realität erhalten will. Auf die Bearbeitung solcher Fragen geht die Erwachsenenpädagogik mit einem theoretischen Ansatz hinsichtlich der Übergänge im lebenslangen Lernen ein. Zukünftiges Handeln in der beruflichen Bildung wird so auf neue institutionelle Kooperationen hin orientiert. Weil die Ausbildungssituation im Gesundheitswesen außerhalb des gängigen Berufsschulwesens noch mehr Entscheidungsspielräume hat, kann sie Vorreiter für eine neue Vielfalt der Lernorte sein. Es ist aber nicht zu übersehen, dass hier auch andere Zweige des Berufsbildungssystems bereits neue Überlegungen anstellen. Zumindest sollte im Studium die institutionelle Handlungsflexibilität vorbereitet werden.

3.3.3 Ermittlung von Bedarf und Bedürfnissen

Die Inhalte der Weiterbildung sind nicht in Lehrplänen festgelegt, es sei denn, Bedingungen des lebenslangen Lernens, wie z.B. die Arbeitslosigkeit, würden Umschulungen nötig machen, in denen Lehrpläne für das jeweilige Berufsbild aufgegriffen werden. Aber auch dann entfernt sich die pädagogische Realisierung vom schulischen Lernen. Was nach-, um- und neugelernt werden muss, um zügig einen guten neuen Berufsabschluss zu erreichen, könnte z.B. im mittleren Erwachsenenalter anders sein als bei einem Jugendlichen. Hier sind zukünftig notwendige Flexibilitätsräume noch nicht einmal angedacht. Eine curriculare Neubearbeitung ist vor dem erwachsenenpädagogischen Hintergrund notwendig, wenn man adressatengerecht agieren will. Das Weiterbildungsangebot wird oft in den Ausbildungszentren mit erarbeitet. Hierfür bleibt wenig Zeit, wenn die professionelle Kompetenz fehlt. Wie gelangt man also zu den Inhalten für die Fortbildungsangebote, oder wo liegen Bedarf und Bedürfnisse, die nachgefragt werden?

Für die Erhebung von Bedarf und Bedürfnissen gibt es verschiedene Verfahren und Methoden. Das Spektrum reicht von offenen, schriftlichen Befragungen über geschlossene Fragebögen an die in der Pflege Tätigen bis zu Befragungen von Medizinern und Krankenhaus-Managern bzw. zu Gesprächen vor Ort auf Station mit allen Beteiligten. Diese Vorgehensweisen bei der Bedarfs- und Bedürfniserhebung (Schlutz, 1991; Gerhard, 1992) scheinen aber bisher nicht mit technischen Verfahren lösbar zu sein. Es zeigt sich, dass die meisten Angebote, die dann auch eine Nachfrage haben, durch ein Angleichungshandeln (Gieseke, Robak, Heuer und Gorecki, 1999) in den vernetzten Systemen und in Absprachen mit den Abnehmern entstehen. Aber auch hier gelangt man nicht allein über Befragungen oder gute Kontakte zu solchen Ergebnissen, sondern durch gemeinsame Interpretationen von Praxissachverhalten und neuen Wissensentwicklungen. Auch dann bleibt das Wissensangebot noch von dem praktischen Handeln abgehoben, es bedarf der Eigenleistung in der Transformation des Gelernten. Es scheint, als gäbe es kaum mehr Missverständnisse, als beim praxisbezogenen Lernen. Die Praxis – und dies ist das häufigste Missverständnis – liefert nicht unmittelbar abfragbare Hinweise auf notwendige Weiterbildungsangebote. Natürlich will die Praxis gefragt werden, natürlich können Missstände in der Praxis durch Weiterbildung behoben werden, aber worin die Probleme bestehen und wie sie in der Weiterbildung anzugehen sind, um dann eine Veränderung der Praxis zu erwirken, kann nicht über lineares transformierendes Denken sichtbar gemacht werden. Wer sich flexibel und schnell auf wechselnde Anforderungen und rationalisierte Arbeitsbedingungen einstellen muss, benötigt keine kleinen, trainingsartig erwerbbaren Funktionshäppchen. Auf diese Weise werden nur kurzfristige Bedürfnisse befriedigt, langfristiger Bedarf bliebt dabei unberücksichtigt. Das Programmplanungshandeln bzw. die entsprechenden Konzepte bleiben also von der Interpretation dessen, was Bedarf und Bedürfnisse sind und wie sie sich artikulieren, abhängig. Theoretische Annahmen über Handlungs- und Reflexionsautonomie oder weisungsgebundene Auslegungen, Persönlichkeitserwartungen für berufliches Handeln und die Ansprüche an die Beherrschung von Grundlagenwissen spielen hier mit hinein. Die Bedarfs- und Bedürfnisfrage ist also in Bezug auf Weiterbildung nur bedingt eine erfragbare oder erschließbare Größe. Die Erwachsenenpädagogik hat dazu natürlich keine abschließenden Antworten, sie bewahrt sich die interdisziplinäre Perspektive und adaptiert hierfür auch betriebswirtschaftliche Ergebnisse. Allerdings zeigen Untersuchungen im Feld, dass man doppelgleisig fahren muss, das heißt, die Befragung von Bedürfnissen erfolgt vor dem gleichzeitigen Wissen, damit nur Oberflächenstrukturen des Bildungsbedarfs erfassen zu können.

Wer also im Gesundheitswesen nicht nur in einer lehrenden Position bleiben will, sondern auch in der Organisation von Weiterbildung und im Bildungsmanagement tätig ist, benötigt entsprechendes Wissen.

3.3.4 Programmplanungskompetenz und Managementfähigkeiten

Das Programmplanungshandeln hängt eng mit Bedarfs- und Bedürfnisproblemen zusammen. Die Weiterbildung ist von der unmittelbaren individuellen und firmenbezogenen Nachfrage abhängig. Sie muss sich, auch wenn sie partielle öffentliche Unterstützung bekommt, auf dem Markt bewähren. Das ist nichts Neues, sondern war immer ihre Aufgabe. Die pädagogische Transformation von erhobenem Bedarf und Bedürfnissen ist das Programmplanungshandeln. Hier werden Angebote ausgearbeitet, Ankündigungen vorbereitet, das Marketing entwickelt, das heißt, es entsteht ein Programm. In Untersuchungen lässt sich herausfinden, welches die Schwerpunkte der Programme in den verschiedenen Typen von Weiterbildungsinstitutionen sind und welche Teilnehmer was nachfragen, und durch Längsschnittuntersuchungen lassen sich Trendverschiebungen feststellen (Körber et al., 1995; Henze, 1998; Borst, Maul und Meueler, 1995). Fallstudien zeigen, dass es durchgängige Trends gibt, die zeitgeistabhängig sind. Gleichzeitig lassen sich Modernisierungen beobachten, die alle Institutionen erfassen, sie betreffen die großen Linien der Veränderungen, lassen aber Spielraum für individuelle Planungshandschriften. Dabei sind die Handlungsspielräume der professionellen Planerinnen und Planer zwar kleiner als angenommen, aber sie sind vorhanden. Die professionelle Anstrengung liegt nun darin, die Modernisierungsschübe zu verfolgen und aufzugreifen, ohne die eigenen Zielsetzungen aufzugeben. Planen bedeutet also für die Professionellen permanentes Suchen und Identifizieren. In den Institutionen, wo mit differenzierten Bildungstheorien gearbeitet wird, wo die unmittelbare Nachfrage nicht als einzige Bezugsgröße wirkt, sondern fach- und vermittlungsbezogene Qualitätskriterien greifen, aber auch neue, nicht im Mainstream befindliche Ideen entwickelt werden, können sich spezifische Profile herausbilden. Gleichzeitig ist erkennbar, dass der Verzicht auf marktbezogenes Marketing ein eher konservierendes Konzept bestärkt; Veränderungen erfolgen hier langsamer.

Aber auch dies kann auf lange Sicht Vorteile haben. Programme in der Weiterbildung, aber auch die dabei vorhandenen Verbindungen zur Ausbildung können also verschiedene Gesichter erhalten.

Nun hat besonders die Gesundheitsbildung in den letzten zehn Jahren ein außergewöhnliches Wachstum erlebt. Die Gesundheitsvorsorge als neues Betätigungsfeld der Pflege- und Medizinpädagogik bekommt zumindest von der Nachfrageseite und von den pädagogischen Erfahrungen in diesem Bereich viele Anregungen. Dabei verweisen die Ergebnisse auf individuelle, familiäre und berufliche Problemlagen, die gerade bei Frauen zu den unterschiedlichsten gesundheitlichen Beeinträchtigungen geführt haben (Ulsamer, 1999).

Programmanalysen und Programmplanungshandeln sind das Herzstück erwachsenenpädagogischen Handelns. Sie führen zum Curriculum einer Institution, also zum Programm und Angebot. Das Programm dokumentiert nach außen die planende Kompetenz und das Profil einer Institution. Als Studieninhalt ist Programmplanungshandeln zwar sehr wichtig, aber es ist häufig nicht so beliebt. Nicht selten werden diese Kurse im Studium übergangen, um dann später darüber zu klagen, dass die Ausbildung nicht praxisbezogen genug war. Die wissenschaftliche Weiterbildung muss dies dann nachholen.

Neue Anforderungen gerade bei den nicht staatlich und bürokratisch strukturierten Institutionen richten sich an die Leitung, an das Management. Neue Anforderungen an die Profilbildung, an die Wirtschaftlichkeit, an die Qualitätssicherung der Bildungsinstitutionen betreffen in erster Linie die Leitung. Sie hat Leitlinien vorzugeben und gleichzeitig Teamarbeit zu realisieren, sie sollte flexibel neue Ideen von den Mitarbeiterinnen aufgreifen, ohne die Gesamtentwicklung aus den Augen zu verlieren. Verfahren, Techniken und Selbstreflexion für ein solches Leitungshandeln werden, wenn man bereits im Praxisfeld tätig ist, in Fortbildungen angeboten. Für das Studium liegt außer zu Fragen des Qualitätsmanagement noch zu wenig Forschung vor. Darüber hinaus führt die Personalverknappung infolge von Sparmaßnahmen immer häufiger zu gekoppelten Aufgaben, sodass Managementaufgaben und Programmplanungshandeln miteinander verschmelzen. Auch hier müssten Forschungsergebnisse und theoretische Arbeiten als Studieninhalt entwickelt werden.

3.3.5 Didaktik für die Weiterbildung, Bedingungen des Erwachsenenlernens, demokratische Lernkulturen und kommunikative Kompetenz

Es gibt in der Erwachsenenpädagogik eine spezielle Didaktik. Der erwachsenenpädagogische Zugriff unterscheidet sich bereits dadurch, dass die Teilnehmerinnen weniger Objektcharakter haben. Sie werden als Subjekte ihrer Lernprozesse wahrgenommen. Hier knüpft auch das Zielgruppenkonzept an (Schiersmann, 1999). Inzwischen sind mehr als zwei Drittel der Angebote zielgruppenbezogen strukturiert. Der Bedarf, das Umfeld und die Verwertungsbezüge der Teilnehmerinnen bzw. sie selbst sind zunehmend mehr in den Mittelpunkt didaktischer Planungsüberlegungen gelangt (Tietgens, 1986, 1992; Breloer, Dauber und Tietgens, 1980; Siebert, 1996). Von einer auf Motivlagen bezogenen Planungskonzeption führte die Entwicklung in den letzten 20 Jahren über eine Adressaten- und Teilnehmerorientierung (Tietgens, 1986, 1992; Breloer, Dauber und Tietgens, 1980) zum selbst organisierten Lernen (Siebert, 1996). Es entwickelte sich eine differenzierte Kultur der Zielgruppenarbeit, die sowohl zu politischen Emanzipationsbestrebungen, zu theoretischen pädagogischen Begründungen von Defizitbeschreibungen (Mader und Weymann, 1979), als auch zu Zielgruppenkonzepten als Organisationsfolien (Schäffter, 1981) führten, wo der institutionelle Bezug deutlicher in den Mittelpunkt trat. Dieser Strang der didaktischen Diskussion wurde von Ansprüchen und Umsetzungen einer demokratischen Lernkultur begleitet, um Erwachsene besser zu ermutigen, die Rolle der Lernenden wieder anzunehmen, ohne gleichzeitig in eine Schülerinnen- bzw. Schülerrolle zurückzufallen. Erwachsenenlernen bedeutet,

eine Lernkultur zu entwickeln, die die Lernende bzw. den Lernenden nicht nur in der Planung in den Mittelpunkt stellt, sondern die ihr bzw. ihm auch im Lernverlauf eine entscheidende Rolle gibt. Deshalb wurden in der Erwachsenenpädagogik spezielle Methoden experimentell erprobt. Auch autonome Selbstlerngruppen und neue Bildungszentren mit anderen Themen entwickelten und stabilisierten sich. Besonders aus der gewerkschaftlichen Bildung und der Frauenbildung konnten hierfür Anleihen gemacht werden. Diese Entwicklungen konzentrieren sich in den 70er und auch noch in den 80er Jahren vor allem auf die allgemeine Weiterbildung. In den 90er Jahren nahm die betriebliche Weiterbildung diese Entwicklungen der allgemeinen Weiterbildung auf und trieb die Didaktikdiskussion voran. Die Didaktikkonzepte nahmen verstärkt neue Methoden und andere Formen des diskursiven Lernens auf, integrierten die Erlebnispädagogik und begannen mit selbst organisierten und selbst gesteuerten Lernkonzepten. Gleichzeitig übt das neue Qualitätsmanagement Einfluss auf die Lernkonzepte. Effektivitätskriterien werden so indirekt zu Qualitätsstandards in Bildungsprozessen. Gegenwärtig besteht großes Interesse daran, den Transfer in die Praxis zu sichern, entsprechende Entwürfe zu favorisieren und Trainingsangebote zu optimieren sowie kommunikative Kompetenz für Managementaufgaben zu erwerben. Didaktische Konzepte in der Erwachsenenpädagogik sind also sehr stark in Bewegung und Veränderung, sie folgen den aktuell nachgefragten Entwicklungen. Der Teilnehmerbezug mit den unterschiedlichen Akzentsetzungen bleibt aber als wesentliche Kategorie erhalten. Er hat gegenwärtig den demokratisierenden Aspekt verloren und favorisiert stärker den individuellen, unmittelbaren Verwertungsaspekt. Damit wird aktuell auf den neuen Anspruch des selbst organisierten Lernens vorbereitet. Es fehlt allerdings noch mehr didaktische Forschung, um die Folgen der jeweiligen Konzepte besser evaluieren zu können und die Konzepte so besser zu platzieren. Die Vielzahl didaktischer Planungsinstrumente und konzeptioneller Überlegungen versucht den verschiedensten Lernerwartungen und -anforderungen gerecht zu werden. Konzepte für didaktische Laborarbeit sind nötig, um einen effektiven Zugang zu den verschiedenen Ansätzen zu schaffen.

3.3.6 Pädagogische Berufsrollen in institutionellen Kontexten, professionelles Handeln

Die Erwachsenenpädagogik bildet, wie bereits dargestellt, nicht allein für eine lehrende Tätigkeit aus. Pädagogische Professionalität definiert sich als eine planende, lehrende und beratende Tätigkeit, die breites systematisch-theoretisches Wissen verlangt. Das Berufsfeld erwartet nicht nur ein hohes Fachwissen, sondern auch hohe ethische Standards, denn Bildungsprozesse nehmen Einfluss auf individuelle Entwicklungen.

Zukünftige Pädagoginnen und Pädagogen werden mit zunehmender Autonomie auch in der Schule – nicht nur in der Weiterbildung – die institutionellen organisatorischen Rahmenbedingungen in entscheidender Weise mitbestimmen. Dies zeichnet sich heute in der Weiterbildung nicht nur ab, sondern ist bereits Realität; den Pädagoginnen ist der Zugang zu leitenden und institutionell gestaltenden Aufgaben unmittelbar möglich. Es sollte nicht übersehen werden, dass pädagogisches Handeln sich zunehmend entgrenzt und nicht auf den Schulraum beschränkt ist. Pädagogisch schlecht ausgebildete Lehrerinnen mit geringer Diagnosefähigkeit und geringen fördernden Potenzialen werden für eine Gesellschaft, die sich zur Weiterbildungsgesellschaft entwickelt, zum Problem (Arnold und Gieseke, 1999). Professionalität in den pädagogischen Handlungsfeldern benötigt noch mehr Selbstaufmerksamkeit. Sie kann und muss sich im Kontext des Qualitätsmanagements eigene Standards setzen, die erfüllbar sind und sie an die pädagogische Förderung jedes einzelnen Lernenden orientieren. Darüber hinaus ist Lernen selten selbstreflexiv besetzt, in den wenigsten Fällen können die Subjekte reflektieren, wie, wann und warum sie lernen. Gerade für lebenslange Lernprozesse eröffnet sich hier noch ein weites Feld. Außerdem verlangt die Entwicklung lebenslanger Lernhaltungen, dass sie von einer entsprechenden Lernkultur gestützt wird. Dazu gehört die Mitarbeit oder selbstständige Entwicklung neuer institutioneller Konzepte für flexible Aus- und Weiterbildungsinstitutionen, und dabei wird die allgemeine Weiterbildung neu einzubeziehen sein. Hier sind die Möglichkeiten noch nicht einmal ansatzweise in Angriff genommen worden.

Ein vergleichender Blick auf die Forschung zu pädagogischem Handeln in der Weiterbildung belegt diese Entwicklung zu einem umfassenden pädagogischen Konzept der Tätigkeit. Diese Entwicklung nimmt auch dann einen ähnlichen Verlauf, wenn die Ausstattungsbedingungen sich verschlechtern (Schmidt-Lauff, 1999; Gieseke, 1989; Gieseke, Roback, Heuer und Gorecki, 2000).

3.3.7 Erfahrungen, Biografie und Emotionalität im Lernen von Erwachsenen

Das Thema «Lernmotive, Lernfähigkeiten und Lernhaltungen» hat sich in der Erwachsenenpädagogik in anderer Weise ausdifferenziert, als in der lernpsychologischen Literatur und in der Schulpädagogik, weil es nachfrageorientiert auf die Individuen einzugehen hat und deshalb auch das wissenschaftliche Interesse in dieser Weise orientiert ist. Hinzu kommt, dass die Weiterbildung stärker als die anderen Bildungsinstitutionen mit Lernen vor dem Hintergrund einer wechselvollen Lernbiografie konfrontiert ist. Die Erwachsenenpädagogik muss sich deshalb mit Lerndispositionen beschäftigen, die sich über Jahre verfestigt und eingeschliffen haben und über die selten verfügt wird, die aber Lernhaltungen und Motive formen und tragen.

Erfahrung ist der allen am leichtesten zugängliche Begriff. Erfahren kommt von «fahren», es meint ursprünglich jedes Sich-Fortbewegen. Die Vorsilbe «er» verweist auf einholen, durchhalten. In der pädagogischen Rezeption haben Bollnow (1968) und Meueler (1993) auf diese Wortbedeutungen hingewiesen. Erfahren meint also «auf der Fahrt etwas kennen lernen». Bollnow betont das Schmerzliche und Unangenehme der Erfahrung: Hindernisse, die sich einem in den Weg stellen, zwingen dazu, Erfahrungen zu machen. Jede Erfahrung ist eine durchkreuzte Erwartung. Erfahrungen sind das Ergebnis eines Zwanges, nicht eines aktiven Tuns, wobei unterschieden wird zwischen Erfahren und Erleben. Beim Erleben steht das Subjekt mit seinen momentanen, emotionsgesteuerten Eindrücken im Vordergrund. Das Erfahrene ist objektiver und sachgebundener. Erlebnisse weisen nicht über sich hinaus, es sind abgekapselte Erinnerungsbilder. Allerdings lässt sich das Verhältnis von Erlebnissen und Erfahrungen auch als loses Kontinuum sehen. In diesem Definitionsangebot werden nicht die intrapsychischen schmerzhaften Prozesse des Erfahrens beschrieben, sondern es wird vermutet, dass gleiche alltägliche Lebensbedingungen ähnliche, wenn auch nicht gleiche Erfahrungen produzieren. Aber die vor bestimmten Hintergründen erworbenen Erfahrungen formen die Persönlichkeit. Allerdings unterstellt auch Bollnow keinen Determinismus, sondern definiert Erfahrungen als durch tägliches Tun gewonnenes Handlungswissen (Negt, 1971; Kejcz et al., 1980). In Bildungsprozessen sieht er die Möglichkeit, gesellschaftlich und institutionell erfahrenes Leid ins Bewusstsein zu heben, d.h. sich nicht fraglos in das leidvoll Erfahrene zu fügen, sondern den Finger auf die durch gesellschaftliche Einflüsse entstandene Wunde zu legen. In der beruflichen Weiterbildung, aber auch in einer in der Praxis stattfindenden Erstausbildung ist die Beschäftigung mit Erfahrungen eine unabdingbare Voraussetzung.

Auch wenn unsere Zeit Erfahrungen immer weniger ernst zu nehmen scheint, gehören diese weiterhin zum individuellen Lebenslauf und haben persönlichkeitsbildenden und strukturierenden Charakter. Sie schieben sich als Interpretationsfilter zwischen das neue Wissen und bestimmen die Aneignungsbereitschaft. Positive Lernerfahrungen, also gute Erfahrungen mit der Integration und dem Gebrauch von neuem Wissen und mit dem Verständnis von Zusammenhängen, wirken beflügelnd auf weiteres Lernen im Lebenslauf. Wo jedoch das Gegenteil der Fall ist, braucht es spezielle Ansprachen und mehr Wissen darüber, welche angebotenen Lernkulturen hier weiterführend sind.

In handlungsorientierten Berufen haben Erfahrungen ihren positiven Stellenwert behalten. Sie können zur Entlastung beitragen, und darüber können wiederkehrende Handlungen optimiert werden. So entsteht aber auch Routine und damit eine selbstverständliche Verlässlichkeit, die in vielen Berufen lebensnotwendig ist. Die entlastende Funktion von Erfahrungen wird an den Deutungen und Deutungsmustern deutlich, in den die verarbeiteten Erfahrungen eine nutzbare strukturierte Qualität erhalten. Deutungsmuster sind nach Arnold erworbene und bewährte Muster der Weltauffassung und Orientierung, die auf Kontinuität angelegt sind (Arnold, 1985). Die Identität des Individuums ist dabei in erheblichem Maße durch eine biografische Kontinuität der Deutungsmuster bestimmt. Deutungsmuster halten gleichzeitig Erklärungen für biografische Einbrüche und Zäsuren bereit. Die soziale Realität wird danach nicht als objektive und eindeutig vorgegebene Welt, sondern vielmehr als ein in der sozialen Interaktion immer bereits vorgewebtes Netz von Bedeutungen verstanden, in das der Mensch in lebenslanger Sozialisation hineinwächst und das er in den Interaktionsbezügen seines Lebenslaufes weiterwebt. Somit ist er auch immer selbst an der Konstruktion des Bedeutungsnetzes seiner Wirklichkeit beteiligt.

Eine Reihe von Untersuchungen bestätigen, wie weit reichend Erfahrungen und Deutungen privater, sozialer und beruflicher Sachverhalte auf den Bildungsverlauf wirken. Deutungsmusteranalysen zeigen, wie die Spielräume beruflichen Handelns durch alltägliches Deuten bestimmt sind und wie Widersprüchlichkeiten durch andere Lerninhalte und Ziele (z.B. Verhaltenstrainings) entstehen können (Arnold et al., 1998).

Diese Lehr- bzw. Lernanalysen im Kontext von Deutungs- und Erfahrungswissen haben sich in der Erwachsenenpädagogik in zwei Richtungen weiterentwickelt. Die eine Entwicklung im Anschluss an die Deutungsmusterdebatte führte mit Siebert und Arnold zu einer Rezeption des Konstruktivismus unter erwachsenenpädagogischer Perspektive (Siebert, 1998; Arnold und Siebert, 1997). Ein weiter Anschlussdiskurs, der noch nicht zu Ende ist, versucht die Bedeutung von Emotionen für die Bildung Erwachsener herauszuarbeiten. So hat besonders Mader (1994) auf Emotionsmuster hingewiesen, die z.B. in der Altenbildung eine große Rolle spielen. Sie zeigen, wie man Alter und andere Einschnitte im Leben bewältigt. Es ist also nicht sehr weit hergeholt, dass mehr Wissen über diese Zusammenhänge auch für beratende Prozesse in der Pflege vorteilhaft ist.

3.3.8 Das Geschlechterverhältnis in pädagogischen Berufen und in Lernsituationen

Die Weiterbildung, besonders die Erwachsenenbildung, wird in überwältigender Mehrzahl von Frauen besucht. Dies wird eher verheimlicht als betont, da ein hoher Frauenanteil offenbar keine Imagepflege bedeutet. Diese Tendenz scheint zurzeit weniger ab- als zunehmend zu sein. In der beruflichen Weiterbildung ist der Anteil der Frauen da geringer, wo das Delegierungsprinzip für Aufstiegsweiterbildung wirksam ist. Wo Bildung auf Verwertbarkeit im Sinne von beruflichem Aufstieg genutzt werden kann und sich finanziell auszahlt, nehmen mehr Männer an Weiterbildungen teil. In beruflichen Umschulungskursen findet man Frauen in den kürzeren und weniger begehrten Ausbildungsgängen. Nicht nur die Nachfrage, sondern auch Beratungsverläufe haben hier einen Einfluss. Der Verweis auf Bildungsdefizite bei Frauen ist jedoch nicht mehr nutzbar, und damit sind alle ideologischen Gründe verbraucht. Dass Männer es immer noch ablehnen, Frauen gleichberechtigt zu behandeln, kann nicht mehr mit Defizitzuschreibungen verschleiert werden.

Obwohl die Frauen in hohem Maße an der Weiterbildung teilnehmen, sind sie nicht in gleicher Weise in den jeweiligen Berufsfeldern vertreten (Kuwan, 1996).

Eine klassische politische Frauenbildung gehört inzwischen der Vergangenheit an. Sie wird nicht mehr nachgefragt, außerdem haben sich die Hausfrauen selbst in unterschiedlichen Klubs organisiert und streben über Weiterbildung oder durch Übergangsjobs während oder schon sehr früh nach der Familienphase in die Arbeitswelt. Eingreifende Bildung im Kontext von Organisationsentwicklung (Gieseke, 1998) sowie selbstreflexive Angebote von Verhaltenstrainings, Konfliktanalysen und biografischen Aufarbeitungen von Lebensentscheidungen werden zukünftig von Bedeutung sein (Schiersmann, 1993; Gieseke et al., 1995). Letzteres Vorgehen hat aber nur dann einen konstruktiven Sinn, wenn Handlungsspielräume noch genutzt werden können.

Im Pflegebereich wird aber auch eine andere Seite des Geschlechterverhältnisses deutlich: Frauen sind, auch wenn sie ein Berufsfeld bestimmen, untereinander noch sehr weit davon entfernt, hier konstruktive neue Formen der Zusammenarbeit zu entwickeln. Das Frauenthema ist merkwürdig ausgespart, in diesem Bereich kann nicht von einem positiven Verhältnis zum eigenen Geschlecht gesprochen werden, selten entstehen untereinander fördernde Strukturen. Gerade für den Pflegebereich scheint jetzt weniger die Gender-Perspektive, als vielmehr die Frauenbildung in der Reflexion sozialer, kommunikativer Bedingungen unter Frauen sehr wichtig zu sein. Aber auch die spezifischen Lernformen von Frauen, wie sie sich gegenwärtig zeigen, sollten in der Aus- und Weiterbildung im Gesundheitsbereich eine Rolle spielen. Inzwischen ist viel Wissen über Geschlechterdifferenzen im Verhalten vorhanden, welches auch für das Handeln und die Aufmerksamkeitsrichtung im Pflegeprozess von Bedeutung ist. Dieses Thema aus der Erwachsenenpädagogik zeigt sich auf verschiedenen Ebenen der Pflegeaus- und -weiterbildung. Besondere Aufmerksamkeit verdient die Entwicklung des Geschlechterverhältnisses aus der sich ankündigenden Dienstleistungsperspektive.

Vor allem in den neuen Bundesländern nimmt der Anteil der Männer in diesem Beruf zu, und so bleibt dieses Arbeitsfeld auch keine Domäne der Frauen. Es ist für die weitere Entwicklung dieses Berufsfeldes wichtig, dass die Frauen wissen, wer sie sind und was sie wollen.

Hier wird das Wissen darüber, wie sich Frauen und Männer in Lernsituationen verhalten und wie man für beide Geschlechter in spezifischer Weise förderlich handeln kann, sehr wichtig. All diese Prozesse unterliegen einem historischen Wandel. Die breiten Untersuchungen zeigen aber, dass wir von einer Gleichberechtigung im Sinne kollegialer Zusammenarbeit noch weit entfernt sind.

3.3.9 Hospitation und Analyse von Lehr- und Lernprozessen

Leider werden Studierende für die Lehrberufe zu wenig mit Forschungsmethoden vertraut gemacht. Im Zusammenhang mit Didaktiklaboratorien und -institutionen könnten Hospitationen mit kleineren Forschungsaufträgen durchgeführt werden. Daran anschließend lassen sich Seminararbeiten über die Beobachtung von Lehr- und Lernsituationen als Einstieg in die Forschung anfertigen. Mehr Forschung über Mediennutzung bietet sich an. Eine Vielzahl unterschiedlicher Erhebungsmöglichkeiten kann über kleinere Projekte des forschenden Lernens realisiert werden. Hier eröffnen sich Kooperationen mit der Fachdidaktik in der Pflegepädagogik, die noch nicht aufgenommen worden sind.

Literatur

Arnold, R. et al. (Hrsg.): Lehren und Lernen im Modus der Auslegung: Erwachsenenlernen zwischen Wissensvermittlung, Deutungslernen und Aneignung. Hohengehren, 1998

Arnold, R.: Deutungsmuster und pädagogisches Handeln in der Erwachsenenbildung. Bad Heilbrunn, 1985

Arnold, R., Gieseke, W. (Hrsg.): Die Weiterbildungsgesellschaft, Bd. 1/2. Neuwied, Kriftel, 1999

Arnold, R., Siebert, H.: Konstruktivistische Erwachsenenbildung. Hohengehren, 1997

Berliner Memorandum zur Modernisierung der Beruflichen Bildung: Leitlinien zum Ausbau und zur Weiterentwicklung des Dualen Systems. Beirat «Berufliche Bildung und Beschäftigungspolitik», herausgegeben von der Senatsverwaltung für Arbeit, Berufliche Bildung und Frauen. Berlin, 1999

Becker, W., Meifort, B.: Pflegen als Beruf – ein Berufsfeld in der Entwicklung, 2. aktualisierte Aufl., Bundesinstitut für Berufsbildung. Berlin, Bonn, 1995

Bollnow, O. F.: Der Erfahrungsbegriff in der Pädagogik. In: Zeitschrift für Pädagogik 14, 1968, 3, S. 221–252

Borst, E., Maul, B., Meueler, E.: Frauenbildung in Rheinland-Pfalz. Ein Forschungsbericht. Mainz, 1995

Breloer, G., Dauber, H., Tietgens, H.: Teilnehmerorientierung und Selbststeuerung in der Erwachsenenbildung. Braunschweig, 1980

Brödel, R. (Hrsg.): Lebenslanges Lernen – lebensbegleitende Bildung. Neuwied, Kriftel, 1998

Bundesausschuss der Länderarbeitsgemeinschaften der Lehrerinnen und Lehrer für Pflegeberufe: Bildung und Pflege. Stuttgart, New York, 1997

Ferchhoff, W., Müller-Stackebrandt, J.: Ist Jugend noch fassbar? Zur Aufmerksamkeitsverschiebung in der (Fach-)Öffentlichkeit. In: Kind, Jugend, Gesellschaft 42, 1997 Heft 3, S. 65–88

Gerhard, R.: Bedarfsermittlung in der Weiterbildung. Hannover, 1992

Gieseke, W.: Eingreifende Bildung – Formen der Frauenbildung. In: Zentrum für interdisziplinäre Frauenforschung (Hrsg.): Frauen- und Geschlechterforschung in den Erziehungswissenschaften. Bulletin, Bd. 17, Berlin, 1998, S. 54–61

Gieseke, W.: Bildung und Pflege – Bedeutung für die Professionalisierung. In: Pflege Pädagogik 6/97, S. 27–30

Gieseke, W.: Habitus von Erwachsenenbildnern. Oldenburg, 1989

Gieseke, W. et al.: Programmplanung als Bildungsmanagement? Qualitative Studie in Perspektivverschränkung. Begleituntersuchung des Modellversuchs: «Erprobung eines Berufseinführungskonzeptes für hauptberuflich pädagogische Mitarbeiter/innen in der konfessionellen Erwachsenenbildung», Recklinghausen, 2000 (im Druck; EB-Buch 20)

Gieseke, W. et al.: Erwachsenenbildung als Frauenbildung. Bad Heilbrunn, 1995

Gieseke, W. et al.: Bildungsarbeit mit arbeitslosen jungen Erwachsenen. Eine wissenschaftliche Begleitung von «Arbeiten und Lernen» – Maßnahmen als Beitrag zur didaktischen Lernforschung. Erwachsenenpädagogische Begleitforschung, Bd. 1. Oldenburg, 1989

Heinz, W. R., Hübner-Funk, S.: Die Quadratur des Jugendbegriffs. Zur sozialen (Re-)konstruktion einer Übergangsphase. In: Diskurs, 1997, Heft 2, S. 4–11

Harney; K.: Krise öffentlicher Trägerschaft in der Weiterbildung: Betrieblichkeit als Referenzproblem. In: Brödel, R. (Hrsg.): Lebenslanges Lernen – lebensbegleitende Bildung. Neuwied, Kriftel, 1998a, S. 184–195

Harney, K.: Zwischen Arbeiten und Lernen. Handlungslogiken betrieblicher Weiterbildung. München, 1998b

Henze, C.: Ökologische Weiterbildung in Nordrhein-Westfalen: eine empirische Studie zur Programmplanung und Bildungsrealisierung an Volkshochschulen. Münster u.a., 1998

Herrmanns, M.: Jugendarbeitslosigkeit seit der Weimarer Republik. Ein sozialgeschichtlicher und soziologischer Vergleich. Opladen, 1990

Hurrelmann, K.: Lebensphase Jugend. Eine Einführung in die sozialwissenschaftliche Jugendforschung. Weinheim, 1994

Kade, J., Seitter, W.: Lebenslanges Lernen – mögliche Bildungswelten: Erwachsenenbildung, Biographie und Alltag. Opladen, 1996

Kejcz, Y. et al.: Lernen durch interessenorientierte Analyse von sozialen Erfahrungen. Analyse der Lernstrategie Typ 3 im Bildungsurlaub (BUVEP-Endbericht, Bd. 6). Heidelberg, 1980

Körber, K. et al.: Das Weiterbildungsangebot im Lande Bremen. Strukturen und Entwicklungen in einer städtischen Region. IfEB, Bremen, 1995

Kuwan, H.: Berichtssystem Weiterbildung VI. Erste Ergebnisse der Repräsentativbefragung zur Weiterbildungssituation in den neuen Bundesländern. Bonn, 1996

Leininger, M.: Die Theorie der kulturspezifischen Fürsorge zur Weiterentwicklung von Wissen und Praxis der professionellen transkulturellen Pflege. In: Osterbrink, J. (Hrsg.): Erster internationaler Pflegetheorienkongress. Nürnberg, Bern u.a., 1998, S. 73–90

Mader, W.: Emotionalität und Individualität im Alter – Biographische Aspekte des Alterns. In: Kade, S. (Hrsg.): Individualisierung und Älterwerden. Bad Heilbrunn, 1994, S. 95–114

Mader, W., Weymann, A.: Zielgruppenentwicklung, Teilnehmerorientierung und Adressatenforschung. In: Siebert, H. (Hrsg.): Taschenbuch der Weiterbildungsforschung. Baltmannsweiler, 1979, S. 346–376

Meifort, B., Becker, W. (Hrsg.): Berufliche Bildung für Pflege- und Erziehungsberufe. Reform durch neue Bildungskonzepte. Bundesinstitut für Berufsbildung. Berlin, Bonn, 1995

Meueler, E.: Die Türen des Käfigs. Wege zum Subjekt in der Erwachsenenbildung. Stuttgart, 1993

Münchmeier, R.: Jugend als Konstrukt zum Verschwimmen des Jugendkonzeptes in der «Entstrukturierung» der Jugendphase – Anmerkungen zur 12. Shell-Jugendstudie. In: Zeitschrift für Erziehungswissenschaft 1, 1998, Heft 1, S. 103–118

Negt, O.: Soziologische Phantasie und exemplarisches Lernen. Zur Theorie der Arbeiterbildung. Frankfurt/M. u.a., 1971

Schäffter, O.: Weiterbildung in der Transformationsgesellschaft. Berlin, 1998

Schäffter, O.: Zielgruppenorientierung in der Erwachsenenbildung. Braunschweig, 1981

Schiersmann, C.: Zielgruppenforschung. In: Tippelt, R. (Hrsg.): Handbuch Erwachsenenbildung/Weiterbildung. 2. überarb. und aktualisierte Aufl., Opladen, 1999, S. 557–565

Schiersmann, C.: Frauenbildung-Konzepte, Erfahrungen, Perspektiven. Weinheim, München, 1993

Schlutz, E.: Erschließen von Bildungsbedarf. SESTMAT, PAS-DVV, Frankfurt/M., 1991

Schmidt-Lauff, S.: Anforderungen an «freiberufliches» Personal bei kommerziellen Weiterbildungsanbietern. In: Derichs-Kunstmann, K.; Faulstich, P.; Wittpoth, J. (Hrsg.): Politik, Disziplin und Profession in der Erwachsenenbildung. Beiheft zum Report. Frankfurt/M., 1999, S. 72–81

Siebert, H.: Konstruktivismus. Konsequenzen für Bildungsmangement und Seminargestaltung. DIE, Frankfurt/M., 1998

Siebert, H.: Didaktisches Handeln in der Erwachsenenbildung. Berlin, 1996

Tietgens, H.: Reflexionen zur Erwachsenendidaktik. Bad Heilbrunn, 1992

Tietgens, H.: Erwachsenenbildung als Suchbewegung. Bad Heilbrunn, 1986

Thome, M.: Die Entwicklung mittelrangiger Pflegetheorien als Bindeglied zwischen Pflegepraxis und Pflegeforschung. In: Osterbrink, J. (Hrsg.): Erster internationaler Pflegetheorienkongress. Nürnberg, Bern u.a., 1998, S. 270–276

Ulsamer, D.: Spektrum der Gesundheitsbildung – Einblicke in individuelle Bedürfnisse von Teilnehmerinnen und die Bedeutung der Veranstaltungen im konkreten Lebenskontext. Diplomarbeit, Humboldt-Universität Berlin, Berlin, 1999

Wittpoth, J.: Recht, Politik und Struktur der Weiterbildung. Hohengehren, 1997

4 Transfer in der Bildung fördern – Aspekte aus der Forschung

Sabine Ried

4.1 Einleitung

Pädagogisch Tätige in der Pflegebildung kennen die Situation, dass die Lernenden sich vor einem praktischen Einsatz oder nach Abschluss ihres Examens vornehmen, das in der theoretischen Ausbildung Gelernte in die Pflegepraxis zu integrieren. Hospitieren sie dann einige Zeit später bei den Betroffenen in deren Praxiseinrichtung, stellt sich heraus, dass viele ihre Absicht nicht oder nur partiell umgesetzt haben. Diese Diskrepanz zwischen bekundeter Absicht und tatsächlichem Pflegehandeln führt Lehrende zu der Frage, wie ein Theorie-Praxis-Transfer wirksamer unterstützt werden kann. Gründe für die Nichtumsetzung vermittelter Inhalte in die Pflegepraxis lassen sich genügend finden. Um nur einige zu nennen:

- **Schwierige Lernbedingungen in der Praxis.** Lernende haben in der Praxis häufig keine Gelegenheit, die in der Bildungsveranstaltung vermittelten Inhalte zu festigen. Die angestrebte Lernsituation in der Praxis wird schnell zur ausschließlichen Arbeitssituation, u.a. wegen fehlender pädagogisch geschulter Personen vor Ort, hohen Arbeitsdrucks bei den Pflegenden und mangelnder Lernkultur in der Organisation.
- **Diskrepanz zwischen tatsächlicher Pflegekultur und vermittelten Pflegeinhalten.** Pflegeverständnis und Pflegehandeln im Team können so stark von dem der Bildungseinrichtung abweichen, dass es für die Teilnehmerinnen einer Pflegeausbildung oder für Berufsanfängerinnen unmöglich ist, das Erlernte zu integrieren. Die Betroffenen sind nicht nur Lernende sondern gleichzeitig Mitglieder eines Teams, einer Organisation und einer Pflegekultur, die jeweils maßgebend die Einstellungen und Pflegehandlungen formen.
- **Persönliche Faktoren der Lernenden.** Fehlende Motivation und Leistungsbereitschaft beeinträchtigen oder verhindern die Umsetzung vermittelter Inhalte. Zur Priorität wird dann eher der Aspekt, wie die Pflegesituation am einfachsten zu bewältigen ist. Weniger geht es um die Bemühung, neu Gelerntes in den Praxisalltag einzubeziehen, weil das auch immer Verunsicherung, Überwindung und zusätzliche Aktivität bedeuten würde.
- **Unzureichende didaktische Planung.** Der Transferprozess wird von den pädagogisch Tätigen ungenügend in die Bildungsplanung und -durchführung einbezogen. Dadurch besteht die Gefahr, dass die Lernenden über ein abstraktes Wissen verfügen, welches sie aber in Pflegesituationen nicht anwenden bzw. spezifizieren können.

Dieses Kapitel bezieht sich auf die didaktische Perspektive. Es werden insbesondere zwei Ansätze aus dem Umkreis der Pädagogik dargestellt, die Anregungen geben, wie Transferaspekte bereits in der Bildungsplanung und -durchführung berücksichtigt werden können.

4.2 Begriffsklärung

Wörtlich bedeutet Transfer (lat.: transferre) «das Hinüberbringen» (Meyers Großes Taschenlexikon, 1999, S. 54). Im pädagogischen Zusammenhang wird dabei die Auswirkung von Bildung auf die Persönlichkeit und das Handeln der Lernenden betrachtet. Es wird dann von Transfer gesprochen, wenn Gelerntes in neue Situationen integriert wird. Dabei ist in der Pflegebildung davon auszugehen, dass der Transfer für vielfältige Gegebenheiten in der Pflegepraxis gewährleistet sein muss, da hier selten konstante Handlungsabläufe bzw. gleich bleibende Situationen anzutreffen sind.

Je nach Transfererfolg können pädagogisch Tätige verschiedene Verläufe wahrnehmen:

- Ein negativer Transfer bedeutet, dass das Gelernte sich hemmend auf die Bewältigung von Pflegesituationen auswirkt.
- Ein Null-Transfer liegt vor, wenn es zu keiner Veränderung durch das Gelernte kommt.
- Ein positiver Transfer sagt aus, dass eine Pflegesituation durch das Gelernte besser bewältigt wird.

Gagné (1973) differenziert den Transferbegriff weiter, indem er zwischen lateralem und vertikalem Transfer unterscheidet. Unter lateralem Transfer ist die direkte Übertragung des Gelernten auf die Pflegesituation zu verstehen, während mit vertikalem Transfer die Übertragung auf komplexere Aufgabenstellungen gemeint ist.

4.3 Erklärungsansätze – Darstellung und Diskussion

4.3.1 Traditionelle Ansätze

Es gibt seit Jahrzehnten eine Diskussion darüber, wie Transfer vonstatten geht bzw. wie er optimiert werden kann. Geläufig ist die Vorstellung, wonach die Ähnlichkeit zwischen der Lernsituation in der Bildungseinrichtung und in der Pflegesituation einen wesentlichen Faktor für einen positiven Transfer darstellt. Einen theoretischen Rahmen hierfür kann die Transfertheorie der «identischen Elemente» nach Thorndike und Woodworth (1901) abgeben. Viele pädagogisch Tätige kennen das Bemühen, mit der Lernsituation im Übungsraum der Bildungseinrichtung eine Pflegesituation nachzuahmen. Zum Beispiel liegt eine Lernende im Bett des Übungsraums der Bildungseinrichtung und simuliert Unbeweglichkeit, während eine zweite Lernende versucht, eine 30°-Lagerung durchzuführen. Die Bildungsteilnehmerinnen können so durch wiederholtes Üben die Durchführung einer 30°-Lagerung bei immobilen Pflegebedürftigen lernen. Allerdings ist es kaum möglich, Pflegesituationen so abzubilden, dass von einer 1:1-Übertragung ausgegangen werden kann. Sie sind zu stark von der Persönlichkeit und momentanen Befindlichkeit der Pflegebedürftigen, von der Interaktion mit der Pflegeperson und von Rahmenbedingungen bestimmt. So kann die Bildungsteilnehmerin plötzlich in der häuslichen Pflege vor der Situation stehen, eine 30°-Lagerung durchführen zu müssen, ohne die Lagerungsmittel zur Verfügung zu haben, die sie in der Bildungseinrichtung benutzte. Sie hat möglicherweise keine Vorstellung von alternativen Lagerungsmitteln und sieht sich nun nicht in der Lage, die notwendige Pflegehandlung durchzuführen. Denkbar ist auch folgende Situation: Die Lagerung soll bei einer desorientierten, ängstlichen Pflegebedürftigen durchgeführt werden. Die Bildungsteilnehmerin ist überfordert, da sie nicht mit den Ängsten der Pflegebedürftigen umzugehen gelernt hat. Identisch zwischen Lern- und Pflegesituation ist zwar die 30°-Lagerung, nicht aber die gleichzeitige Anforderung, diese bei einem verängstigten Menschen durchzuführen. Hier wird sicher eine Grenze bei der Theorie der «identischen Elemente» deutlich. Die Ähnlichkeit zwischen Lern- und Pflegesituation mag Transfer im Hinblick auf die «verrichtungsorientierten Tätigkeiten» fördern, kann aber den spezifischen Anforderungen von Pflegesituationen nicht gerecht werden. Die Aufgabenstellungen in der Praxis sind meist so komplex und vielfältig, dass es unmöglich ist, sie alle in Lernsituationen abzubilden.

Ferner machen Mandl, Prenzel und Gräsel (1992) auf folgende Probleme aufmerksam:

- Eine objektive Ähnlichkeit zwischen Lern- und Anwendungssituation garantiert keinen Transfer, denn die Lernende muss in der aktuellen Anwendungssituation die Ähnlichkeit mit der Lernsituation erst entdecken.
- Eine Lernsituation kann niemals völlig identisch mit der Anwendungssituation sein, denn die Lernsituation erfordert didaktische Elemente, wie z.B. die Fokussierung auf die Prozesse der Problemabklärung bei einer komplexen Anwendungssituation und die Reflexion des Lernprozesses.
- Es gibt bis heute kein ausreichendes Wissen darüber, welche Merkmale identisch sein müssen, welche ohne Auswirkung variieren können und welche zur Unterstützung des Lernprozesses variieren sollten.

Ein weiterer klassischer Ansatz zum Transfer ist die Vorstellung, dass man sich durch die Vermittlung von Prinzipien und allgemeinen Strategien ein «universelles» Wissen aneignet, das in der Pflegesituation konkretisiert werden kann. Viele pädagogisch Tätige arbeiten durchaus mit dieser Vorstellung. So wird unterrichtet, wie bei einer Wundversorgung eine aseptische Wunde «von der Wunde weg» oder eine septische Wunde «zur Wunde hin» zu desinfizieren ist. Diese Prinzipien haben ihre Gültigkeit unabhängig von der Pflegesituation. Andererseits bemerken pädagogisch Tätige aber auch die Grenzen der Vermittlung allgemeiner Grundsätze. Ein Beispiel dafür: In einer Pflegeveranstaltung lernen die Teilnehmerinnen das Prinzip, Pflegebedürftige immer über die bevorstehenden Pflegehandlungen zu informieren. In der Pflegepraxis können dann Situationen entstehen, bei denen Lernende während der Morgentoilette über jede einzelne Handlung informieren. Die Situation wirkt künstlich. Die Pflegebedürftige wundert sich, warum die Lernende so selbstverständliche Handlungen stets ankündigt. Sie hätte eigentlich keinen Bedarf für diese Information. Stattdessen wird eine Unterhaltung über ein anderes Thema unmöglich, da die Lernende in ihrem Bemühen, ein Prinzip umzusetzen, eine aufkeimende Unterhaltung unterbricht. Die Lernende ist hier (noch) nicht in der Lage, die Pflegesituation als eine komplexe wahrzunehmen. Sie bezieht den Situationskontext und die Perspektive der Pflegebedürftigen nicht in ihr Pflegehandeln ein. Das Prinzip des Informierens ist zwar angewendet worden, allerdings nicht situationsadäquat.

Das Erlernen genereller Strategien ist seltener ein Bestandteil der Pflegebildung. Wie bei der Vermittlung von Prinzipien wird auch hier davon ausgegangen, dass das Erlernen beispielsweise allgemeiner Problemlösestrategien auf alle möglichen Problemsituationen im Arbeitsalltag übertragen werden kann. Allerdings zeigen Studien auf, dass der erwartete Strategietransfer auf Situationen, die inhaltlich stark von der Lernsituation abweichen, selten eintritt (Kluwe, 1986). Problemlösestrategien, die Bildungsteilnehmerinnen im Zusammenhang einer spezifischen Aufgabenstellung erworben haben, sind kaum zu dekontextualisieren. Die erlernten Strategien sind nicht ohne weiteres auf andere Inhaltsbereiche zu übertragen. In der Bildungsstätte müsste hier noch ein Prozess der Dekontextualisierung initiiert werden.

4.3.2 Ansätze situierten Lernens

Neben den traditionellen Ansätzen werden seit einigen Jahren in Fachbeiträgen und Studien diskussionswürdige Ansätze in Verbindung mit dem «situierten Lernen» dargestellt:

- der Anchored-Instruction-Ansatz (Bransford, Sherwood, Hasselbring, Kinzer und Williams, 1990)
- der Cognitive-Apprenticeship-Ansatz (Brown, Collins und Duguid, 1989)
- der Cognitive-Flexibility-Ansatz (Spiro, Feltovich, Jacobsen und Coulson, 1991).

Sie orientieren sich an konstruktivistischen Auffassungen mit dem zentralen Prinzip, dass Wissen durch das wahrnehmende Subjekt aktiv konstruiert wird, und sind in der Instruktionspsychologie zu verorten. Traditionelle Modelle der Instruktionspsychologie beruhen mehr oder weniger auf der Auffassung, dass pädagogisch Tätige objektive Inhalte vermitteln, die sich Lernende nahezu identisch in der Form aneignen können, wie sie die Lehrenden selbst besitzen. Wissen wird als Kopie der Wirklichkeit betrachtet, und Lehrende können es über einen systematischen Lehr-Lern-Prozess transportieren. Lernen wird so zu einem regelhaft ablaufenden Prozess der Informationsverarbeitung, der durch pädagogisch Tätige u.a. über die Analyse und Sequenzierung der Inhalte und eine adäquate Instruktionsstrategie gesteuert werden kann. Bei den situiert orientierten Ansätzen besteht hingegen die Annahme, dass Wissen situiert ist, also nicht abstrakt gespeichert und dann in konkreten Situationen angewandt wird, sondern in der «andauernden Interaktion mit Körper, Gehirn und Welt entsteht» (Law, 2000). Wahrnehmung, Konstruktion und Handlung sind wechselseitig aufeinander bezogen und entstehen in bedeutungsvollen Kontexten. Kompetenzentwicklung ist vor dem Hintergrund mentaler Strukturen, Vorwissen, Erfahrungen, Überzeugungen und der Teilhabe am gegenwärtigen Wissen im sozialen Kontext (z.B. in der Lerngruppe, im Arbeitszusammenhang mit Expertinnen) zu sehen. Lernen wird so zum aktiv-konstruktiven Prozess, der in einen bedeutungsvollen Kontext eingebettet ist. Zur Priorität wird die Frage: Wie müssen Lernumgebungen gestaltet sein, damit aktiv-konstruktive, selbst gesteuerte Lernprozesse im sozialen Kontext möglich sind?

Folgende Merkmale zur Lernumgebung werden in den Ansätzen als wesentlich eingeschätzt:

- **Situiertheit und Komplexität.** Wissen und Handeln sind kontextuell gebunden, sie sind situiert. Entsprechend sollen Lernprozesse in realistische Aufgabenstellungen/Probleme bzw. authentische Situationen eingebettet werden. Die Komplexität authentischer Situationen ist gewollt, da reale Berufssituationen immer komplexen Aufforderungscharakter haben. Berücksichtigt wird allerdings, dass z.B. Teilnehmerinnen einer Ausbildung eine Berufssituation viel weniger komplex erfahren als Expertinnen, da ihre Wahrnehmungsfähigkeit bzw. das damit verbundene explizite und implizite Wissen noch nicht in dem Maße entwickelt sind. Die beiden Merkmale Situiertheit und Komplexität führen zu vielschichtigen, authentischen Lernumgebungen, die zunächst einer eingehenden Problemdefinition durch die Lernenden bedürfen. Die Suchbewegung und Problemklärung sollen Lernende dazu motivieren, sich relevantes Wissen zu erarbeiten. Wissen wird durch die Situiertheit bedeutungsvoll und unter Anwendungsgesichtspunkten erworben.
- **Multiple Kontexte.** Die Lernumgebung bietet multiple Kontexte an, damit Wissen nicht auf einen Kontext fixiert wird, sondern in unterschiedliche Situationen integriert werden kann. Dabei wird Wissen abstrahiert.
- **Multiple Perspektiven.** Lernende betrachten und bearbeiten Problemstellungen aus verschiedenen Perspektiven, was ebenfalls die flexible Anwendung von Wissen fördert.
- **Kooperation.** Die Lernsituation soll kooperatives Lernen anregen und damit Teilhabe am gemeinsam präsenten Wissen ermöglichen. Dies kann sich z.B. auf das gemeinsame Erarbeiten von Problemlösungen oder auf das Einbeziehen von Expertinnen beziehen.

Bei den Ansätzen zum situierten Lernen wird Lernen als *Enkulturation* betrachtet. Dies umfasst neben der Partizipation an Wissen, Strategien, Denk- und Handlungsmustern auch das Hineinwachsen in die Wertvorstellungen, Einstellungen und Normen der Profession. Vornehmlich im Cognitive-Apprenticeship-Ansatz werden die Lernenden in eine Expertenkultur eingebunden. Für die Pflegebildung lohnt es sich, mit diesem Ansatz verstärkt auseinander zu setzen.

4.3.2.1 Der Cognitive-Apprenticeship-Ansatz

Mit dem Cognitive-Apprenticeship-Ansatz (Ansatz der kognitiven Lehre) wollen die Autoren Collins, Brown und Newman (1989) dem Problem des «trägen Wissens» (inert knowledge) begegnen: einem Wissen, das in Bildungseinrichtungen erworben wurde, gleichzeitig aber wenig dazu beiträgt, die üblicherweise komplexen Aufgabenstellungen im (Berufs-)Alltag zu erkennen oder gar zu bewältigen. Collins, Brown und Newman gehen davon aus, dass üblicherweise das leicht explizierbare Expertenwissen in abstrakter Form vermittelt wird. Expertinnen verfügen aber auch über ein so genanntes implizites Wissen, das sich auf Vorgehensweisen zur Problembewältigung wie auch auf Steuerung und Handhabung der Problemlöseprozesse bezieht. Es geht darum zu lernen, wie Expertinnen komplexe Situationen bewältigen. Dieses Wissen wird zunächst situiert, d.h. im Kontext authentischer Aufgabenstellungen und über die Interaktion mit Expertinnen entwickelt. Wissen wird damit von vornherein unter dem Aspekt der Anwendung gefördert. Obwohl konstruktivistisch orientiert, was einen konstruktiven, selbst gesteuerten Lernprozess nahe legt, verzichtet der Cognitive-Apprenticeship-Ansatz aber nicht auf die Instruktion mit einem spezifischen Instrumentarium.

Folgende Vorgehensweisen werden berücksichtigt, um Lernende darin zu unterstützen, Expertenvorgehensweisen entdecken zu können und gedankliche Tätigkeiten sowohl bei den Expertinnen und anderen Teilnehmerinnen der Lerngruppe als auch bei sich selbst beobachtbar zu machen:

- **Modeling.** Die Expertin veranschaulicht Lernenden, wie sie eine authentische Problemstellung bewältigt. Sie verbalisiert ihr Tun und Denken. Dabei soll implizites Wissen für Lernende beobachtbar werden.
- **Coaching.** Die Expertin betreut Lernende bei der Problembewältigung. Sie gibt den Lernenden Hilfestellung, lenkt die Aufmerksamkeit auf eventuell nicht wahrgenommene Aspekte und macht Prozesse über ein Feed-back transparent.
- **Scaffolding.** Hier geht es um kooperative Problembewältigung. Lernende übernehmen selbstständig Teile der Problembewältigung und erhalten Unterstützung, wenn notwendig. Die Unterstützung wird je nach Selbstständigkeitsgrad zunehmend zurückgenommen (fading).
- **Artikulation.** Lernende sind aufgefordert, ihre Vorgehensweisen, kognitiven Konzepte und Prozesse zu artikulieren und damit zu explizieren. Durch die Interaktion mit der Expertin werden sie in deren Denken und Handeln einbezogen.
- **Reflexion.** Die abgelaufenen Prozesse beim Lernen werden mit den anderen Lernenden und Expertinnen ausgetauscht, verglichen und diskutiert.
- **Exploration.** Hier geht es darum, dass Lernende die Probleme der dargestellten authentischen Situation erst noch erkennen, eingrenzen und definieren müssen, um dann die zu bewältigenden Aufgaben herauszuarbeiten und eigene Vorgehensweisen zur Problembewältigung zu entwickeln.

Wie bereits dargestellt, sind die Merkmale Situiertheit, Komplexität, Kooperation, multiple Kontexte und Perspektiven in diesem Ansatz verankert. Damit sind verschiedene Intentionen verbunden: Indem die Problemsituationen bzw. Aufgabenstellungen in unterschiedliche Kontexte gestellt und aus unterschiedlichen Perspektiven betrachtet werden, sollen die Flexibilität des Wissens und der Transfer auf neue Situationen gefördert werden. Über die Kooperation von Mitgliedern der Lerngruppe mit den Expertinnen wird ein Zugang zu einem großen Potenzial an Wissen und Kompetenz ermöglicht und in Verbindung mit der Artikulation und Reflexion kommunikative und kooperative Kompetenz gefördert. Die aktive Beschäftigung mit der Expertenpraxis soll in die kulturellen Besonderheiten einführen und Lernende darin unterstützen, «wie Expertinnen zu denken».

Durch die instruktionalen Angaben wird im Cognitive-Apprenticeship-Ansatz eine Balance zwischen Konstruktion und Instruktion geschaffen. Lernenden stehen Freiräume für konstruktive Aktivitäten zur Verfügung, gleichzeitig erhalten sie Unterstützung durch die Lerngruppe und die Expertinnen.

Obwohl Collins, Brown und Newman (1989) ihren Ansatz als besonders geeignet für die Erwachsenenbildung betrachten, sind in den USA vor allem empirische Studien aus dem Schulbereich veröffentlicht worden, in denen eine höhere Transferwirksamkeit nachgewiesen werden konnte (u.a. Palinscar und Brown, 1989; Schoenfeld, 1986; Scardamalia und Bereiter, 1994).

In Deutschland überprüfte die Forschergruppe um Mandl an der Universität München in verschiedenen Studien Elemente des Cognitive-Apprenticeship-Ansatzes (u.a. Gräsel und Mandl, 1993; Elting, 1995; Gräsel, 1997; Henninger und Mandl, 2000). Im Rahmen ihrer Studien mit Medizinstudenten (Gruber, Mandl und Renkl, 2000), die sich über computergestützte Lernprogramme mit authentischen Diagnosesituationen in Form von Falldarstellungen auseinander setzten, zeigen sie folgende Ergebnisse auf: Es genügt nicht, Problemsituationen einfach darzustellen und dann auf selbst gesteuertes Lernen zu vertrauen. Lernende können mit den komplexen Situationen auch überfordert sein. Instruktionshilfen sind notwendig, damit bereichsspezifisches Wissen (Faktenwissen und Vorgehensweisen, die direkt mit dem Gegenstandsbereich zusammenhängen), Vorgehensweisen zur Problem- bzw. Aufgabenlösung und Steuerungsprozesse so entwickelt werden, dass diese auf neue Situationen angewandt werden können. Wenn Modeling als Hilfe angeboten wird, wirkt sich dies transferfördernd aus. Allerdings scheint es nicht gleichgültig zu sein, ob Modeling zu Beginn eines Lernarrangements oder zu einem späteren Zeitpunkt angewendet wird. Auf Grund einer experimentellen Variante in ihrer Studie (Gräsel und Mandl, 1993) mit Medizinstudenten ist anzunehmen, dass die Transferwirksamkeit sich erhöht, wenn die Studenten zunächst selbst an einer Falldarstellung arbeiten und anschließend das Expertenvorgehen erfahren. Dadurch sind die Studenten für die Probleme der Falldarstellung sensibilisiert und richten ihre Aufmerksamkeit auf die Barrieren, die sie bei der Bewältigung beobachtet haben. Auch die Artikulation und Reflexion als weitere Instruktionshilfen führen zu einem erhöhten Transfer. Allerdings nur dann, wenn diese in einer adäquaten Form angeregt werden und der Vorwissenslevel dabei berücksichtigt wird.

Taylor und Care (1999) stellen für die Pflegebildung den Wert des Cognitive-Apprenticeship-Ansatzes dar. In Verknüpfung mit Fallstudien illustrieren sie, wie der Cognitive-Apprenticeship-Ansatz bei Pflegestudentinnen nicht nur explizites Wissen fördert, sondern die kognitiven Prozesse von Berufsangehörigen verdeutlicht und in die Kultur der Profession einführt.

Die oben genannten Fachbeiträge weisen darauf hin, dass mit dem Cognitive-Apprenticeship-Ansatz ein theoretischer Rahmen für Bildungsveranstaltungen gegeben ist, mit dem die Transferwirksamkeit von Lernsituationen auf komplexe Pflegesituationen gefördert werden kann. Deutlich wird aber auch, dass der Ansatz ein hohes Berufswissen voraussetzt. Es wird davon ausgegangen, dass das bereichsspezifische Wissen, das Strategie- und Steuerungswissen von Pflegeexpertinnen stärker erforscht und expliziert ist. Die Arbeiten von Benner (1994) bzw. von Benner, Hooper-Kyriakidis und Stannard (1999) können als Beiträge in diese Richtung gewertet werden, sie veranschaulichen Expertenwissen und betonen dessen Situiertheit. Weiterhin müsste pflegepädagogische Forschung abklären, welche Anteile in der Pflegebildung mit dem Cognitive-Apprenticeship-Ansatz verknüpft werden können und wie Instruktionshilfen je nach Ausbildungsstand angepasst werden müssen. Benötigen Lernende im ersten Ausbildungsjahr andere Artikulations- und Reflexionshilfen als Lernende im dritten Ausbildungsjahr? Hier besteht noch ein großer Forschungsbedarf.

Weiter wird in den Fachbeiträgen deutlich, dass die pädagogisch Tätigen bei der Bereitstellung von komplexen Lernumgebungen häufig auf aufbereitetes Material in Form von Computerlernprogrammen, Videos und Falldarstellungen in der Literatur zurückgreifen konnten. Diese Materialien stehen für die Pflegebildung bisher als Ressource kaum zur Verfügung. Dazu bedarf es zum einen pflegepädagogischer Forschung, zum anderen engagierter Expertinnen, die in Zusammenarbeit mit den Verlagen adäquate Materialien entwickeln. Pädagogisch Tätige in der Pflege müssten diese zurzeit meist selbst gestalten, was mit immensem Aufwand verbunden wäre.

4.3.3 Der Deutungsmusteransatz

Auf den ersten Blick hat der Deutungsmusteransatz wenig mit Transferaspekten zu tun. Er ermöglicht jedoch einen Zugang zu der Fragestellung, weshalb sich Teilnehmerinnen Bildungsinhalte nicht geradewegs aneignen und in die Praxis umsetzen, und gibt damit auch didaktische Anregungen. Wie die Ansätze zum situierten Lernen ist das Deutungslernen auch auf den aktiv-konstruktiven Lernprozess ausgerichtet. Während jedoch dort die Gestaltung der Lernumgebung im Zentrum des Interesses steht, geht es hier um die Subjektorientierung. Die Grundannahme ist, dass Lernen sich vor dem Hintergrund der subjektiv erlebten Bedeutung vollzieht, was wiederum von den Strukturen der Lernenden abhängt. Die Deutungsmuster sind dabei als Strukturen zu sehen, die «Skripts» zur Situationswahrnehmung und -interpretation sowie zur Problemlösung darstellen (Siebert, 1996). Sie sind biografisch und sozial verankert und geben einen Begründungsrahmen für das Handeln. Arnold (1985) erläutert Deutungsmuster bzw. Deutungen über folgende Kriterien:

- **Perspektivität.** Individuen deuten Wirklichkeit aus ihrer spezifischen Sicht in Auseinandersetzung mit den Erwartungen und Deutungstraditionen ihnen wichtiger Bezugsgruppen.
- **Plausibilität.** Deutungen müssen einleuchtend sein und routiniertes Handeln unterstützen.
- **Latenz.** Deutungen liegen Muster zu Grunde, die nicht bewusst sein müssen. Die Muster stellen eine «Tiefenstruktur» des Bewusstseins dar.
- **Reduktion von Komplexität.** Deutungsmuster treten meist in Form von einfachen, manchmal stereotypen Erklärungs- und Wertmustern auf. Die Reduzierung auf bekannte Strukturen und Grundmuster ermöglicht Orientierung und Sicherheit und damit Handlungsfähigkeit im Alltag.
- **Kontinuität.** Deutungen stehen im Kontext zur Biografie und sind relativ beständig.
- **Persistenz früherer Erfahrungen.** Die in der Kindheit erworbenen normativen Orientierungen haben eine starke Prägewirkung.
- **Konsistenz.** Deutungsmuster bilden einen Zusammenhang. Es geht darum, auf kompatible Deutungsmuster zurückgreifen zu können, die zu einem mehr oder weniger bewussten, stimmigen Weltbild führen.
- **Gesellschaftliche Vermitteltheit.** Deutungsmuster weisen neben subjektiv-sinnhaften auch historisch-gesellschaftliche Bezüge auf. Für berufstypische Deutungsmuster besagt dies, dass sie in Verbindung mit historisch gewachsenen Deutungen und dem institutionellen Kontext vermittelt werden.
- **Relative Flexibilität.** Deutungsmuster stehen ständig auf dem Prüfstand der Situationsadäquatheit. Situationen werden durch vorhandene Deutungsmuster erschlossen und definiert. In veränderten Situationen wird dann die partielle Untauglichkeit der Deutungsmuster lernend verarbeitet und das Deutungsmustersystem weiterentwickelt.
- **Systematisch-hierarchische Ordnung.** Deutungsmuster lassen sich nach ihrer tiefenpsychologischen Verankerung hierarchisieren. Es gibt danach eine Reihe von zentralen Kernaussagen, die nur teilweise bewusst sind, und viele situationsspezifische Deutungsmuster, die sich den Kernaussagen zuordnen lassen.

Deutungsmuster als Matrix für Situationsinterpretationen, als Orientierungs- und Rechtfertigungsrahmen für das Handeln bestimmen nach diesem Ansatz auch die Interpretation von Pflegesituationen und das Pflegehandeln.

Lernende bringen z.B. biografisch und sozial geprägte Deutungen von Helfen mit. Hilfesituationen werden im Alltagsverständnis häufig in der Art gedeutet, dass Helfende sämtliche Aktivitäten für die Betroffenen übernehmen. Wenn in der Pflegebildung dann über die edukative und beratende Hilfe und die Hilfe zur Selbsthilfe gelehrt wird, kann dies im Widerspruch zu den Deutungen von Helfen seitens der Lernenden stehen. Die Deutungen der pädagogisch Tätigen passen nicht zu dem Deutungsgefüge der Lernenden. Diese finden keinen Anschluss, und demzufolge wird kein Transfer von «aktivierender Pflege» in die Pflegepraxis stattfinden. Deutungslernen könnte hier nun bedeuten, dass Lernende «Fallgeschichten» von Hilfssituationen darstellen. Damit wird sichtbar, wie die Lernenden Hilfssituationen wahrnehmen, wie sie die Gegebenheiten deuten, und wie sie infolgedessen ihr Handeln ausrichten und orientieren. Im Gespräch mit den Teilnehmerinnen und pädagogisch Tätigen werden die dargestellten Deutungen reflexiv bearbeitet. Durch Nachfragen wird der Blick auf das Beziehungsgefüge in der Situation, auf den Handlungskontext, auf die Motive für das Handeln und den Sinnbezug gelenkt. Die zu Grunde liegenden Deutungsmuster können dabei herausgearbeitet werden. Die Teilnehmerinnen entwickeln durch das Nachfragen und Hineinfinden in die dargestellte Situation gleichzeitig ihre Deutungen und bringen diese diskursiv in das Gespräch ein. Unterschiedliche Deutungen zeigen zugleich die Komplexität und Multiperspektivität von Situationen auf. Die pädagogisch Tätigen können zudem die historisch gewachsenen Deutungen von Helfen im Pflegeberuf und die geschlechtsspezifischen Deutungen einbringen. Lernende werden dadurch zur Reflexion ihrer eigenen Deutungen bzw. Deutungsmuster angeregt.

Das Transferverständnis bezieht sich beim Deutungslernen nicht auf den Aspekt der sofortigen Umsetzung, sondern auf einen Prozess, der Zeit und Reflexionsarbeit benötigt. Lernende gehen durch Phasen, in denen die eigenen Deutungen mit alternativen Deutungen konkurrieren und in denen sie über individuelle Aushandlungs- und Anschlussprozesse Passung anstreben. Das Resultat kann ein Umdeutungsprozess oder eine differenziertere Deutung sein. Genauso aber kann die Auseinandersetzung auch zur Festigung der bisherigen Deutungen führen.

Der Deutungsmusteransatz eignet sich insbesondere auch für Fortbildung. Müller (1996) sowie Müller, Mechler und Liposky (1997) und Müller und Mechler (1999) beschreiben im Rahmen eines Modellprojektes zur betrieblichen Bildungsarbeit eindrucksvoll ihre Erfahrungen mit dem Deutungslernen. Sie erläutern, wie sich Ausbilderinnen in einer Fortbildung mit Ausbildungssituationen im Betrieb auseinander setzen. Unter anderem werden dabei Deutungen von Lernen und Ausbilden, Deutungen zum Verhältnis von Arbeit und Bildung, zur Mitarbeiterbeziehung und zum Betriebsverständnis bearbeitet. Dies ermöglicht den Fortbildungsteilnehmerinnen, erfahrene Situationen aus vielfältigen Perspektiven zu betrachten und alternative Handlungsmöglichkeiten zu entwerfen. Der reflexive Umgang mit den Deutungen der dargestellten Situationen erweitert das Deutungsrepertoire, hinterfragt das eigene Handeln, stellt Alternativen zur Verfügung und kann dazu führen, dass Situationen in der beruflichen Praxis differenzierter und eventuell verändert gedeutet werden und damit ein verändertes Handeln nach sich ziehen. Die ausführlich dargestellten Fallbearbeitungen veranschaulichen, welche Transferchancen in einem Bildungskonzept stecken, das sich reflexiv mit den Deutungen der Teilnehmerinnen auseinander setzt.

Allerdings müssen pädagogisch Tätige prüfen, ob sie die Voraussetzung mitbringen, deutungsmusteranknüpfende Bildungsprozesse zu initiieren. Sie stehen vor der didaktischen Herausforderung, sowohl eine Atmosphäre zu fördern, die eine Verständigung über Situationsdeutungen ermöglicht, als auch einen systematischen Reflexionsprozess zu initiieren und zu begleiten. Der Ansatz verlangt neben dem notwendigen fachspezifischen Wissen, das über alternative Deutungsangebote die Professionsperspektive aufzeigt, eine Moderationskompetenz und differenzierte Methodenkompetenz bezüglich der reflexiven Deutungsarbeit. Vor allem aber erfordert der Umgang mit den Deutungen bzw. Deutungsmustern der Teilnehmerinnen eine Reflexion der eigenen Deutungsmuster. Damit reduziert sich die Gefahr, den unbegriffenen eigenen und in der Bildungssituation wirksamen Deutungsmustern unbewusst ausgeliefert zu sein und Projektionen zu entwickeln.

4.4 Fazit

Mit der in diesem Kapitel erfolgten Darstellung von Ansätzen, die Transferaspekte beleuchten, ist die didaktische Perspektive sicher nicht erschöpfend behandelt. In der Literatur werden viele Transferaspekte beschrieben, die auf unterschiedliche Ansätze zurückgreifen: So z.B. Strittmatter-Haubold (1995), die in einer empirischen Studie auf psychologische Handlungstheorien zurückgreift, oder die Evaluationsstudien von Götz (1998, 1999), die auf einem systemtheoretischen Modell basieren. Die wissenschaftliche Literatur geht insofern konform mit der persönlichen Erfahrung, dass Transfer ein komplexes Geschehen ist, bei dem viele Faktoren zusammenspielen. Die Blickrichtung wurde hier auf Ansätze gelenkt, nach denen Berufssituationen als vielschichtig und mehrdeutig zu begreifen sind. Sie zeigen Wege auf, wie dies in Lernsituationen aufgegriffen und Transfer durch die Art der Situationsklärung und -bewältigung gefördert werden kann. Die Ansätze zum situierten Lernen gehen auch auf die Situationsexploration ein, beziehen sich aber stärker auf deren Bewältigung und geben differenzierte Instruktionshilfen, um dieses «Bewältigungswissen» zu entwickeln. Bereichs-, Strategie- und Steuerungswissen werden dabei gefördert. Der Cognitive-Apprenticeship-Ansatz als eine Richtung des situierten Lernens setzt eine Zusammenarbeit mit den Pflegeexpertinnen voraus, was die Chance in sich birgt, das implizite Wissen von Pflege stärker in Bildungsprozesse einzubeziehen. Der Deutungsmusteransatz fokussiert hingegen mehr die Situationsinterpretation, die Bewältigung erschließt sich im Diskurs mit den Teilnehmerinnen und den pädagogisch Tätigen. Dieser Ansatz scheint vor allem geeignet, Einstellungen, Vorstellungen und Handlungsroutinen in der Pflege transparent zu machen und durch die Auseinandersetzung mit Alternativen in der Lerngruppe, Differenzierungen und Veränderungen zu initiieren.

Die dargestellten Ansätze können für die Bildungspraxis der Pflege konstruktiv sein. Gleichwohl müssen auch hier wie bei jeder Implementierung neuer Ansätze in einer Bildungseinrichtung sowohl Qualifikation, Unterrichtsroutine und Einstellung der pädagogisch Tätigen als auch die Passung zu bestehenden Curricula und die vorhandenen Ressourcen im Hinblick auf Lernmaterialien, Personal und Zeit berücksichtigt werden. (siehe Kapitel 8 – Lernortkooperation)

Literatur

Arnold, R.: Deutungsmuster und pädagogisches Handeln in der Erwachsenenbildung. Bad Heilbrunn, 1985

Benner, P.: Stufen zur Pflegekompetenz. From novice to expert. Bern, Göttingen, Toronto, Seattle, 1994

Benner, P.; Hooper-Kyriakidis, P.; Stannard, D.: Clinical wisdom and interventions in critical care: A thinking-in-action approach. Philadelphia, 1999

Bransford, J.; Sherwood, R.; Hasselbring, T.; Kinzer, C.; Williams, S.: Anchored instruction: Why we need it and how technology can help. In: Nix, D.; Spiro, R.: Cognition, education and multimedia: Exploring ideas in high technology. Hillsdale, 1990

Brown, J.; Collins, A.; Duguid, P.: Situated cognition and the culture of learning. Educational researcher 18, 1989, p. 32–42

Collins, A.; Brown, J.; Newman, S.: Cognitive Apprenticeship: Teaching the crafts of reading, writing, and mathematics. In: Resnick, L. (Ed.): Knowing, learning and instruction. Hillsdale, 1989

Elting, A.: Das Lernprogramm «AVL», Konzeption, Entwicklung und empirische Untersuchung eines auf der Grundlage des Cognitive Apprenticeship-Ansatzes erstellten Lernprogramms. München, 1995

Gagné, R.: Die Bedingungen menschlichen Lernens. 3. Aufl., Hannover, 1973

Götz, K.: Zur Evaluierung beruflicher Weiterbildung. Theoretische Grundlagen (Bd. 1). 3. Aufl., Weinheim, 1999

Götz, K.: Zur Evaluierung beruflicher Weiterbildung. Empirische Untersuchungen (Bd. 2). 2. Aufl., Weinheim, 1998

Gräsel, C.; Mandl, H.: Förderung des Erwerbs diagnostischer Strategien in fallbasierten Lernumgebungen. Unterrichtswissenschaft 21, 1993, S. 355–370

Gräsel, C.: Problemorientiertes Lernen. Strategieanwendung und Gestaltungsmöglichkeiten. Göttingen, Bern, Toronto, Seattle, 1997

Gruber, H.; Mandl, H.; Renkl, A.: Was lernen wir in Schule und Hochschule: Träges Wissen? In: Mandl, H.; Gerstenmaier, J. (Hrsg.): Die Kluft zwischen Wissen und Handeln: Empirische und theoretische Lösungsansätze. Göttingen, Bern, Toronto, Seattle, 2000

Henninger, M.; Mandl, H.: Vom Wissen zum Handeln – ein Ansatz zur Förderung kommunikativen Handelns. In: Mandl, H.; Gerstenmaier, J. (Hrsg.): Die Kluft zwischen Wissen und Handeln: Empirische und theoretische Lösungsansätze. Göttingen, Bern, Toronto, Seattle, 2000

Kluwe, R.: Denken und Problemlösen. In: Sarges, W.; Fricke, R.: Psychologie für die Erwachsenenbildung/Weiterbildung. Göttingen, 1986

Law, L-C.: Die Überwindung der Kluft zwischen Wissen und Handeln aus situativer Sicht. In: Mandl, H.; Gerstenmaier, J. (Hrsg.): Die Kluft zwischen Wissen und Handeln: Empirische und theoretische Lösungsansätze. Göttingen, Bern, Toronto, Seattle, 2000

Mandl, H.; Prenzel, M.; Gräsel, C.: Das Problem des Lerntransfers in der betrieblichen Weiterbildung. Unterrichtswissenschaft 20, 1992, S. 126–143

Meyers Großes Taschenlexikon in 25 Bänden, Bd. 22. 7. Aufl., Mannheim, Leipzig, Wien, Zürich, 1999

Müller, K.: Ausbilderqualifizierung durch lebendiges und reflexives Lernen. In: Arnold, R. (Hrsg.): Lebendiges Lernen. Hohengehren, 1996

Müller, K.; Mechler, M.; Liposky, B.: Verstehen und Handeln im betrieblichen Ausbildungsalltag. Fallorientierte berufspädagogische Fortbildung für betriebliches Ausbildungspersonal, Bd. 1: Ergebnisse. Bayrisches Staatsministerium für Arbeit- und Sozialordnung, Familie, Frauen und Gesundheit, München, 1997

Müller, K.; Mechler, M.: Verstehen und Handeln im betrieblichen Ausbildungsalltag. Fallorientierte berufspädagogische Fortbildung für betriebliches Ausbildungspersonal, Bd. 2: Materialband. Bayrisches Staatsministerium für Arbeit- und Sozialordnung, Familie, Frauen und Gesundheit, München, 1999

Palinscar, A.; Brown, A.: Guided, cooperative learning and individual knowledge acquisition. In: Resnick, L. (Ed.): Knowing, learning and instruction. Hillsdale, 1989

Scardamalia, M.; Bereiter, C.: Computer support for knowledge-building communities. The Journal of Learning Science 3, 1994, p. 265–283

Schoenfeld, A.: Mathematical problem solving. Orlando, Fla, 1986

Siebert, H.: Didaktisches Handeln in der Erwachsenenbildung: Didaktik aus konstruktivistischer Sicht. Neuwied, Kriftel, Berlin, 1996

Strittmatter-Haubold, V.: Handlungsleitung: eine empirische Studie zum Transfer von Fortbildungsinhalten. Weinheim, 1995

Spiro, R.; Feltovich, P.; Jacobsen, M.; Coulson, R.: Cognitive flexibility, constructivism, and hypertext: Random access instruction for advanced knowledge acquisition in ill-structured domains. Educational Technology 31, 1991, p. 24–33

Taylor, K.; Care, W.: Nursing education as a cognitive apprenticeship: a framework for clinical education. Nurse Educator 24, 1999, 4, p. 31–36

Thorndike, E.; Woodworth, R.: The influence of improvement in one mental function upon the efficiency of other functions. Psychological Review 8, 1901, p. 247–261

5 Didaktische Orientierungen für das Berufsfeld der Pflege

Margot Sieger

5.1 Ausgangslage

Die alltägliche didaktische Orientierung der Lehrerin für Pflegeberufe war und ist zum Teil auch heute noch das Lehrbuch für den Kranken- und Kinderkrankenpflegeunterricht. Die verschiedenen Auflagen der Lehrbücher von J. Juchli, der Arbeitsgemeinschaft Deutscher Schwesternverbände und der Deutschen Schwesterngemeinschaft e. V. (Hrsg.), von F. Beske sowie von V. Wichmann für die Kinderkrankenpflege spiegelten doch lange Jahre die Entwicklungen des Lehrfachs Pflege wider, eines Berufes, betrachtet durch die didaktische Brille der Autorinnen und Autoren dieser Lehrbücher. Diese Lehrbücher waren aber vorrangig für die Hand der Schülerin gedacht; welche Literatur zur Vorbereitung des Unterrichts stand darüber hinaus der Lehrerin zur Verfügung? Bis in die 90er Jahre war die Fach- und Lehrbuchlage überschaubar, daher gelang es schnell, sich über Fragen der Unterrichtsgestaltung, wie zu lehren sei, zu verständigen. Auch die Frage, was gelehrt werden sollte, wurde zum Teil durch die im Lehrbuch getroffene Auswahl der Inhalte bestimmt. Dazu kamen die thematischen Anforderungen der Berufsgesetze (siehe hierzu Kurtenbach, Golombek und Siebers, 1992). Trotzdem wurden und werden die Lehrenden nicht davon befreit, eine Auswahl zu treffen bzw. zu entscheiden, zu welchem Zeitpunkt welche Themen zu unterrichten seien. Dies geschieht zum Teil mit Blick auf die Prüfung, auf die Anforderungen der Praxis, auf die nicht zu ignorierenden Arbeits- und Verwertungsinteressen der Ausbildungsträger, fokussiert auf das Ziel, dass die Schülerinnen fest umrissene Fertigkeiten beherrschen sollten. Dazu eine den beruflichen Alltag bestimmende Organisationsstruktur mit einer fast überall vorfindbaren Ausrichtung an einer medizinischen Zwecksetzung, bestimmen wesentlich die didaktischen Entscheidungen der Lehrenden. Neben den Schülerinnen sind dies die Legitimationsinstanzen für die Entscheidung der Lehrenden, nur in einigen Bundesländern ist es eine gesellschaftliche Instanz, wie die Schulbehörden oder ein Ministerium.

Diese Ausgangslage ist sicherlich auch erklärbar mit der Lehrerinnenqualifizierung. Da die Ausbildung in den Pflegeberufen zu großen Teilen nicht in das staatliche Bildungssystem integriert ist, bestand auch keine Veranlassung der Kultus- bzw. Wissenschaftsministerien, sich um eine systematische Lehrerinnenausbildung zu bemühen, somit auch kein Studium fach- oder berufsfeldbezogener Inhalte und deren Didaktiken einzufordern.

Die Beschäftigung mit möglichen fachdidaktischen Implikationen für die Pflege ist daher weder losgelöst von der Entwicklung des Gegenstandes und des Faches, noch von der Geschichte der Lehrerinnenbildung zu betrachten. Gleichermaßen muss sich die Entwicklung einer Didaktik für die Pflege allen Fragen und Auseinandersetzungen stellen wie alle spezifischen Didaktiken im Verhältnis zu der allgemeinen Didaktik, zu ihrer Bezugswissenschaft und dem «Schul»-fach Pflege.

5.2 Zum Begriff der Didaktik

Die ursprüngliche Bedeutung des griechischen Verbs «didáskein» beinhaltet lehren, unterrichten, kann aber auch in dessen passiver Form als lernen, belehrt werden, unterrichtet werden sowie in der medialen Form im Sinne des Von-sich-aus-Lernens, Ersinnens und Sich-Aneignens verstanden werden. Als Substantiv «dídaxis» bedeutet es Lehre, Unterricht, Unterweisung. Didaktiké téchne heißt soviel wie Lehrkunst (Heursen, 1993). Die «Didactica Magna», die große Didaktik des Johann Amos Comenius (1595–1670), erfüllt im umfassenden Sinne diese ursprüngliche Bedeutung des griechischen Wortes, hat sie doch den Anspruch, das gesamte Lehren und Lernen mit seinen vielfältigen Erscheinungsformen und Ausprägungen zu umfassen (Heursen, 1993, S. 308). Comenius forderte Schulen für alle Menschen: «Für Jungen und Mädchen, reich und arm, adelig und nichtadelig». Er «verlangte, dass alle Menschen vorbehaltlos und gründlich in allem unterrichtet werden, was zum Leben und Sterben wichtig ist» (Schaller, 1992, S. 1). Damit versprach Comenius durch seine Didaktik, verstanden als Lehrkunst, alle Menschen alles zu lehren (Heursen, 1993, S. 308).

Heute versteht sich die Didaktik als Wissenschaft vom planvollen, institutionalisierten Lehren und Lernen. Sie ist in der Lage, allgemeine pädagogische Zielsetzungen vorzugeben, die inzwischen durch eine lange wissenschaftliche Tradition begründet sind und durch die Auseinandersetzung mit gesellschaftlichen Anforderungen immer wieder neu legitimiert werden müssen. Im Wesentlichen konzentriert sich die allgemeine Didaktik:

- Auf die Aspekte der Inhalte: Was soll gelehrt und gelernt werden?
- Auf den Aspekt der Vermittlung: Wie soll gelehrt und gelernt werden?
- Auf den Aspekt der Beziehung: Wie interagieren die an Lehr- und Lernprozessen beteiligten Personen?
- Auf den Aspekt der Ziele: Wozu wird etwas gelehrt und gelernt? Oder pointierter: Wem nützt ein bestimmtes Lehren und Lernen? (Heursen, 1993, S. 309 ff.).

Jank und Hilbert (1991, S. 16) erweitern diese Dimensionen noch um die Frage nach dem Warum, nach der Begründung für das Lehren und Lernen.

5.3 Fachdidaktik im Kontext allgemeiner Didaktik und Fachwissenschaft

Fachdidaktik und allgemeine Didaktik sind nicht losgelöst voneinander zu betrachten. Dabei ist die allgemeine Didaktik den Fachdidaktiken nicht hierarchisch übergeordnet, aber sie ist ihr Widerpart und Korrektiv. «Das Speziellere, das Schulfach also, gewinnt im Lichte der allgemeineren Idee Sinn und Kontur, gewinnt ein Korrektiv gegen das Sich-Verlieren ins Spezialistische. Und das Allgemeinere gewinnt in der Beleuchtung des Spezielleren konkrete Bedeutung und Handlungsrelevanz» (Heymann, 1999, S. 213).

Dies enge Verwiesensein von allgemeiner Didaktik und Fachdidaktik zeigt sich auch in der Formulierung des eigenen Selbstverständnisses. Bezieht man diese Anforderungen auf das Fach, so ist in erster Linie ein Verweis auf ein gesellschaftliches Ordnungsschema für Aneignungsprozesse gegeben (Bracht, 1986). Gemeint ist also nicht nur die organisatorische Ausdifferenzierung des Wissens, sondern gemeint sind auch gesellschaftlich vorgegebene Aufgaben-, Problem- und Sachbereiche, zu deren Bewältigung fachlicher Unterricht erforderlich scheint.

Somit versteht sich Fachdidaktik als Wissenschaft vom planvollen, institutionalisierten Lehren und Lernen spezieller Aufgaben-, Problem- und Sachbereiche. Gerade allgemeindidaktische Aussagen, Modelle oder Kategorien bedürfen der Konkretisierung im Arbeitsfeld der Fachdidaktiken. Im Zuge solcher Konkretisierungen müssen sie daraufhin überprüft werden, ob ihr «… hypothetischer, verallgemeinerter Geltungsanspruch haltbar ist, ob er gegebenenfalls fach-

oder bereichsspezifisch modifiziert, eingeschränkt, vielleicht sogar zurückgewiesen werden muss» (Klafki, 1994, S. 51). Mit einem solchen Begriffsverständnis ist zugleich das enge Verwiesensein der Fachdidaktik auf die Fachwissenschaft erweitert. Bezogen auf die Pflege umfasst der spezifische Aufgaben-, Problem- und Sachbereich also mehr und folgt auch anderen Strukturen als der Pflegewissenschaft, die der Wissenschaftslogik folgt. Fachdidaktiken müssen sich als weitaus eigenständiger verstehen, sie sind mehr als eine Vermittlungswissenschaft zwischen allgemeiner Didaktik und Fachwissenschaft (Klafki, 1994, S. 56). Bedacht werden muss darüber hinaus, dass sich gerade in den Pflegeberufen die Bezugswissenschaft Pflege zunehmend mehr entfaltet, deren Gegenstandsbereich aber noch nicht endgültig umrissen werden kann. Erste Auseinandersetzungen und Diskussionen über Schlüsselkonzepte der Pflege, das Ringen um eine wissenschaftstheoretische Ausrichtung, die sich stärker aus den Anforderungen der Praxis (Schröck, 1998) oder der Theorie speisen soll (Dornheim et al. 1999), die Rezeption und Interpretation der vorliegenden internationalen Theorieansätze (Schaeffer, 1998) sowie die Sichtung und Ordnung des bisherigen Erfahrungswissens kennzeichnen zurzeit den Entwicklungsstand.

Da aber gleichzeitig auch ausgebildet wird, sind auch die Lernenden und Lehrenden mit diesen Ergebnissen konfrontiert und stehen außerdem den enormen Veränderungen im Gesundheits- und Sozialsystem gegenüber, die unmittelbar die Entwicklung der Pflegeberufe beeinflussen (siehe Kap. 1). Diese Veränderungen modifizieren die bis dahin gesellschaftlich und aus dem historisch gewachsenen Berufskontext zugewiesenen Aufgaben-, Problem- und Sachbereiche, zu deren Bewältigung ausgebildet werden soll. Weil Ausbildung immer auf Zukunft gerichtetes Handeln ist, können die für die Ausbildung Verantwortlichen nicht Zaungäste bleiben, sondern sie müssen diese Entwicklungen antizipierend bearbeiten, deuten und Verfahren und Möglichkeiten in der Lehre entwickeln, um die Lernenden zu professioneller Berufsausübung zu befähigen.

Diese spezifische Verbindung zwischen den pädagogischen und den fachlichen Anforderungen kann aber von einer Fachdidaktik nur hergestellt werden, wenn es ihr gelingt, über den jeweils fachspezifischen Ansatz hinausgehend Anschluss an den durch die Pädagogik repräsentierten Grundgedanken über die Stellung des Menschen in der Kultur und Gesellschaft der Zeit zu gewinnen (Otto, 1972, S. 219). Kritisch muss also immer wieder die Frage gestellt werden: Welchen Beitrag können die Fachwissenschaften zur Entwicklung der Urteils- und Handlungsfähigkeit, der Selbst- und Mitbestimmungsfähigkeit leisten, orientiert an den Prinzipien einer humanen bzw. zu humanisierenden und demokratischen bzw. zu demokratisierenden Gesellschaft (Klafki, 1994, S. 57)? Oder allgemeiner formuliert: Vor welchem zeitgemäßen Bildungsbegriff müssen sich die fachlichen Ansprüche ausweisen (vgl. dazu Kap. 1)?

Aufbauend auf die in Kapitel 1 dargelegten Begründungen und Legitimationen für eine Pflegekompetenz und den daraus abgeleiteten Qualifikationen steht im Zentrum der Pflege der Erwerb kommunikativer Qualifikationen, insbesondere zum Aufbau und zur Gestaltung einer professionellen Beziehung zwischen der zu Pflegenden und der professionell Pflegenden. Dazu müssen unter der Perspektive der Bildung die Veränderungen in der Pflegearbeit, die Strukturveränderungen im Gesundheitswesen sowie die berufs- und gesellschaftspolitischen Auseinandersetzungen um das Verhältnis von bezahlter und unbezahlter Arbeit betrachtet werden.

Diese Kristallisationspunkte korrespondieren auf der Ebene der allgemeinen Didaktik mit der zentralen Stellung des Kommunikationsbegriffes in der Pädagogik der Kommunikation und der damit verbundenen kommunikativen Didaktik (Schäfer und Schaller, 1973). In der kommunikativen Pädagogik knüpft Schaller an eine kritische Erziehungswissenschaft an, die sich ableitet aus der kritischen Theorie, wie sie durch Horkheimer von der «traditionellen Theorie» abgehoben und in der Frankfurter Schule (Adorno, Habermas) weiterentwickelt wurde. Es geht um das Ziel, einen Beitrag zu dem beizutragen, was Demokratie und humane Lebensordnung nach den hier und jetzt gegebenen Möglichkeiten sein könnte und sein sollte. Nicht der Rückgriff auf Bewährtes bestimmt das Bildungsziel, sondern das Hervorbringen und die «Vermittlung humaner Handlungsorientierung in tendenziell symmetrischen Prozessen gesellschaftlicher Interaktion unter dem Horizont von Rationalität» (Schaller, 1984). Humanität wird hier nicht verstanden als harmonische Perfektion des «inneren Menschen», sondern als Humanität in den menschlichen Verhältnissen, den menschlichen «Verkehrsweisen», in menschlichen Interaktionen und Kommunikationen. Humanität als pädagogische Kategorie versteht Schaller somit als eine politische Kategorie: Bildung als Selbstverwirklichung (Schaller, 1974, S. 205). Dabei geht Schaller davon aus, dass die Orientierung unseres Handelns erst dort zum Problem wird, wo die konventionellen Sinnvorgaben brüchig geworden sind, wo neue Orientierungen gewonnen und hervorgebracht werden müssen. Dies trifft in besonderem Maße im Gesundheitswesen zu, sowohl hinsichtlich der Wertentscheidungen im Kontext des neuen ökonomischen Denkens, als auch bezüglich der Zielfindung und -entscheidung im Prozess der Professionalisierung innerhalb der Pflegeberufe.

Dieses Vermitteln und Hervorbringen humaner Handlungsorientierungen geschieht in kommunikativen Akten. Dabei reicht die Kommunikation von der Mitteilung von Informationen bis zur Konstituierung eines gemeinsamen Sinns zwischen mindestens zwei Menschen, die miteinander in Beziehung treten. Somit hat jeder Informationsakt Beziehungsfolgen, so wie Beziehungen auch die Informationen bestimmen.

Ausgangspunkt ist der idealtypische Anspruch einer symmetrischen Kommunikation, einer intersubjektiven Beziehung, in der sich über das Eingebrachte hinaus Handlungsorientierung entwickelt. Als Ergebnis einer partnerschaftlichen Kommunikation entsteht ein Plus, eine Potenzierung der eingebrachten Möglichkeiten, eine Handlungsorientierung, die über die zur Verfügung stehenden Handlungsmuster der Beteiligten hinausgeht (Schaller, 1984).

Zum Rationalen: Rational soll nicht als Maß mit Universalitätsanspruch sondern als das Ermessen des Gedachten, Geredeten und Getanen an der Maßgabe unserer Lebenswelt verstanden werden. Rational verlangt vom Kommunikanten die Erinnerung an den eigenen historisch-gesellschaftlichen Ursprung als möglichen Handlungsspielraum. Unter Rationalität versteht Schaller die Vernunft der historisch-gesellschaftlichen Praxis, welche das Handeln unter die Maßgabe rationaler Lebensführung und Demokratisierung der Lebensverhältnisse stellt. Nur in der Grenzerfahrung des Alltags werden diese Maßgaben gegenwärtig und als handlungsrelevant erfahrbar und verbindlich (ebd.).

Die kommunikative Didaktik sieht das kommunikative Handlungsfeld als Ausgangspunkt des didaktischen Konzeptes, da kommunikative Prozesse im Unterricht im Vordergrund stehen. In diesem pädagogischen Feld konstituieren die Handlungsintentionen aller im Feld Interagierenden einen identifizierbaren Sinnzusammenhang (Bönsch, 1992). Somit verfolgt Erziehungshandeln nicht nur den Zweck, erkenntnis- und handlungsfähige Subjekte hervorzubringen, sondern im kommunikativen Handeln der beteiligten Subjekte selbst liegt der Selbstzweck von Unterricht. Somit werden Sinnorientierungen, Handlungsziele oder auch Lernziele, nur in einer Verständigung über sie verbindlich (Bönsch, 1992, S. 477).

Der Meta-Unterricht, das Thematisieren des Unterrichts selbst (vgl. Hiller, 1997) einschließlich der Verständigung von Lehrerinnen und Schülerinnen über Sinn und Zweck desselben, eröffnet Dimensionen von Unterricht, der zur Realisierung einer kommunikativen Didaktik sinnvoll scheint. In der metakommunikativen Reflexion oder dem Diskurs über Sinngewinnung (Mollenhauer) können soziale Beziehungen aufgebaut, kann auch das Beziehungsgefüge verändert werden (Bönsch, 1992, S. 478). Gemeinsam mit der Lehrerin reflektieren die Schülerinnen gemeinsam das kommunikative Interaktionsgefüge. Sie reflektieren kritisch anhand ihrer Erwartungen die Diskrepanz zwischen den gegenwärtigen und den zu realisierenden symmetrischen Kommunikationsstrukturen. Diese kritische Reflexion sollte auch die strukturellen und inhaltlichen Aspekte umfassen, in denen prinzipiell von Ungleichheit zwischen den Möglichkeiten der Lehrenden und der Lernenden ausgegangen wird. Dies können der Wissensvorsprung des Lehrenden sein, seine Lebens- und Berufserfahrung aber auch strukturelle Bedingungen, wie sie insbesondere in Prüfungssituationen zu finden sind.

Da aber solche Situationen eindeutig zu identifizieren und somit gegenüber anderen abzugrenzen sind, widerspricht dies nicht dem Ziel, durch den sukzessiven Abbau unnötiger Herrschaftsstrukturen, Zwänge und Eingrenzungen die Freiheitsspielräume der Schülerinnen systematisch zu erweitern. Dieses Ziel wird umso bedeutsamer, betrachtet man z.B. das durch ausgeprägte Hierarchien bestimmte Krankenhaus. In diesen Lernorten erleben die Schülerinnen ihren Platz in der Rangordnung, den Einfluss solcher Strukturen auf die Arbeitsorganisation und das Interaktionsverhalten (vgl. Elkeles, 1993; Büssing, 1997). Um auch zu lernen, sich in solchen Konstellationen zurecht zu finden, sollten Schülerinnen zum selbstständigen Denken und kommunikativen Handeln aufgefordert werden. Sie erhalten die Gelegenheit zum gemeinsamen Gespräch, zu gemeinsamer Arbeit und zu gemeinsamen Aktionen. Dies erfordert Kooperationsfähigkeit in verschiedener Hinsicht, wie z.B. Konsensbildung, Kompromiss- und Ausgleichsbereitschaft sowie Beharrlichkeit in der Arbeit selbst.

Das Bildungsziel ist soziale Sensibilität, die in die soziale Handlungsfähigkeit mündet. Hierzu gehört eine emotionale Erziehung mit dem Ziel, Affekthandeln und Gefühlswertungen rational zu erhellen und die Schülerinnen für die Wahrnehmung von Befindlichkeiten und deren Auswirkungen auf individuelle Einstellungen und Reaktionsbereitschaften anderer zu sensibilisieren (Bönsch, 1992).

Diese Zielsetzungen im didaktischen Denken laufen parallel zu den Kernprozessen in der beruflichen Qualifizierung für die Pflegeberufe. Um individuelle Prozesse der Deutung und Verarbeitung von Kranksein und Eingeschränktsein zu verstehen (Flick, 1991; Hahn, 1991), bedarf es sowohl der Empathie als auch der Qualifikation des regelgeleiteten Bewertens (vgl. Kap. 1).

In engem Bezug der Didaktik mit ihrer Fachwissenschaft übernimmt Fachdidaktik als Disziplin die Selbstreflexion der Fachzusammenhänge. Diese Selbstreflexion richtet sich insbesondere auf Lernprozesse, Kommunikationszusammenhänge, fachspezifische Methoden, Gegenstände und Einsichten. Es ist die Hauptaufgabe einer Fachdidaktik, die Grundstrukturen des Fachverständnisses zu klären und kommunizierbar zu machen bzw. zu halten, und zwar allgemein und für ganz konkrete Lern- und Benutzergruppen. Entscheidend sind also nicht die aufzulistenden Stoffinhalte, sondern die Art und Weise des Zugriffs darauf (von Borries, 1999). Die Leistungen einer Fachdidaktik bestehen nicht nur im Aufsuchen und Sammeln von Informationen und Problemen, sondern in deren Prüfung und produktiver Vernetzung. Von Borries wählt dazu den Begriff des Informationsmanagements, bei dem sich das Individuum der Flut von Informationen und Zumutungen ebenso versagen wie öffnen, ebenso entziehen, wie zuwenden sollte. Dies ist insbesondere im Kontext der neuen Medien zu diskutieren (siehe Kap. 6). Aufwand und Ertrag vorausschauend zu kalkulieren und sensibel revidierbare Zugänge auszuwählen sind Aufgabe und Zielstellung einer Fachdidaktik. Bei dieser Form der Verarbeitung müssen:

- Lernfähigkeit und Bedürfnislage der Adressaten
- Anforderungen und normative Grundlage der Gesamtgesellschaft
- Logik und Leistung der Wissenschaft
- Bedingungen und Chancen der Lernorte gegeneinander abgewogen und austariert, also theoretisch differenziert bedacht und praktisch optimal ausgeglichen werden (von Borries,1999).

Da die Ausbildung für das Berufsfeld Pflege zu den Berufsausbildungen zählt, sind didaktische Überlegungen und Entscheidungen insbesondere in den spezifischen Aufgaben-, Problem- und Sachbereichen der Pflegeberufe und auch in die übergeordneten Ziele und Zwecke des Arbeitslebens zu stellen. Vor diesem Hintergrund sind die jüngsten Entwicklungen zu begrüßen, die eine lediglich auf ein Fach bezogene Didaktik auf einen Bereich ausweiten. Bereichsdidaktik verstanden als «jene Forschungs-, Theorie- und Aussagenzusammenhänge, in denen es um gemeinsame didaktische Merkmale und Probleme mehrerer verwandter Unterrichtsfächer geht» (Klafki, 1994, S. 42 ff.). Diese Erweiterung der didaktischen Problemstellungen und Reflexionen sowie der didaktischen Forschung, Theorie- und Konzeptentwicklung kann, wie die jüngsten Entwicklungen in der Berufsbildung zeigen, auf ein ganzes Berufsfeld zur Berufsfelddidaktik erweitert werden.

5.4 Orientierungen für eine Pflegedidaktik

5.4.1 Was liegt bereits vor?

Ein übergreifender Entwurf für eine Fachdidaktik der Pflege liegt bisher nicht vor, allerdings sind in den letzten Jahren einige bemerkenswerte Arbeiten hierzu veröffentlicht worden. Diese Arbeiten zur Gestaltung von Ausbildung und Unterricht in den Pflegeberufen haben Impulse ausgelöst und sind ihrerseits initiiert worden durch die Perspektive des «neuen» Krankenpflegegesetzes von 1985, insbesondere durch die Regelung des § 4 Ausbildungsziel. So erscheinen erste Vorschläge zur Gestaltung der Ausbildung (Sieger et al., 1986) oder auch Vorschläge zur Organisation der praktischen Ausbildung, zur Qualifizierung von Praxisanleiterinnen sowie zur curricularen Gestaltung der Ausbildung (ÖTV, 1986; Bienstein, 1983; Wrodraschke et al., 1988). Unmittelbar mit fachdidaktischen Implikationen beschäftigen sich die Arbeiten von Bäuml und Roßnagel-Bäuml (1981) sowie von Vogel (1979) und Sennewald (1987).

Eine erste Analyse der Pflege-Fachdidaktikkonzepte ausgewählter Weiterbildungsinstitute, die in der Sektion Bildungsforschung und Bildungsplanung im Deutschen Verein für Pflegewissenschaft und -forschung vertreten sind (6 Institute) und bis in die 90er Jahre fast die einzige Möglichkeit waren, sich für die Lehre in den Pflegeberufen zu qualifizieren, zeigt den Stand der Diskussion (Becke et. al., 1997). Der Vergleich bezieht sich auf die Aussagen der fachdidaktischen Entwürfe:

- zum Pflegeverständnis
- zum Bildungsverständnis
- zu den Bildungszielen
- zur curricularen Position bzw. Theorie
- zur Unterrichtskonzeption.

Zum Pflegeverständnis zeigt sich, dass es darum geht, den subjektiven Zugang, die Haltung zur Pflege, geprägt durch die Berufsbiografie, kritisch zu reflektieren und mit den Erkenntnissen der Pflegewissenschaft und Sozialwissenschaft zu konfrontieren (a. a. O., S. 24).

Einigkeit besteht in der Auffassung, dass Bildung Emanzipation zum Ziel hat. Die Referenztheorie ist hier in eindeutiger Art und Weise die kritisch-konstruktive Didaktik Klafkis. Eine etwas anders ausgerichtete Auffassung sieht das Anliegen nach Emanzipation vor allem in der Wissenschaftsorientierung verwirklicht. Diese Positionierung fußt auf der Überzeugung, dass Bildung und persönliche Autonomie sowohl im Allgemeinen gesellschaftlichen als auch im beruflichen Handlungsbereich nur im Medium kritischer Rationalität zu erreichen sind. Das pflegedidaktische Ringen verdichtet sich in der Frage, wie sich in der Lehre in Theorie und Praxis eine auf Emanzipation gründende berufliche Handlungsfähigkeit initiieren lässt (Becke et al., 1997).

Den Unterrichtskonzeptionen liegen unterschiedliche Strukturen und Schwerpunktsetzungen zu Grunde. Bedingungsanalyse, fachliche Vorbereitung und eine didaktische Bearbeitung des Stoffes bestimmen die Unterrichtsplanungen. In der didaktischen Reflexion ist zu unterscheiden zwischen der didaktischen Analyse, wie sie bei Klafki zu finden ist, den fachdidaktischen Prinzipien nach Kaiser und Kaiser (1988) sowie das Einbeziehen lerntheoretischer Aspekte, wie:

- das auf die Lerndimensionen «kognitiv», «psychosozial» und «psychomotorisch» bezogene Prinzip der Ganzheitlichkeit
- das Prinzip der Erfahrungs- und Situationsbezogenheit
- das Prinzip der Prozessorientiertheit.

Mögliche Kriterien aus der pflegewissenschaftlichen Theoriebildung stehen übergeordnet bzw. ergänzend oder sind in der didaktischen Bearbeitung direkt integriert.

Als Ergebnis kommen die Autorinnen zu dem Schluss, dass die Fachdidaktik der Pflege anhand dieser Analyse als Inhaltsdidaktik gekennzeichnet werden kann. Als solche steht sie im Kontext bildungstheoretischer Didaktiken, die die Frage nach der Bildungsrelevanz der Lerngegenstände in das Zentrum ihrer Betrachtung stellt. Deutlich wird aber auch, dass bei der Strukturierung und Begründung pflegerischen Wissens pflegewissenschaftliche Defizite vorliegen.

Als Antwort im Sinne einer Grundlegung zur Entwicklung einer Fachdidaktik, die einen weiten, wissenschaftsorientierten Pflegebegriff fordert, ist die Arbeit von Wittneben einzuordnen. Ausgangspunkt ist dabei ein Modell, das eine breite Repräsentation der Pflegewirklichkeit leistet (Wittneben, 1991). Dieser Anspruch «muss deshalb erfüllt werden, weil die Pflegedidaktik einen Pflegeunterricht strukturieren soll, der auf ein Denken und Handeln in der Pflegewirklichkeit vorbereitet» (Wittneben 1993, S. 207). Das heuristische Modell einer multidimensionalen Patientenorientierung strukturiert Pflege in fünf Stufen in der vertikalen Ebene von der Patientinnenignorierung bis hin zur Patientinnenorientierung. Auf der Horizontalen entfalten sich die Stufen von der Ablauforientierung (Wittneben, 1998) als unterste Stufe über die Verrichtungsorientierung als Stufe 2, die Symptomorientierung als nächste Stufe sowie über die Krankheits- und Verhaltensorientierung bis hin zur Handlungsorientierung. In jeder Stufe wird kommunikativ gehandelt, unterschiedlich allerdings ist die Qualität dieser Kommunikation. Ausgerichtet an der Theorie der kritisch konstruktiven Didaktik Klafkis wird die berufliche Realität situationsbezogen über Narrativa von Pflegekräften erschlossen und über das Modell der multidimensionalen Patientenorientierung analysiert (Sieger und Zegelin, 1999).

Das Fachdidaktikmodell «Pflege» der Kaderschule des Schweizerischen Roten Kreuzes in Aarau fußt auf einem Fachdidaktikbegriff, der sich mit der Lehre von Unterrichten von Pflegeinhalten befasst, welche die Handlungskompetenz der Pflegeschülerinnen in der Berufspraxis zum Ziel hat. Es erhebt den Anspruch, eine «das Praxiswissen integrierende Pflegedidaktik» (Schwarz-Govaers, 1999) zu sein. Diese Pflegedidaktik will Strukturierungshilfe für die Unterrichtsplanung und Mittel zu Curriculumplanung geben. Die Frage der Themenauswahl und damit der Legitimation von Lehrinhalten wird nicht gestellt, sondern es wird ein Pflegethema, wie es sich den Lehrenden konkret für den Unterricht stellt, in eine Pflegesituation transformiert, die sich durch eine Vielzahl von Phänomenen auszeichnet.

Auf den drei Ebenen:
- Situationsbeschreibung durch die Hauptbeteiligten: Patientin, Pflegende, Angehörige, Ärztin, verschiedene Gesundheitsdienste
- pflegerische Zielsetzung, die durch die Faktoren Haltung, Planung und Handlung näher erfasst werden können
- der fachdidaktischen Fragestellungen im engeren Sinne, die die ausbildungsrelevanten und unterrichtsrelevanten Fragen thematisiert,

werden die Faktoren und Fragen entfaltet, die bei der Unterrichtsgestaltung berücksichtigt werden sollen (Kaderschule für die Krankenpflege, 1992). Der Reiz dieses Modells liegt darin, dass die Fachdidaktik das Praxiswissen der Pflege über die Perspektive der Schülerinnen, der pädagogisch Tätigen, der Pflegepraktikerinnen, der Patientinnen nutzbar machen will und somit alle Theoriezugänge zur Reflexion von Erfahrung (Schwarz-Govaers, 1999) in die Gestaltung einer Fachdidaktik einfließen.

Insgesamt liegen die Bezugspunkte für die Entfaltung einer Fachdidaktik auf der Inhaltsebene, auf der möglichen Relevanz der Inhalte für den Beruf. Ein breiter Pflegebegriff soll hier Orientierung leisten. Gemessen an den Zielstellungen einer Fachdidaktik bei von Borries werden weniger deutlich die Anforderungen und normativen Grundlegungen der Gesamtgesellschaft thematisiert, wohl aber die besonderen Lernbedingungen und -voraussetzungen der Adressaten. Unter den Bedingungen und Chancen der Lernorte wird die pflegerische Praxis akzentuiert und durch die verschiedenen Perspektiven erfasst; somit wird das, was zu lehren oder zu lernen sei, immer wieder neu konstituiert. Im Verhältnis der Fachwissenschaft zu ihrer Fachdidaktik gehen die Fragen an die Fachwissenschaft eher von der Fachdidaktik aus. Offen bleibt, wie die Logik und die Leistungen der Fachwissenschaft vermittelt werden können.

Diese Logik der Sache, der noch zu entwickelnden Pflegewissenschaft, steht im Zentrum der Sachanalyse im Duisburger Modell einer Fachdidaktik Pflege. Die umfangreiche Analyse fungiert als Ersatz für einen pflegewissenschaftlichen Studien- oder Lernanteil und folgt dabei einem Strukturmodell des Pflegewissens, das als Ersatz für eine fehlende disziplinäre Matrix zu verstehen ist (Bögemann et al., 1989). «Pflegewissen bezieht sich grundsätzlich, d.h. unter der Einschränkung der gegenwärtigen Forschungs- und Erkenntnislage, auf abgrenzbare Maßnahmen, theoretisch fundierte, empirisch kontrollierte und erklärbare Handlungen, die das begründete Resultat aus generalisierbaren pflegerischen Verfahrensweisen, ihren partiell kontrollierten und verallgemeinerbaren Wirkungen auf Patienten, ihrer situativen und zu überprüfenden Modifikationen durch die individuelle Patientensituation und -erwartung und der Möglichkeiten und Grenzen der Pflegeperson unter den analysierbaren Bedingungen der jeweiligen Institutionen sind. Eingebunden ist dieses pflegekonstitutive Wissen und die es bestimmenden Faktoren in die Analyse der historisch entwickelten, gegebenen gesellschaftlichen, gesundheitspolitischen und ideologischen Bedingungen ihrer Möglichkeiten (ebenda S. 22).» In einem zweiten Schritt erfolgt die didaktische Transformation dieser gewonnenen Erkenntnisse. Über die Ziele werden dann die zu vermittelnden Pflegethemen im Pflegeunterricht bearbeitet, wobei die Lernlogik der Sachlogik folgt. Diese Position zur Entwicklung einer Fachdidaktik Pflege wählt den Zugang zum Lehren und Lernen über die Wissenschaft, damit werden alle didaktischen Anforderungen dieser Prämisse untergeordnet.

5.4.2 Der spezifische Zugang

Der klassische Zusammenhang zwischen dem Fach und seiner Didaktik kann für die Pflege gegenwärtig so nicht übernommen werden. Vor dem Hintergrund der vorgestellten Begriffserläuterungen erweist sich dieser Bezug als zu eng. In den Pflegeausbildungen ist das «Schulfach» Pflege nicht klar abgesteckt, viele Themen aus benachbarten Gebieten werden unter Pflege subsumiert. Hier würde es eher Sinn machen, von Pflegebereich zu sprechen und somit eine Bereichsdidaktik zu favorisieren. Darüber hinaus sollte durchaus auch erwogen werden, sich für eine Didaktik des Berufsfeldes Pflege zu entscheiden. Um diesen Entwicklungen nicht vorzugreifen, wird hier der Begriff Pflegedidaktik gewählt.

Nun gilt es herauszuarbeiten und weiterzuführen, welche spezifischen didaktischen Orientierungen hilfreich erscheinen, um den Lehrenden und Lernenden einen Zugang zu den spezifischen Aufgaben-, Problem- und Sachbereichen der Pflegeberufe zu verschaffen. Dazu muss eine Entscheidung darüber getroffen werden, aus welchen großen Bereichen der Wirklichkeit die Inhalte ausgewählt und diese Auswahl legitimiert werden kann und in welchen Transformationsprozessen diese Inhalte in Lerngegenstände für Unterricht und Ausbildung überführt werden können (Kaiser / Kaiser, 1998). Die Fachdidaktik Pflege soll den spezifischen Zugang zur relevanten Wirklichkeit erschließen. Der erste Filter zur Wahrnehmung der Wirklichkeit erwächst aus der curricularen Entscheidung. Ein weiterer Schritt in einem solchen Transformationsprozess stellen didaktische Prinzipen dar **(Abb. 5-1)**. Mit besonderer Aufmerksamkeit muss der didaktische Zugang zwischen Ausbildung und der sich entfaltenden Pflegewissenschaft bedacht werden.

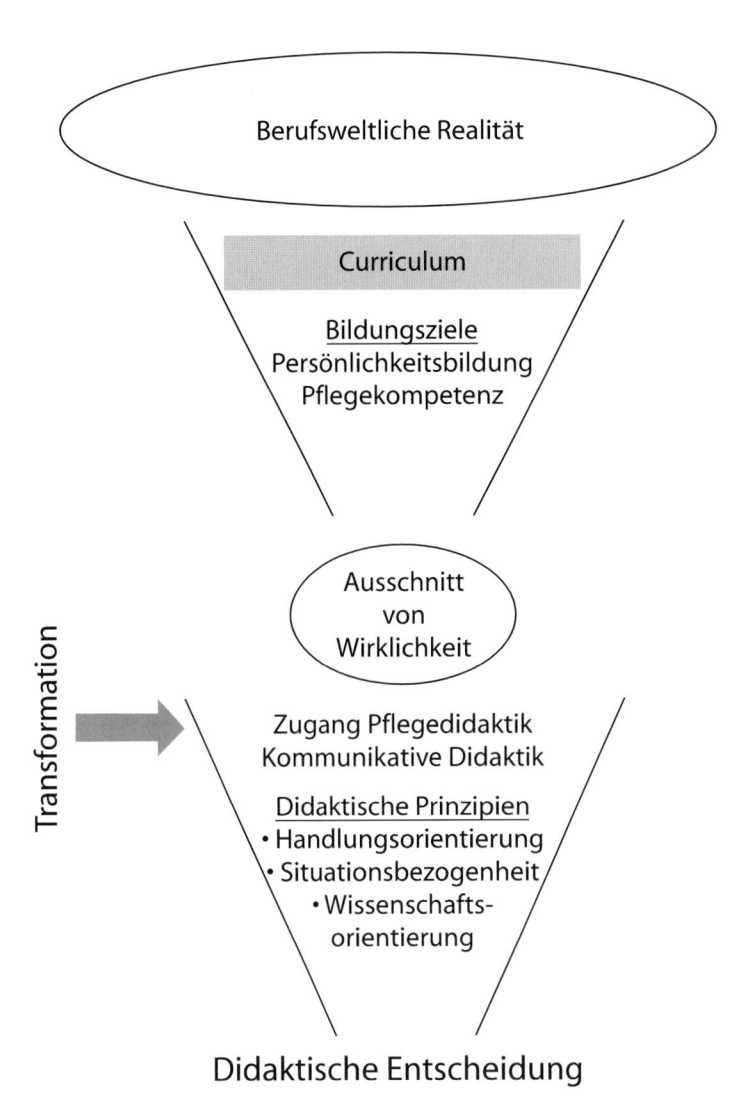

Abb. 5-1: Didaktische Transformationsprozesse

5.4.3 Erstes Prinzip – Handlungsorientierung und Handlungsbefähigung

5.4.3.1 Ein Zugang zum Begriff

Der spezifische Zugriff auf den Gegenstand Pflege liegt in der Bedeutung und Vielschichtigkeit des kommunikativen Handelns. So scheint es nahe liegend, einen Handlungsbegriff zum Ausgangspunkt zu nehmen, der Handeln als jede bewusste Tätigkeit bezeichnet, die auf Aufbau, Gestaltung und Umgestaltung von Wirklichkeit ausgerichtet ist (Schäfer und Schaller, 1973, S. 200). Ein solcher Handlungsbegriff reicht vom gedanklichen Problemlösen (Reetz, 1990) über gegenständliches Tun bis hin zu sozial-kommunikativem Handeln. Kognitive, emotionale und psychomotorische Anteile sind dabei stets miteinander verknüpft.

In den Berufsausbildungen der Pflegeberufe geht es in der gesamten Ausbildung um die Befähigung zum Handeln in den beruflichen Kontexten der Pflege. Durch die Dualität der Ausbildung und die Vielfalt der Lernorte gilt dieses didaktische Prinzip für didaktische Entscheidungen an allen Lernorten mit unterschiedlichen Akzenten. Geht es in den Lernorten der beruflichen Praxis darum, Hilfestellungen zur «Handlungsbefähigung in konkreten beruflichen Situationen» zu geben, ist andererseits aber auch «Handeln als Lernprinzip» gemeint.

5.4.3.2 Handlungsorientierung

Handlungsorientierung soll auf Situationen vorbereiten, in denen später gehandelt werden soll (Kaiser, 1985). Schulisches Lernhandeln kann sich dem praktischen beruflichen Handeln durch das Stellen praxisnaher Aufgaben, durch aufgabenbezogenes «Hinausgehen» in die Praxis, durch «Hereinholen» relevanter Personen oder Situationen sowie durch Kontakte zu kooperierenden Einrichtungen annähern.

Um die Schülerinnen mit kommunikativem Handeln vertraut zu machen, bedarf es einer aktiven Auseinandersetzung mit dem Lerngegenstand. Die Identifikation der Schülerinnen mit den Abläufen und Ergebnissen von Unterricht (Meyer, 1983, S. 344) stellt den sozialen Prozess in den Mittelpunkt, methodisch umgesetzt im gemeinsam vereinbarten «Handlungsprodukt». Auf diesem Weg wird kommunikatives Handeln erworben, das für lebenslanges soziales Lernen steht. Die Befähigung zum kommunikativen Handeln ist auch gekoppelt an die Entwicklung von Sprachkompetenz. Neugebauer (1995) stellt dazu Aussagen verschiedener Handlungstheoretiker zusammen und zitiert Roth (1976), der im Zusammenhang mit lebenslangem Lernen die Bedeutung der Ausbildung sprachlicher Kompetenzen betont: «Die Förderung seines (Anm.: des Kindes) Sprechens, Denkens und Schaffens durch deren kritischen Gebrauch, Denken als Sacheinsicht, Denken als Kommunizieren mit dem Denken anderer und Denken als Sachkonstruktion ist eine Entwicklungsreihe, die sich schon im Spiel des Kindes zeigt, die sich aber nur vollendet, wenn wir sie in systematische Lernprozesse überführen».

Handlungsorientierung versteht sich als dynamisches Konzept. Die Reflexion und spätere Abstraktion der im konkreten Handeln gewonnenen Erfahrungen und Einsichten sind wesentliche Bestandteile in der Auseinandersetzung mit der Realität und Voraussetzung für eine sukzessive Weiterentwicklung individueller Kompetenzen, und zwar sowohl berufsspezifischer als auch übergreifender persönlicher Fähigkeiten. Im didaktischen Zusammenhang ist die Lehrende gehalten, den Gegenstand so zu transformieren, dass der persönliche Erfahrungsbezug der Schülerin angesprochen wird. Diese bisherigen Erfahrungen sind als wahrhaftige Erfahrungen anzunehmen, sie sollten intersubjektiv aufgearbeitet und im Unterricht erweitert werden. Das Erfahrene wird sozusagen lernbar gemacht, durch gelenkte Wahrnehmung neu strukturiert und übertragbar. (vgl. Erfahrungsbegriff Kap. 3) Für jede Schülerin muss daraus eine individuelle Handlungsperspektive entwickelt werden, und Belastungen und Chancen sind zu reflektieren (Kaiser, 1985; Reetz, 1990).

Der Transfer des Gelernten auf die Praxissituation überführt die Ausbildungsprozesse in neue Kontexte und stellt selbst eine Bildungsherausforderung dar (siehe Kap. 4).

5.4.3.3 Handlungsbefähigung

Handlungsfähigkeit beschreibt einen fließenden, sich überholenden Status – sie ist nicht nur auf Veränderbarkeit, sondern direkt auf Veränderung ausgerichtet (Laur-Ernst, 1990). Handlungsfähigkeit begegnet dem Wandel in Gesellschaft und Pflege und scheint der Komplexität der Berufssituationen am besten gerecht zu werden. Lernen ist nicht auf die Vermittlung von Wissen konzentriert, sondern zielt auf gemeinsames konstruktives Handeln ab. Dispositionen, wie Initiative, Selbstständigkeit, Verantwortungsbereitschaft, Achtung vor der Menschenwürde und Entscheidungsfähigkeit, sind nicht einfach traditionell lehr- und lernbar. Neue Lehrformen und eine bewusste Arbeit an der Persönlichkeit während der Ausbildung können die in der Pflege gefragten Qualifikationen fördern.

Im Arbeitskontext werden die Lernenden häufig mit einem Verständnis von Arbeitshandeln konfrontiert, durch das Handeln auf das Beherrschen von Fertigkeiten reduziert wird. Gerade die Organisationsform der Funktionspflege, gestützt durch eine ausgeprägte hierarchische Struktur in den Einrichtungen des Gesundheitswesens, verstellt den Blick auf die gesamte Aufgabe und verhindert damit die Einschätzung von Wirkung und Folgen des eigenen Handelns (Elkeles, 1993; Büssing, 1997). Die Motivation zum Lernen sinkt, da die Anforderungen immer gleicher oder ähnlicher Aufgaben die Kenntnisse und das Erfahrungswissen der Schülerin nicht herausfordern, sie ist unterfordert. Somit sind Bedingungen zu schaffen, die den Lernprozess fördern. Diese Bedingungen können zum einen von der Umwelt ausgehen, indem Anreize zum Lernen geboten werden. Sie können aber auch vom Individuum ausgehen, indem es selbst Interesse für spezifische Herausforderungen und Aufgaben des Berufes entwickelt (siehe Kap. 2).

In der Arbeitspsychologie sind Theorien und Modelle zur Gesundheits- und Persönlichkeitsförderung in der Arbeitstätigkeit entwickelt worden, die bereits in die Arbeitskontexte der Pflege übertragen wurden (Büssing, 1997). Präferiert wird hier die Theorie der Handlungsregulierung und das damit verbundene Konzept der vollständigen Tätigkeit (Hacker, 1986; Büssing, 1992). Das Konzept der vollständigen Tätigkeit geht davon aus, dass bestimmte Voraussetzungen gegeben sein müssen, damit die persönlichkeitsfördernden Potenziale entfaltet werden können. Dazu gehören:

- die Anforderungsvielfalt; gedacht ist an wechselnde Tätigkeiten, die sowohl sensomotorische als auch kognitive Anforderungen stellen
- Arbeiten mit der Möglichkeit zur sozialen Interaktion
- Tätigkeitsspielräume als Resultat von Handlungsspielraum, Entscheidungs- und Gestaltungsspielraum, mit der Perspektive der eigenen Zielfindung.

Herausgearbeitet werden hier die Wechselwirkung zwischen Pflegetätigkeit und Organisationsstruktur sowie die Wechselbeziehung zwischen der Tätigkeit und der einzelnen individuellen Pflegekraft mit ihren spezifischen Fähigkeiten, ihrem Wissen und Können.

Diese Bedingungen fördern die Lernbereitschaft und die Aktivierung der Persönlichkeitspotenziale des Individuums zur erfolgreichen Bewältigung der beruflichen Anforderungen. Dieser Ansatz bedarf einer Spezifizierung zwischen der Anforderungsvielfalt sowie der Bedeutung des sozialen Kontaktes vor dem Hintergrund des Berufs-«gegenstands» der Pflege: dem Menschen, der als Individuum die Vielfalt der Aufgaben in sich selbst birgt. Die Prozesse des Erlebens und Bewältigens von Kranksein, von Pflegebedürftigkeit, die selbstständige Zielfindung, die große Variabilität in der Art und Weise der Unterstützungs- und Hilfeangebote, können nur als umfassende Pflegehandlungen erkannt werden, wenn ein systematischer Zugang dazu eröffnet wird. Dieser liegt einmal in den pflegerischen Arbeitsmethoden, vorrangig jedoch in einer konsequenten Patientinnenorientierung. Das didaktische Prinzip der Handlungsbefähigung greift hier im Kontext des Situationsbezuges. Somit dient dieses Prinzip zur weiteren Orientierung in einer Pflegedidaktik.

5.4.4 Zweites Prinzip – Situationsbezogenheit

Da sich Handeln stets in konkreten Situationen konstituiert und umgekehrt auch die Eigenart einer Situation das konkrete Handeln bestimmt, ist es nahe liegend, das zu erlernende Handeln in der Pflege in den Kontext der Berufssituation zu stellen, um die Relevanz der zu erwerbenden Qualifikationen bewerten zu können. Situationen haben die Funktion, aus dem allgemeinen Fundus an menschlicher Handlungsfähigkeit jeweils einzelne Fähigkeiten abzurufen und diese allgemeinen Fähigkeiten zu situativ relevanten Fähigkeiten zusammenzufügen (Kaiser, 1985). Situationen sind aus bestimmten Handlungszusammenhängen entstanden, die sich im Rahmen bestimmter Aufgaben herausgebildet haben. Diese zur Bewältigung der Aufgaben erforderlichen Handlungen wurden gesammelt, fixiert und in einer Situation zusammengebunden. Dabei sind nicht alle Details erhalten geblieben, sondern nur die, die das Bestimmen der Situation ausmachen. Die Situation ist also allgemeiner als das augenblickliche Handeln, aber konkreter als die ihr zu Grunde liegenden Handlungsfähigkeiten (Kaiser, 1985, S. 30). Die konkrete Situation, in der ein Mensch handelt, muss also bestimmt werden. Dabei werden dem gegebenen Handlungszusammenhang Merkmale einer bestimmten Situation zugesprochen, das heißt, «im gegebenen Handlungszusammenhang werden Aspekte eines bestimmten Situationstyps wiedergefunden bzw. Momente des Situationstyps werden auf den vorfindlichen Handlungszusammenhang bezogen» (Kaiser, 1985, S. 31). Dieser Bestimmung einer Situation liegt in gewisser Weise eine Zirkelstruktur zu Grunde: Man legt einen Handlungszusammenhang schon auf einzelne Situationsaspekte aus, um den Situationstyp bestimmen zu können. Umgekehrt greift man auf den Situationstyp zurück, um den Handlungszusammenhang als bestimmte Situation definieren zu können, man findet in einzelnen Situationen Bekanntes wieder. Die Situationen sind in ihrer typischen Struktur objektiv (Kaiser, 1985). Solch eine Charakterisierung unterstreicht die Tatsache, dass sich das Individuum beim Handeln an vorfindlichen Gegebenheiten ausrichtet, sie in ihrem Zusammenhang und in ihrer Wirkung kennen muss, um erfolgreich handeln zu können (Kaiser, 1985, S. 37 ff.). Kaiser weist der Situation folgende Merkmale zu:

1. Rollenstruktur – Wer gehört zur Situation, was wird von wem erwartet?
2. Handlungsmuster – Mit welchen Handlungsabläufen kann gerechnet werden?
3. Situationszweck – Woraufhin ist die Situation angelegt?
4. Ausstattung – Was gehört dazu, in welchem Raum findet sie statt?

Diese Merkmale können nur zum Zwecke der Analyse getrennt werden, in der konkreten Situation sind sie in Beziehung bzw. in der Abhängigkeit voneinander zu sehen. Diese konstitutiven Merkmale sind stets die gleichen, stellen sich aber in unterschiedlichen Ausprägungen dar. Somit beruht auch das Handeln in Situationen nicht auf Gesetzen, sondern eher auf Wahrscheinlichkeiten. Vom Handelnden erfordert dies die Abwägung verschiedener Gesichtspunkte, unter denen die Situation betrachtet werden kann, sowie das Erfassen der Aspektvielfalt einer Situationskonstellation und damit die Aktivierung von unterschiedlichem situationsspezifischem Wissen (Kaiser, 1985, S. 43).

Gelenkt durch dieses Verständnis von Situationen hat die Landeskommission zur Erstellung eines landeseinheitlichen Curriculums als empfehlende Ausbildungsrichtlinie für die Kranken- und Kinderkrankenpflegeausbildung (Ministerium für Frauen, Jugend, Familie und Gesundheit NRW, 1999) herausgearbeitet, welches die konstitutiven Merkmale zur Bestimmung von Pflegesituationen sein könnten (Knigge-Demal und Hundenborn, 1999):

- Die objektiven Pflegeanlässe begründen den Pflegebedarf des Menschen.
- Die Rollenstruktur ist bestimmt von den Erwartungen, die in diesem Kontext die zu Pflegende und die Pflegeperson aneinander haben.
- Die Interaktionsstrukturen und das Interaktionsgefüge in diesem Kontext bestimmen das Handlungsmuster.
- Die Tätigkeitsfelder, das soziale Setting und ihre kontextuelle Einbettung bestimmen die Ausstattung der jeweiligen Pflegesituation.

Die objektiven Pflegeanlässe sind vielfältig. So kann auf der einen Seite eine Pflegebedürftigkeit per Gesetz und Verordnung definiert werden. Dies geschieht nicht immer in Abstimmung mit der Einschätzung der Situation durch den Betroffenen selbst. Auf der anderen Seite können Pflegeanlässe aus akuten, chronischen, körperlichen und psychischen Krankheitsprozessen und deren Folgen, aber auch aus bestimmten sozialen Konstellationen resultieren, die ihrerseits Beeinträchtigungen auf der körperlichen oder psychischen Ebene nach sich ziehen.

Die Interaktionsstrukturen werden auf der Seite der zu pflegenden Person wesentlich über das subjektive Erleben von Kranksein, Einschränkungen, Behinderungen und Pflegebedürftigkeit sowie von der Verarbeitung dieser

Phänomene bestimmt. Aus der Perspektive der Pflegekraft kann mit Hilfe des Pflegeprozesses ein Zugang zu diesem Erleben gelingen, wenn der Annahme gefolgt wird, dass die Betroffene selbst als Expertin für ihren eigenen Gesundheitszustand ernst genommen werden muss (Hahn, 1991; Flick, 1991). Die Selbstwahrnehmung und Selbsteinschätzung der zu Pflegenden, ihr Erleben, ihre Erklärungskonzepte werden zum Gegenstand pflegerischer Handlungsplanung. Demzufolge wird die professionell Pflegende nur handlungsfähig sein, wenn sie lernt, neben den «objektiven Pflegeanlässen» Informationen über das Erleben dieser Phänomene zu sammeln, zu reflektieren und hinsichtlich der Bedeutung für den Gesundungs- und Entwicklungsprozess zu interpretieren (Knigge-Demal, 1999; Funk, 1997).

Beide Perspektiven, die subjektiven und die objektiven Pflegeanlässe, stehen einander nicht selten spannungsgeladen gegenüber. In dem Aushandlungsprozess zwischen den Erwartungen der Pflegebedürftigen und der Einschätzung und Bewertung des Pflegebedarfs durch die Pflegeperson kann das Pflegeangebot als Ergebnis dieses Aushandlungsprozesses entwickelt werden. Somit wäre das Handlungsmuster für diese Situation bestimmt (siehe Kap. 1). Die Tätigkeitsfelder, in denen solche Pflegesituationen vorfindbar sind, können grob unterteilt werden in die häuslichen und teil- und vollstationären Pflegesituationen sowie in die Pflege in der stationären Langzeitversorgung. Entsprechend variieren die Handlungsmöglichkeiten und -notwendigkeiten der Interaktionspartnerinnen, und ihr Kreis und damit auch ihre Beziehung zueinander erweitern sich. Daraus folgt auch ein unterschiedlicher Zweck, der die Handlungsmuster der Akteurinnen bestimmt. Auch die vorfindbaren Organisationsstrukturen, die Ausstattung der Situationen, fördern oder begrenzen die Handlungsalternativen, beeinflussen ihrerseits die Handlungsmuster.

Um das gesamte Spektrum der beruflichen Qualifikationen abzudecken, erscheint dieser Situationsbezug als didaktischer Zugriff auch für andere soziale Situationen nützlich zu sein. Es können Situationen der Arbeitsabsprachen zwischen den professionell Pflegenden, aber auch zwischen professionell Pflegenden und einem informellen Helfersystem sein. Eine weitere Variante wäre das interprofessionelle Gespräch, aber auch Situationen des Diskurses und des Handelns mit den Trägern der berufs- und gesellschaftspolitischen Interessen kommen in Frage (siehe hierzu auch Mamier und Ried 1997). Da alle Merkmale in einer Situation gleichzeitig zur Geltung kommen, werden von den professionell Pflegenden äußerst komplexe Qualifikationen gefordert. Die auf einzelne strukturelle oder prozessbezogene Merkmale ausgerichteten Qualifikationen können daher nur als Einzelqualifikationen verstanden werden, die in den jeweiligen Situationen zu bündeln sind (Knigge-Demal, 1999). Die Bestimmung einer Situation durch diese Merkmale ist didaktisch insofern hilfreich, als sie uns erlaubt, spezifische Situationen zu identifizieren, sie mit den unterschiedlichen Zugängen in der Wahrnehmung und Akzentuierung bestimmter Konstellationen auch didaktisch zu erschließen, und nicht zuletzt einzelne Handlungsmuster als typisch für bestimmte Situationen herauszukristallisieren. Die didaktische Analyse jedes einzelnen Situationsmerkmals der jeweils verschiedenen Berufssituationen ermöglicht einen systematischen Zugang auch zu ihrer Komplexität. Gleichzeitig bieten die Ausbildungen in den Pflegeberufen durch die Pluralität der Lernorte auch die Chance, die jeweiligen Situationen in ihrer Komplexität anhand der aufgezeigten Struktur- und Prozessmerkmale didaktisch zugänglich und damit lehr- und lernbar zu machen (s. Kap. 8).

5.4.5 Drittes Prinzip – Wissenschaftsorientierung

Die Ausbildungen in den Pflegeberufen blicken auf eine lange Tradition zurück. Also kann davon ausgegangen werden, dass in dieser Zeit auch viel Wissen und Erfahrungen gesammelt wurden. Meistens waren es aber nicht die Pflegenden selbst, die über ihre eigene Berufsentwicklung entscheiden konnten, sodass eine wissenschaftliche Betrachtung der pflegerischen Handlungsbereiche zum Teil durch andere Wissenschaftsdisziplinen erfolgte, etwa durch die Medizin, die Sozialwissenschaften oder die Psychologie und in jüngster Zeit auch durch die Gesundheitswissenschaften. Erst durch den politisch initiierten Akt der Akademisierung der Pflegeberufe wurden die Rahmenbedingungen dafür geschaffen, dass der Prozess einer Wissenschaftsentwicklung der Pflege selbst eingeleitet werden konnte. Die Umbrüche im Gesundheitswesen erlauben nicht mehr den Rückgriff auf die alten Werte, und die tradierten Handlungsmuster greifen nicht mehr. Vor diesem Hintergrund brauchen wir in der Ausbildung einen engen Wissenschaftsbezug. Obwohl dieser Bezug unter dem didaktischen Fokus nicht unproblematisch ist, ist er doch für die Konstruktion einer Pflegedidaktik absolut erforderlich, um die Entwicklung einer wissenschaftlichen Fach- oder Bereichsdidaktik zu ermöglichen. Folgt man dem Anspruch bei Kaiser/Kaiser (1998), will Wissenschaftsorientierung Lernprozesse an Inhalten und Verfahren der Wissenschaft ausrichten. Klafki (1994) differenziert diesen Anspruch: Wissenschaftsorientierung der Bildung bedeutet, dass die Bildungsgegenstände, gleich ob sie dem Bereich der Natur, der Technik, der Sprache, der Politik, der Religion, der Kunst oder der Wirtschaft angehören, in ihrer Bedingtheit und Bestimmtheit durch die Wissenschaften erkannt und entsprechend vermittelt werden». Das kann im Einzelnen heißen:

- Die im Unterricht vermittelten Inhalte sind auf den Kenntnisstand der Wissenschaft zu beziehen.
- Neben dem inhaltlichen Aspekt wird ein Zugang zu den Verfahren und Methoden geschaffen.
- Dazu gehört auch die Reflexion der Möglichkeiten und Grenzen von Wissenschaft (Kaiser/ Kaiser 1998). Der kritische Umgang mit Wissenschaft verlangt es, sich selbst eine Meinung zu bilden, mit der sinnlichen Alltagserfahrung abzugleichen und unter Umständen Gegenargumente zu dem Dargestellten zu finden.

Für das Fachgebiet der Pflege sind diese Aspekte aber nicht so einfach zu finden, da es keine genau umrissene Struktur gibt, die das Wissenschaftsgebiet der Pflege konturiert zeigt, wo die Begrenzungen zu den benachbarten Disziplinen, wo aber auch die Schnittmengen (Remmers, 1999) zu finden sind. Dazu ist der Erkenntnisbereich noch zu schwach entwickelt, sodass in der Ausbildung, genau wie in der Wissenschaft auch nicht auf eine Systematisierung des Erfahrungswissens verzichtet werden kann. Das spricht nicht gegen, sondern für eine Wissenschaftsorientierung als didaktisches Prinzip, verdeutlicht aber auch die Verantwortung der Lehrenden die Entwicklungen und Ergebnisse der Pflegewissenschaft mit einer hohen Sensibilität zu begleiten. Über allgemeine und fachspezifische wissenschaftspropädeutische Übungen kann gerade in der Ausbildung der Dialog mit der Wissenschaft eingeleitet werden. Selbstverständlich wird vorausgesetzt, dass Lehrerinnen ihren Unterricht auf dem neuesten Stand der Erkenntnisse vorbereiten und die Perspektive anderer Disziplinen mit berücksichtigen. Gemeint ist hier der methodische Zugriff, und dies ist dringend erforderlich zur Identifizierung und Weiterentwicklung des Pflegewissens: Begründetes und systematisches Vorgehen, Arbeiten mit Texten, Literaturangaben usw. müssen selbstverständlich werden (siehe auch Kap. 6). Somit kann auch in der Ausbildung ein Beitrag geleistet werden zur Entwicklung einer pflegespezifischen Begrifflichkeit.

Klafki (1994) schlägt daher vor: Die Lernende soll in abgestuften Graden in die Lage versetzt werden, sich eben dieser Wissenschaftsbestimmtheit bewusst zu werden und sie kritisch in den eigenen beruflichen Handlungsvollzug aufzunehmen. Lehrerinnen und Schülerinnen sollten gemeinsam solch ein gestuftes Herangehen an problembezogene Auseinandersetzungen erlernen. Das bedeutet:

- z.B. Fragen zu stellen, ihre jeweiligen, oft noch vagen Ausgangsfragen schrittweise zu differenzieren und zu präzisieren, sodass sie sich schließlich methodisch untersuchen bzw. diskutieren lassen
- sich Wege und/oder Verfahren auszudenken und sie auszuprobieren, um die eigenen Fragen zu beantworten:

- Beobachtungen nach bestimmten Gesichtspunkten
- gezieltes Erkunden
- Experimente durchführen
- Texte unter bestimmten Aspekten vergleichen
- Mitschülerinnen, Berufspraktikerinnen, Expertinnen gezielt befragen
- verschiedene Rollen durchspielen
- eine Sache aus verschiedenen Perspektiven darstellen.

5.5 Entscheidungshilfen für das Lehren in Theorie und Praxis

Aus den drei vorgestellten didaktischen Prinzipien und ihrer spezifischen Ausformung in einer Pflegedidaktik sollen hier beispielhaft einzelne Entscheidungshilfen für die didaktische Planung abgeleitet werden, die für unterrichtliches Handeln bedeutungsvoll werden könnten. Ausgangspunkt aller didaktischen Überlegungen ist die berufsweltliche Realität. Die konkrete pflegerische Situation, in einem ersten Schritt gefiltert durch die curricularen Entscheidungen, wird über die allgemeine berufspädagogische Zielsetzung und die berufsrelevanten Qualifikationen erschlossen. Die Legitimation einer solchen Zielsetzung wurde bereits ausführlich dargelegt und damit auch der allgemeine Anspruch an die Ausbildung in den Pflegeberufen verdeutlicht (vgl. auch Wittneben 1993, Kaderschule für die Krankenpflege 1992, Knigge-Demal et al. 1993/94). Die Befähigung zum beruflichen Handeln fordert gerade vom Fach Pflege, Wissen mit handwerklichem Tun zu verbinden. Mit der Ausrichtung auf einen patientinnen- bzw. klientinnenbezogenen Arbeitsvollzug wird die Gestaltung des «Arbeitsproduktes» individualisiert auf den Einzelfall bezogen. Da beide Pole, Wissen und erfahrungsgenährtes Tun, in der Pflege nicht gleichwertig besetzt sind, wird es didaktisch umso notwendiger, einerseits dieses berufliche Erfahrungswissen zu sammeln – die Realität einzufangen – und vor dem Hintergrund der ausgewiesenen Zwecke zu ordnen. Hier kann von der Pluralität der Lernorte profitiert werden. Schule und betriebliche Praxis unterscheiden sich durch einen unterschiedlichen Realitätsbezug, somit werden verschiedene Aspekte eines Themas ergänzend verknüpft. So können beispielsweise Ziele der unmittelbaren situationsbezogenen Handlungsbefähigung nur am Krankenbett direkt verfolgt werden, während das Aufarbeiten berufsbelastender Situationen besser aus der Distanz reflektiert und bearbeitet werden kann. Es ist Aufgabe der pädagogisch Tätigen, das jeweils Spezifische eines Lernortes für den Lernenden wirksam werden zu lassen. In einem nächsten Schritt sollten diese für den Beruf als relevant erachteten Erkenntnisse, Fertigkeiten sowie Haltungen vor der Folie des pflegewissenschaftlichen Anspruchs abgebildet werden. Die sich nun entfaltenden Widersprüche, Entsprechungen und Ergänzungen gilt es im Sinne der Ziele zu bearbeiten. Hier werden sowohl Antworten aus dem Erkenntnisfundus der Pflege gesucht als auch Erkenntnisse benachbarter Wissenschaften herangezogen. Nun kann der neu erworbene Fundus an Fähigkeiten, Fertigkeiten und Kenntnissen methodisch gelenkt auf andere Situationen übertragen und die Schülerin befähigt werden, objektivierbare Handlungsalternativen zu entwickeln.

Zur Förderung der Entscheidungssicherheit könnte dann die entwickelte Handlungsalternative der individuellen Situation entsprechend auf ihre Wirksamkeit hin überprüft werden. Hier zeigt sich auf unterschiedlichen Stufen der Lernzielhierarchie, inwieweit erlernt wurde, die pflegerische Situation einzuschätzen und vor dem jeweils notwendigen Pflegebedarf adäquates pflegerisches Handeln beispielhaft zu zeigen. Zur Einschätzung der Situation müssen dann ebenfalls das Wahrnehmen der eingrenzenden Bedingungen, aber auch das Ausschöpfen von Handlungsspielräumen thematisiert werden. Stehen keine oder nur sehr geringe wissenschaftliche Erkenntnisstrukturen zur Bewertung des Erfahrungswissens zur Verfügung, was für viele Fälle des pflegekundlichen Unterrichts zutreffen wird, gilt es, wissenschaftlich gelenkte Verfahren und Methoden zu vermitteln, um diese Erfahrungen zu ordnen und entsprechende Fragen an eine sich entwickelnde Wissenschaft zu formulieren. Um bei diesem Unterfangen eine Konturierung des Wissenschaftsbereichs der Pflege vorzunehmen, kann das vorliegende Strukturierungsangebot für die Pflegewissenschaft präferiert werden. Der Annahme folgend, dass die pflegerische Beziehung, die Interaktion zwischen professionell Pflegender und der Patientin bzw. Klientin den Kernbereich der Pflege darstellt, begründet die Wahl für die Typologie von Kim (1990, S. 86). Eine Typologie dient der Strukturierung von Erkenntnissen und erlaubt es, all jene empirischen Ereignisse, die innerhalb einer Disziplin als bedeutsam erscheinen, in ein Klassifikationsschema einzuordnen. Eine solche Typologie kann Systematik in die Forschung bringen und erlaubt es, eine immer größer werdende Wissensfülle zu ordnen (ebd. S. 85).

Ausgehend von der zentralen Position der Interaktion zwischen Patientin und professionell Pflegender wird dieser Kern ergänzt um die Bereiche Patientin, Praxis und Umwelt. Jeder einzelne Bereich erfährt eine Beschreibung möglicher zu erforschender Phänomene. Die gesamte, erweiterte Struktur bildet sich in einer komplexeren Übersicht auf unterschiedlichem Abstraktionsniveau ab (vgl. Kim, 1990, S. 93) **(Abb. 5-2)**. Da die Pflegewissenschaft in Deutschland noch keine Struktur für ihr Wissenschaftsgebiet entwickeln konnte, kann diese Typologie ein Hilfsmittel zur Orientierung für die Lehrenden sein. Vom Kern ausgehend lassen sich Fragen, Zweifel und Kritik, aber auch einzelne Forschungsergebnisse und Theorieentwürfe mosaikhaft zuordnen und unter dem Gesichtspunkt des gewählten Standortes einordnen und bewerten. Es lassen sich Bezüge herstellen zwischen den Erkenntnissen auf den unterschiedlichen Abstraktionsebenen und im Vergleich mit den alternativen Systematiken; siehe hierzu die Darstellung bei Meleis (1999) oder auch bei Mühlum, Bartholomeyczik und Göpel (1997).

Die Gefahr einer solchen Struktur liegt sicherlich darin, dass jetzt noch nicht zu bestimmende Entwicklungen der Pflegewissenschaft einem solchen Bild zuwiderlaufen. Hier ist Aufmerksamkeit geboten und der Diskurs mit der Wissenschaft zu suchen.

5.6 Anforderungen an die Lernarrangements

Gefragt sind Lernarrangements, die die Komplexität der Pflegesituation durch Handlungsorientierung und Handlungsbefähigung erschließen, die die Motivation fördern und zugleich selbstständiges Lernen begünstigen. In vielen Fällen greift dabei eine traditionelle Fachsystematik nicht mehr. Fächerübergreifend ist dabei von der Situation bzw. von der Problemstellung auszugehen. Handlungslernen ruft ein breiteres Spektrum an Qualifikationen auf, der Lerngewinn ist umfassender und wirksamer. Allerdings darf nicht aus den Augen verloren werden, dass die objektiven Bedingungen, unter denen sich die Ausbildung in den Pflegeberufen insgesamt vollzieht, mit der individuellen Bereitschaft korrespondieren, aktiv-konstruktiv tätig zu werden. Dies hängt mit der persönlichen Auffassung von der tatsächlichen Gestaltbarkeit des eigenen Arbeitsbereiches zusammen. Die angestrebte Handlungsfähigkeit kann nur dort zur Geltung gelangen, wo überhaupt für den Einzelnen relevante Freiheitsgrade liegen, sodass die Lernende von einer effektiven Einflussnahme ausgehen

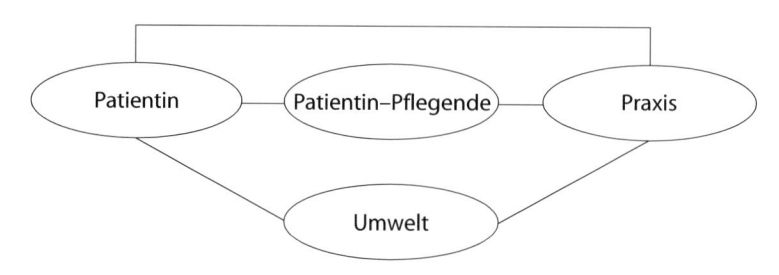

Abb. 5-2: Pflege als Gesamtbereich (Quelle: Kim, 1990, S. 83)

kann. Pädagogisch Tätigen kommt die Aufgabe zu, sich ein Bild darüber zu machen, wie diese Freiheitsgrade subjektiv eingeschätzt werden, welche Bereitschaft entwickelt wird und welche Bedingungen geschaffen werden müssen, damit ausgemachte Entscheidungsräume besetzt werden. Es gibt diese Räume sowohl in der Praxis der Pflege, als auch im Kontext von Ausbildung. Lehrende und Lernende sollten sie gemeinsam erschließen. Flankiert werden diese Bemühungen inzwischen auch durch Organisationsentwicklungen in den Einrichtungen, z.B. die lernende Organisation, durch Prozesse zur Qualitätsentwicklung sowie durch Einzelprojekte, initiiert durch die Weiterbildung der Mitarbeiterinnen.

Lehrende und Lernende sollten diese fassettenreichen Entwicklungen aufspüren und sich kreativ einbringen. So können Lernsituationen mit steigenden Anforderungen Handeln auf höherer Regulationsebene einfordern; sie sollten so gefasst sein, dass für die Lernenden selbstständig ausfüllbare Denk- und Entscheidungsspielräume bestehen, beispielsweise durch Probehandeln in Fallbeispielen oder durch Rollen- und Planspiele. Darüber hinaus sollten Möglichkeiten zum Experimentieren und Erproben, Forschen und Entdecken geschaffen werden. So werden Lernende aufgefordert, ihre bisher erworbenen Wissensbestände in die Auseinandersetzung mit dem Lerngegenstand einzubringen. Die Lehrenden sollten zum aktiven und individuellen Umgehen mit den Lerngegenständen ermuntern – auch wenn diese umständlich oder ungewöhnlich erscheinen. Durch ein zu rasches Bereithalten fertiger Lösungen werden Herausforderungen blockiert, gleichzeitig beraubt sich oft auch die Lehrende der Chance, sich durch neue Lösungen überraschen zu lassen. Auch die Komplexität der Pflegesituationen im Praxisfeld erfordert von allen Beteiligten ständig neue, individuelle Überlegungen und Lösungen.

5.6.1 Projektlernen

Besondere Lern- und Arbeitsformen, die hilfreich sind, um eine Pflegedidaktik zu entwickeln, sind primär im Methodenteil dieses Buches zu finden (vgl. Kap. 7). Hier sei ergänzend auf die «Projektmethode» (Frey, 1993; Neugebauer, 1995) verwiesen, da diese wesentliche Voraussetzungen des handlungsorientierten Lernens erfüllt. «Lernen in Projekten heißt Lernen an umfassenden Gegenständen (…) und bedeutet eigene Planung und Abstimmung über die nötige Arbeitsteilung. Die Beteiligten eines Projektes haben von Anfang bis zum Ende des Projektes Einsicht in und Einflussnahme auf die Planung des Projektverlaufes. Es wechseln die Sozialformen des Erarbeitungsprozesses wie z.B. Klein- und Großgruppen einander ab» (Frey, 1993). Die übergreifenden Themenstellungen der Pflegeausbildungen bieten zahlreiche Möglichkeiten zur Durchführung kleinerer und größerer Projekte.

Der Ansatz des problemorientierten Lernens (Lange und Wilde, 1981; Lange und Löhnert, 1983) eignet sich ebenfalls, um – ausgehend von Problemlagen der beruflichen Realität – verschiedene Lösungswege zu erarbeiten. Denk- und Lernprozesse werden dabei von Zielen und Aufgaben gesteuert, Interessen werden deutlich gemacht, forschend-entdeckend werden Lösungsalternativen gesucht, Entscheidungen gefällt, und im Nachhinein können Begriffe, Regeln, übergeordnete Strukturen identifiziert werden. Problemstellungen bzw. Fallbeispiele werden selbstständig, eventuell mit Hilfe einer Praxisanleiterin, in einer definierten Abfolge von Schritten bearbeitet. Zunächst werden Begriffe geklärt, Probleme definiert und Hypothesen entwickelt. Die Hypothesen werden in der Gruppe geprüft, individuelle Lernziele werden überlegt und Zeit zur Informationsbeschaffung wird eingeräumt. Schließlich «bewältigt» die Gruppe die Problemstellung im Austausch, die Hypothesen werden bestätigt oder verworfen, Lösungen festgehalten. Diese Verfahren unterstützen und erproben die Ziele des sozialen Lernens in besonderer Art und Weise.

5.6.2 Exemplarisches Lehren und Lernen

Unter den gegebenen Bedingungen reicht die Zeit nicht aus, jeden Sachverhalt so erkenntnisfördernd aufzubereiten. Die Prinzipien exemplarischen Lernens sind anzuwenden, dabei sind besonders relevante, beispielhafte und lernergiebige Situationen zu isolieren, für die mehr Zeit und didaktische Vorbereitung aufgebracht werden können. Inhalte von hohem Transfergehalt eignen sich für eine Vielzahl von Situationen und Qualifikationen.

5.6.3 Selbst gesteuertes Lernen

Einzelarbeit, z.B. anhand von Leittexten, Programmierter Unterricht, kann Plenumarbeit Zeit sparend vorbereiten und wird auch dem oft unterschiedlichen Vorwissen der Schülerinnen in der Pflege gerecht. Es eignen sich zahlreiche Wissensbestände, die sich kaum verändern und bisher in traditioneller, lehrerzentrierter Manier vermittelt werden. Eingeschobene Diskussions- und Reflexionsrunden dienen dabei dem Austausch, Prüfungen ermitteln den Lernstand. Hier bieten die neuen Medien in der Pflegeausbildung auch neue Möglichkeiten (siehe Kap. 6).

Dadurch wird Platz geschaffen für kooperatives Lernen in kleineren und größeren Gruppen verschiedener Zusammensetzung. Die überaus inhomogenen Gruppen in den Pflegeausbildungen erforderten schon immer eine Binnendifferenzierung, und selbst gesteuerte Lernformen kommen dem entgegen (vgl. Kap. 3).

Erkenntnisse aus der Pflegewissenschaft können in den betrieblichen Lernorten in ihrem direkten Wirkungszusammenhang erprobt werden. Die Aufgabe einer Pflegedidaktik muss es aber sein, die Lernenden zu befähigen, diesen Anwendungsbezug zu sehen, ihn dann auch tatsächlich zu nutzen und ihn den Erfordernissen der tatsächlich vorfindbaren Situation anzupassen (siehe Kap. 5). Pflegedidaktik muss sich den Auseinandersetzungen in der sich entwickelnden Pflegewissenschaft stellen, um von ihr zu partizipieren und im Dialog mit ihr einen begründeten und legitimierten Standort beziehen, der es erlaubt, die fachspezifischen Ziele zu legitimieren und ein eigenes Ordnungssystem für die Didaktik zu entwickeln **(Abb. 5-3)**.

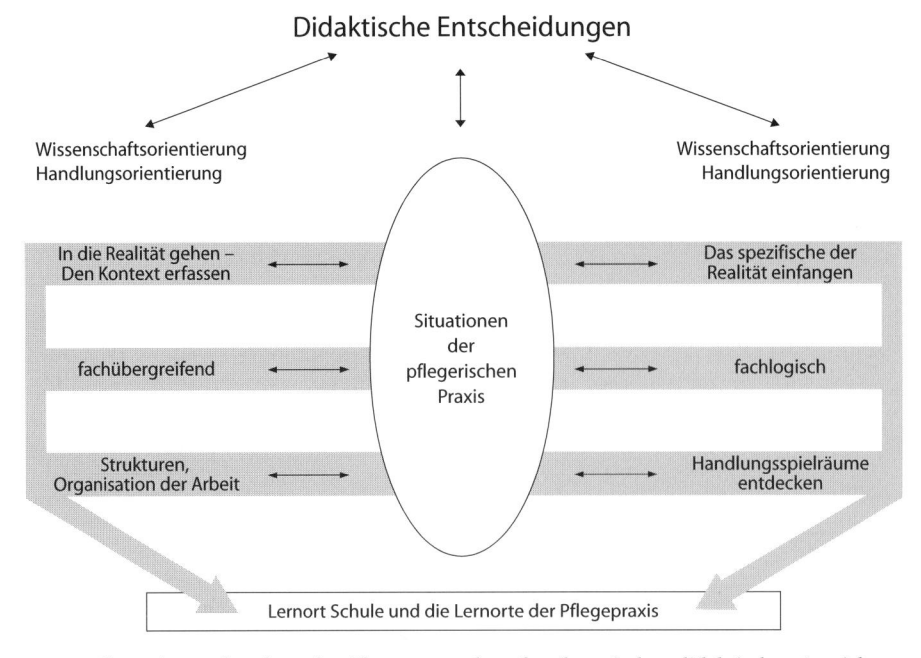

Abb. 5-3: Darstellung der strukturierenden Elemente zur berufspädagogischen didaktischen Ausrichtung

5.7 Anregungen zur Gestaltung der Lehrerinnenrolle

Durch die konsequente Anwendung dieser didaktischen Prinzipien erweitert sich der Blickwinkel für den Unterricht durch Perspektivenvielfalt. In dem ständigen Austausch mit der Berufsrealität vervielfältigen sich auch die Positionen und Meinungen zum «richtigen Umgang» mit dem Lehr- und Lerngegenstand. Im Dialog mit den Schülerinnen können dann Wege und alternative Handlungsmöglichkeiten entfaltet werden. Die pädagogisch Tätigen initiieren solche Lernprozesse und sind mehr als bisher in stützender und beratender Funktion gefragt, begleitende Einzelgespräche während der Ausbildung sollten selbstverständlich sein. Die Breite und Vielfalt der Fachliteratur erlauben es schon heute, die Texte entsprechend dem Lernstand und den Lernmöglichkeiten der Schülerinnen auszuwählen. Gegenwärtig ist das Zeitbudget, sowohl was die schulische wie auch die praktische Ausbildung betrifft, nur in der groben Mengenangabe festgelegt. Innerhalb dieses Zeitraums bestimmt nicht der 45-Minuten-Takt die Lehr- und Lernzeit. Eine solche zeitliche Variabilität begünstigt interaktive Lern- und Arbeitsformen. In diesen Arbeitsformen werden Lehrerin und Schülerin Lernpartnerinnen. Lehren wird als Chance und Lernen als selbstbestimmte Bildungsbemühung verstanden.

Anhand des folgenden Unterrichtsbeispiels, das von der Lehrerin unter dem Gesichtspunkt einer für sie gelungenen Unterrichtssequenz ausgewählt wurde, werden einzelne Merkmale der diskutierten Orientierungen für eine Pflegedidaktik auffindbar sein. Dieses Beispiel ist nachfolgend Anlass für ein Gespräch zwischen beiden Autorinnen.

5.8 Unterrichtsentwurf «Sauberkeit allein ist nicht genug» – Dokumentation einer Unterrichtssequenz zum Thema «Körperpflege in der Krankenpflegeausbildung»

(Martina Harking)

5.8.1 Die professionelle Aufwertung des Themas

Lange Zeit wurde die Thematik «Körperpflege in der Ausbildung» reduziert auf die Vermittlung hygienischer Richtlinien und eines klassischen Waschschemas, das auf zahlreiche Pflegesituationen anzuwenden war. Eine übliche Methode zum Erwerb dieser Fähigkeiten war das gegenseitige Waschen der Auszubildenden im Demonstrationsraum oder das Vorführen an einer Puppe. Bei der Vorbereitung der Unterrichtsreihe stellte mich diese Herangehensweise nicht zufrieden. Zweifellos sind Selbsterfahrungsübungen in der Pflegeausbildung von großer Bedeutung, jedoch spiegeln sie nicht die individuelle Pflegesituation wider, für die die Schülerinnen neben dem Erwerb von Fertigkeiten und Kenntnissen in der Ausbildung sensibilisiert werden sollen. In den letzten Jahren gab es zahlreiche Veröffentlichungen zum therapeutischen Charakter dieser Pflegehandlung, die eine erhebliche Ausweitung und professionelle Aufwertung der Thematik darstellen. Im Zuge der Rückbesinnung auf originäre pflegerische Tätigkeiten und deren professionelle Besetzung nimmt die Hilfestellung bei der Körperpflege eine wichtige Position ein. Insbesondere werden Aspekte zwischenmenschlicher Begegnung und die unterstützende Wirkung von Waschungen bei bestimmten Problemstellungen beschrieben, gelehrt und in der Praxis mit Erfolg angewendet. Somit stellt diese Thematik ein fassettenreiches Gebiet dar, das im Pflegeunterricht unter zahlreichen Perspektiven behandelt werden kann. In diesem Artikel wird aus dem komplexen Unterrichtsthema eine Sequenz vorgestellt, die sich inhaltlich auf folgende Schwerpunkte bezieht:

- Das Normenverständnis unserer Gesellschaft in Bezug auf körperliche Hygiene wird über eine Reflexion individueller Waschgewohnheiten beleuchtet und bewertet.
- Die Schülerinnen setzen sich kritisch mit arbeitsorganisatorischen Bedingungen der Berufswelt auseinander und entdecken Möglichkeiten, diese konstruktiv mitzugestalten.
- Es findet die Erarbeitung eines begründeten Ablaufschemas zur Durchführung der Körperpflege statt, das ausreichend Raum für die individuelle Anwendung in der Pflege erlaubt.
- Im Sinne einer aktivierenden Pflege wird die Bedeutung von Selbstpflegefähigkeiten der Patienten bzw. Bewohner herausgestellt, und Möglichkeiten zur Implementierung in die Pflegepraxis werden vorgenommen.
- Die Schülerinnen beleuchten in ersten Ansätzen im Sinne eines problemanalytischen Verstehens die individuelle Erlebensebene von Patienten bzw. Bewohnern, die in dieser Aktivität eingeschränkt sind.
- Schließlich decken sie die Fassetten pflegerischer Handlungs- und Sozialkompetenzen auf, die zur Durchführung der Körperpflege erforderlich sind und bewerten die Pflegetätigkeit als professionelles Tun.

Methodisch zeigt die Unterrichtssequenz auf, wie die Schülerinnen über eine aktive Auseinandersetzung mit ihrer Lebens- und Berufswirklichkeit Möglichkeiten entwickelten, um ihre Unterrichtsinhalte weitgehend selbst zu erschließen und sich daher mit den erarbeiteten Ergebnissen deutlich identifizieren konnten. Weitere Unterrichtssequenzen schlossen sich an, die hier inhaltlich nicht differenziert vorgestellt werden können. Es handelte sich dabei um angrenzende Themen sowohl zur Entwicklung pflegerischer Kompetenzen in Bereichen der Mund-, Bart-, Haar und Nagelpflege als auch um die Besonderheiten beim Duschen und Baden. Einen weiteren Schwerpunkt bildeten im Laufe der Ausbildung therapeutische Waschungen. Dazu gehörten die basalstimulierende Bobath-Wäsche nach Bienstein, aktivierende und beruhigende Waschungen, die methodisch im Sinne von Selbsterfahrungsübungen angewendet wurden. Die stark auf affektive Elemente ausgerichtete Thematik «Nähe und Distanz» wurde im Rahmen der Thematik «Körperpflege» situativ behandelt, fand ihren Schwerpunkt allerdings in einer späteren Unterrichtsreihe zu Ausscheidungen.

Mit der Unterstützung eines innovativen Schulteams und von Tutorinnen, die durch ihr großes Engagement wesentlich zur Erarbeitung dieses Unterrichtes beitrugen, waren gute Bedingungen gegeben, um pflegerelevante Themen erfolgreich vorzubereiten und durchzuführen. Diese Unterrichtsreihe ist sowohl bei den Schülerinnen als auch bei den Mitarbeiterinnen und Mitarbeitern des Krankenhauses und der Schule auf positive Resonanz gestoßen. In ihrer groben Struktur wird die Unterrichtsreihe bereits im siebten Jahr von den Kolleginnen und Kollegen weitergeführt und hat sich damit sowohl auf schulischer als auch auf betrieblicher Ebene etabliert.

5.8.2 Der Weg zu didaktischen Entscheidungen

Die Vorbereitung der Unterrichtseinheit bedurfte einer sorgfältigen Analyse der vielfältigen Bedingungs- und Einflussfaktoren, die die Pflegesituation bestimmen, um schließlich zu einer didaktischen Entscheidung für ausgewählte Inhalte und Methoden zu gelangen. In diesem Zusammenhang stellte die Kenntnis der beruflichen Praxis – aus der Perspektive als Lehrerin für Pflegeberufe und ehemalige Pflegekraft – eine wichtige Voraussetzung dar, um die Situation von Auszubildenden nachzuvollziehen und eine kritische Analyse der praktischen Verwertungssituation vorzunehmen. Zunächst werden daher die Auszubildenden als Lerngruppe sowie der betriebliche Lernort und das Bedingungsfeld Schule vorgestellt. Dabei sollen erwartete Schülerinteressen, fördernde Bedingungen und mögliche Probleme bei der Vermittlung des Themas beleuchtet und bewertet werden. Anschließend erfolgt eine Reflexion des Themas aus verschiedenen Blickwinkeln, die zur Legitimation von Unterricht dienen. Abschließend findet eine Verdichtung der wesentlichen Lehrinhalte mit der Intention statt, den Erwerb von Fach-, Methoden- und Sozialkompetenzen zu fördern, die den Zielen der beruflichen Bildung entsprechen. Die differenzierte Darstellung der geplanten Unterrichtseinheiten und die Beschreibung des tatsächlichen Verlaufs sollen diese Unterrichtssequenz nachvollziehbar machen und zu einer kritischen Reflexion und Evaluierung einladen.

5.8.2.1 Beschreibung der Bedingungsfaktoren

Die Lerngruppe
Bei der Klasse handelte es sich um Schülerinnen der Krankenpflege, die erst zwei Wochen zuvor ihren Ausbildungsplatz angetreten hatten. Sie absolvierten zu dem Zeitpunkt einen ersten vierwöchigen Einführungsblock, an den sich Praxisphasen mit weiteren Theorieblöcken anschlossen. Die biografischen Voraussetzungen der Schülerinnen waren heterogen in Bezug auf Alter, Familienstand, berufliche und schulische Vorbildung sowie Nationalität. Persönliche Erfahrungen mit der Körperpflege besaß jede Schülerin aus dem täglichen Leben, teilweise durch die Pflege von Angehörigen und eigenen Kindern. Alle Teilnehmerinnen verfügten über ein Praktikum in Bereichen des Gesundheitswesens von mindestens vierwöchiger Dauer. Aus den Bewerbungsunterlagen ging hervor, dass sie während dieser Zeit Patienten oder Bewohner von Altenheimen in der Aktivität Körperpflege unterstützt hatten.

Der betriebliche Lernort
Überwiegend fand die Ausbildung auf pflegerischen Abteilungen des angegliederten Akutkrankenhauses statt. Die Schülerinnen wurden in ihrem ersten praktischen Einsatz von einer Mittelkursschülerin in der Funktion eines «Paten» begleitet. Gemeinsam erkundeten sie haus- und stationsspezifische Besonderheiten und arbeiteten in einer überschaubaren Pflegegruppe zusammen. Unterstützend standen den Schülerinnen Tutorinnen und Tutoren (examinierte Pflegekräfte) für den Einsatz zur Seite. Zur Koordination der theoretischen und praktischen Ausbildung fanden in zweimonatlichem Abstand Tutorensitzungen in der Schule statt.

Der Lernort Schule
Es gab einen Lehrplan, der die Vermittlung des Bereiches Körperpflege im Einführungsblock des Unterkurses vorsah. Parallel dazu wurden Themen behandelt, die inhaltlich auf diesen Bereich abgestimmt waren:

- Haut und Pflege der Haut
- Wahrnehmen und Berühren
- Bewegung
- Kommunikation.

Die Mitarbeiterinnen der Schule waren aktivierenden Lernmethoden gegenüber aufgeschlossen und unterstützten eine verstärkte Pädagogisierung des Arbeitsplatzes. Die Schülerinnen erhielten in allen drei Ausbildungsjahren praktische Anleitungen, wobei es sich vor allem um Pflegesituationen im Bereich der Körperpflege handelte. Innerhalb der Schule wurde eine offene Unterrichtsgestaltung praktiziert, indem Hospitationen in den Unterrichtsstunden der Kolleginnen und Kollegen stattfanden. So konnte der Lernstand der Gruppe und ihre Struktur wahrgenommen und das Unterrichtsgeschehen in seiner Gesamtheit reflektiert werden. Außerdem konnten weitere inhaltliche und methodische Entscheidungen besprochen werden.

5.8.2.2 Fazit der Bedingungsanalyse im Hinblick auf inhaltliche und methodische Entscheidungen

Die Lerngruppe kannte sich erst kurze Zeit. Das Aufgreifen sensibler Themen und aktiver körpernaher Methoden musste gründlich abgewogen werden. Methoden, die die Gruppe mischten und mit einem lebendigen Austausch verbunden waren, sollten die Kennenlernphase unterstützen. Die Vorerfahrungen aller Schülerinnen in pflegerischen Bereichen eigneten sich inhaltlich und methodisch hervorragend, um Anknüpfungspunkte mit Vertrautem zu schaffen. Das Engagement und die Präsenz der Tutorinnen bewies ihr starkes Interesse, die praktische Ausbildung gewissenhaft und aktiv mitzugestalten. Da der Weg, die Praxis über die Schülerinnen verändern zu wollen, nicht gangbar ist, stellten die Tutorinnen eine wichtige Ressource dar, um das Spannungsfeld zwischen Theorie und Praxis zu überbrücken. Meine Absicht war, sie in die Erarbeitung der Unterrichtsinhalte einzubinden, um das Potenzial an pflegefachlicher Erfahrung und möglichen praktischen Anleitungssituationen zu nutzen.

5.8.2.3 Einflüsse auf die Pflegesituation und deren Bedeutung für die Ausbildung

Um entscheiden zu können, was für die Schülerinnen hinsichtlich dieser Thematik in ihrer gegenwärtigen und zukünftigen Lebens- und Berufswirklichkeit bedeutsam ist, bedurfte es einer gründlichen Betrachtung aller Einflussfaktoren, die die Pflegesituation bestimmen. Eine Reflexion und kritische Bewertung dieser Bereiche nahm ich unter folgenden Gliederungspunkten vor:

- kulturelle und gesellschaftliche Ansprüche
- die Situation von Menschen, die auf Pflege angewiesen sind
- arbeitsorganisatorische, institutionelle und schulische Bedingungen
- fachwissenschaftlicher Anspruch.

Kulturelle und gesellschaftliche Ansprüche
Das Normenverständnis unseres Kulturkreises gibt ein gepflegtes Äußeres vor, wobei die individuelle Ausprägung der Körperpflege unterschiedlich ist. Viele Menschen schenken den sichtbaren Körperteilen wie Gesicht, Händen und Haaren besondere Aufmerksamkeit, um ihr Erscheinungsbild positiv zu beeinflussen. Die übrigen Hautbereiche sollten sauber und geruchsneutral sein. Gleichzeitig lassen sich mit der Pflege des Körpers Entspannung und Wohlbefinden verbinden. In der Regel finden die Aktivitäten zur Körperpflege in häuslicher Umgebung statt und sind eine persönliche und intime Angelegenheit. Die Mitglieder unserer Gesellschaft werden durch familiäre Sozialisation in ihrer Einstellung zur Körperpflege geprägt, wobei beispielsweise die gezielte Werbung oder ökonomische Bedingungen die Ausübung der Aktivität beeinflussen. Auch in anderen Kulturen unterliegen die Körperpflegegewohnheiten bestimmten Ritualen und Bedeutungszuschreibungen, die in ihrer Ausprägung vielschichtig sind. Die Schülerinnen haben ihr Normenverständnis dahingehend möglicherweise noch nicht reflektiert und werden im Kontakt mit pflegebedürftigen Menschen erstmals mit Einstellungen und Gewohnheiten anderer konfrontiert. Die Entwicklung einer toleranten Haltung der Lebensführung von Menschen unseres und anderer Kulturkreise gegenüber, ohne den gesundheitserzieherischen Auftrag der Pflege aus dem Auge zu verlieren, stellt ein anspruchsvolles Ziel in der Ausbildung dar.

Die Situation von Menschen, die auf Pflege angewiesen sind
Wird ein Mensch aus Gründen von Krankheit, Behinderung oder anderer Lebensprozesse pflegebedürftig, erfährt die Ausübung der Aktivität neue Dimensionen. Neben dem zunehmend bedeutsamen Aspekt der Finanzierbarkeit von Pflege gelangt der pflegebedürftige Mensch in ein Abhängigkeitsverhältnis. Er ist angewiesen auf Hilfestellung und Unterstützung bei der Befriedigung seines Bedürfnisses nach persönlicher Sauberkeit und Wohlbefinden. Ist der bzw. die Betroffene vorübergehend oder zeitlebens auf fremde Hilfe angewiesen, kann Pflegebedürftigkeit ein erheblicher Einschnitt in die persönliche Autonomie und eine Minderung des Selbstwertgefühls bedeuten. Erfolgt zudem eine Krankenhausaufnahme oder der Einzug in ein Pflegeheim, ist der Mensch allein durch institutionelle Bedingungen in seiner Entscheidungsfähigkeit gemindert und in seinen persönlichen Lebensbereichen eingeschränkt. Körperpflege wird zu einem öffentlichen Thema. Der Waschplatz der Patientin oder Bewohnerin wird betreten, ihre Utensilien sind frei zugänglich, Waschgewohnheiten werden bekannt und ihr Körper wird von Pflegenden berührt und betrachtet.

Dies bedeutet einen massiven Eingriff in die Privatsphäre. Verletzungen der Intimsphäre finden selbst bei einfühlsamer und durchdachter Pflege auf verbaler, emotionaler und körperlicher Ebene statt. Die Wahrung von Merkmalen zwischenmenschlicher Umgangsformen, wie Takt und Diskretion, sowie eine respektvolle Haltung der Patientin bzw. Bewohnerin gegenüber dürfen nicht nur eine Worthülse sein, sondern müssen in der pflegerischen Beziehung gelebt und spürbar werden. Hier liegt eine besondere pädagogische Verantwortung; denn die qualitative Ausgestaltung der pädagogischen Beziehung kann den Schülerinnen Vorbild sein, um im beruflichen Feld eine aufmerksame, würdevolle und intensive zwischenmenschliche Begegnung zu pflegen.

Auswirkungen arbeitsorganisatorischer, institutioneller und schulischer Bedingungen. Üblicherweise sieht die Arbeitsorganisation in Einrichtungen des Gesundheitswesens so aus, dass die Patientinnen bzw. Bewohnerinnen frühmorgens vor dem Frühstück gewaschen werden. Falls das Arbeitspensum in dieser Zeit nicht zu bewältigen ist, übernehmen Nachtwachen einen Teil der Tätigkeiten. Individuelle Eigenarten und Gewohnheiten der Patientin bzw. Bewohnerin, wie Waschzeiten und Modalitäten, Frisuren, Haarwäschen, Make-up usw., können dabei kaum berücksichtigt werden. Andererseits werden Überversorgungstendenzen im Bereich der Körperpflege beobachtet, und die Anleitung zur vermehrten Selbsttätigkeit wird aus Zeitgründen als nachrangig betrachtet. Dies stellt eine enorme Verdichtung von pflegerischer Arbeit auf wenige Stunden des Tages dar, was zu einer funktionalen und hektischen Arbeitsweise sowie zu starken Erschöpfungszuständen bei den Pflegenden führt. In den letzten Jahren fanden viele Bestrebungen dahingehend statt, die arbeitsorganisatorischen Bedingungen an die Bedürfnisse der Patientinnen bzw. Bewohnerinnen anzupassen und nicht umgekehrt. Dennoch zeigt sich, dass die Arbeitsauslastung in Krankenhäusern, Pflegeheimen und ambulanten Pflegediensten stetig steigt. Es wird mehr Leistung bei geringeren personellen und finanziellen Ressourcen erwartet. Eine Verbesserung der Pflegequalität und die berechtigten Ansprüche der Pflegebedürftigen an eine individuelle und umfassende Pflege sind unter diesen Maßgaben schwer zu verwirklichen. Für die Schülerinnen stellt das Aushalten der Diskrepanz zwischen dem persönlichen und von der Schule vermittelten Anspruch an eine gute Pflege und der tatsächlich erlebten Berufswirklichkeit ein großes Problem dar. Der «Theorie-Praxis-Konflikt» wird bei diesem Thema deutlich. Er führt auf Dauer bei den Pflegenden zu Unzulänglichkeitsgefühlen und Frustrationen und zur Abkehr von den ursprünglichen Berufsidealen. Die hohe Zahl von Berufsaussteigerinnen und die weite Verbreitung des Burnout-Phänomens unter Pflegekräften sind Zeugnis dieser extremen beruflichen Belastung. Pflegende erleben seelische Belastungsmomente im Umgang mit kranken, alten und sterbenden Menschen. Intensive zwischenmenschliche Nähe, die bei der Durchführung der Körperpflege sowohl auf physischer als auch auf emotionaler Ebene stattfindet, ist für sie manchmal schwer auszuhalten. In dieser Hinsicht sind Themen wie Nähe und Distanz sowie der Umgang mit Krisensituationen unbedingt in die curriculare Gestaltung der Ausbildung einzubinden. Es gilt, immer wieder Raum für persönliche und entlastende Gespräche zu schaffen und nach Handlungsspielräumen zu suchen, die eine Optimierung der beruflichen Bedingungen ermöglichen. Da die Durchführung der Körperpflege eine zentrale pflegerische Tätigkeit ist, werden die damit verbundenen Kompetenzen in nahezu allen pflegerischen Einsatzbereichen gefordert. Neben dem Wissen und der Fertigkeit, eine Pflegeverrichtung sach- und fachgerecht durchzuführen, muss letztere in den individualisierten Pflegeplan einer Patientin eingebettet werden. Schülerinnen sind zu Beginn ihrer pflegerischen Einsätze mit der Komplexität dieser Pflegeaufgabe überfordert. Dennoch zeigt die Praxis, dass die Hilfestellung bei der Körperpflege eine typische Schülerinnenaufgabe ist. Wurde das Thema in der Schule besprochen, sollen sie ihre Fähigkeiten durch ständiges Tun vertiefen. Ebenfalls übernehmen angelernte Personen, wie Zivildienstleistende und Praktikantinnen, diese

Tätigkeiten. Der hohe Arbeitsanfall und der Rückzug des examinierten Pflegekräfte auf administrative und «behandlungspflegerische Tätigkeiten» soll den Personaleinsatz legitimieren. Die Schülerinnen selbst stellen sich früh dieser Aufgabe, da es ihnen ein Bedürfnis ist, schnell handlungsfähig zu werden, um Verantwortung für einzelne Aufgabenbereiche zu übernehmen und damit Anerkennung zu erhalten. Die derzeitige Lehrplangestaltung vieler Ausbildungsstätten sieht die Vermittlung des Themas im ersten Ausbildungsjahr vor. Somit wird dem Anspruch der Praxis nach Arbeitskräften und dem Interesse der Schülerinnen – schnell einsatzfähig zu werden – entsprochen. Häufig fehlt es allerdings an Zeit für eine gründliche Einweisung in den Stationsablauf. Trotz des Engagements vieler Tutorinnen und Praxisanleiterinnen finden gezielte Anleitungen eher dann statt, wenn die Zeit es erlaubt oder zufällig, wenn die Schülerin konkreten Lernbedarf anmeldet. Ansonsten ist sie schon früh auf sich allein gestellt. Angesichts der derzeitigen Situation in der Pflege sind diese Argumente bedingt nachvollziehbar. Dennoch ist die Durchführung der Körperpflege von so elementarer Bedeutung für gute Pflegequalität, dass sie den in der Ausbildung befindlichen Mitarbeiterinnen nicht ohne kontinuierliche Anleitung überlassen werden kann. Auch in der schulischen Ausbildung darf eine solch komplexe Thematik nicht mit der Vermittlung von Fertigkeiten und Techniken sowie einigen Verhaltenskodizes abgeschlossen sein. Sie bedarf einer ständigen Weiterführung, die unter zahlreichen Blickwinkeln fächerübergreifend sowie in Kooperation mit der betrieblichen Ausbildung stattfinden sollte. Im Bereich der Leistungsbeurteilung ist die Hilfestellung bei der Körperpflege häufig Gegenstand praktischer Examina, Zwischenprüfungen oder Schülerinnenbegleitungen. Ein Schulleiter begründete diese Entscheidungen mit dem Argument: «... weil wir beim Waschen am meisten vom Schüler zu sehen bekommen». Dieses Zitat unterstreicht die Komplexität der Pflegehandlung und den hohen Anforderungsgrad an die Pflegeperson. Ob in Zukunft weiterhin die Auswahl der Anleitungs- oder Prüfungssituation allein auf die Beobachtung von Pflegetätigkeiten im Bereich der Körperpflege ausgerichtet sein sollte, ist zu überdenken. Der Pflegebedarf der Patientin oder Bewohnerin bestimmt im pädagogischen und pflegefachlichen Sinne die Lehr- und Lernsituation. Der Lernbedarf der Schülerin und die Anforderungen der Ausbildungsstätte knüpfen an den erhobenen Pflegebedarf an, sodass die Anleitungssituation eine Synthese dieser drei Bedingungsfaktoren darstellt. Dadurch ergeben sich vielfältige Pflege- und Anleitungssituationen, die die klassische Beobachtungs- und Bewertungsrolle der Anleiterin bei der Durchführung einer Körperpflege bei weitem übertreffen. «Wenn die Schule kommt, musst du aber zwei Waschschüsseln benutzen und dir vorher einen Pflegewagen richten», so könnte die Aussage einer Praxisanleiterin oder Tutorin zur Schülerin im Rahmen einer Anleitungssituation lauten. Dahinter verbirgt sich die implizite Annahme, von der Ausbildungsstätte würden aufwändige, standardisierte und teils praxisuntaugliche Pflegeabläufe vermittelt. Diese Annahme kann und darf so nicht weiter aufrechterhalten werden. Bei der Vermittlung des Themas im schulischen Unterricht sollten wesentliche Prinzipien bei der Durchführung der Körperpflege dargelegt werden, bedeutsamer sind aber der Transfer auf die jeweilige Pflegesituation und die flexible Handhabung eines exemplarisch aufgestellten Waschschemas. Ein Waschschema darf nie zum Dogma werden; denn die individuelle Befindlichkeit der Patientin bzw. Bewohnerin und das therapeutische Ziel dieser Pflegetätigkeit bestimmen die Ausgestaltung der Pflegemaßnahme. Im günstigsten Fall finden diese Veränderungen über einen gemeinsamen Austausch von Theorie (Schule) und Praxis statt. Allein über die Schülerinnen die Praxis verändern zu wollen, ist nicht möglich.

Fachwissenschaftlicher Anspruch
Seit einigen Jahren messen Autorinnen in Fachzeitschriften und Dozentinnen in pflegerischen Fort- und Weiterbildungen dem Thema Körperpflege große Bedeutung bei. Die spezielle Wirkung von Waschzusätzen, der Wassertemperatur oder bestimmter Waschrichtungen wird unter-

sucht und beschrieben. Die Qualität der Berührung, die bei der Pflegetätigkeit Waschen einen hohen Stellenwert einnimmt, wird als Kunsthandwerk verstanden. Beispiele sind die basalstimulierende Bobath-Wäsche nach Bienstein, aktivierende und entfaltende Waschungen sowie Knie- und Armgüsse. Hier steht nicht mehr der reinigende Effekt der Waschung im Zentrum, sondern die Interaktion zwischen Pflegender und Patientin sowie die gezielte therapeutische Wirkung dieser Maßnahme. Untersuchungen belegen, dass der Einsatz dieser Methoden wirkungsvoll ist und zur Genesung bzw. zum Wohlbefinden der Patientin bzw. Bewohnerin beitragen. Für die professionelle Besetzung pflegerischer Tätigkeitsgebiete stellen diese Methoden einen wichtigen Beitrag dar. Im therapeutischen Team gibt es bei der Durchführung der Körperpflege kaum Berufsfeldüberschneidungen, sodass die Tätigkeit für die Pflege als originär bewertet werden kann. Im Vergleich zu vielen anderen Aufgabenbereichen der Pflege benötigt die Pflegeperson einen relativ langen und zusammenhängenden Zeitraum für die Durchführung der Maßnahme. Dieser legitime Rückzug ins Krankenzimmer bzw. in den Lebensbereich der Bewohnerin eröffnet zahlreiche Gelegenheiten zur intensiven zwischenmenschlichen Begegnung und führt zur Erhebung wertvoller Beobachtungen, die zur Einschätzung der Befindlichkeit der Patientin bzw. Bewohnerin dienen. Diese Tatsache stellt eine große Chance dar, die Charakteristik des Pflegeberufes am Thema Körperpflege exemplarisch darzustellen. Es gilt, Auszubildende und insbesondere die Schülerinnen der Krankenpflege frühzeitig dafür zu sensibilisieren. Im Zuge ihrer beruflichen Sozialisation werden sie von der Faszination, die von medizinischen Daten und Tätigkeiten ausgeht, deutlich beeinflusst. Dieser Umstand hat bei den Pflegenden über Jahre dazu geführt, pflegerische Tätigkeiten abzuwerten und sich über die medizinische Assistenz zu definieren. Dieser Weg führte in eine starke berufliche Unzufriedenheit, da Pflege sich immer mehr von ihren eigentlichen Aufgabenfeldern entfernte und die berufliche Identität verwischte. Mittlerweile ist es gelungen, diesen abhängigen Weg der Pflege zu durchbrechen und eine ideelle und inhaltliche Aufwertung der Pflegetätigkeiten zu erzielen. In der Pflegeausbildung ist es daher unabdingbar, eine breite Diskussion über das berufliche Selbstverständnis von Pflege zu führen und die pflegerischen Aufgabenfelder zu bestimmen und zu besetzen, indem tragfähige Kompetenzen zur professionellen Ausgestaltung der Pflegebeziehung erworben werden.

5.8.2.4 Verdichtung der wesentlichen Lehrinhalte und Formulierung der Lehransprüche

Das Fazit der Bedingungsanalyse und die Reflexion der Einflussfaktoren auf die Pflegesituation stellte eine Akzentuierung wesentlicher Unterrichtsinhalte dar. In dieser Ausbildungsphase sollen die Schülerinnen gemäß der aktuellen Lehrplangestaltung und den Ansprüchen der Berufswirklichkeit Fähigkeiten zur Durchführung der Körperpflege erwerben, die den pflegefachlichen Ansprüchen nach Hygiene und Sauberkeit und einer rationalen und effektiven Arbeitsweise entsprechen. Dabei werden sie für die individuelle Ausgestaltung der Pflegetätigkeit und den Aufbau einer aufmerksamen und intensiven pflegerischen Beziehung sensibilisiert. Voraussetzung dafür ist, dass die Schülerinnen in einem vertrauensvollen Lernklima persönliche Werthaltungen und Einstellungen reflektieren und entwickeln können. Über die sinnvolle Einbindung aktiver Lehr- und Lernmethoden werden sie an eine kreative Auseinandersetzung mit dem Thema Körperpflege herangeführt. Schließlich sollen sie zu einer kritischen Auseinandersetzung mit den pflegefachlichen Ansprüchen, realen Praxisbedingungen und eigenen Möglichkeiten ermuntert werden, um Handlungsspielräume aufzudecken, die zur einer konstruktiven Gestaltung ihrer Lebens- und Arbeitswelt beitragen. Durch eine Öffnung des Unterrichts, bei der eine Verzahnung von Theorie und Praxis möglich ist, soll ein lebendiger und handlungsorientierter Lernprozess stattfinden. Die Inhalte und Methoden werden so ausgewählt, dass sich die Schülerinnen mit den Unterrichtsabläufen und -ergebnissen identifizieren können und die erarbeiteten Handlungsprodukte für sie einen sinnvollen Gebrauchswert haben. Um diesen Ansprüchen gerecht zu werden, müssen die Ausbildungsinhalte und Ziele in einem regelmäßigen und effektiven Austausch von Schule und Betrieb transportiert werden. Dies führt u.a. auch im Praxisfeld dazu, dass die vielfältigen Arbeitssituationen durch gezieltes Anleiten und Begleiten der Schülerinnen zu effektiven Lernsituationen aufgewertet werden können. Da das Thema Körperpflege einen zentralen Bereich in der Lebens- und Berufswirklichkeit von Schülerinnen darstellt, kann von einer hohen Bereitschaft zur aktiven Auseinandersetzung ausgegangen werden.

5.8.3 Beschreibung des Unterrichtsablaufs

Die folgende Darstellung der Unterrichtssequenz gliedert sich in drei Einheiten. Jede Einheit beginnt mit der Vorstellung der Unterrichtsziele. Danach werden in der Verlaufsplanung Unterrichtsphasen, Inhalte, Methoden und Medien skizziert. In der Reflexion werden methodische und mediale Entscheidungen begründet, und der tatsächliche Unterrichtsablauf wird beschrieben und in Bezug auf seine Ergebnisse analysiert. Schließlich bleibt anzumerken, dass die Durchführung dieser Unterrichtsreihe insgesamt 18 Unterrichtsstunden benötigte und die Inhalte zu dieser Zeit noch verstärkt auf die Arbeitsbedingungen in einem Krankenhaus ausgerichtet waren.

5.8.3.1 Zur ersten Unterrichtseinheit

Ziele
Die Schülerinnen stellen für unsere Gesellschaft fest, dass Körperpflegegewohnheiten individuell sind und zahlreichen Einflussfaktoren unterliegen:

1. Sie erkennen, dass arbeitsorganisatorische Bedingungen im Krankenhaus die Körperpflegegewohnheiten eines Patienten bzw. einer Patientin beeinflussen.

2. Sie decken Handlungsspielräume auf, um die Pflegesituation im Sinne der Gewohnheiten und Befindlichkeiten eines Patienten bzw. einer Patientin zu optimieren.

3. Sie erlangen ein erstes Verständnis davon, dass die Durchführung der Körperpflege professionelles Handeln ist. Sie erfordert ein hohes Maß an Fach- und Sozialkompetenz.

Verlaufsplanung zur Erarbeitung des ersten Lernziels
Erstes Ziel: Die Schülerinnen stellen für unsere Gesellschaft fest, dass Körperpflegegewohnheiten individuell sind und zahlreichen Einflussfaktoren unterliegen.
Die detaillierte Verlaufsplanung zeigt **Tabelle 5-1**.

Reflexion
Methodische und mediale Entscheidungen
Zum Einstieg in die Unterrichtseinheit wählte ich einen anonymen Fragebogen (siehe Anlagen). Dieses Instrument sollte den Schülerinnen die Möglichkeit geben, sich über ihre persönlichen Waschgewohnheiten Gedanken zu machen, da diese Rituale im privaten Bereich zumeist unreflektiert ablaufen. Da über diese Aktivität nicht gern öffentlich gesprochen wird, konnte der Fragebogen den notwendigen Schutzraum bieten. Die Auswertung der Fragebogen erfolgte in Gruppenarbeit, damit gemeinsam Möglichkeiten gefunden wurden, Umfrageergebnisse selbst zu erschließen und zu diskutieren. Über die Präsentation und Visualisierung der Ergebnisse an der Tafel sollten Trends und Schlussfolgerungen abzuleiten sein.

Tatsächlicher Verlauf und Reflexion der Ergebnisse
Es zeigte sich eine klare Dominanz der morgendlichen Katzenwäsche und eine Reinigung des gesamten Körpers von drei- bis vier Mal wöchentlich. Anhand der Umfrageergebnisse wurde im Unterrichtsgespräch deutlich hergeleitet, dass das Hygieneempfinden sehr unterschiedlich ist und die Waschgewohnheiten von Mensch zu Mensch variieren. Durch die Reflexion des eigenen Verhaltens im Alltag fanden

die Schülerinnen einen persönlichen Zugang zum Thema.

Verlaufsplanung zur Erarbeitung des zweiten und dritten Lernziels
Zweites Ziel: Die Schülerinnen erkennen, dass arbeitsorganisatorische Bedingungen im Krankenhaus die Körperpflegegewohnheiten eines Patienten beeinflussen.

Drittes Ziel: Sie decken Handlungsspielräume auf, um die Pflegesituation im Sinne der Gewohnheiten und Befindlichkeiten eines Patienten zu optimieren.

Die detaillierte Verlaufsplanung zeigt **Tabelle 5-2**.

Reflexion
Methodische und mediale Entscheidungen
Da sich die Schülerinnen in der ersten Kennenlernphase ihrer Ausbildung befanden, konnten

Tab. 5-1: Verlaufsplanung zur Erarbeitung des ersten Lernziels der ersten Unterrichtseinheit

Phase	Inhalt	Methode	Medien
Warming-up	Lehrer stellt sich vor; Ankündigung des Themas	Lehrervortrag Unterrichtsgespräch	
Hinführung	Anonymer Fragebogen zur Erhebung der individuellen Körperpflegegewohnheiten vorstellen und verteilen	Einzelarbeit	Fragebogen mittels Ankreuzverfahren: Wie erfolgt diese üblicherweise? Wie häufig in der Woche?
Erarbeitung	Einsammeln und mischen der Fragebögen; Auswertung durch Schülerinnen	Gruppenarbeit	Darstellung der Ergebnisse an der Tafel
Präsentation der Ergebnisse, Schlussfolgerungen	Erfasste Daten zu Körperpflegegewohnheiten analysieren und Fazit ableiten	Unterrichtsgespräch	

Tab. 5-2: Verlaufsplanung zur Erarbeitung des zweiten und dritten Lernziels der ersten Unterrichtseinheit

Phase	Inhalt	Methode	Medien
Informierender Einstieg und Aufgabenstellung	Vorstellung der Aufgabenstellung: Analyse der Einflussfaktoren auf die Körperpflege im Alltag Analyse der arbeitsorganisatorischen Bedingungen im Krankenhaus und deren Begründung Wann wird gewaschen? Wer wäscht?	Lehrervortrag	
Erarbeitung	Einteilung der Gruppen nach dem Zufallsprinzip (Postkartenpuzzle) und Auswahl des Themas zur Gruppenarbeit	Schüleraktivität Thementeilige Gruppenarbeit	Sechs verschiedene Puzzles (zerschnittene Postkarten), Karteikarten mit Aufgabenstellung
Präsentation der Ergebnisse, Diskussion	Schülerinnen veröffentlichen ihre Ergebnisse, Erarbeitung einiger Handlungsspielräume für die berufliche Praxis	Unterrichtsgespräch	
Schlussfolgerung	Formulierung einer Thesenfolge und Einigung auf ein Fazit	Unterrichtsgespräch	Tafel

sie über die Form des Puzzelns spielerisch in Kontakt treten. Aus ihren Pflegepraktika brachten sie alle unterschiedliche Vorerfahrungen mit, sodass sie sich diesbezüglich austauschen und ihre Eindrücke und Kenntnisse zur Bearbeitung der Fragestellungen nutzen konnten.

Tatsächlicher Verlauf und Reflexion der Ergebnisse
Die Arbeitsgruppen präsentierten ihre Ergebnisse stichwortartig auf einer Folie und kommentierten diese:

a) Welche Faktoren beeinflussen die Ausübung der Körperpflege im Alltag? Aus der Erarbeitung der Gruppe A ging hervor, dass u.a. Werbung, Erziehung, Alter, Geschlecht, wirtschaftliche Faktoren und das Klima die Ausübung der Körperpflege beeinflussen. Beim Transfer dieser Ergebnisse auf die Situation im Krankenhaus wurde klar, dass das Normenverständnis des Pflegepersonals nicht maßgeblich sein könne für das individuelle Hygiene- und Schönheitsempfinden des Patienten. Die Schülerinnen stellten fest, dass dieses sowohl bei der Erhebung der Körperpflegegewohnheiten als auch bei der Unterstützung der Aktivität zu berücksichtigen sei.

b) Wann bzw. zu welchen Zeitpunkten wird in der Regel auf den Stationen gewaschen? Hierzu machten die Schülerinnen überwiegend folgende Aussagen: In der Regel zwischen 6.00 und 8.00 Uhr, manchmal auch von der Nachtwache. Dies sei die günstigste Zeit, weil danach andere Aufgaben, z.B. Frühstück, Untersuchungen oder OPs, anstünden; dadurch liefe der Stationsablauf am Morgen geregelt. Aus diesem Grund sei im Frühdienst die Station stärker besetzt, um es so dem Spätdienst zu ermöglichen, eine intensive Betreuung der Patienten zu gewährleisten. Eine weitere Begründung der Schülerinnen lautete: «Es ist unhygienisch, mit den Bakterien und Keimen des vergangenen Tages und der Nacht zu frühstücken, und man würde sich unwohl fühlen.» Diese Ergebnisse zeigten, dass die Schülerinnen durch ihre Praktika bereits eine typische Krankenhaussozialisation erfahren hatten und davon überzeugt waren, dass diese arbeitsorganisatorischen Regelungen wichtig und richtig seien. Bemerkenswert war die Argumentation aus hygienischer Sicht: Krankenhaus wurde demnach mit Hygiene und Sterilität assoziiert, während der menschliche Körper einen Bakterienträger darstellt. Diese Ergebnisse sollten die Schülerinnen kritisch überdenken. Es wurde gefragt, ob es nicht eine morgendliche Hetzerei für die Pflegenden sei, unter diesen arbeitsorganisatorischen Bedingungen zu arbeiten, und ob es nicht zusätzlich belastend für sie und den Patienten sei, nachts zu waschen bzw. gewaschen zu werden. Diese Suggestivfragen hatte einen provozierenden und appellierenden Charakter. Sie führten dazu, dass die Schülerinnen die Eindrücke bestätigten und berichtigten: Ja, es sei ihnen im Praktikum schon aufgefallen, dass die Zeit vor dem Frühstück die arbeitsintensivste überhaupt sei und danach alles viel ruhiger laufe. Um Handlungsspielräume für die berufliche Praxis herauszustellen, lautete die nächste impulsgebende Frage: «Was kann verändert werden, um die morgendliche Arbeitsspitze zu entzerren?» Hierzu diskutierten die Schülerinnen folgende Möglichkeiten:

- vor dem Frühstück eine Katzenwäsche anzubieten, später oder abends gründlich zu waschen
- zu prüfen, ob wirklich alle Patienten vor dem Frühstück gewaschen sein müssen, manchmal könnte man auch zu einem späteren Zeitpunkt, ggf. auch abends waschen
- je nach allgemeinem Befinden und Wünschen der Patienten sich zu trauen, nicht täglich von Kopf bis Fuß zu waschen, da einige Patienten dies im Alltag auch so handhaben (sich zu trauen bedeutet, entgegen den allgemeinen Standards der Station)
- Angehörige, falls gewünscht, in die Pflege einzubeziehen.

c) Wer führt normalerweise die Körperpflege durch? Falls Sie bestimmte Personengruppen feststellen, finden Sie dafür eine Erklärung! Die Aufgliederung zeigt **Tabelle 5-3**.

Im Unterrichtsgespräch stellte sich heraus, dass schwerstpflegebedürftige Patientinnen meist von

Tab. 5-3: Körperpflege und die jeweils Durchführenden

Wer?	Begründung
Krankenschwestern und -pfleger	Zuständigkeitsbereiche des Personals
Praktikantinnen, ABM Kräfte, Zivildienstleistende	Angelernte Kräfte zur Erleichterung des Stationsablaufes
Schülerinnen	Schülerinnen sollen es lernen
Angehörige	Angehörige sollen für die häusliche Pflege eingewiesen werden
Frauen waschen Frauen, Männer waschen Männer	Zum Schutz der jeweiligen Intimsphäre

examinierten Pflegepersonen oder Oberkursschülerinnen gewaschen würden, da diese erfahrener seien. Ansonsten fände die Aufgabenverteilung je nach Pflegegruppe statt, wobei es vor allem die Schülerinnen beträfe. Hervorzuheben war auch, dass die sich in der Ausbildung befindlichen Personen, Praktikantinnen oder Zivildienstleistende in der Regel eine Einweisung erhielten.

Aus den Unterrichtsergebnissen resultierten folgende **Thesen**, die schriftlich an der Tafel fixiert wurden:

- These 1: Die Hilfestellung bei der Körperpflege wird vom examinierten Pflegenden eher als unangenehme Tätigkeit angesehen und deshalb gern delegiert!
- These 2: Waschen kann jeder, man macht's doch jeden Tag bei sich selbst. Das ist doch gar nicht so schwer!

In einer sehr lebhaften Diskussion bezogen die Schülerinnen Stellung.

These 1 wurde zunächst angezweifelt, denn angesichts ihrer hohen Berufsmotivation, «anderen Menschen helfen zu wollen», konnten sie sich kaum vorstellen, dass Pflegende solche Vermeidungsstrategien zeigen könnten. Einige Schülerinnen bestätigten, dass diese Pflegetätigkeit delegiert würde, allerdings aus dem Grund, dass das examinierte Personal viele wichtige Tätigkeiten außerhalb des Patientenzimmers zu tun habe. Insgesamt verwarfen wir die These, da sie in den Augen der Schülerinnen nicht die Berufswirklichkeit abbildete.

These 2 löste Kontroversen aus. Die Schülerinnen stellten einerseits fest, dass man beim Waschen wahrscheinlich nicht so viel falsch machen könne, wie bei der Verabreichung einer Injektion. Deshalb könnten auch angelernte Personen diese Aufgaben übernehmen. Andererseits führten die Schülerinnen an, dass sie in ihren Praktika bei der Durchführung der Körperpflege auf Grund mangelnder Kenntnisse Unbehagen verspürten. Dazu ein Zitat: «Ich bin froh, nun einen Ausbildungsplatz zu haben, um endlich zu lernen, wie man es richtig macht.»

Zur Klärung der zuvor diskutierten Thesen wurde abschließend folgender **Leitsatz** formuliert: Die Hilfestellung bei der Körperpflege ist eine hoch qualifizierte pflegerische Tätigkeit. Dazu gehören:

- Fachwissen
- manuelle Geschicklichkeit
- Einfühlungsvermögen
- Beobachtungsfähigkeit.

Die Ziele dieser Unterrichtseinheit wurden gut erarbeitet. Die im Leitsatz formulierten Fähigkeiten sollten in der nächsten Unterrichtseinheit erlebt und am Ende dieser Unterrichtssequenz überprüft werden. Insofern stellte dieser Leitsatz einen gelungenen Übergang dar.

Vorüberlegungen zur weiteren Unterrichtsgestaltung

Lange beschäftigte mich die Frage nach einer geeigneten Unterrichtsmethode, damit die Schülerinnen Fähigkeiten zur Durchführung der Körperpflege im Sinne des dargelegten Leitsatzes erwerben können. Zudem galt es, eine Möglichkeit zu finden, «eine Patientensituation in den

Klassenraum zu holen», um dem Anspruch nach individualisiertem Pflegebedarf und dem Pflegeplan gerecht zu werden. Tutorinnen und Kolleginnen präferierten die Methode des gegenseitigen Waschens im Badeanzug. Es sei eine eindrucksvolle Erfahrung, von anderen Menschen berührt und gewaschen zu werden. Sie liefere für die alltägliche pflegerische Arbeit viele Impulse und stärke das Einfühlungsvermögen. Die Intentionen dieser Methode waren nachvollziehbar, jedoch nicht auf diese Lerngruppe und zu diesem Zeitpunkt übertragbar. Da sich die Gruppe erst seit 2 Wochen kannte, könnte diese Methode einen Einbruch in die Privat- und Intimsphäre der Schülerinnen bedeuten. Ferner war anzunehmen, dass sich einzelne Personen nicht trauten – nur mit einem Badeanzug bekleidet – vor anderen Menschen zu liegen. Es könnten ungeahnt peinliche, verletzende oder alberne Situationen entstehen. Sicherlich würde im Laufe der Ausbildung der Selbsterfahrungsaspekt bei der Behandlung der Thematik der Körperpflege noch eine Rolle spielen. Diese Methode sollte zu einem späteren Zeitpunkt im Rahmen der therapeutischen Waschungen erfolgen, wenn eine stabile Gruppenstruktur und schützende Rahmenbedingungen für die Einzelnen vorausgesetzt werden konnten. Eine lernwirksame Methode stellt die praktische Anleitung dar. Diese Tatsache brachte mich auf die Idee, den praktischen Schwerpunkt auf die Pflegestationen zu verlagern und die Tutorinnen einzubeziehen. Es sollte eine Handlungssituation entstehen, in der die Schülerinnen eine ausgewählte Pflegesituation erlebten und gezielt die Aspekte zur Durchführung der Körperpflege beobachten konnten. Die so gewonnenen Informationen sollten als Grundlage für eine weiterführende Erschließung des Themas im Unterricht dienen. Gleichzeitig bestand die Chance, dass sich die Schülerinnen mit ihrer neuen Rolle auf den Stationen vertraut machen konnten.

Klärung der organisatorischen Rahmenbedingungen
Grundlage für die weitere Durchführung der Unterrichtsreihe war das Einverständnis der Schulleitung, der Tutorinnen, der Stationsleitungen und der Patientinnen. In einer Tutorinnensitzung wurden die Ziele und Methoden des angedachten Unterrichts vorgestellt. Die Aufgabe der Schülerinnen sollte sein, über eine teilnehmende Beobachtung ihren Tutorinnen bei der Durchführung einer Körperpflege beizuwohnen. Als Instrument sollten sie dazu einen Beobachtungsbogen erhalten, der in dieser Sitzung vorgestellt wurde. Außerdem wurde in Aussicht gestellt, den beteiligten Tutorinnen beim nächsten Treffen die Unterrichtsergebnisse zu präsentieren und eine Auswertung des Konzeptes vorzunehmen. Die Tutorinnen unterstützten diese Idee und stellten sich für das Vorhaben als Anleiterinnen zur Verfügung. Sie wurden dahingehend angehalten, den Beobachtungsbogen mit den Schülerinnen nach der Pflege zu besprechen und eine allgemeine Reflexion der Situation vorzunehmen. Es wurden eineinhalb Unterrichtstage für dieses Vorhaben festgelegt. Die Schülerinnen sollten von 6.00 bis 8.00 Uhr die Beobachtungen auf den Stationen durchführen, die ihre zukünftigen Einsatzorte darstellten. Damit verbunden konnten sie sich beim Personal und bei der Patientin persönlich vorstellen und sich ihre Dienstkleidung und ein Namensschild besorgen. Sie erhielten genaue Einweisungen zum Ausfüllen des Beobachtungsbogens und des zeitlichen Ablaufs.

Zum Beobachtungsbogen
Damit eine Pädagogisierung des Arbeitsplatzes stattfinden konnte, entwickelte ich einen Beobachtungsbogen, den die Schülerinnen während der Pflegemaßnahme ausfüllen sollten. Wesentlich für die gezielte Beobachtung war, dass sie sich überwiegend auf ihre Aufgabe konzentrieren und nicht mitarbeiten sollten. Kleine Handreichungen waren dennoch erlaubt. Beobachtet werden sollte die pflegetechnische Durchführung und die Interaktion zwischen Pflegender und Patientin während einer Körperpflege am Waschbecken oder im Bett. Der Bogen gliederte sich in folgende Schwerpunkte (siehe Kap. 5.9.4):

- Vorbereitung der Materialien, der Pflegeperson und des Zimmers
- grobe Skizzierung der Durchführung

- Nachsorge des Zimmers, der Materialien und hygienische Aspekte
- Reflexion von Situationen, die besonders viel Einfühlungsvermögen seitens der Pflegenden erforderten.

5.8.3.2 Zur zweiten Unterrichtseinheit

Ziele

Für die zweite Unterrichtseinheit wurden folgende Lernziele formuliert:

- Die Schülerinnen kennen Sinn und Zweck spezieller Pflegehandlungen bei der Ganzkörperwaschung im Bett:
  – die Organisation des Arbeitsplatzes
  – die Vorbereitung der Pflegeperson
  – der sinnvolle Einsatz von Hygieneartikeln und Hilfsmaterialien
  – Maßnahmen zur Nachsorge.
- Die Schülerinnen können die Abfolge der Arbeitsschritte und die Technik des Waschens bei der Ganzkörperwaschung erklären.
- Sie können Maßnahmen beschreiben:
  – die den Schutz der Intimsphäre gewährleisten
  – dem Wärmeschutz der Patientin dienen.
- Die Schülerinnen kennen die notwendigen hygienischen Richtlinien bei der Technik des Waschens.
- Sie wissen um die Bedeutung vorhandener oder wiedergewonnener Selbstpflegeaktivitäten einer Patientin und erkennen und fördern diese im Sinne einer aktivierenden Pflege.
- Bei der Hilfestellung am Waschbecken decken die Schülerinnen pflegetechnische Probleme auf und leiten mögliche Lösungsstrategien ab.

Verlaufsplanung

Die detaillierte Verlaufsplanung zeigt **Tabelle 5-4**.

Tab. 5-4: Verlaufsplanung zur Erarbeitung der Lernziele der zweiten Unterrichtseinheit

Phase	Inhalt	Methode	Medien
Hospitation auf Pflegestationen	Beobachtung der Körperpflege anhand vorgegebener Beobachtungskriterien und Reflexion mit der Tutorin	Teilnehmende Beobachtung	Beobachtungsbogen
Reflexion	Lehrer stellt folgende Fragen: • «Wie haben Sie sich in ihrer neuen Rolle erlebt?» • «Wie haben Sie die Pflegesituation wahrgenommen?»	Lehrerimpuls Kreisgespräch	
Aufgabenstellung	Beobachtungsbögen werden anhand verschiedener Fragestellungen ausgewertet: • *Gruppe A:* Vorbereitung und Nachsorge der Materialien, des Zimmers und der Pflegeperson inkl. Begründung • *Gruppe B:* Durchführung der Körperpflege im Bett • *Gruppe C:* Hilfestellung bei der Körperpflege am Waschbecken	Thementeilige Gruppenarbeit	Beobachtungsbögen Arbeitsaufträge Folien Plakate Edding Puppe Toilettenstuhl Waschutensilien
Präsentation und Auswertung	Gruppen stellen Ergebnisse vor, evtl. Ergänzung und weitere Erläuterung seitens der Lehrerinnen	Schülervorträge Schülerdemonstration Unterrichtsgespräch	Plakate, Folien, Edding, Puppe, Toilettenstuhl, Waschutensilien

Reflexion
Tatsächlicher Verlauf und Reflexion der Ergebnisse
In einer Befindlichkeitsrunde sollten zunächst die ersten Eindrücke zur Sprache kommen. Von den zahlreichen Schülerinnenbeiträgen werden im Folgenden einige vorgestellt:

Zum Erleben der neuen Rolle kamen u.a. folgende Antworten:
- «… Es war ganz toll, dass die vier Wochen theoretischer Einführungsblock unterbrochen wurden durch was Praktisches, so kann ich mir ein besseres Bild davon machen, was mich demnächst erwartet.»
- «Es war schön, einige meiner neuen Kollegen und die Station kennen zu lernen.»
- «Der blaue Kittel kann den Status Schülerin deutlich machen (Schülerinnen tragen blaue Berufskleidung). Ein blauer Kittel bietet einen gewissen Schutz, das heißt, als Schülerin braucht man noch nicht alles zu wissen und zu können.»
- «Ich hatte in der Beobachterposition das Gefühl, daneben zu stehen und überflüssig zu sein. Man ist gewohnt, mitzuarbeiten.»
- «Ich hatte das Gefühl, durch meine Anwesenheit die examinierten Kräfte nervös zu machen.»
- «Die Beobachterposition war ganz interessant. Es war gut, dass ich diese Aufgabe klar zugesprochen bekommen hatte. Ich konnte vieles beobachten. Ansonsten hätte ich bestimmt mitgearbeitet und hätte nicht so viel gesehen.»

Zur Frage: «Wie haben Sie die Pflegesituation wahrgenommen?» ergaben sich ebenfalls vielfältige Eindrücke:
- «Es gab wenig Personal und viele Pflegefälle, also da ist ganz schön viel zu tun.»
- «Ich musste über die Situation auch noch nach dem Dienst nachdenken. Es war ein erschreckendes Erlebnis, Alter und Krankheit.»
- «Ich fand das Gespräch sehr wichtig.»
- «Bei der Anleitung hat die Pflegekraft mir nicht viel erklärt, damit der Patient sich nicht übergangen fühlt.»
- «Es ist eine schlimme Situation, wenn man in die Intimsphäre eingreift.»
- «In meinem Praktikum hat man mir das Waschen gar nicht so großartig erklärt, und ich habe einfach mitgearbeitet, das sehe ich jetzt anders.»

Insgesamt waren die Schülerinnen sehr mitteilsam und von den Erfahrungen dieser Stunden bewegt. Sie hatten zahlreiche Eindrücke sammeln können, die sich sowohl auf ihre neue Rolle im Team der Kolleginnen, als auch auf die Begegnung mit den Patientinnen bezogen. Die Beiträge wurden von der gesamten Gruppe mit großem Interesse verfolgt. Deutlich wurde, dass sie die Pflegesituation aus der Beobachterrolle sehr vielschichtig wahrgenommen hatten, und bereit waren, sich auf die intensive Erarbeitung des Themas einzulassen. Ihre Vorerfahrungen aus den Pflegepraktika schienen einerseits hilfreich gewesen zu sein, um den Komplexitätsgrad der Pflegemaßnahme zu begreifen, führten andererseits bei einigen Schülerinnen zu leichten Verunsicherungen und zu Statusveränderungen innerhalb der Gruppe. Diese Schülerinnen hatten die Pflegetätigkeit in einem Jahrespraktikum häufig ausgeübt und galten innerhalb der Gruppe als sehr erfahren. Insgesamt schien die Lerngruppe ihren neuen Status genossen zu haben, der durch das Tragen der Berufskleidung und der Namensschildchen auch äußerlich zum Ausdruck kam. Durch den geschützten Rahmen, den die Beobachterposition bot, konnten sie sich ein Bild von der täglichen Stationsarbeit machen.

Die Arbeitsaufträge der sich anschließenden Gruppenarbeit finden sich in Kapitel 5.9.4.

Die Gruppeneinteilung erfolgte nach dem Beobachtungsschwerpunkt, das heißt, die Schülerinnen, die bei einer Körperpflege im Bett zugesehen hatten, beschäftigten sich mit den Aufgaben A und B, und diejenigen, die bei einer Körperpflege am Waschbecken zugegen waren, übernahmen die Erarbeitung der Aufgabe C. Sie benötigten etwa eine Zeitstunde, um die Aufgaben zu erfüllen.

Tatsächlicher Verlauf und Reflexion der Ergebnisse

Gruppe A – Maßnahmen zur Vorbereitung und Nachsorge einer Körperpflege im Bett. Gruppe A hatte ihre Beobachtungen zur Vorbereitung und Nachsorge des Materials, des Zimmers und der Pflegeperson verglichen, diskutiert und zusammengetragen, sodass eine Richtlinie entstand. Die Teilnehmerinnen sollten den Zweck der Maßnahmen begründen und so die Sinnhaftigkeit ihrer Arbeitsschritte erarbeiten. Die Begründungen wurden sorgfältig erörtert, teilweise vom Klassenverband oder von mir in einigen Details ergänzt und schriftlich fixiert. Insgesamt hatten sie in der Praxis viele übereinstimmende und fachlich gut durchdachte Beobachtungen zu dieser Aufgabenstellung gesammelt.

Gruppe B – Demonstration und Kommentierung der Arbeitsgänge zur Durchführung einer Körperpflege im Bett. Diese Gruppe hatte entschieden, die Durchführung der Körperpflege anhand der Puppe zu demonstrieren. Die Teilnehmerinnen kommentierten die Arbeitsschritte und nahmen Stellung zu den im Arbeitsauftrag beigefügten Fragen. Zunächst stellten sie das Ablaufschema anhand einer Zeichnung vor. Dabei entwickelte sich eine angeregte Diskussion, ob die Einhaltung der häufig beobachteten Reihenfolge sinnvoll sei oder ob es sich eher um eine traditionell überlieferte Methode handle, die einer Reflexion bedürfe. Fazit dieser Diskussion war, dass das Waschschema nur eine Orientierung darstelle. Diese müsse unbedingt an die individuelle Situation der Patientin und an das Ziel der Pflegemaßnahme angepasst werden. Ein Beispiel hierfür war, dass beim Erstkontakt mit einer Patientin nicht im Gesicht anzufangen sei, da dieser Bereich die Intimsphäre eines Menschen beträfe. Ein strittiges Thema stellte das Tragen von Handschuhen dar. Einige Schülerinnen vertraten die Ansicht, die gesamte Pflegemaßnahme mit Handschuhen durchführen zu wollen, u.a. aus Gründen des Selbstschutzes vor zu viel Nähe oder um ein Verschleppen von Keimen vom Pflegepersonal auf die Patientin zu vermeiden. Hingegen hatten die Schülerinnen keine komplette Versorgung der Patientin mit Handschuhen beobachtet. Sie selbst stellten sich wichtige Fragen zu Nähe und Distanz und lenkten die Aufmerksamkeit auf die Bedeutung körperlicher Berührung. Die Diskussion wurde mit dem Ergebnis beendet, dass nur bei der Intimpflege, beim Kontakt mit Ausscheidungen und bei vorhandenen Hauterkrankungen das Tragen von Handschuhen erforderlich sei. Eine detaillierte Erarbeitung der Thematik Intimsphäre in Verbindung mit Nähe und Distanz fand zu diesem Zeitpunkt noch nicht statt, da dafür eine separate Unterrichtseinheit vorgesehen war. Weitere differenzierte Stellungnahmen zu den im Arbeitsauftrag formulierten Fragen, die den Einsatz von Waschzusätzen, den Wasserwechsel, Maßnahmen gegen ein Auskühlen der Patientin und den Schutz der Intimsphäre betrafen, erfolgten zum Teil vor bzw. während oder nach der Demonstration an der Puppe. Insgesamt entsprachen die Beiträge überwiegend den in der Fachliteratur beschriebenen Ansprüchen und waren gut durchdacht und praktikabel. Aus zeitlichen Gründen konnten an diesem Tag nur die Ergebnisse der Gruppen A und B ausgewertet werden.

Gruppe C – Besonderheiten bei der Durchführung der Körperpflege am Waschbecken unter Beachtung der Aspekte zur aktivierenden Pflege. Die Präsentation der Arbeitsgruppe C erfolgte methodisch als Rollenspiel. Diese Idee stammte von den Schülerinnen, wobei sie eine Patientensituation nachstellten, die sie am Vortag erlebt hatten. Die Rollen waren so aufgeteilt, dass jeweils zwei Personen die Situation kommentierten und zwei weitere Patientin und Pflegeperson spielten. Sie stellten die Maßnahmen zur Vorbereitung des Waschplatzes dar und gingen insbesondere auf die Bedeutung der Mobilisation ihrer vorgestellten Patientin ein. Dies begründeten sie mit einer Aufwertung des Selbstwertgefühls der Patientin, da ihr auf diese Weise Fortschritte im Genesungsprozess vor Augen geführt würden und sie lerne, die persönlichen Belastungsgrenzen einzuschätzen. Als weitere Gründe wurden genannt, dass dadurch Komplikationen durch Immobilisierung, wie Thrombosen, Dekubitus und Atemprobleme, vermieden würden. Am

Rollenspiel wurde deutlich, dass es den Schülerinnen zum Teil schwer fiel, ruhig neben der Patientin zu stehen, um nur dann hilfreich einzugreifen, wenn diese selbst nicht mehr dazu in der Lage war. Sie stellten fest, dass Pflegekräfte dazu neigen, vorschnell einzugreifen, um der Patientin in guter Absicht Aufgaben abzunehmen bzw. um die Pflegemaßnahme schnell zu beenden. Die Abfolge der Arbeitsschritte und den Waschvorgang selbst stellten sie als «Trockenübung» dar. Die Schülerin, welche die Patientinnenrolle übernommen hatte, hatte ihre Kleidung anbehalten, und die Schülerin, welche die Pflegekraft spielte, benutzte einen trockenen Waschlappen. Diese Form der Darstellung genügte, um die Abfolge des Waschvorgangs nachvollziehbar zu machen. An dieser Stelle wurde erneut deutlich, dass die Gruppenmitglieder klare Schutzräume benötigten, die insbesondere ihre eigene Körperlichkeit betrafen. Zwei weitere Schülerinnen hatten sich mit den pflegetechnischen Problemen bei der Durchführung der Körperpflege am Waschbecken und insbesondere beim Handling mit dem Toilettenstuhl beschäftigt. Sie hatten die Ergebnisse auf Transparenten festgehalten, wobei eine Spalte «pflegetechnische Probleme» und eine Spalte die «Lösungsmöglichkeiten» beinhaltete. Sie beanstandeten zu Recht den unsicheren Toilettenstuhl, die räumliche Enge in der Waschecke und unzureichende Haltemöglichkeiten für die Patientin. Sie erarbeiteten praktikable Möglichkeiten, um die Sicherheit der Patientin zu gewährleisten und gingen auf Aspekte des rückenschonenden Arbeitens ein. Zur Sicherung der Ergebnisse wurden die Transparente und Folien eingesammelt und in ein abheftbares DIN-A4-Format gebracht. Trotz der umfangreichen Aufgabenstellungen an den beiden Tagen wurden positive Ergebnisse erzielt. Die Schülerinnen konnten sich gut mit ihren Aufgaben identifizieren, und durch den hohen Anteil an Eigentätigkeit waren die Unterrichtsergebnisse deutlich von ihnen bestimmt. In diesem Zusammenhang muss der gewissenhafte Einsatz der Tutorinnen erwähnt werden, die sich exzellent auf die Pflegesituation vorbereitet hatten und den Schülerinnen die Durchführung anschaulich vermittelten. Sie hatten nach der Pflegemaßnahme gemeinsam die Punkte des Beobachtungsbogens besprochen und ihr Vorgehen begründet, sodass die Schülerinnen ihre vielfältigen Eindrücke bereits reflektieren und einordnen konnten. Außerdem verstand es die Lerngruppe, Erkenntnisse aus den parallel veranstalteten Pflegeunterrichten, hier insbesondere die Bereiche Hautpflege, Bewegung und Hygiene, sinnvoll zu integrieren und in einen Anwendungsbezug zu bringen. Im Kollegenteam bewerteten wir die themenzentrierte Koordination der Unterrichtseinheiten als erfolgreich und nahmen uns vor, weitere Unterrichtskomplexe in ähnlicher Weise aufeinander abzustimmen.

5.8.3.3 Zur dritten Unterrichtseinheit

Vorüberlegungen zur weiteren Unterrichtsgestaltung

Die Schülerinnen hatten durch ihre teilnehmenden Beobachtungen 26 unterschiedliche Pflegesituationen erlebt. Das vielfältige pflegerische Hilfsangebot bezüglich bestehender Pflegeprobleme hatten sie auf den Stationen beobachtet und im vorangegangenen Unterricht erfolgreich bearbeitet.

Meine Lehrintention war außerdem, die Schülerinnen schon zu Beginn ihrer Ausbildung für ein problemanalytisches Vorgehen nach dem Pflegeprozess zu sensibilisieren. Für die Pflege ist es entscheidend, den Menschen und den persönlichen Bedeutungsgehalt seiner Pflegebedürftigkeit zu verstehen. Erst so können pflegerische Ziele und Maßnahmen wirksam auf ihn abgestimmt und durchgeführt werden. Methodisch hätte sich dahingehend eine ausführliche Auswertung der zahlreichen Patientinnenbeispiele angeboten. Von einer intensiven Bearbeitung nahm ich allerdings Abstand, da es zu diesem Zeitpunkt eine Überforderung der Schülerinnen und eine Überfrachtung der Unterrichtsinhalte dargestellt hätte. Sicherlich wäre auch ein exemplarisches Vorgehen möglich gewesen, wobei eine Patientinnensituation hinsichtlich der Erlebensebene bearbeitet und die Ausrichtung von Pflegezielen und -maßnahmen entsprechend abzuleiten wäre. Da allerdings noch ein Punkt des Beobachtungsbogens auszuwerten war, der auf den affektiven Bereich abzielte und ich dazu gerne alle Schülerinneneindrücke würdigen wollte, entschied ich mich gegen ein exemplarisches Vorgehen. Um die Intention des pflegeprozesshaften Vorgehens weiter zu verfolgen, musste berücksichtigt werden, dass die Schülerinnen in dieser Ausbildungsphase noch keine grundlegenden Kenntnisse über Bedeutung und Anwendung des Pflegeprozesses erworben hatten. Daher sollten sie zunächst nur erste Einblicke in diesem Bereich erhalten. Meine Idee war, anhand der mitgebrachten Patientinnenbeispiele die Schritte zur Identifizierung eines Pflegeproblems in ersten Ansätzen zu beleuchten. Dazu sollten die Schülerinnen von pflegerischer Seite begründen, warum «ihre Patientin/ihr Patient» Hilfestellung und Unterstützung benötigte und diese Annahme durch verbale Aussagen oder nonverbale Signale der Patientin bzw. des Patienten bestätigen. Eine Erarbeitung der Begründungszusammenhänge erwartete ich u.a. durch die Aussagen des letzten Punkts aus dem Beobachtungsbogen: «Gab es Situationen, bei denen besonders viel Einfühlungsvermögen seitens der Pflegeperson erforderlich war?» Durch die Anbindung an die persönlich erlebte Pflegesituation hatten die Auszubildenden nochmals Gelegenheit, ihr Erleben zum Ausdruck zu bringen, und konnten gleichzeitig eine individualisierte Ausrichtung der Pflege nachvollziehen. Abschließend galt es, den in der ersten Unterrichtsreihe aufgestellten Leitsatz «Die Durchführung der Körperpflege ist eine hoch qualifizierte pflegerische Tätigkeit ...» (siehe Kap. 5.3.9.1) zu überprüfen. Eine Bestätigung dieser Aussage könnte einen gelungenen Abschluss der Unterrichtsreihe darstellen. Der professionelle Charakter dieser Pflegetätigkeit sollte erarbeitet werden, indem die Schülerinnen aus den zuvor gewonnenen Ergebnissen zum Pflegebedarf pflegerische Kompetenzen ableiteten. Dadurch konnte das Spektrum der Fach- und Sozialkompetenzen aufgedeckt werden, die zur Erfüllung ihres pflegerischen Auftrags erforderlich sind. Methodisch entschied ich mich für ein Unterrichtsgespräch, da ich davon ausging, dass die Beantwortung der Fragen und die geplante Zuordnung in Kategorien einer stärkeren Lenkung meinerseits bedurften.

Ziele
Die dritte Unterrichtseinheit hat folgende Ziele:
- Die Schülerinnen erlangen im Sinne des Pflegeprozesses ein erstes Verständnis davon, wie ein patientinnenspezifisches Problem auf den individuellen Bedeutungsgehalt hin zu analysieren ist.
- Die Schülerinnen decken die zahlreichen Fassetten pflegerischer Handlungs- und Sozialkompetenzen auf, die zur professionellen Durchführung der Körperpflege erforderlich sind.

Verlaufsplanung
Tabelle 5-5 zeigt die detaillierte Verlaufsplanung.

Tatsächlicher Verlauf und Reflexion der Ergebnisse
Zunächst stellte ich den Schülerinnen allgemein die Idee und die Ziele des Pflegeprozesses vor. Sie sollten diesen als ein Instrument begreifen, das hilfreich ist, um sowohl pflegerische Aufgabenbereiche zu strukturieren als auch eine auf die Person der Pflegebedürftigen qualitativ abgestimmte Pflege zu gewährleisten. In der folgenden Erarbeitungsphase beschäftigten wir uns wie geplant mit einem Ausschnitt des Themas, das Einblicke zur Identifizierung von Pflegeproblemen geben sollte. Die Schülerinnen bestätigten, dass die Erhebung des Pflegebedarfs neben der fachlichen Einschätzung deutlich von den Vorstellungen der Patientin bzw. Bewohnerin mitbestimmt werden müsse. Bei der Bearbeitung der Fragestellung erwies es sich als günstig, dass die Schülerinnen Zeit hatten, sich zunächst gedanklich mit den Fragen auseinander zu setzen und ihre Eindrücke stichwortartig festzuhalten.

Die Beobachtungsschwerpunkte des Vortages hatten überwiegend auf eine andere Ebene abgezielt, sodass die am Rande gewonnenen Informationen erst erinnert werden mussten. Jede Schülerin bezog im Unterrichtsgespräch Stellung zu den in der Verlaufsplanung dargelegten Fragen. Die Aussagen wurden auf Plakate fixiert, wobei eine Zuordnung nach folgenden Kategorien stattfand:

Tab. 5-5: Verlaufsplanung zur Erarbeitung der Lernziele der dritten Unterrichtseinheit

Phase	Inhalt	Methode	Medien
Informierender Einstieg	Kurze Darlegung der Bedeutung des pflegeprozesshaften Arbeitens. Ziele dieser Unterrichtseinheit vorstellen: • Erarbeitung des individuellen Bedeutungscharakters der Aktivitätseinschränkung für die Patientin • Erarbeitung pflegerischer Kompetenzen	Lehrervortrag	
Aufgabenstellung	Fragen zur Erarbeitung: • Warum benötigte die Patientin Hilfestellung bei der Körperpflege? • Schätzen Sie ein, wie die Patientin die Situation erlebt hat, in dieser Aktivität eingeschränkt gewesen zu sein! • Gab es Situationen, bei denen besonders viel Einfühlungsvermögen seitens der Pflegeperson erforderlich war (Punkt 4 des Beobachtungsbogens)?	Einzelarbeit	Notizzettel
Präsentation	Auswertung und schriftliche Fixierung der Aussagen in Kategorien: • Gründe für die Hilfestellung durch das Personal • Mögliche Auswirkungen für den Patienten • Besondere pflegerische Situationen, die viel Einfühlungsvermögen erforderten	Lehrer-Schüler-Gespräch im Kreis	Wandplakate mit vorgefertigten Kategorien
Transfer	Erarbeitung pflegerischer Kompetenzen	Unterrichtsgespräch	Folie
Überprüfung des Unterrichtsziels	Leitsatz: «Die Durchführung der Körperpflege ist eine hoch qualifizierte pflegerische Tätigkeit»	Unterrichtsgespräch	

1. Gründe für die Hilfestellung durch Pflegende
2. mögliche Auswirkungen für den Patienten bzw. die Patientin
3. Situationen, die besonders viel Einfühlungsvermögen seitens der Pflegeperson erforderten.

Ergebnisse

1. Gründe für die Hilfestellung durch die Pflegenden:

- Auf Grund diverser Krankheiten (Herzerkrankungen, Apoplexie, chirurgische Eingriffe, gynäkologische Operationen), weil er es selbst nicht kann
- Starke körperliche Schwäche in Verbindung mit hohem Alter oder der Grunderkrankung
- Starke Einschränkungen der Belastbarkeit (Atemnot, Schmerzen)
- Starke Veränderung der Bewusstseinslage, das heißt, der Patient ist kaum ansprechbar und führt keine Eigenbewegungen aus.

2. Mögliche Auswirkungen für die Patientin bzw. den Patienten:

- Es war für den Patienten total anstrengend, er war danach total erschöpft.
- Ich glaube, es war für ihn unangenehm, sich selbst nicht helfen zu können, da er sich so oft bei der Schwester bedankt hat.
- Es schien ihm gar nichts auszumachen, mir kam alles ganz selbstverständlich vor.

- Der Patient konnte nicht sprechen, ich weiß es nicht.
- Ich hatte den Eindruck, dass der Patient es schön fand, dass wir uns so intensiv um ihn kümmerten, er hat ganz viel von sich erzählt.
- Sie hat viel geklagt über ihre schlechte Nacht und wie schwer ihr jeder Handgriff fällt.

3. Situationen, die besonders viel Einfühlungsvermögen seitens der Pflegenden erforderten:

- den Patienten schonend zu bewegen, damit er nicht so viele Schmerzen hat
- die Intimpflege so durchzuführen, dass der Patient sich nicht schämt und sich nicht entblößt fühlt
- weiterhin freundlich zu sein und zuzuhören, auch wenn der Patient ständig klagt
- nicht über den Patienten hinweg zu reden
- die Mundpflege (beim komatösen Patienten) mit den Fingern durchzuführen, d.h. keine Angst vorm Zubeißen zu haben
- die Situation, mit sterbenden Patienten umzugehen.

Die Schülerinnen hatten großes Interesse, den Mitschülerinnen und Mitschülern von «ihren» Patientinnen und Patienten zu berichten, wobei die Gruppe aufmerksam zuhörte. Sie zeigten sich allerdings überrascht, neben der medizinischen Einweisungsdiagnose der Patientin bzw. des Patienten eine pflegerische Begründung für den Pflegebedarf zu nennen. Für sie war klar: Wer im Krankenhaus liegt, ist schließlich krank. Dennoch fanden sie einige nichtmedizinische Beschreibungen, die den Grad der Hilfsbedürftigkeit kennzeichneten. Auf der Erlebensebene nannten die Schülerinnen Eindrücke, welche sowohl die Patienten als auch sie selbst betrafen. An dieser Stelle wurde klar, dass Punkt 4 des Beobachtungsbogens (siehe Kap. 5.9.4) einer separaten Auswertung bedurft hätte. Er führte von der Ebene der Problembeschreibung weg und berührte vielfach persönliche Belastungsmomente der Schülerinnen. Diese Eindrücke wurden dennoch aufgegriffen und im Plenum besprochen, da es den Schülerinnen ein Anliegen war, hier Entlastung und Rat zu finden. Die Beteiligung am Unterricht war sehr rege, jedoch durch die unterschiedlichen inhaltlichen Ebenen oft sprunghaft. In der Moderatorinnenfunktion musste ich häufiger lenkend und strukturierend eingreifen, damit die Aufgabenstellung klar blieb und die Ziele nicht verloren gingen. Insgesamt hatten die Schülerinnen die Situation der Patientinnen und Patienten sensibel und differenziert wahrgenommen, und es war gelungen, diese sprachlich in einen Begründungszusammenhang zu bringen. Sie konnten gut nachvollziehen, dass dem Aspekt der Pflegebedarfserhebung besondere Aufmerksamkeit zu schenken sei, gaben aber auch zu bedenken, in der Praxis nicht immer genügend Zeit für Gespräche und sorgsame Beobachtungen zu haben. Rückblickend bewerte ich die Planung des ersten Teils dieser Unterrichtseinheit eher ungünstig. Der zeitgleiche Einstieg in das neue Thema «Pflegeprozess» stellte eine Überladung und Vermischung der Unterrichtsinhalte dar. Es konnte keine sorgsame Hinführung in die neue Thematik stattfinden, und die Konfrontation mit der Identifikation von Pflegeproblemen kam deutlich zu früh. Um den prozesshaften Ablauf begreifen zu können, wären zahlreiche vorbereitende Unterrichtseinheiten vorteilhafter gewesen. Die Konzentration auf die Ergebnisse des vierten Beobachtungspunktes hingegen («Gab es Situationen, bei denen besonders viel Einfühlungsvermögen seitens der Pflegeperson erforderlich war?») hätte zu diesem Zeitpunkt deutlich den Schülerinteressen entsprochen und lieferte sowohl auf der Erlebensebene von Patienten als auch auf der Schülerebene zahlreiche Anhaltspunkte. Darüber hinaus hätten diese in einem klaren Bezug zur anschließenden Unterrichtsphase gestanden.

Der tatsächliche Verlauf des letzten Schrittes dieser Arbeitseinheit stellte sich folgendermaßen dar: Wie in den Vorüberlegungen beschrieben, sollten die Schülerinnen aus den gewonnenen Informationen zum Pflegebedarf herleiten, über welche Kompetenzen eine Pflegekraft im Einzelnen verfügen muss, um die Pflegemaßnahme professionell durchzuführen. Wir sahen uns alle Aussagen auf den drei Plakaten an. Daraus entwickelten wir zwei große Kategorien, denen die entsprechenden Kompetenzen zugeordnet wurden (Folie):

1. Pflegefachliches Wissen und pflegetechnische Kompetenzen:
   - Pflegefachliches Wissen
     – Kenntnisse über die Haut und deren Pflege, Pflegehilfsmittel wie Seifen, Syndets, Krems, Lotionen
     – hygienisches Hintergrundwissen (Keimverschleppung, Reinigungs- und Desinfektionsverfahren)
     – medizinisches Hintergrundwissen (Grad der Mobilität, Interpretation von Symptomen)
     – anatomisches Hintergrundwissen
     – rückenschonendes Arbeiten.
   - Pflegetechnische Kompetenzen
     – Übernahme der Körperpflege im Bett bzw. Hilfestellung durch das Personal
     – Stellen der Waschschüssel und Teilwaschungen durch das Personal
     – vollständige Übernahme der Körperpflege am Waschbecken
     – Richten des Waschplatzes am Waschbecken, kleine Hilfestellungen und Anleitung
     – Hilfestellung beim Duschen und Baden
     – Teilwaschungen, z.B. Haarwäsche, Hand- und Fußbad.

2. Zwischenmenschliche und soziale Kompetenzen:
   - positive Einstellung zum Menschen (gern mit Menschen zu arbeiten)
   - Einfühlungsvermögen, Geduld, Takt, Diskretion
   - Fähigkeiten zur Gesprächsführung
   - Wahrnehmungs- und Beobachtungsfähigkeit.

Die Identifizierung der beiden Kategorien bedurfte einer stärkeren sprachlichen Lenkung meinerseits. Häufig nannten die Schülerinnen Maßnahmen zur Durchführung der Körperpflege, die schließlich einen Platz in der Kategorie «pflegetechnische Kompetenzen» fanden. Ebenso fiel den Schülerinnen die Formulierung zwischenmenschlicher Fähigkeiten schwer. Insgesamt war die Erarbeitung dieser Einheit durch eine starke Hinführung und Strukturierung meinerseits gekennzeichnet. Wir kamen zu deutlichen Ergebnissen, wobei das Vorgehen für einige Schülerinnen zeitweise unklar blieb. Das Ableiten einzelner Patientinnensituationen auf eine abstrakte, beschreibende Ebene stellte für die Schülerinnen eine hohe Transferleistung dar und erklärt meines Erachtens die Schwierigkeiten bei der Erarbeitung. Die abschließende Überprüfung unseres Leitsatzes fiel hingegen deutlich positiv aus. Die Schülerinnen konnten argumentativ darlegen, dass die Durchführung der Körperpflege professionelles Handeln ist.

Schlussbetrachtungen

Trotz der intensiven Vorbereitung und gründlichen Planung dieser Unterrichtsreihe stellten sich im Vorfeld zahlreiche Fragen und Bedenken ein, die mit der Durchführung dieses Konzeptes verbunden waren. So trat ich in Kontakt mit vielen an der Ausbildung beteiligten Personen und Bereichen und war auf eine gute Kooperation angewiesen. Meine anfängliche Sorge, die Tutorinnen könnten sich durch die Anwesenheit der Schülerinnen kontrolliert und durch die Aufarbeitung der Beobachtungen in der Schule bewertet fühlen, traf ihren Rückmeldungen zufolge nicht zu. Die Ergebnispräsentation und Reflexion mit den beteiligten Tutorinnen ergab, dass ihnen durch die Einbindung in die thematische Erarbeitung eine wichtige Rolle zugesprochen worden sei und dass sie die erzielten Ergebnisse gut nachvollziehen und akzeptieren könnten. Zudem hätten sie einige Anregungen für die tägliche Arbeit erhalten und fühlten sich nun auf dem «aktuellen Stand der Vermittlung». Ebenso zerstreuten sich die Bedenken, dass die vielschichtigen Beobachtungen aus der Praxis zur Konfusion bei der Bearbeitung führen könnten. Die Schülerinnen selbst trugen zu einem großen Teil dazu bei, ihre Eindrücke zu bündeln und in einen Bezugsrahmen zu bringen. Vom Kolleginnenteam erhielt ich zahlreiche Freiräume und vielfältige Formen der Unterstützung, um dieses umfassende Konzept zu planen und zu realisieren. In anregenden Gesprächen reflektierten wir die Unterrichtsverläufe, die mir insbesondere dann eine große Hilfe waren, wenn ich im Zweifel über das Unterrichtsgeschehen war. Insgesamt war ich mit dem Verlauf und den erzielten Ergebnissen sehr zufrieden. Vielfach nahmen die Schülerinnen mit Freude und Interesse am Unterricht teil, stellten wichtige und kritische Fragen zur praktischen Umsetzung und erwarteten gespannt ihre ersten Stationseinsätze, um das Gelernte des ersten Blocks anzuwenden.

5.8.4 Anlagen zum Unterrichtsentwurf

Fragebogen zur Erhebung Ihrer persönlichen Körperpflegegewohnheiten

Abb. 5-4: Waschen nach Wilhelm Busch

Kreuzen Sie bitte zu folgenden Fragen das jeweils Zutreffende an:

- Wie sind ihre Körperpflegegewohnheiten?
- Wie häufig führen Sie diese Maßnahme(n) durch?

1. Wie sind Ihre Körperpflegegewohnheiten?

O morgens Reinigung des gesamten Körpers, z.B. Duschen oder Baden
O morgens Zähneputzen, Gesicht- und Haarpflege, d.h. «Katzenwäsche»
O morgens gar nichts
O je nach Tageszeit unterschiedlich
O _____

2. Wie häufig führen Sie diese Maßnahmen durch?

O täglich wie oben beschrieben
O täglich wie oben beschrieben und zusätzlich jeden zweiten oder dritten Tag duschen oder baden
O täglich wie oben beschrieben und einmal wöchentlich duschen oder baden
O _____

Beobachtungsbogen

Die Hilfestellung bei der Körperpflege findet statt:

O am Waschbecken
O im Bett

1. Vorbereitung

1.1 Welche Materialien und Hilfsmittel werden vorbereitet?
_____
_____
_____

1.2 Welche Vorbereitungen werden im Zimmer getroffen?
_____
_____
_____

1.3 Welche Vorbereitungen nimmt die Pflegeperson an sich vor?
_____
_____
_____

2. Durchführung

2.1 Gibt es eine bestimmte Reihenfolge, in der die Körperpflege durchgeführt wird?
_____
_____
_____

Wenn ja, wovon ist diese abhängig?
_____
_____
_____

2.2 Nummerieren Sie die Schrittfolge der Arbeitsgänge!

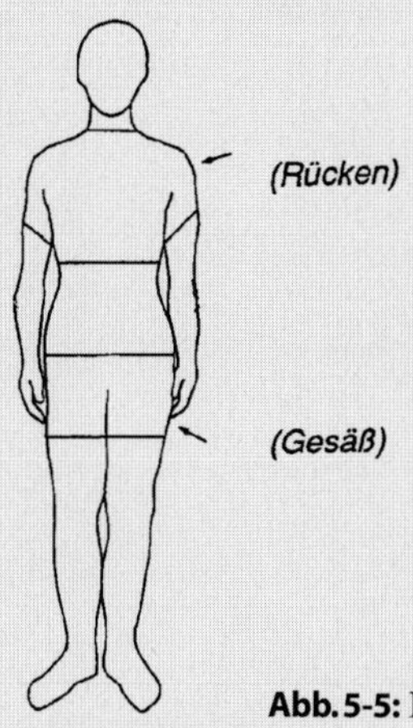

(Rücken)

(Gesäß)

Abb. 5-5: Körperschema

2.3 Sind für bestimmte Pflegehandlungen Handschuhe erforderlich? Wenn ja, wobei?

_____
_____
_____

3. Nachsorge

3.1 Wo und wie werden Hygieneartikel und Waschutensilien entsorgt?

_____
_____
_____

3.2 Welche abschließenden Maßnahmen werden im Zimmer getroffen?

_____
_____
_____

4. Reflexion

Gab es Situationen, bei denen besonders viel Einfühlungsvermögen von Seiten der Pflegeperson erforderlich war?

1 Arbeitsaufträge zur zweiten Unterrichtseinheit
(Auswertung des Beobachtungsbogens)

Gruppe A

Tauschen Sie sich zu den folgenden Punkten ihres Beobachtungsbogens aus, und halten Sie Ihre Ergebnisse plus Begründungen auf großen Papierbögen fest!

Maßnahmen zur Vorbereitung und Nachsorge einer Körperpflege im Bett
1.1. Welche Materialien und Hilfsmittel werden vorbereitet?
1.2. Welche Vorbereitungen werden im Zimmer getroffen?
1.3. Welche Vorbereitungen nimmt die Pflegeperson an sich vor?

Nachsorge
1.1. Wo und wie werden Hygieneartikel und Waschutensilien entsorgt?
1.2. Welche abschließenden Maßnahmen werden im Zimmer getroffen?

Gruppe B

1. Beantworten Sie anhand Ihrer Aufzeichnungen den Punkt 2 des Beobachtungsprotokolls:
   – Gibt es eine häufig zu beobachtende Reihenfolge, in der die Körperpflege durchgeführt wird?
   – Tragen Sie diese auf der beigefügten Folie mit Nummern ein!
   – Wovon war diese Reihenfolge abgängig? Hinterfragen Sie die Sinnhaftigkeit einer bestimmten Schrittfolge der Arbeitsgänge!

2. Finden Sie eine Möglichkeit, die eigentliche Durchführung der Ganzkörperwaschung im Bett der Klasse anschaulich zu demonstrieren (Puppe, Zeichnungen)

3. Kommentieren Sie bitte bei der Demonstration Ihre Maßnahmen!

4. Beziehen Sie darüber hinaus Stellung zu folgenden Fragen:
   – Wann und wie werden Seife oder Reinigungslotionen eingesetzt?
   – Welche Maßnahmen werden getroffen, damit der Patient vor Auskühlung/Frieren geschützt wird?
   – Beschreiben Sie die Waschrichtung an den Extremitäten!
   – Wann wird das Waschwasser gewechselt, und aus welchem Grund wird es gewechselt?
   – Wobei trägt die Pflegeperson Handschuhe? (siehe Punkt 2 in Ihrem Beobachtungsbogen)
   – Welche Maßnahmen werden getroffen, um die Intimsphäre des Patienten zu schützen?

Sichern Sie Ihre Ergebnisse bitte schriftlich!

Gruppe C

Hilfestellung bei der Körperpflege am Waschbecken
1. Schildern Sie in groben Zügen die spezielle Vorbereitung des Waschplatzes!
2. Warum werden diese Patienten zum Waschen ans Waschbecken geführt?
3. Welche speziellen Aufgaben hat die Pflegeperson?
4. Finden Sie eine Form, um der Klasse die praktische Durchführung anschaulich zu demonstrieren!
5. Schildern Sie pflegetechnische Probleme bei der Durchführung!
6. Sichern Sie bitte Ihre Ergebnisse schriftlich!

5.9 Fachdidaktische Ansprüche und Alltagshandeln als Lehrerin für Pflegeberufe

(Martina Harking und Margot Sieger)

Es folgt ein Gespräch zwischen Frau Sieger und Frau Harking über die Identifikation möglicher Konstruktionselemente einer Pflegedidaktik in Reflexion zu der dokumentierten Unterrichtssequenz zur Körperpflege. Es fand statt, nachdem die beiden Autorinnen unabhängig voneinander ihre Buchbeiträge erstellt hatten. Frau Harking war im Vorfeld gebeten worden, eine Unterrichtssequenz, die sie selbst als gelungen einstufte, für dieses Buch zugänglich zu machen. Voraussetzung war, dass diese Unterrichtsreihe auch tatsächlich in dieser Form realisiert wurde. Die Dokumentation erfolgte im Nachhinein anhand der eigenen Aufzeichnungen.

Das Gespräch wurde mit Hilfe eines Kassettenrekorders aufgezeichnet, transskribiert und gemeinsam inhaltsanalytisch bearbeitet (Mayring, 1997; Lamnek, 1993).

Sieger: Sie haben in Ihrer Dokumentation der Unterrichtseinheit zur Körperpflege das didaktische Prinzip des Situationsbezuges genutzt. Mich interessieren die Folgen, die sich über die teilnehmenden Beobachtungen durch die Schülerinnen ergeben haben. Meine Frage ist, mit welcher Fülle von Ergebnissen und Erfahrungen sind die Schülerinnen als Wirkung auf diesen didaktischen Impuls zurückgekommen?

Harking: Die Schülerinnen sind zurückgekommen mit der Erkenntnis ihres neuen Berufsfeldes und neuen Status. Sie wussten, wie ihre neue Station aussieht, wie ihre Mitarbeiter sein werden, wie es sich anfühlt, einen Kittel und Namensschildchen zu tragen. Das war ein sehr eindrucksvoller Augenblick. Die Schülerinnen kamen nach der teilnehmenden Beobachtung mit ihrem Kittel in die Schule und wollten gesehen werden. Zum anderen haben sie selbstständig Ergebnisse eingeholt, diese erschlossen, auch mit ihrem Tutor zusammen. Sie haben sehr eigenständig in Gruppen gearbeitet. Sie hatten viel Material vorliegen, das gebündelt werden musste. Das hat mich fasziniert, wie sie aus der Fülle an Ergebnissen doch eine Struktur zusammenstellen konnten.

Sie hatten die erste intensive Begegnung mit den Patienten im Krankenhaus. Diese kannten die Schülerinnen bis dahin auch noch nicht. Es kam in einigen Zitaten eine sehr intensive Erfahrung mit Krankheit und Tod zu Tage, sodass sie wirklich ein reales Bild ihrer zukünftigen Praxissituation mitgebracht haben.

Sieger: Also haben die Schülerinnen eine eigene Struktur entwickelt, um die Situation zu erfassen?

Harking: Ja, sie haben insofern eine eigene Struktur entwickelt, indem sie die vielen Ergebnisse, die auf den Beobachtungsbögen standen, sortieren mussten, um diesen Prozess mit den neuen Mitschülern zu diskutieren, sie sich auch darauf einigen mussten, was präsentieren wir davon, was ist tragbar, was wird eine Möglichkeit sein, was ist das Treffendste, was ist die Richtlinie.

Sieger: Aber wir können doch sagen, dass dieser Ansatz sich in die berufliche Realität zu begeben, uns didaktisch damit konfrontiert, dass die Schülerinnen alle Elemente der Situation wahrnehmen, nicht nur die, die didaktisch intendiert und gewünscht sind.

Harking: Es ist richtig, dass die Schülerinnen sehr vielschichtig wahrnehmen. Als Lehrerin sollte man sich auf diese Vielschichtigkeit einlassen, diese zulassen und hinhören, ggf. kann man diese situativ nutzen oder stellt Schwerpunktthemen in Aussicht, wie in dem Unterrichtsbeispiel Intimität und Nähe.

Sieger: Also, wir können sagen, didaktisch beschert man den Lehrenden die Vielfalt. Was machen wir aber mit dieser Vielfalt? Auf der einen Seite ist es eine Riesenchance, auf der anderen Seite für den Lehrenden eine Gefahr, diese Vielfalt wieder auf ein Element, auf ein Ziel zu reduzieren. Lassen sich denn solche Erinnerungen konservieren?

Harking: Das ist keine Gefahr, wenn ich mich als Lehrerin auf die Schülerinnen einlassen kann und verstehe, was sie mir sagen wollen. Die Schülerinnen vergessen nicht, was sie da erlebt haben. Das ist eine bleibende Erinnerung. Das kann man wieder abrufen. Dies wurde in der dritten Unterrichtseinheit deutlich, als die Schülerinnen einen Arbeitsauftrag hatten, der nicht direkt mit den Fragen des Beobachtungsbogens zu tun hatte.

Sieger: Kann dieses aktuelle «Sich Erinnern» durch eine Form von Reflexion nach diesem Erleben erreicht werden? Was denken Sie?

Harking: Absolut, die Schülerinnen haben auch noch ihre Beobachtungsbögen.

Sieger: Sie haben so schön herausgestellt, dass es im Grunde genommen 26 Varianten der Körperpflege seien. Wie hilfreich ist der situations- und handlungsorientierte Ansatz hinsichtlich der vielfältigen Wahrnehmung und Beobachtungen für die didaktische Bearbeitung?

Harking: Das ist der große Knackpunkt. In der dritten Unterrichtseinheit habe ich auch an dieser Stelle geschwommen. Ich wollte einerseits alle Schülereindrücke würdigen, da sie auch so viel zu erzählen hatten. Andererseits war das ganze Material nicht zu bearbeiten, das stimmt. Hinsichtlich der Erarbeitung eines Ablaufschemas zur Körperpflege war die Fülle an Informationen sehr gut verwertbar. Mit dieser Fülle sind die Schülerinnen ja selbst umgegangen. Um diese Erfahrungen didaktisch zu nutzen, sind wir dann induktiv vorgegangen, indem wir aus den vielen Einzelfällen und Einzelerlebnissen eine pflegerische Kompetenz entwickelt haben.

Sieger: Ich finde dies eine wichtige Frage, dass wir eine Struktur für die Auswertung brauchen. Man kann natürlich auch diese einzelnen Momente als Folien aufeinander legen, um deren Schnittmenge zu erfassen.

Harking: In diesem Falle wäre es auch möglich gewesen, zeitgleich den Pflegeprozess zu unterrichten.

Sieger: Das heißt, dass man eine professionelle Struktur, eine Arbeitsmethode der Pflege unter die Situation legen muss. Wo könnten wir aber die Erlebensebene ansiedeln?

Harking: Das Erleben der Schülerinnen in der Situation oder der Patientinnen?

Sieger: Das Erleben der Schülerinnen in der Situation aufzuarbeiten bedeutet, wir hätten als Ziel die Reflexion der beruflichen Realität einmal unter dem Professionsgesichtspunkt, und zum anderen müssten wir den Schülerinnen einen Zugang zum Erleben des Patienten verschaffen.

Harking: Aber ich denke, da sind die Wahrnehmungen unterschiedlich.

Sieger: Ja, richtig. Aber wo können wir die Erlebensebene, getrennt zwischen dem Erleben der Schülerin in der Situation und ihrer Wahrnehmung des Erlebens der Patientin ansiedeln? Sie müssten auf der didaktischen Ebene einen Zugang zu beiden Formen des Erlebens finden.

Harking: Ja! Gut, ja. Da hätten wir den Patienten ja nicht mehr in seinem unmittelbaren Erleben, die Schülerin bringt das ja gefiltert durch ihre Wahrnehmung mit.

Sieger: Ja, wir könnten das Erleben der Schülerin in der Situation abfragen und gleichzeitig ihre Interpretation und ihre Deutung der Situation als Gegenstand nehmen zur Reflexion und zur Bearbeitung. Wir bekommen über die Deutungsebene der Schülerin gleichzeitig die Form der Verarbeitung dieses Erlebens präsentiert und würden als Ziel haben, diese Deutungsebene herauszukristallisieren.

Harking: Ja. Das ist natürlich ein sehr sensibler Bereich. Da denke ich, dies ist im Klassenverband eine ganz heikle Sache. Ich würde dabei auch mehr Schutzräume für die einzelnen Schülerinnen brauchen.

Sieger: In unserem didaktischen Konzept haben wir als weiteres Prinzip die Wissenschaftsorientierung. Ich halte es auf der einen Seite für absolut notwendig, weil die Pflegewissenschaft am Anfang steht, auf der anderen Seite prägt mich die Erfahrung, dass es eine Abbilddidaktik werden könnte und ich diese in einem großen Kontrast sehen würde zu dem situations- und handlungsorientierten Ansatz. Wie ist Ihre Einschätzung dazu?

Harking: Es wäre schade um unsere vielen Möglichkeiten, die sich aus der alltäglichen pflegerischen Praxis oder aus dem Leben im Klassenraum ergeben, wenn man sich auf einer distanzierten Ebene, einer Struktur von Wissenschaft bewegen würde. Angesichts der beruflichen Anforderungen plädiere ich im Moment auch noch eher für einen handlungs- und situationsorientierten Unterricht. Auch weil er den Schülerinneninteressen entspricht. Die Schülerinnen habe Freude daran, irgendwann arbeiten zu gehen, zu sehen, was los ist in dem Beruf. Sie möchten etwas tun können und nicht nur beobachten. Lernen und Arbeiten, das ist ein wunderbarer Zugang, der sehr viel Freude macht.

Sieger: Sie haben sich in Ihrem Konzept deutlich auf die neuen Erkenntnisse der Pflegewissenschaft bezogen. Halten Sie eine solche Verknüpfung für sinnvoll, wo liegen Chancen und Gefahren, welche Möglichkeiten ergeben sich daraus?

Harking: Wenn ich bei meinem Thema bleibe – der Körperpflege – finde ich, dass es nicht unbedingt wissenschaftlich fundierte Neuigkeiten sind. Aber sie ließen sich durchaus in den Unterricht einbringen. Es war keine schwierige Angelegenheit, diese basalstimulierende Wäsche nach Bienstein zu übernehmen, sie ist auch in der Praxis etabliert worden. Ein bisschen schwieriger war diese Geschichte «Körperpflege als Kunsthandwerk». Bei den verschiedenen Waschrichtungen ging es um sehr viel Nähe. Die Schülerinnen benötigten Schutzräume, und es wurde zum Teil gesagt: «Das möchte ich nicht, so nahe kann ich nicht herangehen.» Dies war sehr hart an der Grenze zum Verwöhnen und zum Liebesspiel.

Sieger: Ja, es entstehen dadurch auch sexualisierte Situationen. Nach welchen Kriterien haben Sie Neuigkeiten aus den Fachwissenschaften ausgewählt?

Harking: Ja, wie ich diese Methode gut in das Unterrichtskonzept einbinden konnte und auch später in der Praxis an Grundlagen anknüpfte. Es stellte eine Verfeinerung und Ausweitung der bisherigen Möglichkeiten dar.

Sieger: In welcher Hinsicht eine Verfeinerung und Ausweitung?

Harking: Also in diesem Fall – bei der basalstimulierenden Wäsche nach Bienstein – nutzt man die Kenntnisse der basalen Stimulation, also wie wirkt eine bestimmte Waschrichtung auf die Körperwahrnehmung des Betroffenen, somit kann man die Reinigung des Körpers mit einem therapeutischen Charakter verbinden.

Sieger: Sie haben die therapeutische Wirkung der Körperpflege hervorgehoben. Wie haben Sie die therapeutische Wirkung in einen Kontext des Bedarfes gestellt, wie haben Sie die Zielrichtung der Therapie gewonnen?

Harking: Die Grundlagen waren gelegt, die Schülerinnen hatten die Ziele überwiegend erreicht, vor allem dass die Pflegemaßnahme individuell anzuwenden ist. Es gibt eine Richtlinie, die auf die jeweilige Situation und auf das therapeutische Ziel der Waschung auszurichten ist. In diesem Fall ist es die medizinische Diagnose Schlaganfall, die aber exemplarisch für viele Veränderungen oder Problemstellungen steht. Für Veränderungen der Körperwahrnehmung und des Körperbildes.

Sieger: Der zweite Punkt war diese «Körperwäsche als Kunsthandwerk» von Frau Zimmermann. Hier haben wir herausgearbeitet, dass diese Erfahrung zu nahe an den Schülerinnen ist. Sie haben diese Neuigkeiten nicht komplett übernommen, das heißt, bei dem einen hatten Sie einen guten Anknüpfungspunkt in Richtung der therapeutischen Relevanz. Was hat auf der Reflexionsebene zu dieser Entscheidung geführt? Ein Punkt war der Entwicklungsstand der Schülerinnen, gab es noch andere Elemente, die Ihre Entscheidung bestimmt haben, was die Wissenschaft liefert und für die Ausbildung nützlich und brauchbar ist?

Harking: Also, sie lieferten einige Dinge, die bislang noch nicht in den Lehrbüchern standen, z.B. bei der Körperpflege nicht direkt im Gesicht anzufangen. Wir haben es sogar vorher im Unterricht erarbeitet, und im Video wurde es noch mal dokumentiert. Es ist schon eine problematische Geschichte, dieses standardisierte Schema grundsätzlich anzuwenden. Im Video waren nochmals interessante Arbeitsschritte zu erkennen, wie Körperpflege stattfinden kann. Wir haben auch Vor- und Nachteile diskutiert, was wir von bestimmten hygienischen Kriterien halten, und haben das, was wir im Unterricht erarbeitet hatten, mit dem im Video Gezeigten verglichen: Was finden wir gut, was können wir übernehmen, oder was möchten wir kritisch anmerken.

Sieger: Woran haben Sie «gut» und die Kritik gemessen?

Harking: Wir hatten ja schon in unserem Unterricht argumentativ hergeleitet, welche Grundsätzlichkeiten wir übernehmen wollten.

Sieger: Was war der stärkste Punkt an diesen Gemeinsamkeiten, erinnern Sie sich noch?

Harking: Der stärkste Punkt war, dass dieses Waschschema umgeworfen wird, dass es nicht mehr so zum Dogma wird. Es wird aber noch vielfach in der Praxis oder bei Prüfungen eingefordert. Es ist nicht einfach, mit diesem Konzept bestehen zu können. Die Schülerinnen können argumentieren, warum sie abweichen, aber sie werden immer wieder verunsichert in der Praxis.

Sieger: Also korrespondiert doch das, was Sie anhand der Erfahrungen der Schülerinnen aufgearbeitet haben, mit der Literatur von Inhester und Zimmermann. Denn das entsprach ja auch Ihrem Hauptanliegen, das Körperschema zu verlassen.

Harking: Also, ich habe nicht Ingrid Zimmermann und Otto Inhester so wahrgenommen, dass sie als Hauptanliegen hatten, dieses Waschschema zu verlassen. Es ging schon mehr in Richtung Zuwendung.

Sieger: Dem Patienten Zuwendung geben?

Harking: Ja, in einer besonderen Form der Berührung.

Sieger: Aha, das war also Zuwendung geben durch körperliche Berührung. Das knüpft ja wieder an die basalstimulierenden Elemente an.

Harking: Das denke ich auch. Nur in diesem Video war es halt so visualisiert, dass derjenige, der gewaschen wurde, mit dem Berühren etwas ganz Schönes verband.

Sieger: Sie haben auch noch erwähnt, dass sich innerhalb der Gruppe ein interaktives Geschehen entwickelt. Meine Frage, haben Sie das noch weiter verfolgt, haben Sie das noch einmal aufgegriffen, weil die Nähe zur Sexualität und die Folgen für die Gruppendynamik bei der körperlichen Berührung ein nicht wegzudenkendes Thema ist?

Harking: Wir haben im Unterricht dieses Thema Nähe und Distanz besprochen. Die Gefühle, Einstellungen und Haltungen brachen dann auf. Die Schülerinnen warfen sich die Argumente und Anregungen untereinander zu. Es war eigentlich nur wichtig als Lehrerin diesen Freiraum zu lassen. Es wurde gekichert, es wurde zum Teil sehr sachlich geredet und gesagt: ‹Es ist wirklich wichtig› oder auch ‹Das mache ich auf gar keinen Fall, das ist meine Privatsphäre›. Da ich Moderatorin war, habe ich versucht herauszustellen: ‹Was ist es denn, was Sie zurückschrecken lässt, oder wo sind Ihre Grenzen? Versuchen Sie es mal zu beschreiben?› Es war auch meine Intention, dass die Schülerinnen zu Nähe und Distanz Stellung beziehen und sich austauschen.

Sieger: Noch mal nachgefragt, nach welchen Kriterien prüfen Sie als Lehrerin, ob Sie Neuigkeiten, die noch nicht unbedingt wissenschaftlich fundiert sind, in der Pflege aufgreifen?

Harking: Kriterium ist sicherlich die Praxistauglichkeit. Ist es für die Mitarbeiterin oder für die Kollegin im Praxisfeld überhaupt handhabbar? Ist es für den Patienten nachvollziehbar, kann er verstehen, was ich mit ihm machen möchte? Es soll die Schülerinnen interessieren, es soll begeistern, die Wirkung soll nachvollziehbar sein, es muss sie überzeugen.

Sieger: Müssen als erstes Sie oder die Leute in der Praxis überzeugt werden?

Harking: Als Erstes muss ich überzeugt sein, es muss mich ansprechen, ansonsten werde ich wahrscheinlich die Neuigkeiten überspringen. Ob ich offen bin für andere Wege, hat ganz viel mit persönlicher Reflexion, meiner eigenen und beruflichen Sozialisation zu tun.

Sieger: Eine Frage zum Schluss. Was wäre Ihnen als didaktische Richtung oder als didaktischer Schwerpunkt wichtig? Welcher didaktische Schwerpunkt hat Sie gelenkt?

Harking: Die Handlungsorientierung, aber das haben wir ja schon gerade gesagt. Ein Stück weit ist die kritisch-konstruktive Didaktik nach Klafki im Unterrichtsentwurf und Verlauf enthalten. Ich habe mich da gut ausgebildet gefühlt und meine, mit diesen lebensweltlichen Zusammenhängen kommt man sehr gut zurecht.

Sieger: Wir können die handlungsorientierten Situationen mit dem Lebensweltkonzept gut verbinden. Die Wissenschaftsorientierung kann als weiteres Prinzip neben der Handlungs- und Situationsorientierung zu einer wirkungsvollen Dynamik zwischen den beiden führen.

Harking: Auf jeden Fall müssen die Erkenntnisse der Fachwissenschaften einen Zugang zur modernen Arbeitswelt haben. Ich plädiere für ein Sowohl-als-auch, also ein gutes Miteinander.

Literatur

Achtenhagen, F.: Theorie der Fachdidaktik, In: Twellmann, W. (Hrsg.): Handbuch Schule und Unterricht, Band 5.1. Düsseldorf, 1981

Arbeitsgemeinschaft Deutscher Schwesternverbände und der Deutschen Schwesterngemeinschaft e. V. (Hrsg.): Die Pflege des kranken Menschen. Stuttgart, 1969

Arnold, R., Lipsmeier, A.: Handbuch der Berufsbildung. Leverkusen, 1995

Bath, H.: Emanzipation als Erziehungsziel? Überlegungen zum Gebrauch und zur Herkunft eines Begriffes. Bad Heilbrunn, 1974

Bäuml, I., Bäuml-Roßnagl, M.: Didaktik des Krankenpflegeunterrichts. Theoretische Grundlagen und praktische Beispiele. München, 1981

Becke, R. et al.: Pflege – Bildungsforschung: Fachdidaktik Pflege in der Lehrerinnen-Weiterbildung. PflegePädagogik, 7. Jg., 1/1997

Bernhardt, E.: Handlungskompetenz als Zielkategorie ganzheitlich orientierten, beruflichen Lernens nach der Neuordnung der industriellen Metallberufe. Frankfurt, 1993

Beske, F.: Lehrbuch für Krankenschwestern und Krankenpfleger, Band 1 und 2. Stuttgart, New York, 1968 und 1990

Bienstein, C.: Analyse der praktischen Ausbildungssituation in der Bundesrepublik Deutschland. Deutsche Krankenpflegezeitschrift, 8 und 9/1983

Bildungskommission NW: Zukunft der Bildung – Schule der Zukunft. Neuwied, Kriftel, Berlin, 1995

Blankertz, H.: Bildungstheorie und Ökonomie. In: Rebel, K.: Texte zur Schulreform. Weinheim, 1966

Bögemann, E., Dielmann, G., Stiegeler, I.: Ein Beitrag zu einer Fachdidaktik Pflege – das Duisburger Modell. Pflege, Band 1, Heft 1, S. 16–26, 1988

Bönsch, M.: Unterrichtskonzepte. Baltmannsweiler, 1986

Bönsch, M.: Kommunikative Didaktik. Deutsche Krankenpflegezeitschrift, Heft 7, S. 475–479, 1992

Borries, B. von: Erhaltet die Fachdidaktiken. Ein Plädoyer gegen den Mainstream. Die Deutsche Schule, 5. Beiheft 1999

Bracht, U.: Fach- und Fächerkanon. In: Enzyklopädie Erziehungswissenschaft, Bd. 3. Stuttgart, 1986, S. 419 ff.

Brater, M.: Berufsbildung und Persönlichkeitsentwicklung. Stuttgart, 1988

Buber, M.: Reden über Erziehung. Heidelberg, 1986

Büssing, A. (Hrsg.): Von der funktionalen zur ganzheitlichen Pflege. Göttingen, 1997

Clenin, B. et al.: Problemorientiertes Lernen, mehr als Strukturänderung? PflegePädagogik 6/95, S. 11 ff., 1995

Büssing, A.: Organisationsstruktur, Tätigkeit und Individuum. Untersuchungen am Beispiel der Pflegetätigkeit. Bern, 1992

Darmann, I.: Anforderungen an die Definition pflegerischer Begriffe aus pflegewissenschaftlicher Sicht. Pflege 11. Jg., Heft 1, S. 11–14, 1998

Deutscher Bildungsrat: Strukturplan für das Bildungswesen. Stuttgart, 1970

Dornheim, J. et al.: Pflegewissenschaft als Praxiswissenschaft und Handlungswissenschaft. Pflege und Gesellschaft, 4. Jg., 4, S. 73–79, 1999

Elkeles, Th.: Arbeitsorganisation in der Krankenpflege – Zur Kritik der Funktionspflege. Frankfurt, 1993

Fatzer, G.: Ganzheitliches Lernen. Paderborn, 1987

Flick, U. (Hrsg.): Alltagswissen über Gesundheit und Krankheit. Subjektive Theorien und soziale Repräsentationen. Heidelberg, 1991

Frey, K.: Die Projektmethode. Weinheim, Basel, 1993

Geldmacher, V. et al.: Beiträge zum 1. Göttinger Symposium, Didaktik und Pflege. Basel, 1993

Hahn, M.: Chronische Krankheit, Sichtweise und Ansatz der Sozialarbeit im Krankenhaus. Deutsche Krankenpflegezeitschrift 1/1991, S. 4–9

Hacker, W.: Arbeitspsychologie. Bern, 1986

Heursen, G.: Allgemeine Didaktik. In: Lenzen, D. (Hrsg.): Pädagogische Grundbegriffe, Band 1, S. 307–317. Reinbek, 1993

Heursen, G.: Fachdidaktik. In: Haller, H. D., Meyer, H. (Hrsg.): Enzyklopädie Erziehungswissenschaft, Bd. 3. Stuttgart, 1995

Heymann, H. W.: Bildungstheorie und Didaktik. Zur Dynamik des Spannungsfeldes zwischen allgemeiner und fachbezogener Didaktik. Die Deutsche Schule, 5. Beiheft 1999

Hiller, G. G.: Erziehung zur Geschäftsfähigkeit. In: Hiller, G. G., Schönberger, F.: Erziehung zur Geschäftsfähigkeit – Entwurf einer handlungsorientierten Sonderpädagogik. Essen, 1997

Holoch, E., Gehrke, U., Knigge-Demal, B.: Kinderkrankenpflege. Die Förderung und Unterstützung selbstpflegebezogenen Handelns im Kindes- und Jugendalter. Bern, Göttingen, Toronto, Seattle, 1999

IGUS – Institut für Gesundheits-, Umwelt- und Sozialplanung e.V.: Über die Ausbildungssituation in der Krankenpflege, Entwicklungsmöglichkeiten vor dem Hintergrund der Situation auf dem Arbeitsmarkt und der Bevölkerungsentwicklung. Hamburg, 1989

Jank, W., Meyer, H.: Didaktische Modelle. Frankfurt, 1991

Juchli, J.: Krankenpflege. Praxis und Theorie der Gesundheitsförderung und Pflege. Stuttgart, New York, 1976 und 1997

Kaderschule für die Krankenpflege (Hrsg.): Fachdidaktikmodell Pflege. Aarau, 1992

Kaiser, A.: Sinn und Situation, Bad Heilbrunn/Obb., 1985

Kaiser, A., Kaiser, R.: Studienbuch Pädagogik. Grund- und Prüfungswissen. Berlin, 1998

Kim, S. H.: Zur Strukturierung pflegerischen Wissens – eine Typologie in vier Bereichen. Pflege, 3. Jg., Heft 2, S. 85–94, 1990

Klafki, W.: Neue Studien zur Bildungstheorie und Didaktik. Weinheim, Basel, 1994

Klafki, W.: Zum Verhältnis von Allgemeiner Didaktik und Fachdidaktik – Fünf Thesen. In: Meyer, M. A., Plöger, W. (Hrsg.): Allgemeine Didaktik, Fachdidaktik und Fachunterricht. Weinheim, Basel, 1994

Knigge-Demal, B., Hundenborn, G.: Beschreibung von Berufssituationen und Qualifikationen in der Kranken- und Kinderkrankenpflege sowie Darstellung der Konsequenzen für die Integration der einzelnen Elemente in die Ausbildungsrichtlinie. In: Gutachten für die Landeskommission zur Erstellung eines landeseinheitlichen Curriculums als empfehlende Ausbildungsrichtlinie für die Kranken- und Kinderkrankenpflegeausbildung, im Auftrag des Landes NRW, vertreten durch das Ministerium für Arbeit, Gesundheit und Soziales. Düsseldorf, 1995

Knigge-Demal, B., Sieger, M.: Auswirkungen von Prinzipien der Pflege und Lehre auf curriculare Strukturen. In: Schwarz-Govaers, R. (Hrsg.). Standortbestimmung Pflegedidaktik. Aarau, 1994

Knigge-Demal, B.: Grundsätzliche Fragen an eine fächerübergreifende Didaktik der Pflegeberufe. In: Koch, V. (Hrsg.): Bildung und Pflege. Bern, Göttingen, Toronto, Seattle, 1999

Kurtenbach, H., Golombek, G., Siebers, H.: Krankenpflegegesetz mit Ausbildung- und Prüfungsverordnung für die Berufe in der Krankenpflege. Köln, 1992

Lamnek, S.: Qualitative Sozialforschung, Bd. 1, Methodologie. 2. überarb. Aufl., Weinheim, 1993

Lange, O., Wilde, G.: Wege zum Erwerb eines selbständigen Problemlösungsverhaltens. In: Lernzielorientierter Unterricht 10,2, S. 1 ff., München,1981

Lange, O., Löhnert, S. (Hrsg.): Problemlösender Unterricht II. materialien universität oldenburg, Oldenburg, 1983

Laur-Ernst, U.: Handeln als Lernprinzip. In: Reetz, U.: Schlüsselqualifikationen. Hamburg, 1990

Lempert, W.: Berufsbildung – Berufliches Schulwesen. In: Wulf, Ch. (Hrsg.): Wörterbuch der Erziehung. München, Zürich, 1976

Lempert, W.: Sinn und Chancen einer Verbindung unterschiedlicher sozialwissenschaftlicher Theorien in berufspädagogischer Absicht. ZBW, Beiheft 1,

Lipsmeier, A.: Berufsausbildung I – Grundprobleme der Lernorte in der Berufsausbildung, Kurseinheit 2: Das Spannungsverhältnis von Allgemeinbildung und Berufsbildung. Studienbriefe der Fernuniversität Hagen, 1980

Maier, R. E.: Mündigkeit – Zur Theorie eines Erziehungszieles. Bad Heilbrunn, 1981

Mamier, I., Ried. S.: Pädagogische Situationen in der Pflege. In: Jahrbuch der Pflege- und Gesundheitsfachberufe, Reinbeck 1997

Meleis, A. I.: Pflegetheorie – Gegenstand, Entwicklung, und Perspektiven des theoretischen Denkens in der Pflege. Bern, Göttingen, Toronto, Seattle, 1999

Mayring, P.: Qualitative Inhaltsanalyse: Grundlagen und Techniken. 6. durchges. Aufl., Weinheim, 1997

Meyer, H.: Didaktische Modelle. Frankfurt, 1991

Meyer, H.: Leitfaden zur Unterrichtsvorbereitung. Frankfurt, 1993

Mühlum, A., Bartholomeyczik, S., Göpel, E.: Sozialarbeitswissenschaft, Pflegewissenschaft, Gesundheitswissenschaft. Freiburg i. Br., 1997

Neugebauer, E.: Handlungsorientiertes Lehren und Lernen in der Altenpflegeausbildung. In: Beier, J. et al. (Hrsg.): Jahrbuch der Pflege- und Gesundheitsfachberufe. Reinbek, 1995 und 1996

Olk, T.: Abschied vom Experten. Weinheim,1994

Otto, G.: Fach und Didaktik. In: Kochan, D. (Hrsg.): Allgemeine Didaktik, Fachdidaktik, Fachwissenschaft. Darmstadt, 1972

Reetz, L.: Zur Bedeutung der Schlüsselqualifikationen in der Berufsausbildung. Hamburg, 1990

Reichertz, J.: Wie lässt sich die Kommunikationswissenschaft für die Pflegeförderung nutzen – wenn sie sich denn nutzen lässt? (unveröffentlichtes Referatskript)

Remmers, H.: Pflegewissenschaft und ihre Bezugswissenschaften. Fragen pflegewissenschaftlicher Zentrierung interdisziplinären Wissens. Pflege 12. Jg., Heft 6, S. 367–376, 1999

Robert-Bosch-Stiftung (Hrsg.): Pflegewissenschaft, Grundlegung für Lehre, Forschung und Praxis, Materialien und Berichte 46. Gerlingen, 1996

Roth, H.: Pädagogische Anthropologie, Bd. 2. Hannover, 1976

Schaeffer, D.: Pflegewissenschaft in Deutschland. Zum Entwicklungsstand einer neuen Disziplin. Bielefeld, 1998

Schaeffer, D., Bartholomeyczik, S.: Vakuum füllen. Pflegewissenschaft und -forschung in Deutschland. In: Dr. Mabuse 117, Januar/Februar, S. 42–44, 1999

Schäfer, K. H., Schaller, K.: Kritische Erziehungswissenschaft und kommunikative Didaktik. Heidelberg, 1973

Schaller, K.: Bildung als Selbstverwirklichung. In: Radius. Eine Vierteljahrschrift, 19. Jg., S. 204–212, 1974

Schaller, K.: Comenius 1992, gesammelte Beiträge zum Jubiläumsjahr. Sankt Augustin, 1992

Schaller, K.: Rationale Kommunikation – Prinzip humaner Handlungsorientierung. In: Winkel, R. (Hrsg.): Deutsche Pädagogen der Gegenwart. Ihre Erziehungs-, Schul- und Bildungskonzepte, Band 1. Düsseldorf, 1984

Schelten, A.: Einführung in die Berufspädagogik. Stuttgart, 1994

Schierz, E. et al.: Zwischenprüfung auf der Grundlage handlungsorientierten Unterrichts. Die berufsbildende Schule, 47 (1995) 10, S. 331 ff.

Schröck, R.: Des Kaisers neue Kleider? Bedeutung der Pflegetheorien für die Entwicklung der Pflegewissenschaft in Deutschland. In: Osterbrink, J. (Hrsg.): Erster internationaler Pflegetheorienkongress Nürnberg. Bern u.a., 1998

Schwarz-Govaers, R.: Praxiswissen der Pflege und Fachdidaktik. Wie kann das Praxiswissen der Pflege für eine Pflegedidaktik nutzbar gemacht werden? In: Koch, V. (Hrsg.): Bildung und Pflege. Bern, Göttingen, Toronto, Seattle, 1999

Sennewald, H.: Strukturmodell des Unterrichts, Studienheft des Deutschen Berufsverbandes für Krankenpflege. Frankfurt, 1987

Seyd, W.: Auf dem Prüfstand: Handlungsorientierung in der Ausbildung. PflegePädagogik 6, S. 4–10, 1995

Sieger, M., Zegelin, A.: Berufspädagogische und didaktische Orientierungen. In: Ministerium für Frauen, Jugend, Familie und Gesundheit des Landes Nordrhein-Westfalen (Hrsg.): Arbeitsauftrag und Zwischenbericht der Landeskommission zur Erstellung eines landeseinheitlichen Curriculums als empfehlende Ausbildungsrichtlinie für die Kranken- und Kinderkrankenpflegeausbildung. Düsseldorf, 1999

Sieger, M., Boeckmann, I., Korpus, B., Partz, R.: Lehrerhandbuch zur Planung und Gestaltung der Krankenpflegeausbildung. Hagen, 1986

Vogel, A.: Krankenpflegeunterricht. Didaktik und Methodik. Stuttgart, 1979

Weidner, F.: Professionelle Pflegepraxis und Gesundheitsförderung. Frankfurt, 1995

Wichmann, V.: Kinderkrankenpflege. Stuttgart, 1991

Wittneben, K.: Pflegekonzepte in der Weiterbildung zur Pflegelehrkraft: Über Voraussetzungen und Perspektiven einer kritisch-konstruktiven Didaktik der Krankenpflege. Frankfurt/M., Bern, New York, Paris, 1991 und 1998

Wittneben, K.: Pflegeausbildung im Spannungsfeld von Pflegepraxis, Pflegewissenschaft und Didaktik. In: Koch, V. (Hrsg.): Bildung und Pflege. Bern, Göttingen, Toronto, Seattle, 1999

Wondraschke, G.: Curriculum: Theoretische Ausbildung in der Krankenpflege. Freiburg i. Br., 1988

6 Neue Medien in Pflegebildungseinrichtungen und ihre pädagogische Legitimation

Michael Isfort

6.1 Einleitung

Unterrichte zu gestalten, Themen auszuwählen und Schülerinnen als Lehrende zu begeistern ist heute schwieriger denn je. Vor allem das Problem der Unterrichtsgestaltung in einer sich schnell verändernden Zeit, in der technischer Fortschritt auch vor der Schule nicht Halt macht, soll in diesem Kapitel beleuchtet werden. Es werden bekannte Fragen vor dem Hintergrund neuer Entwicklungen gestellt, und es wird versucht, Antworten darauf zu finden.

«Die Zunahme an Information hat die Gesellschaft drastisch verändert. Konnte man sich früher noch durch die Lektüre einiger Zeitschriften über ein ‹Fachgebiet› auf dem Laufenden halten, so müsste man heute Hunderte solcher Zeitschriften lesen. Zudem haben inzwischen viele Berufe einen multidisziplinären Charakter, sodass man über mehrere Fachgebiete Bescheid wissen muss» (Gossen, 1998, S. 1).

Dieses Problem gilt sicherlich für viele Bereiche des beruflichen und wissenschaftlichen Lebens. Das Problemfeld einer multiprofessionellen Disziplin trifft in besonderem Maße für die Pflege zu, denn diese bezieht ihre Wissensbasis nicht nur aus einer sich etablierenden Pflegewissenschaft, sondern zusätzlich aus einer ganzen Reihe von Bezugswissenschaften. Der Logik dieser Annahme folgend, ergibt sich für das pädagogische Praxisfeld innerhalb der Pflege eine leidvolle Konsequenz:

Die Lehrenden der Pflege stehen unter einem noch stärkeren Druck als die Pflegepraktikerinnen, denn sie müssen nicht nur das aktuelle Wissen aus der Pflegewissenschaft und den anderen Bezugswissenschaften (jedenfalls teilweise) vorhalten, sondern sich auch noch im originären pädagogischen Feld mit seinen spezifischen Fragestellungen und Denkstilen bewegen können. Nur so können sie gegensätzliche Sichtweisen der verschiedenen Disziplinen in einen Unterricht integrieren und sie so für die Schülerinnen transformieren, dass sie nachvollziehbar werden. Wenn eine Sachanalyse nunmehr verschiedene Wissenschaftsbereiche umfasst, dann ist auch die Auswahl der Inhalte bedeutend schwieriger, die zu Unterrichtsgegenständen transformiert werden. Es scheinen immer mehr Inhalte in einer gleich bleibenden Zeit zu vermitteln zu sein, und die Lehrende kann zu dem Eindruck kommen, dass sie mit zunehmender inhaltlicher Auseinandersetzung und einem Zugewinn an faktischem Wissen in der konkreten Unterrichtsplanung immer handlungsunfähiger wird, da sie nun gar nicht mehr weiß, was sie unterrichten soll, was wegfallen kann und ob sie die wichtigen Inhalte aufgedeckt und nicht zuletzt selbst hinreichend verstanden hat. Vor dem Hintergrund der Zunahme der Informationen und der Notwendigkeit, sich mit anderen Fachleuten aus anderen Gebieten zu verständigen, scheint somit die Schwierigkeit der didaktischen Reduktion für die Lehrenden an Komplexität zuzunehmen.

Es stellen sich in der Unterrichtsvorbereitung zusätzliche Fragen:

1. In welchen Bereichen legt man die inhaltlichen Schwerpunkte?
2. Reicht die zur Verfügung stehende Zeit für eine umfangreiche Sachanalyse?

3. Kennt man sich in den verschiedenen Fachgebieten aus?
4. Kann man eine Einschätzung geben, wie ein Patientenproblem X aus Sicht der Psychologie, Soziologie oder der Medizin betrachtet wird?
5. Wo liegt ein verlässlicher Minimalkonsens in den einzelnen Wissensbereichen?

Doch nicht nur diese Fragen, die durch die Zunahme an Wissen entstehen, erschweren die Unterrichtsvorbereitung. Folgt man dem vorläufigen Perspektivenschema zur Unterrichtsplanung von W. Klafki, dann ergibt sich bei einem weiteren Punkt ein Problem. Dieses soll hier als Frage formuliert werden: Kann man über die Gegenwarts- und vermutete Zukunftsbedeutung einzelner Inhalte verlässlich Auskunft geben in einem Berufsfeld, das sich wie kaum ein anderes in einem starken Veränderungsprozess befindet?

Was also ist zu tun? Soll man die Klafkische Frage nach der Gegenwarts- und der vermuteten Zukunftsbedeutung nicht mehr stellen, oder muss man sie gerade wegen der benannten Schwierigkeiten umso dringlicher stellen? Eine mögliche Antwort wäre: Man muss sie unbedingt stellen, vielleicht aber anders als bisher. Sie kann nicht mehr einseitig von der Lehrenden in Form einer Vermutungsaussage beantwortet werden. Vielleicht müsste die Lehrende die Schüler und Schülerinnen befähigen, diese Frage selbst beantworten zu können, denn um allein eine Antwort geben und eine Einschätzung der Zukunftsbedeutung vornehmen zu können, müsste sie geradezu hellseherische Fähigkeiten besitzen. Sie müsste Gebiete inhaltlich überblicken, die unüberschaubar geworden sind. Handelt es sich bei dem bearbeiteten Unterrichtsgegenstand und der Menge der Informationen um eine momentane «Modeerscheinung» oder um eine langfristige und dauerhafte Veränderung mit einer Veränderung des Arbeitsfeldes oder des beruflichen Selbstverständnisses? Wie werden sich die Wissenschaften diesem bestimmten Problem in Zukunft nähern? Wer wird sich mit seiner Perspektive durchsetzen? Bleiben überhaupt monokausale Erklärungen – z.B. für die Beschreibung der Entstehung von Krankheiten – bestehen? Hier könnte ein pädagogischer Perspektivenwechsel eine hilfreiche Weichenstellung sein. Diese müsste beinhalten, dass die Gegenwarts- und Zukunftsbedeutung entdeckend durch die Schülerinnen selbst herausgearbeitet und anschließend thematisiert wird. Diese müssen einem Unterrichtsgegenstand ihrerseits eine bestimmte Bedeutung zumessen und ihn in ihre persönliche Gegenwart integrieren. Das geschieht ohnehin, nur meistens unangefragt und dementsprechend ohne Konsequenzen für den weiteren Lehr-Lern-Prozess. Die konkrete Frage nach der Gegenwarts- und Zukunftsbedeutung könnte leitend für Reflexionsphasen nach einem Unterricht sein; so wird sie thematisiert, und die Schülerinnen können einerseits die konkrete Bedeutung für den Moment darstellen und andererseits hypothetische und zukunftsgerichtete Gedanken äußern, perspektivisches Denken einüben. Dies ist bei Klafki ebenso gefordert, wie die Frage zum Reflexionsgegenstand für die Lehrende oder das Team der Lehrenden zu machen.

Aber nicht nur diese Hürde gilt es zu meistern, sondern ein weiteres Problem schließt sich im Rahmen der Unterrichtsvorbereitung an, das der Unterrichtsmittel, der Methoden oder – für dieses Kapitel noch enger gefasst – der nutzbaren computergestützten (neuen) Medien für die Vermittlung solcher komplexer und multidisziplinärer Wissensbestände.

Dieses Kapitel beschäftigt sich, methodisch betrachtet, ausschließlich mit den «neuen Medien»; es erscheint demnach notwendig, sich an dieser Stelle zunächst einmal dem Medienbegriff zu nähern. Das Wort «Medien» leitet sich aus dem lateinischen «medium» (Vermittler) ab. Es bezeichnet im Bereich der privaten und öffentlichen Kommunikation zusammenfassend alle visuellen, auditiven und audiovisuellen Kommunikationsmittel wie z.B. Presse, Funk, Film und Fernsehen.

Mit der zunehmenden Technisierung kamen auch Begriffe wie Hard- und Software hinzu. Neue Medien umfassen demnach auch computergestützte Technologien und erweitern so den alten Medienbegriff um Videotext und Datenabrufsysteme (Schaub und Zenke, 1995, S. 242).

Die durchaus wichtigen pädagogischen Fragen, können und sollen an dieser Stelle nicht umfassend beantwortet, aber zumindest benannt werden:

1. Wie verändern diese neuen Medien die Kommunikationsgewohnheiten zwischen Menschen und somit auch zwischen Lehrerinnen und Schülerinnen?
2. Welchen Einfluss haben sie auf Erwartungshaltungen von Seiten der Schüler an die mediale Aufbereitung von Unterrichten oder anders: Müssen in Zukunft in Videoclipqualität und -geschwindigkeit Filme gezeigt werden, um an die Erlebniswelt der Schülerinnen anzuknüpfen?
3. Wird durch eine «Technisierung» von Unterricht Individualität stärker als Solidarität gefördert?
4. Wie sieht der Arbeitsplatz einer Lehrenden in Zukunft aus?

Im Folgenden wird keine Beschreibung von Unterrichtskonzepten stattfinden, die durch die Nutzung neuer Medien ermöglicht werden, wie etwa CBL (Computer based learning) oder WBT (Web based training). Auch geht es nicht um eine Beschreibung und Analyse bestehender Lernprogramme. In diesem Kapitel sollen vor dem Hintergrund des oben beschriebenen Problemfeldes der Informationszunahme und des vorgestellten Medienbegriffes die folgenden pädagogischen Fragen gestellt und erörtert werden:

1. Welche neuen Medien, die für eine multiprofessionelle Wissensaufbereitung offen genug sind, können in der Pflegebildung genutzt werden?
2. Wann und wie kann man sie für die Schülerinnen Gewinn bringend einsetzen?
3. Wie legitimiert sich der Einsatz neuer Medien aus dem pädagogischen Betrachtungswinkel der didaktischen Prinzipien heraus?

Auf die erste Frage scheint eine Antwort auch bei flüchtiger Betrachtung schnell zu finden zu sein. Computer sind Arbeitsmittel, die sehr offen sind und sich prinzipiell für den Einsatz in der Schule eignen, da sie auf kleinem Raum viele Informationen speichern und austauschen können. Eine Bibliothek auf einer Silberscheibe, eine ganze Welt über Modemkarten erreichbar – eine erstaunliche und faszinierende Erfindung. Vor allem die mit dem Computer verbundene Nutzung des Internets scheint eine mögliche Antwort auf den notwendigen Zugriff auf die sich erweiternden Informationen zu sein. Dieser Punkt bedarf ausführlicherer Betrachtungen.

Die zweite Frage kann nicht losgelöst von den anderen betrachtet werden, sonst würde das Primat der Methode erneut Einzug halten.

Einer eingehenden ersten Betrachtung bedarf vor allem die dritte Frage, nämlich die nach der pädagogischen Legitimation des Einsatzes neuer Medien oder – einfacher ausgedrückt – die Frage, warum man sie in der Pflegebildung nutzen kann und sollte. Diese Frage ist von großer Bedeutung, denn ein bloßes «Weil es gerade Mode ist» oder «Weil ich die Erlebniswelt der Schülerinnen nutzen möchte» kann aus pädagogischer Sicht keine zufrieden stellende Antwort sein.

Auch gilt es kritisch zu hinterfragen, welche Möglichkeiten und Grenzen diese neuen Medien haben. Eine pädagogische Beschäftigung mit diesem Thema erscheint zudem deswegen von Bedeutung, weil die Kritiker durchaus gute Argumente aufweisen können, die einen Computereinsatz in der Schule bedenklich erscheinen lassen. Von Hentig (1993) führt in seinem Buch «Die Schule neu denken» eine Reihe solcher kritischer Argumente an. Seine Überlegungen verweisen auf eine Vielzahl an ungelösten Problemen. Er befürchtet z.B. eine mögliche Reduktion des Begriffes «Wissen» in Richtung «Information» und einer lediglich kognitiven Erfassung von Inhalten, wohingegen das «Wissen um etwas» immer auch eine Erfahrungsseite beinhaltet. Von Hentig sieht hierin eine zentrale Gefahr, nämlich den eigentlichen Auftrag von Schule im Sinne einer Lebensvorbereitung zu Gunsten einer oberflächlichen Informationsvermittlung einzutauschen. Diese Gefahr kann durch eine unreflektierte Nutzung neuer Medien und den damit verbundenen Zugriff auf eine Vielzahl von Informationen durchaus als real bezeichnet werden. Ein Anstieg der Quantität der Informationen ist sicherlich kein Anstieg der Qualität und bedeutet keinesfalls einen Gewinn, da erst die Integration der Information in bestehendes Wissen und die reflektierte Bewertung und Auseinandersetzung mit einer Informationen ein pädagogisches Ziel darstellen können. Der Nutzen neuer Medien ohne pädagogische Zielsetzungen, Begleitungen und ausgewiesene Konzepte kann also sehr wohl in Frage gestellt werden. Es scheint keinen empirischen Hinweis dafür zu geben, dass durch die Nutzung von Computern ein wesentlicher Lernvorteil zu verzeichnen ist. Auch sind die Fragen nicht endgültig geklärt, ob die Benutzung von Computern ein eigenes Fach darstellen soll, ob man die Technisierung damit nicht überbetont, die Schülerinnen zu Befehlsausführern von Bildschirmhinweisen macht, vor allem welche Inhalte denn reduziert werden können. «HTML» oder «Java» (Programmiersprachen für Internetanwendungen) statt Englisch, so könnte eine provokante Neuorientierung der Lehre der «Sprachen» sein. Dem gegenüber stehen Bemühungen, den Computer in den Unterricht zu integrieren, ohne ihn übermäßig zu thematisieren und so ein Selbstverständnis im Umgang zu erlernen.

Zunächst abschließend kann allerdings festgehalten werden, dass sowohl von Hentigs Anmerkungen und Gedanken als auch die anderen hier aufgezeigten pädagogischen Problemskizzen vor dem Hintergrund einer praxisfeldorientierten Ausbildung anders diskutiert werden müssen, denn sie beziehen sich auf das Grund- und Allgemeinschulwesen. Trotz seiner vehementen Kritik an der Nutzung der modernen Informations- und Kommunikationselektronik stellt Hentig in seiner Einführung Folgendes fest: «Der Computer wird die Schule und ihren Auftrag verändern, gleich ob sie sich auf ihn einlässt oder nicht. Sie wird sich vermutlich umso mehr ändern, je weniger sie sich mit ihm befasst» (von Hentig, 1993, S. 34).

Eine pflegepädagogische Beschäftigung mit diesem Bereich ist notwendig, wollen Pädagoginnen die Veränderungen gezielt steuern und mit beeinflussen.

Leitend für die nun folgende Betrachtung der pädagogischen Legitimation des Einsatzes neuer Medien sind die in diesem Buch beschriebenen didaktischen Prinzipien der Wissenschafts-, Situations- und Handlungsorientierung sowie die Ausführungen zum selbst gesteuerten Lernen. Diese Prinzipien stellen einen zentralen pädagogischen Betrachtungspunkt dar, sie berücksichtigen die Tatsache, dass Menschen stets in Situationen und aus einem Sinnverständnis heraus handeln, das es ihnen ermöglicht, so und nicht anders zu handeln. Als didaktische Prinzipien dienen sie somit der curricularen Orientierung. Sie sind darüber hinaus Maßstab, Reflexions- und Begründungsrahmen pädagogischer Arbeit und können handlungsleitend für Transformationsprozesse in Unterrichten sein.

Es scheint zunächst ein pädagogischer Widerspruch zu sein, dass dieses Kapitel eine methodische Frage in den Mittelpunkt stellt und sie unter einer gleichwertigen didaktischen Fragestellung betrachtet. Auf die Interdependenz dieser Beziehung wird jedoch an anderer Stelle in diesem Buch hingewiesen. Auch A. und R. Kaiser sehen eine nur scheinbare Widersprüchlichkeit in der Frage nach einem möglichen Primat (der Didaktik oder der Methode). Sie bewerten diese Aspekte nicht in einem Vor- und Nachordnungsverhältnis, sondern in einem wechselseitigen Verhältnis, das einen Perspektivwechsel zwischen Inhalt und Vermittlungsakt darstellt (Kaiser und Kaiser, 1998, S. 283).

6.2 Wissenschaftsorientierung und neue Medien

Kaiser und Kaiser grenzen von der Wissenschaftsorientierung die Wissenschaftspropädeutik als direkte Hinführung zum späteren wissenschaftlichen Arbeiten ab, sehen aber Überschneidungen: «Orientierung, Ausrichtung an der bzw. an den Wissenschaften kann heißen, die im Unterricht vermittelten Inhalte auf den Kenntnisstand der Wissenschaften zu beziehen. (…) Neben dem inhaltlichen Aspekt zielt wissenschaftsorientierter Unterricht auf die Verfahren, die methodische Struktur der Wissenschaften ab, also darauf, Aussagen zu belegen, unter denen sie gelten. (…) Und schließlich beinhaltet Wissenschaftsorientierung auch eine Reflexion auf die Möglichkeiten und Grenzen wissenschaftlichen Vorgehens, um so einer blinden Wissenschaftsgläubigkeit entgegenzuwirken» (Kaiser und Kaiser, 1998, S. 290).

Wissenschaft und ihre Denkstile haben zu allen Zeiten offen oder verdeckt Einfluss auf die Inhalte und Methoden des Unterrichts ausgeübt. Die Wissenschaftsorientierung der Pflege befindet sich derzeit in einem Wandel. Waren vor Jahren in besonderem Maße die Naturwissenschaften und hier vor allem die Biologie und die Medizin mit den Themen Anatomie, Physiologie und Pathophysiologie die bestimmenden Bezugswissenschaften und damit richtungweisend für die Konstruktion von Curricula und somit für die Systematisierung der Unterrichtssequenzen, so könnten diese in Zukunft durch die Pflegewissenschaft als primäre Disziplin abgelöst werden. Dabei gilt es die gewonnenen Erkenntnisse dieser jungen Disziplin durchaus kritisch zu diskutieren (auch oder gerade im Unterricht), um so die Andersartigkeit des theoretischen Ansatzes zu verstehen, da in der Pflegewissenschaft – jedenfalls derzeit – weniger erklärende als verstehende Aussagen gemacht und phänomenologisch-hermeneutische Ansätze stärker verfolgt werden als quantitativ naturwissenschaftliche.

Wenn Schülerinnen im Rahmen der Wissenschaftsorientierung als zentrale curriculare Leitidee der Unterschied zwischen Pflegealltags- und pflegewissenschaftlichem Wissen aufgezeigt werden soll, damit diese zu eigenen Erkenntnissen und Vergleichen gelangen, dann benötigen sie Zugang zu dem aktuellen wissenschaftlichen Wissen. Ist dieses lediglich auf Seiten der Lehrenden vorhanden, dann entscheidet sie allein über Inhalt und Aufbereitung und stellt damit eine Vorauswahl bereit, die ein umfassendes eigenständiges Erarbeiten nicht mehr ermöglicht. Dies ist einerseits pädagogisch durch eine begründete didaktische Reduktion legitimierbar, steht andererseits aber im Gegensatz zu dem Verständnis von Wissenschaft, das auf einer eigenen Bearbeitung, umfassenden Auseinandersetzung und abschließenden Bewertung beruht. Schülerinnen können durch eine eigenständige Bearbeitung eines Themas das Wesen des wissenschaftlichen Arbeitens nachvollziehen. Die Voraussetzung dafür ist, dass eine Reduktion durch die Lehrende nicht im Vorfeld stattfindet, sondern im Diskurs ausgehandelt wird. Wissenschaftsorientierung bedeutet Kaiser und Kaiser folgend auch, dass der Gegenstand der Pflegewissenschaft im Unterricht selbst thematisiert werden kann. So können Ausblicke in wissenschaftliches Arbeiten mittels des Einsatzes neuer Medien ermöglicht werden. Es geht auch darum, ein kritisches Bewusstsein zu wissenschaftlichem Wissen, dessen Wahrheitsgehalt und den Anwendungsmöglichkeiten zu entwickeln. Dieses kritische Bewusstsein kann nur geschaffen werden, wenn wissenschaftliches Wissen Gegenstand der Betrachtung ist. Klafki schreibt dazu: «Verschiedene Interessenten im ökonomisch-gesellschaftlichen, kulturellen, politischen Feld bedienen sich selektiv bestimmter Elemente der Wissenschaften bzw. ihrer Übersetzungen in technische Geräte und Verfahren, ‹Sozialtechnologien› oder handlungsleitende Deutungsmuster. Wenn diese Zusammenhänge im wissenschaftsorientierten Unterricht nicht exemplarisch aufgehellt werden, erzeugt man bei Schülerinnen eine naive Wissenschafts- und Fortschrittsgläubigkeit und ein unkritisches Vertrauen in ‹Expertenaussagen›, deren mögliche Interessenbindungen dann verkannt werden» (Klafki, 1985, S. 117).

Wie bereits in diesem Buch beschrieben, soll es bei einer Orientierung oder gar Ausrichtung an der Wissenschaft nicht darum gehen, dass Schülerinnen im strengen Sinne wissenschaftlich arbeiten und beispielsweise alle im Internet gefundenen Quellen sichten und auswerten. Diese Aufgabe muss durch die Wissenschaftler und Wissenschaftlerinnen sowie durch die Studierenden der pflegewissenschaftlichen Disziplin geleistet werden und würde weit über eine Wissenschaftsorientierung oder Wissenschaftspropädeutik hinausgehen.

Die bildungspolitische Diskussion über die Möglichkeit der Durchlässigkeit der examinierten Pflegekräfte ins tertiäre Bildungssystem wirft jedoch erstmalig neue Zieldimensionen für die Erstausbildung, wie das Erlernen wissenschaftlicher, schriftlicher Arbeitstechniken, auf. Hier kann es zukünftig in der Ausbildung im Berufsfeld Pflege Annäherungen zwischen Wissenschaftsorientierung und Wissenschaftspropädeutik geben. Damit ergeben sich notwendige Änderungen in der Arbeitsform bereits in der Erstausbildung, da diese auch für Arbeitsweisen in weiterführenden Bildungseinrichtungen vorbereiten sollten. Es werden in den Fachweiterbildungen verstärkt Berichte und Abschlussarbeiten geschrieben, die über die bis dahin weit verbreitete Numerus-clausus-Klausur hinausgehen und eigenständiges Formulieren und Zitieren verlangen. Für diese Arbeiten werden vielerorts klare Angaben bezüglich Schriftgröße, Schriftart und Zeilenabstand ausgegeben, sodass handgeschriebene Dokumente nicht mehr akzeptiert werden und ein Computereinsatz vorgeschrieben ist. Konkrete Veränderungen in der Erstausbildung könnten ein verstärktes Bemühen um eigenständiges Arbeiten der Schülerinnen und das Erstellen von Referaten, Thesenpapieren und oder Aufsätzen bzw. Hausarbeiten sein. Diese Arbeitsformen sind bisher vor allem Schülerinnen aus der gymnasialen Oberstufe bekannt, aber nicht bei allen Schülerinnen in den pflegerischen Ausbildungsgängen grundlegend verankert. Für diese neuen Anforderungen stellen neue Medien ein sinnvolles Arbeitsinstrument dar, mit dem Inhalte recherchiert und Thesenpapiere, Präsentationsfolien und Hausarbeiten erstellt werden können.

Die Frage nach einem offenen Medium, das in der Lage ist, Zugriffe auf multiprofessionelle Wissensbestände zu ermöglichen, bedarf an dieser Stelle der Erörterung. Das wissenschaftliche Wissen wird in Zukunft noch schneller anwachsen als bisher, und es wird in einer für Laien und Experten gleichermaßen unüberschaubaren Menge vorhanden sein. Als empirischer Beweis für diese These könnte durch einfaches Zählen einmal herausgefunden werden, wie viele Fachbücher zum Thema Pflege vor zehn Jahren im Gegensatz zum heutigen Zeitpunkt auf dem Büchermarkt zu finden waren. Doch Quantität ist nicht gleich Qualität, und teilweise überschneiden sich die Angebote der Verlage thematisch, das heißt, einer Neuerscheinung liegen nicht immer neue Themen zu Grunde. Es gibt einen weiteren Indikator für die Zunahme des wissenschaftlichen Wissensbestandes. Betrachtet man die Menge der Studiengänge im Bereich der Pflege (45 in Deutschland), dann kann jährlich mit einem Zuwachs von mehreren Hundert wissenschaftlichen Diplom- oder Bachelor- und Masterarbeiten gerechnet werden, hinzu kommen noch zahlreiche Promotionen und einige Habilitationsschriften. Es stellen sich somit aus pädagogischen Gesichtspunkten in besonderem Maße die Fragen:

- wie zukünftig der Zugang zu diesem Wissen geschaffen werden kann
- wie seriöse Quellen von unseriösen getrennt werden können und
- anhand welcher Kategorien eine Systematisierung des Wissensbestandes zu erfolgen hat und nicht nur, wie die Information selbst vermittelt werden kann.

Einen Zugang zu solchen Wissensbeständen stellt neben Zeitschriften und Büchern derzeit auch die Nutzung neuer Medien dar. Computer bieten die Möglichkeit, über einen Internetanschluss Informationsnetzwerke zu nutzen, die bereits bestehen und in Zukunft weiter ausgebaut werden. Doch hier beginnen bereits die ersten Schwierigkeiten. Wie findet man im Internet wirklich brauchbare Informationen? Wie können Suchmaschinen so verwendet werden, dass sich nicht Hunderte oder Tausende sinnloser Links auftun? Hier gleicht die Suche nach seriösen und brauchbaren Informationen im Internet oft der Suche nach der berühmten Stecknadel im Heuhaufen. Doch es gibt durchaus auch jetzt schon gute und erwähnenswerte Möglichkeiten. In einer Projektarbeit im Pflegeunterricht kann z.B. mittels des Computers auf bestehende Datenbanken zugegriffen werden, die die aufwändige Suche nach veröffentlichten Artikeln wesentlich erleichtern. Diese Datenbanken sind im Internet teilweise kostenlos zugänglich und einfach bedienbar. Als Beispiel können hier die Datenbanken «Heclinet» «Carelit», «Lisk», «Cinahl», «Gerolit», «Somed» und «Medline» genannt werden. Die letzten drei dieser Datenbanken können über den in Köln ansässigen Datendienst DIMDI (Deutsches Institut für Medizinische Dokumentation und Information) erreicht werden und bieten

Zugriff auf gerontologische, pflegerische, medizinische und psychologische Veröffentlichungen in deutsch- und englischsprachigen Zeitschriften über den Zeitraum mehrerer Jahre. Hinzu kommen noch Suchmaschinen, die Artikel der Tagespresse auffinden und so die Recherche auch in den täglichen Printmedien ermöglichen. Mittlerweile kann im Internet nicht nur nach Abstracts, sondern auch nach vollständigen Artikeln in den pflegerischen Fachzeitschriften gesucht werden, da die Verlage zunehmend interne Archive anlegen, in denen Teile der kompletten Zeitschrift und Leitartikel der aktuellen Ausgaben frei zugänglich und uneingeschränkt nutzbar gemacht werden. Beispielsweise sind komplette Artikel der Fachzeitschrift «Die Schwester der Pfleger» beim Bibliomed-Verlag einzusehen. Dasselbe gilt auch für Artikel aus der Zeitschrift «Dr. med. Mabuse». Schülerinnen können so lernen, eigene Erkenntnisse literaturgestützt zu begründen oder einfach mit dem Erfahrungswissen aus dem Pflegealltag zu vergleichen und zu diskutieren. Diese Arbeitsformen ergeben sich einerseits aus einer konkreten Umsetzung der Wissenschaftsorientierung und andererseits aus einem erwachsenenpädagogischen Selbstverständnis heraus, das die Schülerinnen als lernende Subjekte begreift und nicht als zu belehrende Objekte.

Ein Einblick in ermittelte Fachartikel kann im Unterricht genutzt werden, um aufzuzeigen, dass zu dem betreffenden Thema bereits viele Veröffentlichungen vorliegen. Es kann auf diese Art und Weise anschaulich verdeutlicht werden, welchen Stellenwert die konkrete Frage in der gegenwärtigen wissenschaftlichen Diskussion einnimmt. Gerade der spielerische Umgang mit dem Computer und die Einfachheit der Informationsbeschaffung, Kontaktaufnahme und Expertenbefragung können zu einem frühen Zeitpunkt in der Ausbildung ein Interesse für Neuerungen wecken, das später eine bessere Akzeptanz pflegewissenschaftlicher Erkenntnisse in Unterricht und Praxis ermöglichen kann. Der Unterricht kann so eine zentrale Rolle bei der Transformation von wissenschaftlichem Wissen in die Praxisfelder spielen.

Die Pflegewissenschaft wird durch die Nutzung der neuen Medien in stärkerem Maße darstellbar. Kontakte zu Wissenschaftlern mittels E-Mail und Internet können leichter hergestellt werden. In der deutschen Pflegelandschaft haben sich an Universitäten und Fachhochschulen pflegewissenschaftliche Institute gegründet; es kann davon ausgegangen werden, dass diese Institute sich in Zukunft mit der Vorstellung der aktuellen Projekte und den Ergebnissen ihrer Arbeiten im Internet präsentieren werden. Hier können Schülerinnen dann auf einfache Art und Weise direkte und persönliche Kontakte zu Wissenschaftlerinnen und Wissenschaftlern aufbauen und konkrete Fragen stellen. Damit diese Wissenschaft für die Schülerinnen nicht abstrakt bleibt, könnten die beschriebenen Internetkontakte genutzt werden, um eine Brücke zwischen Lernenden und Expertinnen bzw. Experten zu bauen und so einer Vorstellung entgegentreten, die Wissenschaft auf der einen und Pflegepraxis auf der anderen Seite sieht. Die Chancen, die in diesen neuen Möglichkeiten stecken, können und sollten durch die Lehrenden sorgfältig geprüft werden.

Eine mögliche Antwort auf die Frage nach der Gegenwarts- und Zukunftsbedeutung könnte demnach auf pflegecurricularer Ebene lauten: Die Wissenschaftsorientierung selbst kann Zukunftsbedeutung sein.

Diese kann aber nur als eine mögliche übergreifende und zukunftsweisende Orientierung für die Gesamtheit der Schülerinnen verstanden werden, denn Klafki weist darauf hin, dass die Gegenwartsbedeutung eines ins Auge gefassten Ziel- und Themenzusammenhanges kognitiv, emotional und handlungsbezogen für jedes Individuum sehr unterschiedlich sein kann; entsprechendes gilt seinen Ausführungen nach auch für die vermutete Zukunftsbedeutung (Klafki, 1985, S. 216).

6.3 Situations- und Handlungsorientierung und neue Medien

Neben der Wissenschaftsorientierung kann der Einsatz neuer Medien auch durch den situations- oder handlungsorientierten Ansatz begründet werden. Die Situationsbezogenheit meint nach Kaiser und Kaiser, das «Lernen sollte auf Situationen im weitesten Sinne bezogen oder beziehbar sein» (Kaiser und Kaiser, 1998, S. 286). Handlungsorientierung bedeutet, dass curricular berücksichtigt wird, dass Techniken des Arbeitslebens erlernt, eingeübt und bei Abschluss der Ausbildung beherrscht werden. Das bedeutet, dass Routinen in Abläufen herzustellen sind.

Das Prinzip der Situationsbezogenheit und das Prinzip der Handlungsorientierung werden an dieser Stelle gemeinsam betrachtet, da Pflegende immer in komplexen Situationen stehen, in denen sie zu deren Bewältigung spezifische Handlungen ausführen. Dabei stehen die professionellen Pflegenden unter einem Begründungs- und Entscheidungszwang, der ihre Handlungen bestimmt (Weidner, 1995).

Es schließt sich auch unter Betrachtung dieser didaktischen Prinzipien die Forderung nach einer Nutzung neuer Medien an, da sich in der derzeitigen Pflegerealität bereits viele Situationen und Handlungen wiederfinden lassen, die eine geübte Nutzung von neuen Medien oder von Geräten erfordern, deren Benutzung ähnliche Merkmale wie die Arbeit am PC aufweist. In vielen Altenheimen und Kliniken werden Einsatzpläne, Aufnahmeprotokolle, Pflegeplanungen, Pflegeleistungen und OP-Protokolle computergestützt erstellt und dokumentiert. Diese EDV-gestützten Anwendungen verlangen Kenntnisse im Umgang mit Computern. Es lassen sich aber im Praxisfeld auch medizinische Geräte finden, deren Bedienung ähnliche Merkmale aufweisen, wie sie für die Nutzung von Datenverarbeitung am PC zu finden sind. Im Bereich der Krankenhäuser werden verschiedene technische Geräte verwendet (Beatmungs- und Narkosegeräte, Monitoringsysteme, Spritzen- und Infusionspumpen, Vakuumpumpen zur Dekubitustherapie und Spezialbetten), die bei dem derzeitigen technischen Standard teilweise eine große Nähe zur Bedienung von Computern besitzen. Schülerinnen müssen hier auf kleinen Bildschirmen, die sich an den Geräten befinden, Programme aufrufen, Untermenüs öffnen und Werte eingeben und quittieren. Als Bedienelement steht dabei oft nur noch ein Knopf zur Verfügung, mit dem man diese Funktionen steuert.

Dies ist vergleichbar mit der Softwaresteuerung eines PCs mittels einer «Maus». Zeiten, in denen technische Geräte intuitiv zu erfassen und handhabbar waren, scheinen vorbei zu sein, da diese Geräte immer mehr Softwaresteuerung haben und somit in den Funktionen vielfältiger und für den Neuling unübersichtlicher werden.

Auch im Bereich der elektronischen Krankenakten ist eine Zunahme an computergestützten Systemen zu verzeichnen. Für diesen Bereich existiert in Deutschland eine Vielzahl von Softwareprodukten, die im stationären und ambulanten Bereich eingesetzt werden. In Zukunft werden sich Pflegende mit EDV-gestützten Pflegeassessments, Pflegeklassifikationen und Diagnoseplänen auseinander setzen und demnach auch an ihrem Arbeitsplatz mit der Handhabung eines Computers vertraut sein müssen. Die Notwendigkeit für diese Art der Computerarbeit erklärt sich durch eine Zunahme an Pflegeleistungsmessungen und den dazugehörigen PC-gestützten Programmen. Im Langzeitpflegebereich werden momentan Programme wie das RAI (Resident Assessment Instrument) oder PLAISIR (Planification informatisée des soins infirmiers requis) im deutschsprachigen Raum erprobt und eingesetzt. Die Erfassung der bewohnerrelevanten Daten erfolgt dabei am PC. Auch in der klinisch-krankenpflegerischen Praxis werden umfangreiche Nutzungen von Pflegediagnosen, Pflegeinterventionen und Pflegeoutcomes nur noch mittels elektronischer Datenverarbeitung geschehen können, da in diesem Bereich die dokumentarische Komplexität stark zunimmt. Beispiele für diesen Bereich sind der Einsatz des erwähnten PLAISIR und von LEP (Leistungserfassung in der Pflege) in der Schweiz und die mögliche Umsetzung der ICNP (International Classification of Nursing Practice) in Deutschland, die dann in die Dokumentationssysteme der Zukunft einfließen wird. Dabei ist nicht entscheidend, welche der unterschiedlichen Klassifikationen letztendlich verwendet werden wird. Ohne die Nutzung computergestützter Systeme wird eine Pflegedokumentation nur lückenhaft herstellbar sein.

Handlungsorientierung meint in einem engen Sinne, zur konkreten Handlung mit technischen Geräten zu befähigen, die für die Eingabe von Daten verwendet werden. Dieser Aspekt darf nicht aus den Augen verloren werden, auch wenn sich pflegepädagogische Expertinnen darüber einig zu sein scheinen, dass eine Verstärkung vor allem der persönlichkeitsbildenden Anteile in den zukünftigen Schulen erfolgen muss. Bei den oben beschriebenen Klassifikationen und Leistungsmessungs- bzw. Personalbemessungsinstrumenten erweitert sich allerdings der enge Begriff der Handlungsorientierung. Für eine Verwendung solcher Instrumente reicht das bloße Bedienen eines elektronischen Dateneingabegerätes (PC, Scanner, Lesestift) nicht aus. Hier erfolgen Interpretationsvorgänge und Bewertungen, die eine höhere Leistung darstellen, als der reine technisch-praktische Umgang mit einem Gerät. Handlungsorientierung im weiteren Sinne beinhaltet immer diese subjektiven Deutungs-, Bewertungs- und Interpretationsvorgänge.

Ausbildungsqualität muss sich aber auch daran messen lassen, ob für das konkrete Tätigkeitsfeld handlungsfähige Personen im Sinne technisch-praktischer Fähigkeiten (enger Handlungsbegriff) ausgebildet wurden. Dies ist Teil des Ausbildungsauftrags. Die selbstverständliche und geübte Nutzung technischer Geräte kann demnach u.a. *ein* mögliches Merkmal für die Ausbildungsqualität sein.

Es ergibt sich ein weiterer hypothetischer Punkt: Wenn Schülerinnen mit den technischen Gegenständen, mit denen sie auch im stationären, ambulanten und klinischen Alltag konfrontiert sind, sicher umgehen können, haben sie auf dem sich verschärfenden Arbeitsmarkt wahrscheinlich bessere Chancen als die, die erst umfangreich und kostenintensiv durch den Arbeitgeber eingearbeitet werden müssen.

Eine mögliche Konsequenz der oben beschriebenen Annäherung zwischen Medizintechnik und PC-Technologie könnte darin bestehen, wenigstens in einem Bereich umfangreiche Schulungen anzubieten. Diese Aufgabe kann nicht der Praxis allein überlassen bleiben, wenn der Ausbildungsauftrag von Seiten der Ausbildungsstätte umfassend erfüllt werden soll. Die Qualifikationsziele verweisen auf die Notwendigkeit, pflegerische Arbeitsmethoden und pflegerische Fertigkeiten zu beherrschen. Im erweiterten Sinne kann die Handhabung medizinisch-technischer Geräte und administrativer PC-gestützter Systeme als eine pflegerische Fertigkeit verstanden werden.

Um diese Fertigkeiten zu vermitteln stehen verschiedene Wege offen:

1. Computerprogramme, die am Arbeitsplatz verwendet werden, und täglich bedient werden müssen, sind Gegenstand von Schulungen. Hier sind vor allem Schulungen in EDV-gestützten Pflegedokumentationssystemen zu nennen.

2. Es können Grundlagen und Grundwissen im Bereich der Informations- und Kommunikationstechnologie vermittelt werden, da Schülerinnen nach Absolvieren der Ausbildung eventuell einen anderen Arbeitsplatz wählen und so nicht mehr mit dem vermittelten Programm konfrontiert werden. Solches Grundwissen kann mittels Schulungsprogrammen erlernt werden, wie es sie für viele Office-Anwendungen und für die Einführung in Betriebssysteme gibt.

3. Es kann spielerisch der Umgang mit Tastatur und Maus erlernt werden, etwa durch Malprogramme und einfache Schreibprogramme, wie sie ohne zusätzliche Software innerhalb der Betriebssysteme existieren. Diese könnten innerhalb einer Projektarbeit genutzt werden, z.B., wenn die Aufgabe gestellt wird, eine Schülerzeitung oder eine Bewohner- bzw. Patienteninformationsbroschüre herzustellen.

4. Es wäre möglich, dass die Lehrenden die Leittextmethode verwenden und für deren Bearbeitung einen Computer benutzen. Mittels des Computers werden Leittexte abgerufen oder Praxisprotokolle und Abschlussberichte erstellt. Eine grafische Auswertung der in der Praxis gewonnenen Daten kann PC-gestützt erfolgen. Die Integration des Computers in die mediale Ausstattung bei der Leittextmethode kann eine Schnittstelle zu den klassischen Office-Anwendungen darstellen und den Umgang themenorientiert einüben.

5. Es kann das Internet genutzt werden. Vorstellbar sind schulübergreifende Projekte im Sinne einer «vernetzten Schule». Es muss nicht ein «Global classroom» sein, Schülerinnen können einen einfachen Gedankenaustausch oder ein gemeinsames Bearbeiten eines Themas mit einer anderen Schule durchführen. Ein «Global classroom» ist für die Erstausbildung nicht zwingend notwendig, da sich Schülerinnen erbrachte Leistungen von anderen Ausbildungsstätten nicht anrechnen lassen können. Auf der anderen Seite sind internationale Kontakte sicherlich eine Bereicherung. So kann erfahren werden, was Alten-, Kranken- oder Kinderkrankenpflege im Ausland bedeutet und leistet. Natürlich ersetzt ein derartiger Kontakt nicht den vielerorts praktizierten Besuch von Schülerinnen und Schülern in Einrichtungen im Ausland während einer Kursfahrt.
6. Es ist auch möglich, konkrete kognitive Unterrichtsinhalte am Computer zu bearbeiten, etwa bei Lernprogrammen für Anatomie.
7. Zuletzt können Computer genutzt werden, um in diesem Buch beschriebene Expertenprozeduren zu erstellen und zu systematisieren.

In Zukunft müssen vor allem verstärkt pädagogische und weniger finanzielle Entscheidungen getroffen werden, da sich die Kosten für die PC-Technologien noch weiter reduzieren werden. Die Bedingung ist also ein vorhandenes pädagogisches Konzept.

Eine wichtige Frage ist die, welches Ziel durch den Unterricht angestrebt wird, und mit welchem Verständnis von Handlungsorientierung gearbeitet wird. Besteht das Ziel im Verständnis der Logik des Systems und der stattfindenden Deutungen bei der Datenbewertung, dann ergibt sich das Einüben der technischen Verwendung nur als untergeordnetes Ziel. Es wäre damit die Möglichkeit gegeben, weiterführende Fragen zu stellen, etwa, ob durch die Technisierung der pflegerischen Dokumentation eine Vereinnahmung einer medizinisch-naturwissenschaftlichen Betrachtungsweise begünstigt wird (vgl. Wagner, 1997) oder ob parallel dazu begleitende Maßnahmen eingeführt werden müssten, die dem entgegenwirken. Dieses Beispiel ist eine Antwort auf die Frage, wie EDV-Nutzung in Unterrichten platziert werden kann oder sollte. Pädagogisch betrachtet muss die Zielfrage darüber Auskunft geben. Eine eigene Unterrichtsreihe scheint nicht immer die beste Lösung zu sein. Erwachsenenpädagogisch ist das Verständnis für Deutungen sicherlich höher zu bewerten als das reine manuelle Training der Fertigkeit, obwohl auch dies ein legitimes Ziel pädagogischer Bemühungen sein kann. Hier zeigt sich das pädagogische Spannungsfeld der Pflegeausbildung, das die Gegensätze von betrieblichem Anspruch und Bildungsanspruch stets sinnvoll integrieren muss.

Aber auch die Frage nach der Zeit, die für derartige Schulungen curricular veranschlagt wird, darf bei der Umsetzung nicht außer Acht gelassen werden. Der Umgang mit elektronischen Krankenakten bedarf eines größeren Stundenvolumens als das grundständige Erlernen der Handhabung einer Computermaus und der Tastatur.

Gerade das Arbeiten mit multimedialen Anatomieprogrammen kann Beachtung im Unterricht finden, denn es führt zu einem weiteren Vorteil der Nutzung neuer Technologien.

6.4 Selbst gesteuertes Lernen und neue Medien

Betrachtet man die Möglichkeit, dass neue Medien Ton-, Bild- und Textdaten miteinander verknüpfen, dann bedeutet dies, dass zugleich verschiedene Zugänge zum Erwerb von Wissen angesteuert und genutzt werden können. «Selbst gesteuert» könnte mit einem computergestützten Unterricht wörtlich genommen werden. Das Unterrichtsthema könnte z.B. aus dem Bereich des naturwissenschaftlichen Grundlagenwissens stammen und «Die Anatomie und Funktionsweise des Auges» lauten.

Die Schülerin steuert mittels ihres Computers selbst, wann, wie und wie oft sie welche Information nutzt. Dabei kann sie ihren eigenen individuellen Zugang wählen und sich beispielsweise zuerst einmal ein Bild vom Aufbau des Auges anschauen. Der Vorteil von elektronischen Anatomieatlanten ist, dass die Bilder dreidimensional und drehbar erscheinen können. So wird ein verstärktes Verständnis für die räumliche Struktur des Organs geweckt. Hier ist ein wesentlicher Vorteil zur zweidimensionalen Darstellung in Büchern zu verzeichnen. Für das Anatomiebeispiel «Auge» könnte dies bedeuten, dass sich ein «gläserner Mensch» so drehen lässt, dass sich die Schülerin die Verläufe der Sehbahnen und ihre Kreuzung leichter erschließen kann. Hat sie sich mit der dreidimensionalen Ansicht vertraut gemacht, kann sie in einem weiteren Schritt erläuternde Texte lesen oder sich in einer Videosequenz beispielsweise die Lichtbrechung im Glaskörper anschauen. Dazu können gesprochene Erklärungen über einen Kopfhörer angehört werden, der an die Soundcard angeschlossen ist. Anschließend beantwortet sie Fragen eines Kontrollelementes und lässt sich eine Auswertung darüber anzeigen, wie viele der gestellten Fragen sie korrekt beantwortet hat. Anhand der Lernkontrolle kann sie gezielt die Textpassagen ansteuern, die sie nicht behalten hat.

Eine andere Schülerin wählt ihrer Neigung entsprechend einen anderen Zugang zu dem Themenkomplex und beantwortet vorab die Fragen, um zu erkennen, in welchen Bereichen sie sich schwerpunktmäßig Wissen aneignen soll. Danach liest sie sich erst einmal den Text durch und kombiniert dann die neuen Erkenntnisse mit den Bildern, die sie sehen kann. Abschließend nimmt sie eine erneute Lernkontrolle vor. Derartige Unterrichte können nicht ohne Begleitung auskommen. In diesem Fall ist die Rolle der Lehrenden eine entscheidende, denn sie kann auf individuelle Fragen eingehen und einzelne Schülerinnen besonders unterstützen, während andere kaum Anleitung benötigen oder das Thema sogar umfassender erarbeiten können, als dies für den weiteren Unterrichtsprozess notwendig ist und vorher geplant war. So kann die innere Differenzierung einer Ausbildungsklasse erfolgen. Innere Differenzierung, die seit der Reformpädagogik gefordert wurde und in den alten Volksschulklassen natürlicherweise gegeben war, meint, dass Schülerinnen unterschiedlicher Altersklassen und Leistungsstufen mit unterschiedlichen, dem jeweiligen Stand angepassten Arbeitsaufträgen zeitgleich unterrichtet und begleitet werden. Dies erfordert ein anderes methodisches Vorgehen, als durch einen medienunterstützten Lehrerinnenvortrag kognitive Unterrichtsinhalte vermittelnd darzustellen, da eine starke Betonung des Frontalunterrichts diesen Bedingungen nicht gerecht wird. Es fehlt zu der erläuterten Problematik in der pflegepädagogischen Literatur leider bisher an dargestellten Konzepten und erprobten Verfahrensweisen. Hierfür gibt es verschiedene Erklärungsversuche.

Die Idee der inneren Differenzierung schien vor allem mit Einzug der Lernzielorientierung in die pflegerischen Ausbildungen keine praktische Umsetzung mehr zu erfahren, weil davon ausgegangen wurde, dass sich für alle verbindliche Ziele aufstellen lassen, die dann operationalisiert beobachtet und beurteilt werden können. In der Pflegepädagogik könnte die innere Differenzierung wieder stärkeres Gewicht bekommen, wenn eine Verschiebung der Ausbildungsziele in Richtung auf die Persönlichkeitsbildung erfolgt. Diese kann nicht mit einheitlichen Lernzielen hergestellt werden und bedarf einer größeren Beachtung der Individualität der Schülerinnen in allen Lernsituationen. Das setzt bei der Lehrenden voraus, dass sie die Subjektivität der Einzelnen nicht nur erkennt, sondern gerade diese zum Gegenstand pädagogischer Bemühungen macht. Dies beinhaltet, sich von der Idee frei zu machen, alle Schülerinnen gleich behandeln zu wollen oder zu können.

Die Problematik einer großen Heterogenität ist in den Pflegeausbildungen ein durchgängiges und altes Phänomen, da das Spektrum der Bewerberinnen wohl in keinem anderen Ausbildungsberuf so unterschiedlich ist. Diese Heterogenität ergibt sich einerseits aus dem Alter und der Vorbildung und andererseits aus der unterschiedlichen Eingangsmotivation der Bewerberinnen. Umschülerinnen mit bereits abgeschlossener Berufsausbildung, ehemalige Studentinnen mit abgeschlossenem oder abgebrochenem Studium und 17-jährige Schulabgängerinnen bilden mit älteren Neueinsteigerinnen eine gemeinsame

Ausbildungsklasse. Dies sind die vordergründigen Daten, hinter denen noch die verschiedenen Altersstufen mit unterschiedlicher Lebenserfahrung, unterschiedlichem Entwicklungsstand und anderen Lebensfragen stehen. Aus dieser Unterschiedlichkeit resultiert auch eine heterogene Bedeutung der Ausbildung für die Einzelne. Auf der einen Seite stellen sich Fragen der persönlichen oder familiären Existenzsicherung, auf der anderen Seite stehen junge Menschen, die sich erstmals alleinlebend erproben wollen und sich im Arbeitsfeld erst einmal zurechtfinden müssen. Für solch eine Gruppe gemeinsame Lernziele zu formulieren, die eine individuelle Förderung berücksichtigen soll, scheint eine pädagogisch zweifelhafte Aufgabe zu sein.

Die Einführung einer inneren Differenzierung bedarf einer sorgfältigen Analyse der Voraussetzungen und gegebenenfalls der Einhaltung mehrerer Zwischenschritte. Das bedeutet, dass zuerst geschaut werden muss, welche Lernmethoden auf Seiten der Schülerinnen vorhanden sind und eventuell neue Formen eingeübt werden müssen. Vielleicht bedarf es auch einer Diskussion mit den Schülerinnen, um eine etwa vorhandene «Konsum- und Entertainmenthaltung» dem Unterricht gegenüber kritisch zu reflektieren. Auch ist vorstellbar, dass mit leichten Themenkomplexen begonnen werden muss, ehe man sich an die gesamte Bearbeitung einer Themenreihe wagen kann. An dieser Stelle sei noch einmal auf die Bedeutung der Erwachsenenpädagogik hingewiesen, die das Individualitätsprinzip stärker berücksichtigt, als die Schuldidaktiken dies tun.

Eine Kombination eines erwachsenenpädagogischen Konzeptes mit der Leittextmethode könnte ein didaktisch-methodisches Fundament sein und die Nutzung eines PCs ein sinnvolles Medium für die Umsetzung darstellen.

Mittels der beschriebenen Nutzung neuer Medien lässt sich ein Mindestmaß an Individualität im Lernen kognitiver Inhalte erreichen, und persönliche Interessen, Stärken und Schwächen der Schülerinnen können leichter berücksichtigt werden.

6.5 Die Rolle der Lehrenden

Die Rolle der Lehrenden wird sich bei der beschriebenen Art des Vorgehens im Gegensatz zum kognitiv-vermittelnden Unterricht maßgeblich verändern.

Bei einer computerunterstützten Lernbegleitung ist die Lehrende nicht mehr die alleinige Expertin und Wissende, denn auch sie kann nicht über alle Informationen zu einem komplexen Thema verfügen; sie kann auf Grund des offenen Umgangs mit Informationsnetzwerken nicht mehr den berühmten «Fünf-Buchseiten-Vorsprung» haben. Sie ist also nicht mehr die Ansprechpartnerin für die Richtigkeit einer Information, sie ist u.a. eine Beraterin im Umgang mit der Information. Auf Grund der zunehmend unübersichtlichen Vielfalt an Informationen bedarf es seitens der Schülerinnen einer Beratung in der Art und Weise der Nutzung von Informationen. Durch die Lehrende werden so neben anderen Vorteilen von projektorientiertem Arbeiten (stärkere Eigenaktivität der Schülerinnen, Demokratisierung von Schule, stärkere Betonung kommunikativer Prozesse im Unterricht und damit verbundene Erhöhung sozialer Aspekte innerhalb einer Gruppe) Möglichkeiten aufgezeigt, um ein gezieltes Informationsmanagement zu betreiben.

An dieser Stelle wird auch der Vorteil einer Projektmethode unter dem Fokus der Wissenschaftsorientierung deutlich. Der wesentliche Unterschied eines Projektes mit freiem Zugang zu Informationen im Gegensatz zum Erarbeiten eines Arbeitsauftrags liegt in dem Zeitpunkt der Auswahl und Begrenzung der Informationen und in der daraus resultierenden Notwendigkeit der Transparenz von Entscheidungen durch die Lehrende. Bei einer nachträglichen Auswahl und Eingrenzung des Stoffes ist sie aufgefordert, die Reduktion zu begründen, ihre Sichtweise darzulegen und Entscheidungen gemeinsam mit den Schülerinnen zu diskutieren. Das Nachvollziehen solcher Entscheidungen ist für Schülerinnen eine Möglichkeit, Wissenschaftsorientierung nicht nur als Leitkategorie für die Konstruktion der Curricula, sondern im konkreten Unterricht zu erfahren, da auch im wissenschaftlichen Arbeiten das Eingrenzen von Informationen transparent und begründet erfolgt.

Eine solche Betreuung stellt demnach eine sehr komplexe Aufgabe dar, die über die Begleitung traditioneller Gruppenarbeiten hinausgeht. Es bedarf einer starken situativen und kommunikativen Kompetenz auf Seiten der Lehrenden, denn die planbaren Elemente und vorab bestimmbaren Ergebnisse des Unterrichts verringern sich. Bei der Projektmethode werden Inhalt, Ziele und Wege der Informationsbeschaffung in einem gemeinsamen Diskurs erarbeitet. Das bedeutet nicht, dass die Lehrende keine Ziele vor Augen hat, sie muss sie aber offener kommunizieren, wenn sie Bestandteil der Auswertung sein sollen.

Die Rollen der Lehrenden werden vielfältig. Sie ist Beraterin, Filter und Moderatorin zugleich. Erst ihre Anwesenheit macht es möglich, dass Irrwege nicht beschritten oder Informationen ausgesucht genutzt werden können. Das Benennen eigener Gedanken der Schülerinnen während der Suche und Auswertung stellt dabei den eigentlichen Lernvorgang dar. Dies äußert sich durch Aussagen wie: «Das ist doch genauso wie …» oder «Wenn wir das so ausführen, würde das dann bedeuten, dass …».

Diese Aussagen weisen auf die stattgefundene Auseinandersetzung mit dem Thema hin. Die eigenen Gedanken der Schülerinnen zu bestärken und sie durch Fragen auf bestimmte Problembereiche zu lenken, kann eine der bedeutenden Aufgaben der Lehrenden in einem solchen computergestützten Projekt sein.

6.6 Ausblicke und Grenzen der neuen Medien

Um die neuen Medien computer-entsprechend zu nutzen und einzuführen, bedarf es in den kommenden Jahren noch erheblicher Arbeit der Lehrenden, da mit dem Pflegeberuf oftmals nicht eine automatische Nutzung des Computers verbunden wird und sich vor allem Personen für diesen Bereich interessieren, denen es auf den persönlichen Kontakt mit Menschen und nicht auf das Erlernen einer technischen Fertigkeit ankommt. Diese persönliche Beobachtung aus der PC-Schulungsarbeit mit verschiedenen Gruppen aus dem Pflegebereich beinhaltet die Notwendigkeit, ein anderes Vorgehen bei den Lernsituationen zu berücksichtigen, als dies in Bereichen der Fall ist, die selbstverständlich mit der Nutzung von Computern in Verbindung gebracht werden, wie etwa kaufmännische Berufe. Eventuell muss mit wenig Vorkenntnissen oder sogar mit Vorurteilen seitens der Computerbenutzer gerechnet werden. Das bedeutet, dass mit dem beschriebenen Weg des «spielerischen Umgangs» anfänglich lernhemmende Einflüsse minimiert werden müssen.

Zukünftige Generationen an Schülerinnen werden das Arbeiten mit dem Computer bereits in der Schule erlernt haben und diese Technologien mit größerem Selbstverständnis einfordern und verwenden. Dies liegt vor allem an der bundesweiten Initiative «Schulen ans Netz».

Eine solche Initiative für die Pflegeschulen besteht zurzeit nicht und muss auf Grund der besonderen Stellung der Schulen im derzeitigen Bildungssystem von den privaten oder staatlichen Trägern der Krankenhäuser selbst geleistet werden. Für Schulen, die diese Entwicklung nicht berücksichtigen, könnten sich zukünftig Nachteile im Wettbewerb um Schülerinnen ergeben, da sie nicht die Lernmittel zur Verfügung stellen, die diese zu verwenden gewohnt sind. Dass das Vorhandensein von Computerarbeitsplätzen ein mögliches Auswahlkriterium für die Wahl einer Schule werden wird, kann zurzeit nur eine Annahme sein. Es gibt aber noch andere Befürchtungen. Es besteht zu Recht die Angst, dass Pflegeschulen von Modernisierungsentwicklungen abgekoppelt bleiben und so wieder eine Sonderstellung im Bildungssystem einnehmen, diesmal jedoch nicht auf der Seite der strukturellen Einbindung, sondern auf der Seite der medialen Ausstattung.

Es bedarf pflegepädagogischer Forschungsarbeit, um zu untersuchen, inwieweit die hier angenommenen Vorteile und Nachteile der Nutzung neuer Medien der pflegepädagogischen Ausbildungsrealität entsprechen. Die bislang publizierten Untersuchungen beschäftigen sich vor allem mit der Situation von allgemein bildenden Schulen, die einen anderen Auftrag, nämlich vor allem einen Erziehungsauftrag, haben und andere Inhalte vermitteln.

Es ist vorstellbar und wünschenswert, dass sich Lehrende zukünftig an der Entwicklung von Lernprogrammen und Expertenprozeduren, wie sie in den Transfertheorien beschrieben wurden, beteiligen. Sie können aus ihrem spezifischen Blickwinkel wichtige Hinweise für die Entwicklung und spätere Nutzung interaktiver Lehrbücher geben. Dazu benötigen sie nicht unbedingt Programmierkenntnisse, sondern vor allem klare Vorstellungen darüber, wie ein gutes Medium gestaltet werden muss, damit Schülerinnen sinnvoll damit arbeiten können. Mit solchen Konzepten kann dann in Zusammenarbeit mit Fachverlagen und deren Softwareherstellern zukunftweisende pflegepädagogische Lernsoftware entwickelt werden. Bislang mangelt es noch an guten Simulationen oder interaktiven Büchern für den pflegerischen Bereich. Bislang bildet das interaktive Buch zur Basalen Stimulation® von Peter Nydahl noch eine Ausnahme. Eine Schwierigkeit auf Seiten der Verlage ist sicherlich der vergleichsweise hohe Kostenaufwand solcher Projekte, die geringe Auflagenstärke im pflegerischen Fachbuchbereich und die Angst, dass solche Lehr- und Lernbücher als Raubkopien eine größere Auflage erzielen, als der Verlag selbst.

Doch wie alle Instrumente haben auch die neuen Medien nur einen eingeschränkten Nutzen. Sie stellen somit ebenso wenig einen «pädagogischen Zauberstab» dar, wie die beschriebene Leittextmethode, und müssen sehr gezielt eingesetzt werden. Die erwähnten Vorteile beschränken sich vor allem auf die Möglichkeiten, projektorientierte Unterrichte spannender zu gestalten, Zugriffe auf viele unterschiedliche Informationen zu ermöglichen und kognitive Lerninhalte leichter darstellbar und erfassbar machen zu können.

Informationsmanagement und wissenschaftsorientiertes Arbeiten können mit Hilfe der neuen Medien einfacher und schneller in das konkrete Unterrichtsgeschehen integriert werden. Die Grenzen werden an dieser Stelle jedoch sehr deutlich, denn ob durch die Nutzung neuer Medien eine qualitative Verbesserung von Unterricht ermöglicht wird, ob Lernen leichter und nachhaltiger geschehen kann und ob den Schülern Unterricht mit einem PC mehr Spaß macht, ist für die Pflegepädagogik eine spannende Forschungsfrage, für die es bisher keine Belege gibt. Interessant ist auch die Fragestellung, was denn ausschlaggebend für eine Verbesserung von Lernsituationen ist: die Nutzung neuer Medien, die Verwendung einer Projektmethode oder beides zugleich?

Wenn aber durch die Ausbildung Mündigkeit und Persönlichkeitsbildung ermöglicht werden sollen, dann kann dies nur über den kommunikativen Dialog, die Konfrontation mit dem menschlichen Gegenüber und die Reflexion der Praxistätigkeit erfolgen. Für solche Aufgaben stellen Computer nur ein begrenzt einsetzbares Medium dar. Selbst wenn sie genutzt werden, um Praxiserlebnisse mit den Schülerinnen anderer Schulen zu vergleichen, dann ist das Mittel immer das geschriebene Wort oder die Sprache, der Computer ist nur ein Transportmittel, das die Übermittlung vereinfacht. Ein umfassender erfahrungsorientierter Unterricht kann mit einem PC nicht erfolgen. Hier fehlen die Spontaneität der Äußerungen und der direkte menschliche Kontakt mit der Möglichkeit, nonverbale Signale zu beachten und zu thematisieren.

Die für das Internet geschaffene Ausdrucksform von Emotionen innerhalb eines geschriebenen Textes, so genannte «Emoticons», sind eine nette Erfindung für den privaten Schriftverkehr, sie sind aber keinesfalls ein ernst zu nehmender Ersatz für das Erspüren von Emotionen innerhalb des gesprochenen Wortes und der personalen Begegnung.

Diese Dimensionen der Ausbildung bedürfen anderer Methoden und der Schaffung andersartiger Lernsituationen. Hier sind vor allem Rollenspiele, supervisorische Anteile, Kommunikationsseminare mit Übungsphasen oder szenische Darstellungen von Pflegesituationen und Gruppenkonflikten zu nennen.

Für eine Praxisreflexion, die sich an dem Erleben und an den Gefühlen der Schülerinnen orientiert, ist ein mit Teppich ausgestatteter Meditationsraum notwendiger als ein PC-Schulungsraum.

Literatur

Benner, P.: Stufen zur Pflegekompetenz – From Novice to Expert. Bern, Göttingen Toronto, Seattle, 1994

Glöckel, H.: Vom Unterricht. Bad Heilbrunn/Obb., 1992

Gossen, W. T. F.: Pflegeinformatik. Wiesbaden, 1998

Kaiser, A., Kaiser, R.: Studienbuch Pädagogik. Grund- und Prüfungswissen. Berlin, 1998

Klafki, W.: Neue Studien zur Bildungstheorie und Didaktik. Weinheim, 1985

Schaub, H., Zenke, K.: Wörterbuch zur Pädagogik. München, 1995

Hentig, H. von: Die Schule neu denken. München, Wien 1993

Weidner, F.: Professionelle Pflegepraxis und Gesundheitsförderung. Frankfurt/M., 1995

Wagner, G.: Distanz oder Nähe? Erfahrungen mit Computern in der Intensivmedizin. Zeitschrift für Gesundheitswissenschaften, Heft 4, 1997, S. 372–392

7 Die Bedeutung der Methoden

Roswitha Ertl-Schmuck

7.1 Der Zauberstab der Unterrichtsmethodik in der pflegeberuflichen Ausbildung

Welche Pflegelehrerin hielte ihn nicht gerne in Händen, den Zauberstab der Methodik, mit dem nach Belieben alles bewirkt werden kann: selbsttätiges Lernen, Faszination, rasches Verstehen und Erlernen von Fertigkeiten, zugleich aber auch Beruhigung der eigenen sozialen Ängste vor der Gruppe, Schutz vor den immer wieder aufbrechenden Unsicherheitsgefühlen.

Analysiert man pflegedidaktische Publikationen verschiedener Pflegepädagogik-Zeitschriften der letzten Jahre, so wird ein umfangreiches Methodenrepertoire für den Pflegeunterricht erkennbar. Hierbei dominieren Entwürfe, in denen methodische Ansätze der allgemeinen Schulpädagogik auf den Pflegeunterricht übertragen werden. In diesen Artikeln wird vielfach der Eindruck erweckt, man bräuchte nur die entsprechende Methode und schon komme es zu einer effektiven Vermittlung zwischen dem lernenden Subjekt und dem zu lernenden Unterrichtsthema. Viele Pflegelehrerinnen sind somit enttäuscht, wenn es unter dem Einsatz «neuer» Methoden nicht sofort zu den erwarteten Erfolgserlebnissen kommt. Dabei wird häufig übersehen, dass bei den Schülerinnen gut gemeinte und didaktisch begründete Methoden ganz anders ankommen können, als der oder die Lehrende es sich bei der Planung von Unterricht gedacht hat. Ein weiteres Problem ergibt sich, dass Lehrende für Pflege Methoden aufgreifen, diese jedoch ungenügend in einen bildungstheoretischen Kontext einordnen und reflektieren. In pflegedidaktischen Diskussionen wird diese Problematik noch weitgehend ausgeblendet.

Sich mit der Methodenfrage auseinander zu setzen, ist ein schwieriges Unterfangen und zählt zu den ungeklärten Fragen der erziehungswissenschaftlichen Theoriebildung. Diese Problematik ergibt sich aus der Tatsache, dass die Methodenfrage immer nur im Kontext mit den vielfältigen konstituierenden Elementen des Unterrichtsprozesses diskutiert werden kann. Darüber hinaus sind die Kriterien, an denen sich der Erfolg oder auch Misserfolg einer eingesetzten Methode festmachen lässt, zwischen Wissenschaftlerinnen und Unterrichtspraktikerinnen durchaus strittig, da bislang kein Konsens über «guten» Unterricht vorliegt [Terhart und Wenzel, 1993, S. 12].

In diesem Beitrag zur Bedeutung der Methoden werden zum einen unterrichtsmethodische Zusammenhänge beleuchtet, zum anderen werden diese Verflechtungen am Beispiel der Leittextmethode im Kontext bildungstheoretischer Position aufgezeigt. Zugleich soll deutlich werden, dass Methoden nie mehr als ein denkbar strukturierter Weg zu den in den Blick genommenen Zielen sein können. Sie sind keine Generalschlüssel, die alle Lernsituationen und Stimmungen erschließen. Noch so ausgeklügelte Verfahren finden ihre Begrenzung im sich verweigernden Subjekt, das sich gegen aufgedrängte Ziele, Lerninhalte oder ungewohnte Arbeitsformen wehrt. Methoden sind somit keine Zaubertechniken, deren Einsatz den Erfolg der Arbeit garantiert. Gleichzeitig soll aber auch deutlich werden, dass Methoden Arbeitsformen sind, die

7.2 Methodisches Handeln in organisierten Lehr- und Lernprozessen

7.2.1 Zur Begriffsbedeutung – Terminologische Probleme

Das Wort «Methode» ist in der vielfältigen unterrichtstheoretischen Literatur nicht eindeutig definiert. Die unterschiedlichen Begriffe und Theoriebildungen tragen eher zu einer Verwirrung als zu einer Klärung bei. Blankertz [1991, S. 18 f.] verweist darauf, dass gerade das Feld der Unterrichtsmethoden ein «Tummelplatz normativer Sätze» sei, wobei jeweils berechtigte Einzelaspekte immer wieder isoliert betrachtet und aus dem Gesamtzusammenhang herausgelöst werden.

Was bedeutet der Begriff «Methode»? In dem heutigen Wort «Methode» ist das griechische Ursprungswort «méthodos» (der Weg der Untersuchung, die Darstellungsweise) noch enthalten. Methode wird nach diesem Verständnis als Lehr- bzw. Lernweg bezeichnet [Adl-Amini, 1993, S. 87]. Im traditionellen Lehrerinnen-Schülerinnen-Verhältnis weiß die Lehrende, zu welchem Ziel und mit welchen Inhalten sie ihre Schülerinnen führen will. Sie sucht den effektivsten Weg, um die festgelegten Ziele zu erreichen. Ihre Entscheidungen über Ziele, Inhalte und Methoden sind bereits vor dem Begehen des Weges gefallen, auf dem relativ selten Abweichungen möglich sind. Unterrichtsmethode wird in diesem Verständnis als Mittel zum Zweck aufgefasst und in dieser instrumentellen Relation gewichtet. Dabei herrscht ein mechanisches Methodenverständnis vor, die Methoden erscheinen als objektiv gesicherte Machtmittel, um genau definierte Effekte zu erzielen [Meueler, 1990, S. 116].

Ist nun jede pädagogische Methode somit nur eine von den Lehrenden vorweg geplante «Darstellungsweise» auf dem Weg zu einem vorher festgelegten Ziel, oder werden auf diesem Weg auch neue Ziele und Inhalte formuliert, die sich aus der intensiven Bearbeitung einer Unterrichtsthematik in Zusammenarbeit mit den Lehrenden und Schülerinnen ergeben? Wenn Unterrichtsmethode ausschließlich als vorweg geplanter Weg im traditionellen Sinne bezeichnet wird, so schließt dies die vielfältigen Aspekte aus, die im Unterricht eine Rolle spielen. Als Problem bei diesem Verständnis ergibt sich, dass Lernprozesse und die methodische Gestaltung der Lernwege getrennt voneinander gesehen werden und der Methode lediglich eine Zubringerfunktion zuerkannt wird [Adl-Amini, 1993, S. 85]. Methodisches Arrangement ist jedoch nicht losgelöst von den Zielen, von der Struktur der Lerninhalte sowie von den Handlungsmöglichkeiten und -absichten der am Unterricht Beteiligten. Die Methode ausschließlich als vorweg geplante Darstellungsweise auf dem Weg zu einem vorher festgelegten Ziel zu bezeichnen, könnte somit erhebliche Missverständnisse hervorbringen. Bei dieser Vorgehensweise sind die Lehrenden diejenigen, die planen, entscheiden und strukturieren, die Lernenden dagegen sind Objekte gestaltender Einwirkungen. Die Neugier der Lernenden und ihre kreativen Potenziale werden auf diese Weise wenig oder gar nicht genutzt.

In der kritisch-konstruktiven Didaktik nach Klafki werden Unterrichtsmethoden «als Inbegriff der Organisations- und Vollzugsformen zielorientierten unterrichtlichen Lehrens und Lernens verstanden» [Klafki, 1993, S. 131]. In diesem umfassenden Verständnis wird deutlich, dass Unterrichtsmethoden nicht einseitig als Instrumentarium des bzw. der Lehrenden gesehen werden, sondern vielmehr als Formen, in denen Lehr- bzw. Lernprozesse aufeinander bezogen sind. Hilbert Meyer geht von einem ähnlichen Verständnis aus, wenn er Unterrichtsmethoden als die Formen und Verfahren kennzeichnet, «in und mit denen sich Lehrer und Schüler die sie umgebende natürliche und gesellschaftliche Wirklichkeit unter institutionellen Rahmenbedingungen aneignen» [Meyer, 1987, S. 45].

Nach Hilbert Meyer
- haben Unterrichtsmethoden eine formale, äußere und eine inhaltliche, innere Seite. Mit formaler, äußerer Seite meint er «die Formen der Kommunikation, Kooperation und der zeitlichen Untergliederung des Lernprozesses» [Meyer, 1987, S. 46]. Die inhaltliche, innere Seite ist die Aneignung von Wissen und Sinnzusammenhängen, die nicht direkt von außen beobachtet, aber in bestimmten Handlungssituationen zum Ausdruck gebracht werden kann.
- bezeichnen Unterrichtsmethoden Beziehungen, in denen nicht nur Lehrende, sondern auch Schülerinnen als Akteurinnen des methodischen Handelns in den Blick genommen werden. Dabei wird grundsätzlich eine Zusammenarbeit zwischen Lehrenden und Schülerinnen angestrebt.
- werden über die Methodenfrage institutionelle Rahmenbedingungen zur Sprache gebracht. Für methodisches Handeln ist es entscheidend, ob der Lehrende für 15 oder 30 Schülerinnen zuständig ist, ob er Zensuren geben muss, welcher Zeitrahmen für bestimmte Lerneinheiten zur Verfügung steht, wie die Raumausstattung ist etc. Lehrende und Schülerinnen werden durch diese Rahmenbedingungen geprägt, der «heimliche Lehrplan» setzt sich durch.
- nehmen übergeordnete Bildungsziele der Lehrerin, wie beispielsweise kritisches Denken, Verantwortungsfähigkeit etc. bei der Methodenfrage eine bedeutende Rolle ein, auch wenn diese nicht immer explizit genannt werden.

Die genannten Dimensionen können immer nur in ihrer Wechselseitigkeit und Verwobenheit in einen Sinnzusammenhang gebracht werden. Wenn in einem Bereich etwas verändert wird, dann hat dies Auswirkungen auf andere Bereiche. Entscheiden sich beispielsweise Lehrende und Schülerinnen für ein Planspiel, so hat diese Festlegung auch Konsequenzen auf andere Dimensionen, wie etwa auf die Sozialform; Planspiel schließt Frontalunterweisung aus. Das methodische Handeln von Lehrerinnen und Schülerinnen ist nach Meyer gekennzeichnet von einer zielgerichteten Arbeit, der sozialen Interaktion und einer sprachlichen Verständigung [Meyer, 1987, S. 46 f.].

7.2.2 Verschiedene Dimensionen methodischen Handelns – Versuch einer Klassifikation

In der Literatur gibt es eine Vielfalt von Klassifikationsversuchen, die angehende Pflege-Lehrerinnen in ihrer Ausbildung zur Genüge kennen gelernt haben [vgl. Meyer, 1987]. Auf eine ausführliche Darstellung und kritische Diskussion wird deshalb in diesem Kapitel verzichtet.

Um die Komplexität und Vielfalt der Methodenbegriffe dennoch deutlich zu machen, wird auf ein Strukturmodell methodischen Handelns zurückgegriffen, in dem die verschiedenen Dimensionen methodischen Handelns zusammengefasst werden [Meyer, 1987, S. 235] **(Abb. 7-1)**. Ausgehend von pädagogischen Handlungssituationen lassen sich folgende Dimensionen unterscheiden:

- **Die Sozialformen:** Damit sind die Organisationsformen des Unterrichts als Organisation der Kooperation zwischen den Schülerinnen und zwischen Lehrerinnen und Schülerinnen gemeint. Begriffe wie Sozialformen, Kooperationsformen oder Unterrichtsformen werden hier verwendet. Als Hauptformen werden Einzel-, Partner-, Gruppen-, Plenararbeit und Frontalunterweisung genannt.
- **Die Handlungsmuster:** Zu diesen häufig als Arbeits- und Aktionsformen bezeichneten Verfahren, gehören: Vortrag, Gespräch, Schülerreferat, Streitgespräch, Rollenspiel, Planspiel, Demonstration etc.
- **Die Unterrichtsschritte:** Diese regeln die Prozessstruktur des Unterrichts durch den zeitlichen Ablauf und den methodischen Gang. Die Prozessstrukturen werden zu Verlaufsformen nach lernpsychologischen und motivationalen Gesichtspunkten weiterentwickelt. Die Berliner Didaktiker (Heimann, Otto und Schulz) sprechen von Artikulationsschemata, andere von Stufen- oder Phasenschemata des Unterrichts (Herbart, Herbartianer, Roth usw.).

```
┌─────────────────────────────┐
│ Der Unterrichtsprozess      │
│ konstituiert sich in        │
└─────────────────────────────┘
              ↓
┌───────────────────────────────────────────────┐
│ Handlungssituationen, in denen durch die      │
│ zielbezogene Arbeit, die soziale Interaktion  │
│ und sprachliche Verständigung von Lehrer und  │
│ Schülern der Unterrichtsinhalt erarbeitet     │
│ wird. Dabei findet eine Entfaltung des        │
│ methodischen Handelns in drei Dimensionen     │
│ statt, die untereinander und zu der Ziel- und │
│ Inhaltsdimension in Wechselwirkung stehen:    │
└───────────────────────────────────────────────┘
```

1. Sozialformen Sie regeln die Beziehungsstruktur des Unterrichts mit ihrer äußeren und inneren Seite: • Raumstruktur • Kommunikationsstruktur	2. Handlungsmuster Sie regeln die Handlungsstruktur des Unterrichts durch ihre äußere und innere Seite: • Inszenierung von Wirklichkeit • Aufbau von Handlungskompetenzen	3. Unterrichtsschritte Sie regeln die Prozessstruktur des Unterrichts durch ihre äußere und innere Seite: • Zeitlicher Ablauf • Methodischer Gang

```
┌───────────────────────────────────────────────┐
│ Sozialformen, Handlungsmuster und             │
│ Unterrichtschritte verfestigen sich im        │
│ stitutionellen Rahmen schulischen             │
│ Unterrichts zu:                               │
└───────────────────────────────────────────────┘
```

(Differenzierungs- und Integrationsformen)   (Methodische Großformen)   (Verlaufsformen des Unterrichts)

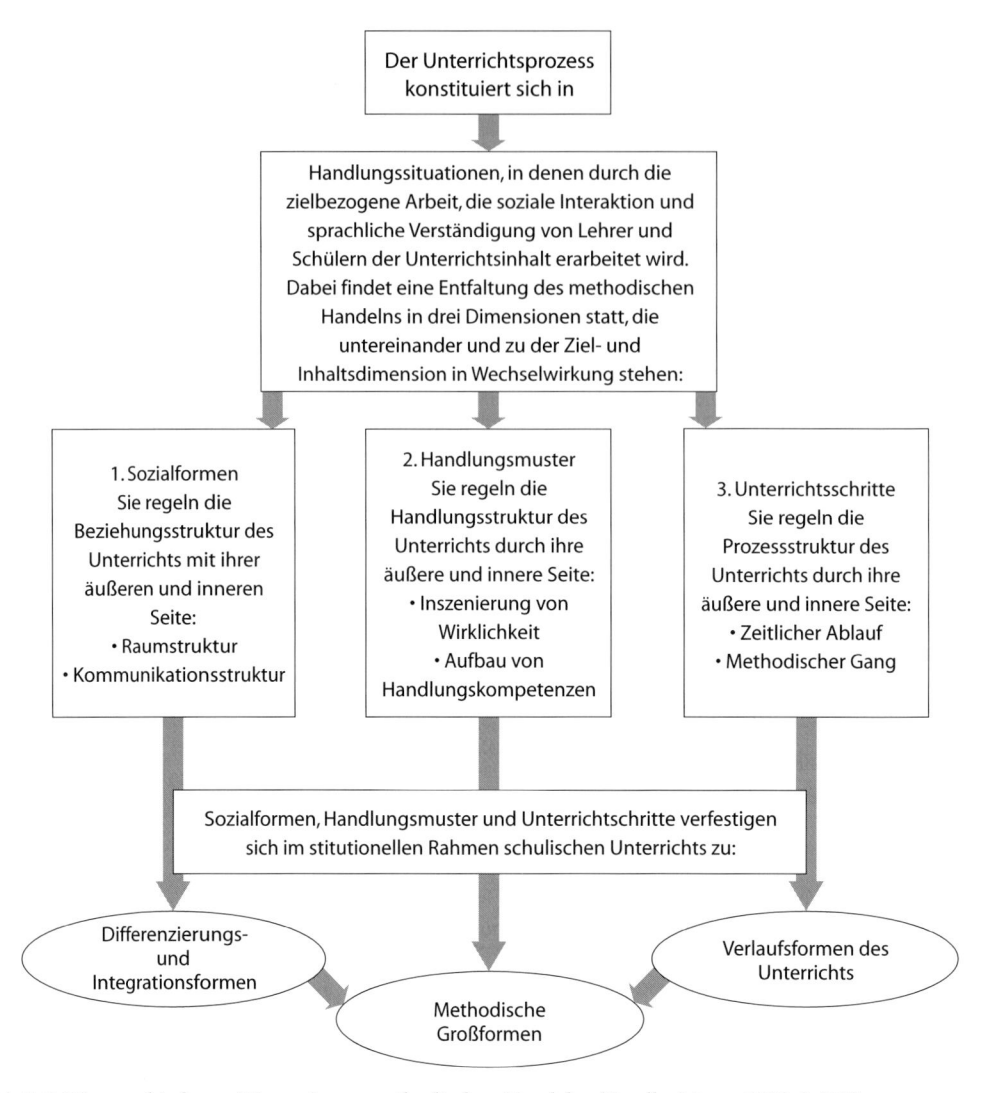

Abb. 7-1: Die verschiedenen Dimensionen methodischen Handelns (Quelle: Meyer, 1987, S. 235)

Diese verschiedenen Ebenen verfestigen sich in Differenzierungs- und Integrationsformen, methodischen Großformen, wie z.B. Projektarbeit.

Durch das methodische Handeln der Lehrenden und das Verhalten der Schülerinnen entfalten sich die drei dargestellten Dimensionen. Das Zusammenspiel dieser miteinander verwobenen Dimensionen macht insgesamt die Methode aus. Die methodische Organisation verlangt somit Entscheidungen auf allen Ebenen. Sie lassen sich jedoch nicht voneinander deduzieren, wenngleich sie nicht völlig unabhängig voneinander sind. Wer sich für den Projektunterricht entschieden hat, kann als Sozialform nicht mehr die Frontalunterweisung wählen. Die Verwirrung in der Diskussion über Methoden kommt meist dadurch zustande, dass immer nur ein Aspekt herausgestellt wird, dieser für das Ganze gehalten wird und alle übrigen Momente unreflektiert impliziert werden. Methodische Analyse muss somit alle Formen in ihrer Wechselseitigkeit zur Diskussion bringen.

7.3 Didaktischer Implikationszusammenhang oder die Einheit von Ziel, Inhalt und Methode unter der Perspektive bildungstheoretischer Position

7.3.1 Zur Bedeutung des didaktischen Implikationszusammenhangs

Eine strenge Trennung von Didaktik und Methodik, wie sie in der geisteswissenschaftlichen Pädagogik vom Primat der Didaktik erfolgte und die Methode als Anhängsel der Didaktik bewertet wurde, gibt es heute weitgehend nicht mehr. Es war vor allem Wolfgang Klafki, der die Berliner Didaktik wegen ihrer gleichmäßigen Bezogenheit auf alle Unterrichtsstrukturmomente von seiner eigenen, auf Inhalte konzentrierten Didaktik abhob. Die Vertreter dieser beiden didaktischen Positionen haben sich inzwischen in dieser Streitfrage zunehmend angenähert und diese auch weiterentwickelt [Schulz, 1980, S. 86; Klafki, 1993, S. 117/259]. Die These, dass Unterrichtsziele, -inhalte und -methoden in einer Wechselwirkung zueinander stehen, wird in der didaktischen Literatur als «didaktischer Implikationszusammenhang» [Blankertz, 1991, S. 94 f.] oder Interdependenzthese [Schulz, 1965, S. 45] diskutiert. Konkret bedeutet dies, dass alle wesentlichen konstitutiven Faktoren von Unterricht wechselseitig voneinander abhängen und einer allgemeinen Zielorientierung unterliegen. Klafki spricht heute vom Primat der Zielentscheidungen (Intentionen) und meint damit, dass alle Momente der Unterrichtsplanung und des Unterrichtsprozesses einer übergeordneten Zielsetzung unterliegen und die Entscheidungen zu den anderen Strukturmomenten von den Zielen her begründet werden müssen [Klafki, 1993, S. 116]. Interdependenz, so Klafki, darf jedoch nicht als gleichartige Abhängigkeitsbeziehung zwischen den Strukturmomenten missverstanden werden. Die verschiedenen Dimensionen von Unterricht hängen zwar miteinander zusammen, jedoch im Sinne qualitativ unterschiedlicher Beziehungen [Klafki, 1993, S. 117].

Somit gibt es keine symmetrischen Beziehungen zwischen Zielen, Inhalten und Methoden, diese sind insbesondere abhängig davon, auf welcher Ebene didaktisches Handeln stattfindet.

In der didaktischen Literatur gibt es eine Fülle von Modellen, mit denen man die unterschiedlichen Ebenen didaktischen Entscheidens, Handelns und Analysierens zu ordnen versucht. In Anlehnung an Ewald Terhart [1983, S. 20 ff.] werden folgende didaktische Ebenen unterschieden:

- **Die übergeordnete Zielebene:** Hier werden grundsätzliche Entscheidungen über Ziele und Inhalte der einzelnen Unterrichtsfächer in Curriculumkommissionen, Fachkonferenzen etc. getroffen. Bildungstheoretische Positionen kommen in den Blick. In diesen werden allgemeine Zielsetzungen festgelegt, die Auswirkungen auf die konkreten Unterrichtsziele, -inhalte und -methoden haben, wie z.B. Förderung von Kommunikations-, Kooperations- und Problemlösungsfähigkeit, reflektierte Rollenübernahme und Rollendistanz etc. Die Methodenentscheidungen sind hier in die Ziel- und Inhaltsentscheidungen eingeschlossen, werden aber nicht explizit erwähnt. Beispielsweise kann man die Fähigkeit zur Selbstbestimmung letztlich nur durch Erfahrungen mit Situationen erwerben, die Selbstbestimmung ermöglichen.
- **Die Planungsebene:** Hier werden Entscheidungen für den Unterricht getroffen. Dabei geht es in bildungstheoretischer Perspektive zunächst darum, die curricular festgehaltenen Inhalte einer Sinnfrage zu unterwerfen. Diese zielt insbesondere darauf ab, wozu der Erwerb von Kenntnissen, Fertigkeiten, Fähigkeiten und Einstellungsmustern im beruflichen Feld der Pflege den Lernenden dient. Klafki und auch Blankertz vertreten die Ansicht, dass die Konstituierung des Unterrichtsthemas in jedem Fall über solche Fragen zustande komme, die nach der Relevanz der Unterrichtsinhalte fragt. Die didaktische Analyse geht zwar der methodischen Gestaltung zeitlich voraus, aber in ihr ist die Methode immer schon antizipiert, sodass ihre Ergeb-

nisse die immanente methodische Strukturierung erkennen lassen. Einerseits sei es die Relevanzbedeutung und andererseits die Unterrichtsmethode, welche zwischen den individuell-subjektiven Voraussetzungen der Schülerinnen und den objektiven Lernanforderungen vermittle [Blankertz, 1991, S. 99]. Die Methodenentscheidungen erfolgen aus der Wechselwirkung der Ziel- und Inhaltsentscheidungen sowie aus den subjektiven Voraussetzungen und Interessen der Lernenden.

- **Die Handlungsebene:** Hier wird der Unterrichtsprozess durch die Interaktion von Lehrenden und Schülerinnen konstruiert. Die Unterrichtsmethode ist in dieser Ebene zentral für die Bewegung und Unterstützung des Lernprozesses als Erkenntnisprozess. Diese Lernprozesse werden im pflegerischen Berufsfeld von jungen Erwachsenen mit unterschiedlicher Persönlichkeitsstruktur, Biografie, unterschiedlichen Interessen und Deutungen vollzogen. An dieser Stelle wird deutlich, dass Methoden nicht aus Zielsetzungen und den thematischen Entscheidungen deduziert werden können, sondern die Lernvoraussetzungen, Interessen und Aktivitäten der Schülerinnen sind als weiterer Bedingungsfaktor der Unterrichtsmethode in den Blick zu nehmen, einmal im Feld der Unterrichtsplanung, zum anderen aber verstärkt in der konkreten Realisierung von Unterricht. Zu Beginn einer Unterrichtseinheit können Ziele, Inhalte und Methoden zwischen den Lehrenden und Lernenden ausgehandelt werden. Der Lehr- bzw. Lernzusammenhang wird als Feld unterschiedlich mächtiger Interessen erkannt, die im weiteren Lehr- bzw. Lernprozess offen miteinander ins Spiel gebracht werden können [Meueler, 1990, S. 140].

Methoden haben ihr Kriterium somit nicht nur darin, ob sie ziel- und sachgemäß sind, sondern gleichzeitig darin, inwieweit sie entsprechende Lernprozesse herausfordern, ermöglichen und fördern [Klafki, 1993, S. 131]. Dabei ist von Bedeutung, darauf verweist vor allem Klafki in seiner kritisch-konstruktiven Didaktik, dass konkrete Ziele, Inhalte und Methoden für den jeweiligen Unterricht nicht aus den allgemeinen Zielen deduziert werden können. Thematische und sozialerzieherische Entscheidungen müssen «mit diskursiv entfalteten, im Prinzip konsensfähigen oder mindestens diskutablen Argumenten primär dadurch gerechtfertigt werden, dass die Auseinandersetzung mit den vorgegebenen Themen und Lernzielen die Entwicklung der Selbstbestimmungs-, Mitbestimmungs- und Solidaritätsfähigkeit fördern kann. Solches Argumentieren hat den Charakter kritischer Interpretation unter den leitenden Zielvorstellungen» [Klafki, 1993, S. 118].

Unter dem Gesichtspunkt der pädagogischen Verantwortung für gegenwärtige und zukünftige Lebens- und Entwicklungsmöglichkeiten jedes Menschen liegen nach Klafki die Aufgaben der Bildungstheorie und Bildungspraxis im Kontext gesellschaftlicher Entwicklungsprozesse in der kritischen Beurteilung und Mitgestaltung derselben. Klafki sieht Bildung in einem kritisch-emanzipatorischen Verständnis:

- «als Fähigkeit zur Selbstbestimmung jedes einzelnen über seine individuellen Lebensbeziehungen und Sinndeutungen zwischenmenschlicher, beruflicher, ethischer, religiöser Art,
- als Mitbestimmungsfähigkeit, insofern jeder Anspruch, Möglichkeit und Verantwortung für die Gestaltung unseres gemeinsamen kulturellen, gesellschaftlichen und politischen Verhältnisse hat,
- als Solidaritätsfähigkeit, insofern der eigene Anspruch auf Selbst- und Mitbestimmung nur gerechtfertigt werden kann, wenn er nicht nur mit der Anerkennung, sondern mit dem Einsatz für diejenigen und dem Zusammenschluss mit ihnen verbunden ist, denen eben solche Selbst- und Mitbestimmungsmöglichkeiten aufgrund gesellschaftlicher Verhältnisse, Unterprivilegierung, politischer Einschränkungen oder Unterdrückungen vorenthalten oder begrenzt werden.» [Klafki, 1993, S. 52]

In der beruflichen Bildung geht es nach Klafki um Aufklärung ökonomischer, gesellschaftlicher und politischer Rahmenbedingungen beruflicher Tätigkeiten sowie um die Bedeutung des

Berufs für die Ausbildung der personalen Identität [Klafki, 1993, S. 72].

Die von Klafki formulierten Grundzüge zur Bildungstheorie können im Sinne einer übergeordneten normativen Kategorie für pflegedidaktische Entscheidungen und Begründungen herangezogen werden. Im Kontext der Strukturveränderungen in den Einrichtungen des Gesundheitswesens, den emanzipativen Entwicklungen im Pflegeberuf und der Umsetzung patientenorientierter Pflegekonzepte werden Fähigkeiten notwendig, die über eine rein funktionale Berufsqualifikation hinausgehen. Ein Pflegehandeln, in dem Aushandlungsprozesse zwischen den pflegefachlichen Notwendigkeiten und den Zielen und Möglichkeiten des pflegebedürftigen Menschen sowie die Achtung vor dem Leben und der Würde des Menschen im Vordergrund stehen, beinhaltet hohe Ansprüche an die Autonomie der Pflegenden, ihr Wahrnehmungsvermögen, soziale und kognitiv-reflexive Fähigkeiten sowie pflegerische Fertigkeiten, aber auch die Fähigkeit zur kritischen Auseinandersetzung mit vorgegebenen Strukturen und die sich daraus ergebenden Hemmnisse, eine derartige Pflege umzusetzen (vgl. Kap. 1).

Unter dieser Perspektive kann in der pflegeberuflichen Ausbildung auf einen Begriff von Bildung nicht verzichtet werden, dessen Doppelcharakter historisch wie auch bildungstheoretisch stets präsent war: Einerseits steht Bildung für die marktgerechte, funktionale Qualifizierung, andererseits wird der Begriff seit der Aufklärung «als Selbstdenken, Selbstbestimmung, als Selbstaneignung» diskutiert und steht gegen eine pure Verzweckung der Person im Arbeitsalltag [Meueler, 1993, S. 154].

In dem bisher Gesagten sollte deutlich werden, dass außerhalb des didaktischen Implikationszusammenhangs unter bildungstheoretischer Perspektive Verfahren ebenso ziel- und wertneutral wie funktionslos sind. In diesem Zusammenhang können pädagogisch verantwortbare Entscheidungen getroffen werden. Diese Entscheidungen so rational wie möglich werden zu lassen, so breit wie möglich wissenschaftlich abzustützen und die Interessen und Fragen der Lernenden einzubeziehen, ist abhängig von der Selbst-, Sach-, Methoden- und Sozialkompetenz, über die Pflegelehrerinnen verfügen. Nur so können die vorhandenen Handlungsspielräume, die in der Pflegeausbildung vorhanden sind, innovativ genutzt werden.

Das Methodenspektrum der Pflegelehrerinnen muss breit gefächert sein, und der Phantasie sollten kaum Grenzen gesetzt werden. Im konkreten Unterricht muss die Lehrende oft von ihrem vorher festgelegten Plan abweichen, um die Fragen der Lernsubjekte ernst zu nehmen und in gemeinsamer Lernarbeit zu beantworten. Die Lehrende sollte jedoch wissen, dass unterschiedliche Methoden zu verschiedenen, durchaus legitimen Ergebnissen und Entscheidungen führen können. Es ist ein Unterschied, ob der Lernprozess auf selbständiges Problemlösen und damit auf allgemeine Selbstbestimmung oder auf nachvollziehendes, affirmatives Lernen gerichtet ist.

Der Methodeneinsatz ist somit keine willkürliche Angelegenheit, keine Alternative zu einem ausschließlich auf Lehrerinnendominanz beruhenden Frontalunterricht, der von den Lehrerinnen, um den Anschein von Rechtfertigung bemüht, oft als fragend-entwickelndes oder darstellend-erarbeitendes Verfahren ausgegeben wird, nicht zuletzt, indem gelegentlich gruppenunterrichtliche Phasen eingeschoben werden und mit audiovisuellen Medien als Auflockerungsmittel gearbeitet wird. Methode beschreibt die Intention, nach der die Lehrenden in gemeinsamer Arbeit mit den Schülerinnen die pflegerische, kritisch-konstruktive Denk- und Handlungsfähigkeit fördern. Über den Erfolg können Lehrende zwar nicht verfügen, sie können ihn jedoch über ein reflektiertes unterrichtsmethodisches Arrangement zumindest wahrscheinlicher machen.

7.3.2 Auswirkungen auf das Verhältnis von Theorie und Praxis in der Pflegeausbildung

Mit der Diskussion des didaktischen Implikationszusammenhangs aus bildungstheoretischer Sicht werden Fragen nach den Methoden in der beruflichen Ausbildung in Theorie und Praxis aufgenommen und eine auf Abstimmung und Kooperation bezogene Kommunikation zwischen den Beteiligten der einzelnen Lernorte in der beruflichen Pflegeausbildung ebenso gefordert, wie die traditionelle Zuordnung von Theorie und Praxis zu den jeweiligen Lernorten, die bisherigen Aufgaben und das Rollenverständnis der Pflege-Lehrenden thematisiert werden. Die didaktischen Leitlinien betreffen die Pflegeausbildung in Theorie und Praxis. Die im Altenpflegegesetz und im Krankenpflegegesetz geforderte Gleichwertigkeit der Lernorte im schulischen (Pflegeschule) und betriebspraktischen Bereich (Altenheim, ambulante Pflegeeinrichtungen bzw. Krankenhaus) gelingt nur, wenn wissenschaftlich fundierte Fachkenntnisse gelernt und die Entwicklung personaler Fähigkeiten an allen Lernorten gefördert werden. Das Lernen in Theorie und Praxis fordert die für die Pflegeausbildung Verantwortlichen auf, den didaktischen Implikationszusammenhang von Zielen, Inhalten und Methoden unter bildungstheoretischer Perspektive zu optimieren, wenn «ein unverbundenes Nebeneinander oder gar Gegeneinander von zahllosen Einzelaktivitäten» [Klafki, 1993, S. 44] verhindert werden soll. Die «Pädagogisierung des Arbeitsplatzes» stellt daher eine zwingende Notwendigkeit dar (vgl. dazu Kap. 10).

7.4 Didaktischer Implikationszusammenhang – Exemplarische Darstellung im Kontext der Leittextmethode

7.4.1 Was heißt Leittextmethode?

Wie gelingt es nun Lehrenden und Schülerinnen in der Pflegeausbildung, Lernwege methodisch so zu gestalten, dass Schülerinnen für bestimmte Themen und Handlungssituationen im Berufsfeld Pflege Interesse zeigen, im sozialen Miteinander Themen kritisch-konstruktiv erarbeiten, die gewonnenen Erkenntnisse im pflegerischen Handlungsfeld einbringen und sich kritisch mit repressiven Pflegestrukturen, die ein patientenorientiertes Handeln behindern, auseinander setzen und Lösungsansätze entwickeln? Neben vielfältigen Einflussfaktoren hängt es auch von den Methoden ab, ob es gelingt, «Kontakte zwischen den beteiligten Subjekten und ihrer materiellen und sozialen Umwelt so herzustellen, dass die Umwelt präziser, differenzierter und vollständiger wahrgenommen, begriffen, mitgeteilt, angeeignet werden kann, als dies in den routinierten Wahrnehmungen und laufenden Verarbeitungen des Alltags möglich ist. Methodisches Handeln (…) besteht darin, Situationen zu schaffen, in denen eine in diesem Sinn qualifizierende Auseinandersetzung mit Wirklichkeit für die Beteiligten möglich und wahrscheinlich wird. Solche Situationen nennen wir dann ‹Lernsituationen›» [Gerl, 1985, S. 45].

Im Folgenden wird die Leittextmethode vorgestellt, mittels derer Lernsituationen in den Blick kommen, in denen eine intensive Beschäftigung mit pflegewissenschaftlichen Themen und beruflicher Pflegewirklichkeit möglich wird.

Die Leittextmethode ist innerhalb der Projektmethode in der betrieblichen Bildungsarbeit von Praktikern der Ausbildung entstanden, die vor allem den Aspekt des selbst gesteuerten Lernens formalisiert. Sie wurde in den 70er Jahren vorrangig von Ausbildern in technischen Großbetrieben entwickelt, eingesetzt und erprobt [Bundesinstitut für Berufsbildung, 1991, S. 9 ff.].

Die Leittextmethode ist nicht etwas grundsätzlich Neues, sie ist die Weiterentwicklung von bereits bekannten methodischen Ansätzen, wie etwa der Projektmethode und der Vier-Stufen-Methode. In der Leittextmethode wurden wesentliche Elemente dieser Ansätze aufgegriffen und zu einem integrativen Konzept verbunden.

Dem Konzept liegt das Modell der «vollständigen Handlung» zugrunde. Berufspädagoginnen stützen sich hierbei weitgehend auf die Handlungsregulationstheorie von Hacker [1986]. In beruflichen Lernprozessen geht es dabei um die Berücksichtigung «vollständiger Handlungen» **(Abb. 7-2)**. Diese werden nach Hacker durch fünf Merkmale charakterisiert:

- ausreichende Tätigkeitserfordernisse
- Möglichkeiten zu Kommunikation und Kooperation
- selbständige Zielentwicklungs- und Entscheidungsmöglichkeiten
- kognitive Vorbereitungsschritte
- Lernmöglichkeiten und Möglichkeiten der Übertragung auf andere Arbeitstätigkeiten.

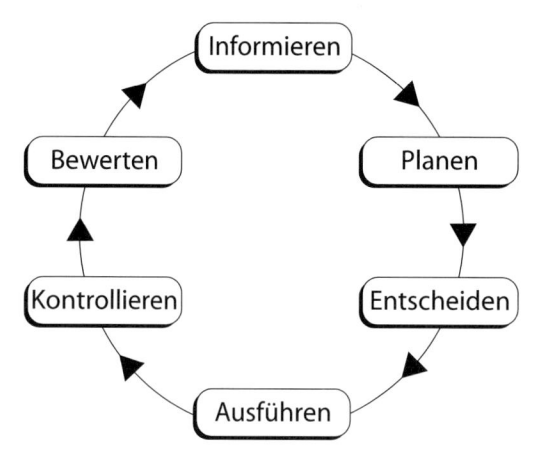

Abb. 7-2: Modell der vollständigen Handlung (Quelle: Rottluff, 1992, S. 25)

Die einzelnen Schritte lassen sich wie folgt erläutern:

1. **Informieren:** Auf dieser Stufe macht sich die Schülerin mit der Aufgabenstellung vertraut und bearbeitet selbständig die zur Bewältigung der Aufgabe notwendigen Informationen.
2. **Planen:** Das Planen dient der Handlungsvorbereitung. Die Schülerin entwickelt eine Art inneres Bild derjenigen Handlungen, die in der konkreten Pflegesituation in eine organisierte Abfolge einzelner Arbeitsschritte übersetzt werden. Der Arbeitsablauf wird schriftlich ausgearbeitet.
3. **Entscheiden:** Beim Entscheiden wird in Zusammenarbeit mit der Lerngruppe und der Praxisanleiterin festgelegt, ob die von der Schülerin erarbeiteten Lösungswege für die tatsächliche Ausführung sinnvoll sind. Erkennbare Lücken sind von der Praxisanleiterin zu erkennen und mit der Schülerin zu reflektieren und aufzuarbeiten. (Im dualen System der Berufsbildung spricht man von der Ausbilderin, die für die praktische Anleitung zuständig ist. Im Pflegebereich sind damit Praxisanleiterinnen gemeint. Da es in dieser Arbeit um die pflegeberufliche Ausbildung geht, wird der Begriff Praxisanleiterin durchgängig benutzt.)
4. **Ausführen:** Durch die sorgfältige Vorbereitung kann nun die Arbeit von der Schülerin selbständig oder, bei komplexen Aufgaben, auch arbeitsteilig in Zusammenarbeit mit der Praxisanleiterin durchgeführt werden.
5. **Kontrollieren:** Die Kontrolle erfolgt zunächst in der Form der Selbstbewertung. Die Schülerin kann dadurch ihre geleistete Arbeit beurteilen, eigenständig Fehler aufspüren und deren Ursachen reflektieren. Darüber hinaus erfolgt eine Kontrolle durch die Praxisanleiterin. Beide Beurteilungen erfolgen schriftlich, jedoch nicht in gemeinsamer Arbeit, sondern jede füllt die vorgefertigten Formulare allein aus.
6. **Auswerten:** Die schriftlich protokollierten Auswertungen bilden die Grundlage für ein gemeinsames Fachgespräch zwischen Schülerin und Praxisanleiterin. Hier geht es darum, Ursachen und Folgeerscheinungen von Lernleistungen weitgehend herauszufinden. Die Schülerinnen lernen zudem, Kriterien für ihr Arbeitshandeln zu entwickeln, um so ihr Handeln zu bewerten und, wenn nötig, zu verbessern [Bundesinstitut für Berufsbildung, 1994a, 32 f.].

In der systematischen Entwicklung der Leittextmethode sind für diese Schritte jeweils didaktische Elemente entwickelt worden, mit denen sichergestellt werden kann, dass bei der Ausführung einer Arbeitsaufgabe von jeder Schülerin alle sechs Stufen berücksichtigt werden. Das Modell der «vollständigen Handlung» ist zum allgemeinen Kennzeichen der Leittextmethode geworden.

Ein wesentliches didaktisches Element sind die so genannten Leittexte. Nach Baethge sind Leittexte «schriftliche Materialien, die Lernprozesse gezielt und planmäßig strukturieren und die es Aus- und Weiterbildenden in den Betrieben erleichtern, die Zielgruppe individuell zu fördern» [Baethge, 1990, S. 394]. Das Prinzip dieser Texte ist es, möglichst alles zu thematisieren, was für die Bearbeitung der gestellten Aufgabe von Bedeutung ist [Brassard, 1994, S. 126 f.]. Diese Materialien sind jedoch weniger Anleitungstexte, als Leitfragen, die die selbständige Planung und Ausführung von Arbeiten unterstützen. In neueren Modellversuchen werden umfangreiche Sachinformationen sogar gänzlich aus den Leittexten verbannt. Dafür werden Anleitungen gegeben, wie die Schülerinnen sich Informationen beschaffen können. Zudem will man die individuellen Lernvoraussetzungen der Schülerinnen berücksichtigen. Die Schülerinnen arbeiten möglichst selbständig. Das heißt allerdings nicht ausschließlich allein, sondern die gestellten Aufgaben werden in kleinen Lerngruppen erarbeitet, wann immer es sinnvoll erscheint.

Wenn die Schülerinnen ausreichend Informationen zu den gestellten Aufgaben bearbeitet haben, planen sie selbst die Durchführung der praktischen Arbeiten. Sie üben neue Fertigkeiten, die für das Ausführen der gestellten Aufgabe erforderlich sind, zunächst an Übungshilfen, wobei sie selbst über das Ausmaß der Übungen entscheiden. Wenn sie sich einigermaßen sicher fühlen, führen die Schülerinnen die gestellte Aufgabe nach Absprache mit der Praxisanleiterin in realen Situationen aus. Die ausgeführte Arbeit wird von der Praxisanleiterin beobachtet. Hierbei können Fehler und Lücken erkannt werden. Nach dem Abschluss der durchgeführten Aufgaben wertet die Schülerin den Verlauf und das Ergebnis ihrer Arbeit selbst aus und bespricht danach ihre Auswertung mit der Praxisanleiterin.

Der Leittext strukturiert den Lern- und Arbeitsprozess, jedoch nicht nur für die Schülerinnen, sondern auch für die Praxisanleiterinnen. Durch Leittexte lassen sich komplexe Inhalte und Fragestellungen systematisieren, und aktive Denkarbeit kann initiiert werden. Dabei unterstützt die Praxisanleiterin die Lernenden dadurch, dass sie diese an die Aufgabenstellung und die veränderte Form des Lernens und Arbeitens heranführt. Ohne Praxisanleiterin funktioniert die Leittextmethode nicht. Das Eingreifen in den Lernprozess soll organisierend, beratend, moderierend, zur Kritik herausfordernd und bewertend erfolgen [Bundesinstitut für Berufsbildung, 1991, S. 15]. Den Praxisanleiterinnen werden somit veränderte Aufgaben zugewiesen: Sie sind nicht mehr in erster Linie Unterweiserinnen, Vormacherinnen, Erklärerinnen und Kontrolleurinnen, sondern vielmehr Lernbegleiterinnen, die die Schülerinnen im Lernprozess unterstützen und zur Selbsttätigkeit und zum Hinterfragen routinierter Handlungsabläufe anregen.

Das Zusammenwirken von komplexen Aufgaben, Leittexten, Medien, Lerngruppenarbeit, Anleitung und unterstützender Begleitung durch die Praxisanleiterin ergibt das methodische Konzept der Leittextmethode [Rottluff, 1992, S. 12]. Der Leittext, eingebunden in die berufliche Ausbildung, übernimmt dabei folgende Funktionen:

- Einführung in einen neu zu beginnenden Ausbildungsabschnitt, wie z.B. den Einsatz auf einer geriatrischen Pflegestation
- Erläuterung von Regeln für den Lern- und Arbeitsprozess
- Vorstellung der zu bearbeitenden praktischen Aufgabe; dabei erfolgt die Orientierung an angemessen komplexen Aufgaben
- Hinführung zur Bearbeitung der gestellten Aufgaben durch Leitfragen und Hinweise darüber, anhand welcher Medien die Inhalte erarbeitet werden können
- Vorstellung von Auswertungsbögen zur Selbst- und Fremdeinschätzung der geleisteten Arbeit [Rottluff, 1992, S. 11].

Leittexte ersetzen keine Fachbücher. Hier sind Unterschiede zum programmierten Lernen erkennbar: Dieses zielt eher auf den Kenntniserwerb ab, wobei die Lernende allein arbeitet; bei der Leittextmethode hingegen wird nicht ausschließlich allein, sondern in Lerngruppen gearbeitet, und der Kenntniserwerb ist eingebettet in die praktische Arbeit. Die Phasen der Leittextmethode zeigt **Tabelle 7-1**.

Tab. 7-1: Phasen der Leittextmethode

Phasen der Leittext-Methode	Bedeutung dieser Phasen
Einführung in einen Ausbildungsabschnitt und Heranführen an die komplexe Arbeit mit Leittextmaterialien	Orientierung, komplexe Aufgaben haben hohen Anreizwert
Informations- und Reflexionsphase: Kenntniserwerb aus Medien, Reflexionsgespräche innerhalb der jeweiligen Lerngruppe	Selbstständiges Durchdenken der Aufgabe, individuelles Tempo, Vorkenntnisse einbeziehen, gezieltes Schließen von Wissenslücken, Umgang mit Medien, Lernen und Arbeiten in Gruppen; durch die theoretische Erarbeitung komplexer Aufgaben kann das Denken in Zusammenhängen gefördert werden; individuelle Begleitung durch Praxisanleiterin
Probieren und Einüben von Fertigkeiten, falls erforderlich	Tempo und Umfang entsprechend Lernbedarf, Verantwortung liegt bei der Schülerin
Planen und Durchführen einer konkreten Pflegesituation im jeweiligen pflegerischen Praxisfeld	Notwendigkeit und Angemessenheit des Kenntniserwerbs kann dabei aufgezeigt werden, Theorie-Praxis-Verknüpfung
Selbst- und Fremdkontrolle	Gezielte Entwicklung der Pflegequalitätsmerkmale, angeleitete Reflexion über eigenen Wissensstand und Lernfortschritt

7.4.2 Pädagogische Zielsetzungen – Selbststeuerung von Lernprozessen, Vernetzung von Theorie und Praxis

Wenngleich die Leittextmethode inzwischen in der betrieblichen Ausbildung in einer Vielzahl von Varianten eingesetzt wird, so lassen sich dennoch allgemeine Zielbestimmungen festhalten. Dabei sollen:

- gezielte Anleitungen erfolgen, die selbständiges Lernen ermöglichen und fördern
- Kopf und Hand gleichermaßen angesprochen werden
- forschendes Lernen und damit – auf die Pflegeausbildung bezogen – Wege pflegewissenschaftlicher Erkenntnis initiiert werden
- Lern- und Arbeitstechniken der Schülerinnen gefördert werden, insbesondere die Förderung der Fähigkeit zur selbständigen Aneignung neuer Kenntnisse, Fertigkeiten und Methoden
- Fähigkeiten im selbständigen Informieren, Planen, Entscheiden, Durchführen und Bewerten von Arbeitsprozessen und -ergebnissen unterstützt werden
- soziale Fähigkeiten durch Gruppenorientierung gefördert werden [Arnold, 1995, S. 296; Rottluff, 1992, S. 21 f.]. Da Pflegehandeln immer in soziale Strukturen eingebettet ist, wird in der Pflegeausbildung dem Aspekt der reflexiven Begleitung der Gruppenprozesse ein besonderer Stellenwert zukommen. Die Auseinandersetzung in der Lerngruppe mit einem Thema, das Argumentieren, aber auch die Gruppendynamik, die sich im Verlauf der Lernarbeit entwickelt, können von der Praxisanleiterin zum Thema gemacht werden.

Durch den Einsatz der Leittextmethode kann die Entwicklung der Handlungskompetenz, als Zielkategorie beruflichen Lernens in der Pflegeausbildung, unterstützt werden. Das Lernen geschieht zunächst in Einzel- und Gruppenarbeit. Die erworbenen Erkenntnisse und Fertigkeiten werden dann im konkreten pflegerischen Handlungsfeld nutzbar gemacht. Dabei können die unterschiedlichen strukturellen und interaktionellen Aspekte berücksichtigt werden. Die Reflexion über das eigene Vorgehen, die Analyse der Reaktionen der Mitmenschen auf das eigene

Handeln, das Bemühen um das Verstehen von manchmal unvorhergesehenen Reaktionen, all dies kann zu nachhaltigen Einsichten führen. Die theoretischen Inhalte können mit den praktischen Erfahrungen der Schülerinnen im jeweiligen Praxisfeld reflektiert werden. Dadurch wird ein systematisches Zusammenwirken von Theorie und Praxis möglich. Das Verhältnis von wissenschaftlichem Wissen und reflektiertem Pflegehandeln kann thematisiert werden. In der jeweiligen Wissenschaft geht es um logische Reihenfolgen, im Pflegehandeln erfolgen Prüfung und Korrektur ständig im Dialog mit der zu pflegenden Person.

Korrektur heißt in diesem Kontext auch festgelegte, logisch aufgebaute Teilziele aufzulösen oder die Pflegediagnose zu revidieren. Pflegepläne bzw. Pflegestandards sind keine Gewissheiten, sondern reine Interpretationsleistungen von höchst ungewisser Genauigkeit. Daraus folgt, dass es in einer pflegerischen Situation immer einen Spielraum für «vernünftiges Handeln» gibt, der nicht zuletzt durch das Handeln der Beteiligten bestimmt wird.

In der folgenden **Abbildung 7-3** wird die Zielebene im Gesamtkontext der Leittextmethode dargestellt.

7.4.3 Erstellung von Leittexten

In Anlehnung an Rottluff [1992, S. 93 ff.] ist bei der Erstellung von Leittexten Folgendes zu beachten:

Abb. 7-3: Dimensionen der Leittextmethode

1. Zunächst müssen Lernaufgaben gefunden werden, das heißt, die Aufgaben werden aus beruflichen Anforderungen abgeleitet und in Zusammenarbeit mit den Praxisanleiterinnen in den jeweiligen Pflegeeinrichtungen erarbeitet. Hier geht es vor allem um komplexe Lernaufgaben und nicht um das Erlernen isolierter Teiltätigkeiten. Das neue Wissen muss in einen Handlungsbezug eingeordnet werden. Die Aufgaben sollten jedoch so abgegrenzt sein, dass sie den vorgegebenen Ausbildungsinhalten nach Umfang und Schwierigkeit entsprechen. Zudem werden Rahmenbedingungen wie Ort, Zeit, Praxisanleiterin-Schülerinnen-Relation, materielle und organisatorische Voraussetzungen, Einstiegsvoraussetzungen bei den Lernenden und Qualifikation der Lehrenden geklärt. Eine institutionalisierte Kooperation zwischen Pflegelehrerinnen der Schule und den Praxisanleiterinnen im Betrieb ist unabdingbar. In so genannten institutionalisierten Fachkonferenzen können gemeinsam Aufgaben für die Schülerinnen formuliert werden.

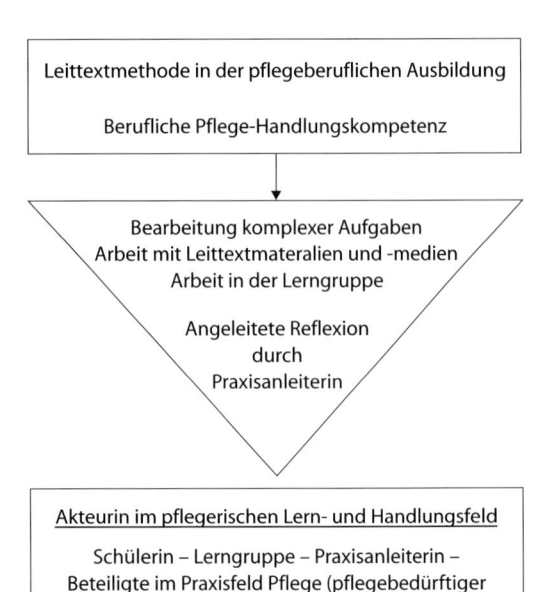

2. Lernziele werden in die Aufgaben integriert, das heißt, die Aufgaben sollten geforderte Fä-

higkeiten, wie beispielsweise Kooperationsfähigkeit, aktives Zuhören etc., notwendig machen. Ein Grobkonzept wird erstellt. Dabei ist zu klären:
- in welchem Umfang und mit welcher Funktion Leittexte eingesetzt werden
- welche Informationsquellen zur Verfügung stehen
- wie die Aufgaben- und Rollenzuweisung von Praxisanleiterinnen und Lehrerinnen für Pflege aussieht.

3. Nach Festlegung der Grobstruktur werden die einzelnen Lerneinheiten detailliert ausgearbeitet. Die Aufgabenstellungen und Übungen werden formuliert, dabei kommt den Fragen, die den Kenntniserwerb initiieren sollen, eine besondere Bedeutung zu.
4. Lernhemmnisse sollten reduziert werden, das heißt, die Tätigkeitsanforderungen, in denen die Schülerinnen keinen Sinn für die Ausarbeitung der gestellten Aufgabe erkennen können, wirken eher lernhemmend, ebenso wirken Unterforderungen sowie eine ungenügende Unterstützung und Betreuung im Lernprozess.
5. Es müssen ausreichend Informationsquellen – wenn nötig auch Formulare und Dokumente aus der Pflegepraxis – vorhanden sein, da die Schülerinnen Inhalte aus unterschiedlichen Quellen erarbeiten.
6. Das Leittextsystem besteht aus folgenden Elementen (**Abb. 7-4**):
   - dem Leittext, bestehend aus Anweisungen, Leitfragen und Quellenhinweisen
   - dem Arbeitsplan
   - dem Kontrollbogen zur Selbst- und Fremdbewertung
   - dem Lernpass, in dem die Aufgabenbewältigung und die Lernfortschritte der Schülerin festgehalten werden.

Abb. 7-4: Leittextelemente (Quelle: modifiziert nach Bundesinstitut für Berufsbildung, 1994b, S. 21)

7.4.4 Möglichkeiten der Mitgestaltung und Unterschiede zu herkömmlichen Methoden

Ein entscheidendes Merkmal der bisherigen praktischen Unterweisung in der Pflegeausbildung ist, dass die Schülerinnen wenig auf den Gang der Ausbildung Einfluss nehmen, sie sind eher in einer passiven, konsumierenden Rolle. Die traditionelle Vier-Stufen-Methode der praktischen Anleitung, wie sie auch in der praktischen Pflegeausbildung praktiziert wird, bewirkt eher eine Festigung dieser Haltung. Die Merkmale dieser Methode sind Vorbereitung, Vormachen, Nachmachen, Üben und Kontrolle [Rottluff, 1992, S. 34 f.]. Die Praxisanleiterin reguliert den Lern- und Arbeitsprozess und steuert die Handlung der Schülerin. Dies hat zur Folge, dass die Schülerinnen «affirmativ handeln» lernen, ohne sich den Handlungsplan in kritisch-reflektierender Weise anzueignen. Die Vier-Stufen-Methode trägt somit dazu bei, dass die Schülerinnen in den jeweiligen Pflegeeinrichtungen schon zu Beginn ihrer Ausbildung instrumentalisiert werden. Das heißt, es wird die Erwartungshaltung an sie herangetragen, möglichst schnell als vollwertige Arbeitskraft zu funktionieren und sich dem geforderten Arbeitsrhythmus der jeweiligen Pflegestationen anzupassen.

Demgegenüber werden durch den Einsatz der Leittextmethode entsprechende Lernbedingungen und -situationen geschaffen, in denen die Schülerinnen zunächst eine Aufgabe theoretisch erarbeiten und diese in einer komplexen Arbeitssituation umsetzen können. Dabei kommt

Schülerin hat Einfluss auf:

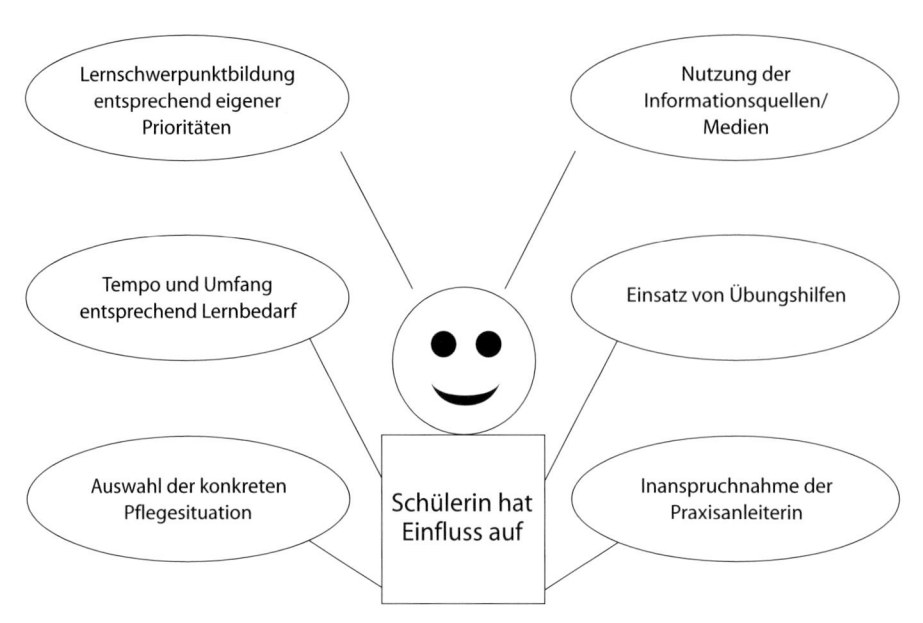

- Lernschwerpunktbildung entsprechend eigener Prioritäten
- Nutzung der Informationsquellen/Medien
- Tempo und Umfang entsprechend Lernbedarf
- Einsatz von Übungshilfen
- Auswahl der konkreten Pflegesituation
- Inanspruchnahme der Praxisanleiterin

Abb. 7-5: Mitgestaltungsmöglichkeiten von Schülerinnen in der Leittextmethode

den Mitgestaltungsmöglichkeiten und den individuellen Lernbedürfnissen der Schülerinnen – zumindest was ihren Lernprozess betrifft – eine hohe Bedeutung zu.

Die in **Abbildung 7-5** aufgezeigten Mitgestaltungsmöglichkeiten verdeutlichen, dass die Schülerin in der jeweiligen Lernsituation selbst Akzente setzen kann, die ihren Lernbedürfnissen und Lernmöglichkeiten angepasst sind.

In diesem Zusammenhang stellt sich die Frage, inwieweit Unterschiede zu anderen Ausbildungskonzepten bestehen. Die intensive Beschäftigung mit einer Aufgabenstellung zeigt eine gewisse Ähnlichkeit zum programmierten Lernen. Beide Konzepte zielen auf eine Selbstregulierung des Lernprozesses durch die Lernende ab. Dennoch zeigen sich Unterschiede: Das programmierte Lernen zielt auf den Kenntniserwerb ab, während bei der Leittextmethode der Wissenserwerb immer in einen komplexen Zusammenhang und in die praktische Arbeit eingebunden ist. Beim programmierten Lernen arbeitet die Lernende allein, bei der Leittextmethode geschieht das nur zeitweise, die Erkenntnisse werden immer in der jeweiligen Lerngruppe sowie mit der Praxisanleiterin diskutiert und, falls nötig, auch modifiziert. Zudem ist die reflexive Begleitung der Gruppenprozesse ein wichtiger Aufgabenbereich der Praxisanleiterin.

Bezüglich der Projektmethode ergeben sich kaum Unterschiede, da in der Leittextmethode wesentliche Elemente der Projektmethode aufgenommen werden. Die Leittextmethode ist jedoch strukturierter durch die erstellten Leitfragen. Diese geben der Lernenden gerade in der Anfangsphase der praktischen Ausbildung, in der die Schülerin noch gar nicht einschätzen kann, was in den jeweiligen praktischen Einsätzen gelernt werden kann, eine gewisse Orientierung. Die objektiven Lernanforderungen können somit mit den jeweiligen subjektiven Lerninteressen verknüpft werden. Ein Unterschied zur Projektmethode besteht insbesondere darin, dass bei der Leittextmethode die Aufgabenstellung vorgegeben ist, während bei der Projektmethode die Wahlfreiheit zwischen verschiedenen Aufgaben besteht. Des weiteren ist die Leittextmethode immer eingebunden in eine praktische Tätigkeit im pflegerischen Arbeitsfeld. Dies ist bei der Projektmethode nicht zwingend. Ein Projekt kann sich beispielsweise auf die Erstellung einer Broschüre beziehen und muss somit nicht in jedem Fall im Praxisfeld Pflegeeinrichtung erfolgen.

7.4.5 Grenzen der Leittextmethode

Bei all den genannten positiven Zielsetzungen und Umsetzungen der handlungsorientierten Leittextmethode werden bedeutsame didaktische Momente und insbesondere der bildungstheoretische Inhaltsaspekt ausgeklammert. Vollständigkeit der Handlung, die in der Leittextmethode einen zentralen Platz einnimmt, zielt zunächst nur auf die Funktionszusammenhänge der Arbeitssituation ab und bedeutet nicht gleichzeitig eine kritische Auseinandersetzung mit vorgefundenen Strukturen. Auch ein enges Funktionstraining kann handlungsorientiert ablaufen. Die in den Leittexten gestellten Aufgaben, die die Schülerinnen zu bearbeiten haben, werden von den Pflegelehrerinnen und Praxisanleiterinnen formuliert. Die Konzipierung der Leittextmaterialien und die Art der Fragestellung in den Leittexten werden weitgehend davon bestimmt, welche pflegewissenschaftlichen und pädagogischen Theorien im Erkenntnisprozess der Lehrenden von Bedeutung sind. Inwieweit Kritik an Normen und Gewohnheiten in ihrem gesundheitspolitischen Zusammenhang zugelassen wird, bleibt offen. Des weiteren ist offen, mit welcher Intention Aushandlungsprozesse zwischen Lehrenden und Lernenden stattfinden. Hier sind die Grenzen der Leittextmethode erkennbar, sie kann vorrangig arbeitsmarktpolitisch begründet werden, sie kann aber auch im Rahmen eines kritischen Bildungsverständnisses über berufliche Verwertungszwecke hinaus wirksam werden. In dieser Perspektive werden die Ausbildungsziele und -inhalte auf den Erwerb derartiger Kenntnisse, Fertigkeiten und Fähigkeiten ausgerichtet, die es den Schülerinnen ermöglichen, sich mit dem jeweiligen Berufsfeld kritisch auseinander zu setzen und es zu gestalten. In der Art der Formulierung der Leitfragen können kritische Impulse initiiert werden.

7.5 Die Leittextmethode aus bildungstheoretischer Perspektive in der Pflegeausbildung – Eine Chance zur Vernetzung von Theorie und Praxis

7.5.1 Rahmenbedingungen

Die Durchführung der Leittextmethode ist an bestimmte Bedingungen gekoppelt. Von Bedeutung ist, dass die Leittextmethode in der Pflegeausbildung kontinuierlich eingesetzt wird. Die Verantwortlichen der theoretischen und praktischen Ausbildung sollten vorab folgende Aspekte überdenken:

- Vorhandensein von Praxisanleiterinnen in den jeweiligen Praxiseinsätzen
- Klärung der Bildungsziele in Theorie und Praxis
- Durchführung von Informationsveranstaltungen der Beteiligten im Lehr- bzw. Lernprozess
- Planung von institutionalisierten Fachkonferenzen, in denen Praxisanleiterinnen und Lehrerinnen für Pflege gemeinsam Leittextmaterialien erstellen; eine abteilungsübergreifende Zusammenarbeit ist notwendig, um unterschiedliche Schwerpunkte zu setzen.
- Bestimmung von komplexen Ausbildungsaufgaben: Was kann auf der jeweiligen Pflegestation gelernt werden, welche Aufgaben eignen sich für die Leittextmethode?
- Zuständigkeiten für die Begleitung der Lernarbeit klären (Räumlichkeiten schaffen, in denen ein Lernen in Lerngruppen mit Literatur, computergestützten Medien, Übungsmaterial und stationsinternen Formularen und Dokumenten möglich ist).
- Freistellung der Schülerinnen vom Arbeitsprozess für die Bearbeitung der Aufgabenstellungen; diese Freistellung darf keine «Goodwill-Aktion» sein, sondern muss fest im Ausbildungskonzept verankert werden.
- Festlegung des Zeitraums für die Erarbeitung der Aufgabenstellung.

7.5.2 Wie sieht der pädagogische Arbeitsalltag mit dieser Methode aus?

7.5.2.1 Bildung von Lerngruppen

Die Schülerinnen bilden kleine Lerngruppen von maximal 3 bis 4 Personen pro Gruppe. Die Zielsetzung und Vorgehensweise der Leittextmethode wird von der Praxisanleiterin und/oder Lehrenden für Pflege erläutert. Die zu bearbeitende Aufgabenstellung wird vorgestellt, die Leittextmaterialien werden verteilt, festgelegte Entscheidungen werden transparent gemacht und zusammen mit den Schülerinnen in den jeweiligen Lerngruppen verhandelt. Die Schülerinnen werden aufgefordert, ihre individuellen Lerninteressen zu der behandelten Thematik einzubringen. In dieser Phase muss auch deutlich werden, dass zwar die Leittextmethode als methodische Großform vorgegeben wird, bei der Bearbeitung der Aufgabenstellung jedoch verschiedene individuelle Arbeits- und Aktionsformen zum Tragen kommen. Selbst- und Mitbestimmung der Schülerinnen sind wesentliche Elemente der Leittextmethode aus bildungstheoretischer Perspektive. Des weiteren erstellt die Lerngruppe einen Arbeitsplan, in dem festgelegt wird, wann sich die Gruppe zu gemeinsamen Erarbeitungs- und Reflexionsphasen trifft. Dieser schriftlich formulierte Arbeitsplan wird für alle im Gruppenlernraum sichtbar gemacht. Die Dauer der Bearbeitung kann je nach Thematik und integrierten Praxisphasen 2–4 Wochen dauern.

7.5.2.2 Was gehört zum Leittext?

Folgende Unterlagen gehören zum Leittext:

- Beschreibung der Aufgabenstellung
- Leittextfragen
- Formblätter für die individuellen Lerninteressen und für die Zeit- und Arbeitsplanung
- Quellenhinweise.

Die Schülerinnen sollen sich die erforderlichen Informationen aus allgemein zugänglichen Quellen, wie z.B. Fachbüchern, Dokumentationen, Zeitschriften, Informationsdatenbanken usw., erarbeiten.

7.5.3 Anregungen zur Entwicklung von Leitfragen

An dieser Stelle kann keine vollständige Ausarbeitung von Leittextmaterialien erfolgen, dies würde den Rahmen des Buches sprengen, dennoch sollen einige Anregungen zur Entwicklung von Leittextfragen gegeben werden.

Die Erstellung der Leitfragen dürfte wohl der schwierigste Part innerhalb der Leittextmethode sein und erfordert zeitliche Ressourcen von allen Beteiligten im Lehr-bzw. Lernprozess. In der Art der Formulierung der Leitfragen wird deutlich, von welchen übergeordneten Zielsetzungen das jeweilige Ausbildungskonzept einer Pflegeschule bestimmt wird. Im Folgenden werden Leittextfragen entwickelt, in denen zum einen Ideen der Bildungstheorie von Klafki und zum anderen Pflegesituationen, mit denen die Schülerinnen in ihren Praxisfeldern konfrontiert werden, in den Vordergrund rücken. Unabhängig davon, welche Aufgabenstellung im Vordergrund steht, können folgende übergeordnete Leitziele zur Entwicklung von Leitfragen herangezogen werden:

- Förderung der Selbstwahrnehmung im Interesse der Fremdwahrnehmung
- Auseinandersetzung mit der Herkunft der Hemmnisse und Widerstände, die der Versorgung pflegebedürftiger Menschen entgegenwirken
- Auseinandersetzung mit pflegewissenschaftlichem Wissen, dessen Inhalte zur Aufklärung und Lösung von Problemsituationen in der Pflege beitragen sollen
- Konkretisierung dessen – je nach Pflegephänomen –, was Situationsgebundenheit der Pflegeplanung heißen kann
- Reduzierung der fremdbestimmten Anteile, sowohl in der Begleitung des pflegebedürftigen Menschen als auch in der Gestaltung der Pflege im betrieblichen Ausbildungssystem.

Nimmt man das Unterrichtsbeispiel «Sauberkeit allein ist nicht genug», das in Kapitel 5 vorgestellt und reflektiert wurde, so wird deutlich, dass die Thematik «Erleben der pflegerischen Abhängigkeit» im Unterricht nicht bearbeitet wird. Greift man diesen Aspekt auf, so könnte die Leittextmethode in diese Unterrichtseinheit mit folgender Aufgabenstellung integriert werden: «Sie haben die Aufgabe, nach der Bearbeitung der Leitfragen zum Thema: ‹Erleben von Abhängigkeit am Beispiel der pflegerischen Intervention Körperpflege› eine Bewohnerin bzw. Patientin bei der Körperpflege am Waschbecken zu unterstützen. Nachdem Sie die folgenden Leitfragen beantwortet und in der Lerngruppe diskutiert haben, wählen Sie in Zusammenarbeit mit Ihrer Praxisanleiterin eine pflegebedürftige Person auf der Pflegestation aus, bei der Sie diese pflegerische Aufgabe unter Einbeziehung der bisher erarbeiteten Inhalte übernehmen und planen.»

Leitfragen lassen sich unterteilen in:
- Fragen zur Selbstreflexion
- Fragen zu (pflege)wissenschaftlichen Erkenntnissen
- Fragen zur Arbeitsorganisation im System Heim bzw. Krankenhaus.

1. Fragen zur Selbstreflexion
- Was würde es für mich bedeuten, wenn meine Selbstpflegefähigkeiten eingeschränkt wären und ich auf pflegerische Unterstützung bei der Körperpflege angewiesen wäre?
- Wie würde ich die Abhängigkeit von anderen Personen bei der Körperpflege erleben?
- Wie würde ich mich verhalten?
- Welche Folgen hätte diese Einschränkung für mich und meine soziale Umwelt?
- Wie erleben Bewohnerinnen bzw. Patientinnen die Abhängigkeit von Pflegenden? Welche Verhaltensweisen habe ich bislang beobachtet?
- Wie ist es mit meinem Schamgefühl, wenn ich einen pflegebedürftigen Menschen des anderen Geschlechts versorgen muss?

2. Fragen zu (pflege)wissenschaftlichen Erkenntnissen
- Welche Auswirkungen hat eine körperliche Einschränkung und die damit verbundene körperliche Abhängigkeit
  - auf das Selbstbild?
  - auf das Körperbild?
  - auf die psychosoziale Erlebniswelt?
- Welche Verarbeitungsmöglichkeiten gibt es?
- Was muss ich berücksichtigen, damit ich die Körperpflege am Waschbecken bei einer Bewohnerin bzw. Patientin, ihren Gewohnheiten und Bewältigungsmöglichkeiten angepasst, durchführen kann?
- Wie kann ich als Pflegende das Erleben «dieser Abhängigkeit» wahrnehmen?
- Durch welches Verhalten können die von der Patientin bzw. Bewohnerin erlebten Schambereiche respektiert und geschützt werden?
- Wodurch unterscheidet sich eine «routinierte Berührung» von einer «bewussten Berührung»?
- Welche pflegerischen Interventionen sind erforderlich, und wie können diese dazu beitragen, dass die Patientin bzw. Bewohnerin zunehmend Verantwortung für die pflegerische Situation übernehmen kann?
- Welche Vorbereitungen muss ich vor der Durchführung der Körperpflege eines mir anvertrauten pflegebedürftigen Menschen treffen?
- Was ist bei der Durchführung zu beachten?
- Welche pflegerischen Aufgaben werden abschließend durchgeführt?

3. Fragen zur Arbeitsorganisation im System Heim bzw. Krankenhaus
- In welcher Art und Weise beeinflussen die Bedingungen im System Heim/Krankenhaus die Körperpflegegewohnheiten der Patientin bzw. Bewohnerin?
- Welche Handlungsspielräume haben Pflegende, um die Gewohnheiten, Befindlichkeiten und Bewältigungskonzepte der zu Pflegenden in die pflegerischen Interventionen einzubeziehen?
- Welche Faktoren beeinflussen zudem die Ausübung der Körperpflege im Pflegealltag?

Nach der Bearbeitung dieser Fragen (mit Hilfe vorgegebener Quellen) werden die Ergebnisse in der Lerngruppe besprochen. Dabei können offene Fragen in gemeinsamer Arbeit beantwortet werden.

Verknüpfung der theoretischen Inhalte mit konkreten Pflegesituationen. Ein weiteres wesentliches Element innerhalb der Leittextmethode ist die Verknüpfung der theoretischen Inhalte mit konkreten Pflegesituationen. Die Schülerinnen wählen – nachdem sie die anspruchsvolle Denkarbeit geleistet haben – auf der Pflegestation eine Bewohnerin bzw. Patientin aus, bei der sie unter Berücksichtigung der erarbeiteten Inhalte einen Pflegeplan erstellen. Die jeweilige Schülerin entwickelt eine Art inneres Bild derjenigen Handlungen, die in der konkreten Pflegesituation in eine organisierte Abfolge einzelner Arbeitsschritte übersetzt werden. Die schriftlich ausgearbeiteten Entscheidungsvorlagen werden mit der Lerngruppe und der Praxisanleiterin gemeinsam reflektiert. Zudem werden Lernmöglichkeiten besprochen. Dabei geht es vorrangig darum, was die Schülerin in der gewählten Pflegesituation lernen kann und möchte. Die Durchführung der geplanten Pflegehandlung erfolgt unter Berücksichtigung vorher festgelegter Beobachtungskriterien.

Die Auswertung der Arbeitsergebnisse geschieht zunächst allein durch die Lernende, die Ergebnisse werden im Kontrollbogen eingetragen. Durch diese Vorgehensweise kann die Eigenverantwortlichkeit der Schülerin für den Lernprozess und die Selbsteinschätzung gefördert werden. Analog dazu macht auch die Praxisanleiterin für sich allein die Auswertung.

Besprechung der Auswertung mit der Praxisanleiterin und Eintragung der Ergebnisse in den Lernpass. In diesem Gespräch werden die zunächst getrennten Auswertungen zusammengeführt und besprochen. Werden spezielle Schwächen festgestellt, so kann die Praxisanleiterin der Schülerin spezielle Übungsaufgaben auftragen oder bei der Auswahl der nächsten Aufgabe besondere Schwerpunkte setzen. In diesem gemeinsamen Reflexionsgespräch lassen sich Unterschiede in der Wahrnehmung der Situation der Bewohnerin bzw. Patientin, aber auch der Lernsituation deutlich machen, und es kann nach den Ursachen dafür gefragt werden.

7.6 Perspektiven im Kontext bildungstheoretischer Position

Obwohl die Leittextmethode in technisch-gewerblichen Berufen entwickelt wurde, ist ihre Übertragung auf die Pflegeausbildung mit einigen Modifikationen durchaus denkbar. Der Einsatz dieser Methode kann als Chance gesehen werden, um eine effektive Kooperation zwischen den Pflegelehrerinnen der Schule und den Praxisanleiterinnen in den Pflegeeinrichtungen zu initiieren. Dem Lernen am Arbeitsplatz würde eine stärkere Rolle zukommen. Bei diesem Lernen ist nicht nur Faktenwissen von Bedeutung, sondern im Mittelpunkt stehen Pflegesituationen, die in ihrer Komplexität zu bearbeiten sind. Konkret heißt das, dass die Schülerinnen zunächst gedanklich mit komplexen Aufgabenstellungen konfrontiert werden, das dazu erforderliche Hintergrundwissen wird theoretisch erarbeitet, und bestimmte Fertigkeiten können gezielt eingeübt werden.

Die Schülerinnen haben somit ein Übungsfeld ohne den Druck des Stationsalltags zu erleben. Die Lernenden können dabei zumindest eine funktionelle Sicherheit in den geforderten Handlungsabläufen erlangen. Sie werden dann aber auch schrittweise in die Lage versetzt, die in der realen Pflegesituation liegenden Probleme ausfindig zu machen und theoriegeleitet zu bearbeiten. In dieser Perspektive wird das Lehren von der Absicht geleitet, selbsttätige Lernqualitäten sowie eine tätige Bewältigung von Situationen zu ermöglichen. Wer beim Bewältigen pflegerischer Situationen die Erfahrung der Kompetenz macht, kann sich selbst als Mitgestalterin bzw. Mitgestalter der Pflegesituationen und die pflegerische Arbeitswelt als Lernumgebung und Herausforderung wahrnehmen. Von entscheidender Bedeutung in diesem Lernprozess ist die Anerkennung durch andere.

Will man auf die Methode nicht verzichten, so ist die Einführung als ein längerer Entwicklungsprozess anzulegen. Die Ausarbeitung geeigneter Leittexte erfordert zeitliche Ressourcen und Akzeptanz bei allen Beteiligten. Informationsarbeit im Vorfeld ist unabdingbar. Selbständiges und eigenverantwortliches Lernen als übergeordnete Ziele der Ausbildung müssen von allen Beteiligten der Ausbildung als wichtig empfunden werden. Gemeinsame Schulungen der Praxisanleiterinnen und Pflegelehrerinnen werden erforderlich.

Die Verantwortlichen müssten aber auch über räumliche Bedingungen nachdenken, unter denen ein selbständiges Lernen möglich ist, und die Schülerinnen müssten in kleinen Lerngruppen ihr Wissen erweitern und praktische Fertigkeiten üben können, ohne den zeitlichen Druck des Pflegealltags zu spüren. Die Methode setzt geeignete Lernumgebungen, zeitliche Freiheiten und Gestaltungsfreiräume voraus, die in der beruflichen Praxis um so weniger gegeben sind, je enger sie mit dem Arbeitsprozess verknüpft sind. Die Erwartungen an die Schülerinnen, möglichst schnell als vollwertige Arbeitskräfte zur Verfügung zu stehen, sind im System der betrieblichen Ausbildung weitgehend institutionalisiert, und infolgedessen sind die Aushandlungsfreiräume reduziert. Somit müssen Strukturen in den Systemen Altenheim, ambulante Pflegeeinrichtung und Krankenhaus in den Blick genommen werden.

Eine veränderte Aufgaben- und Rollenzuweisung der Pflegelehrerinnen in der Schule, der Praxisanleiterinnen auf den Pflegestationen und der Schülerinnen könnte durch die Leittextmethode, im Kontext bildungstheoretischer Perspektive, initiiert werden. Selbst- und Mitbestimmungsrechte der am Lern- und Pflegeprozess beteiligten Subjekte werden dann nicht nur als normative Ziele festgelegt, sondern sozial erlebbar realisiert. Dabei geht es um «die Stärkung der Person durch die Klärung und Aneignung von ‹Welt›» [von Hentig, 1996, S. 163]. Eine sicherlich lohnenswerte Herausforderung für alle!

Literatur

Adl-Amini, B.: Systematik der Unterrichtsmethode. In: Adl-Amini, B. et al. (Hrsg.): Unterrichtsmethode in Theorie und Forschung. Bilanz und Perspektiven. Weinheim, Basel, 1993, S. 82–110

Arnold, R.: Neue Methoden betrieblicher Bildungsarbeit. In: Arnold, R.; Lipsmeier, A. (Hrsg.): Handbuch der Berufsbildung. Opladen, 1995, S. 294–307

Baethge, M.: Forschungsstand und Forschungsperspektiven im Bereich betrieblicher Weiterbildung – aus der Sicht von Arbeitnehmern. In: Bundesministerium für Bildung und Wissenschaft (Hrsg.): Betriebliche Weiterbildung. Bonn, 1990, S. 394 ff.

Blankertz, H.: Theorien und Modelle der Didaktik. 13. Aufl., München, 1991

Brassard, W. et al.: Wege zur beruflichen Mündigkeit. Teil 2: Didaktische Materialien zur integrierten Vermittlung und Förderung von fachlichen Inhalten und Schlüsselqualifikationen in der betrieblichen Ausbildung. Weinheim, 1994

Bundesinstitut für Berufsbildung (Hrsg.): Leittexte – ein Weg zu selbständigem Lernen. Veranstalter-Info. Erarbeitet von Koch, J.; Selka, R., 2., überarb. Aufl., Bielefeld, 1994a

Bundesinstitut für Berufsbildung (Hrsg.): Leittexte – ein Weg zu selbständigem Lernen. Referentenleitfaden. Erarbeitet von Höpfner, H.-D. et al., 2., völlig überarb. Aufl., Bielefeld, 1994b

Bundesinstitut für Berufsbildung (Hrsg.): Leittexte – ein Weg zu selbständigem Lernen. Teilnehmer-Unterlagen. Erarbeitet von Koch, J.; Selka, R., 2., völlig überarb. Aufl., Bielefeld, 1991

Gerl, H.: Methoden der Erwachsenenbildung. In: Raapke, H.-D.; Schulenberg, W.: Didaktik der Erwachsenenbildung. Stuttgart, 1985, S. 45 ff.

Hacker, W.: Arbeitspsychologie. Psychische Regulation von Arbeitstätigkeiten. Bern u.a., 1986

Hentig, H. von: Bildung. Ein Essay. München, Wien, 1996

Klafki, W.: Neue Studien zur Bildungstheorie und Didaktik. Zeitgemäße Allgemeinbildung und kritisch-konstruktive Didaktik. 3. Aufl., Weinheim, Basel, 1993

Meueler, E.: Hauptsache: Selbstbestimmt – Über Sozialformen und Methoden einer subjektorientierten Erwachsenenbildung. In: Faulstich, P. (Hrsg.): Lernkultur 2006: Erwachsenenbildung und Weiterbildung in der Zukunftsgesellschaft. München, 1990, S. 115 ff.

Meueler, E.: Die Türen des Käfigs. Wege zum Subjekt in der Erwachsenenbildung. Stuttgart, 1993

Meyer, H.: Unterrichtsmethoden I: Theorieband. Frankfurt/M., 1987

Rottluff, J.: Selbständig lernen. Arbeiten mit Leittexten. Weinheim, Basel, 1992

Schulz, W.: Unterrichtsplanung. München, Wien, 1980

Schulz, W.: Unterricht – Analyse und Planung. Hannover, 1965

Terhart, E.: Unterrichtsmethode als Problem. Weinheim, Basel, 1983

Terhart, E.; Wenzel, H.: Unterrichtsmethode in der Forschung: Defizite und Perspektiven. In: Adl-Amini, B. et al. (Hrsg.): Unterrichtsmethode in Theorie und Forschung. Bilanz und Perspektiven. Weinheim, Basel, 1993, S. 12–56

Pflegedidaktische Zeitschriften/Hefte

Pflegedidaktik. Hrsg. von Bischoff-Wanner, C. et al., Stuttgart: Thieme. (Erscheinungszeitraum von 1996–1998; 4 Hefte pro Jahr zu unterschiedlichen Pflegethemen). Erscheint seit 1998 nicht mehr.

PflegePädagogik. Das europäische Magazin der Lehrerinnen und Lehrer für Gesundheits- und Sozialberufe (seit September 1999 aufgelöst).

PR-INTERNET für die Pflege. Hrsg. von Stettler, Hanspeter. CH-Mönchtalhof (Integration von PflegePädagogik seit September 1999)

Unterricht Pflege. Prodos-Verlag, Brake (erscheint seit 1996, 5 Hefte pro Jahr)

Pflegemagazin. Zeitschrift für den gesamten Pflegebereich. Hrsg.: Juventa Verlag, Weinheim (erscheint seit Februar 2000)

8 Lernortkooperation –
Von einer systemisch-theoretischen Betrachtung zu einer Gestaltung in den Pflegeausbildungen
Elfriede Brinker-Meyendriesch, Anette Rustemeier-Holtwick, Kerstin Schönlau

8.1 Eine systemisch-theoretische Betrachtung

Die Vorteile der Nutzung verschiedener Lernorte in der beruflichen Bildung wird trotz anhaltender Reformdebatten wegen ihrer Praxisnähe gegenüber einer vollzeitschulischen Ausbildung immer wieder hervorgehoben. Als besonders problematisch gilt die Vernetzung der theoretischen mit der praktischen Ausbildung in den jeweiligen Lernorten Schule und Betrieb. Deutlich wird dies in Fragen nach einem Miteinander, Nebeneinander oder gar ein Gegeneinander der Lernorte [z.B. Buschfeld, 1998] und mit einer Tendenz zur Abschottung. Die für eine Vernetzung notwendige Lernortkooperation bezieht sich auf verschiedenste Ausbildungsbereiche inhaltlicher und struktureller Art. Darauf soll hier jedoch nicht näher eingegangen werden. Systemtheoretisch gesehen erfolgen Kooperationen wie alle Handlungen in sozialen Systemen – darauf wird a.a.O., S. 220 ff., eingegangen – auf der Grundlage von Kommunikation im weitesten Sinne. Üblicherweise sind die beiden beteiligten Systeme voneinander getrennt. Die Schule gehört dem Bildungssystem an, der Betrieb dem Beschäftigungssystem.

Die Pflegeausbildung nimmt dabei einen besonderen Status ein. Zwar unterliegen auch diese Schulen den Prinzipien von dualer Bildung, allerdings ist der Träger der Ausbildung in der Regel gleichzeitig der Beschäftigungsträger – das Altenpflegegesetz NRW hingegen stärkt die Bildungsinteressen der Fachseminare für Altenpflege, indem es die Fachseminare für Altenpflege als Anstellungsträger der Ausbildung vorsieht. Dem Beschäftigungsträger obliegt die theoretische und praktische Ausbildung der Schülerinnen. Die daraus ableitbare Annahme, die Vernetzung der theoretischen und praktischen Ausbildungsanteile könne dadurch erleichtert werden, lässt sich empirisch nicht bestätigen. Eher sind allerorts Klagen über eine mangelnde Vernetzung und Bezugnahme aufeinander zu vernehmen. Denn es besteht weiterhin die Frage, ob der Träger der Ausbildung und alle weiteren Beteiligten gewillt und in der Lage sind, die erforderlichen Prinzipien von Bildung in das Beschäftigungssystem zu übernehmen, oder ob die Prinzipien von Beschäftigung so stark überwiegen, dass eine mit der Theorie vernetzte praktische Ausbildung nicht stattfinden kann. Obgleich unter einem Dach, bestehen also für die Pflegeausbildung in spezieller Art ebenfalls Probleme des Interessenausgleichs zwischen Bildung und Beschäftigung. Diese Interessenproblematik basiert auf der Verschiedenartigkeit der beiden Systeme sowohl in der dualen Berufsausbildung allgemein als auch der Pflegeausbildung.

8.1.1 Die Interessenproblematik zwischen den Lernorten Betrieb und Schule auf der Grundlage der Systemtheorie

Den beiden an der beruflichen Bildung beteiligten Systemen sollte nicht unterstellt werden, die Schwierigkeit bei der Kooperation beruhe auf

Ignoranz dem jeweils anderen System gegenüber. Vor allem könnte dies dem «mächtigeren» Bildungssystem nachgesagt werden. Es bestehen auch nicht prinzipiell unvereinbare Interessen. Darum muss es im Folgenden darum gehen, herauszukristallisieren, wieso sich, hier auf der Ebene von Lernortkooperationen, Abschottung und Widerstände zeigen und was umgekehrt Kooperation ermöglicht. Obwohl die soziale Systemtheorie von Luhmann keine Handlungslehre für pädagogische Probleme ist, sondern eine Beobachtungswissenschaft und Gesellschaftstheorie, wird sie zum Zweck einer Erklärung des erläuterten Problems herangezogen. Luhmann und Schorr haben sich mit erziehungswissenschaftlichen Fragen grundsätzlicher Art beschäftigt [Krüger, 1997, S. 132].

Luhmann unterscheidet soziale Systeme in Gesellschaftssysteme, Organisationssysteme und Interaktionssysteme. Hinzu kommt das psychische System, das mit Mensch oder Person zu übersetzen ist. Ein Organisationssystem ist gegenüber einem Interaktionssystem überdauernd beständig. Eine Mitgliedschaft in Organisationssystemen ist an bestimmte Bedingungen geknüpft [Kneer und Nassehi, 1997, S. 42]

Ein Interaktionssystem dagegen hat so lange Geltung, wie die Anwesenden handeln. Interaktionen und Organisationen sind in Gesellschaftssystemen enthalten. Sie sind als «Gesamtheit aller erwartbaren gesellschaftlichen Kommunikation» [Luhmann, 1991, S. 535] zu begreifen.

Grundsätzlich bestehen soziale Systeme nicht aus Personen, sondern aus Kommunikation im weitesten Sinne. Kommunikation kann ihren Niederschlag in Sprache, aber auch in anderen Formen, wie Regeln, Ritualen, Erwartungen, Verträgen, Normen, Plänen etc. finden. Sozialen Systemen ist Sinn immanent, das unterscheidet sie von anderen Systemen, wie beispielsweise biologischen Systemen. Sinn ist allerdings nicht mit Sinnlosigkeit oder Sinnhaftigkeit gleichzusetzen. Vielmehr unterscheidet Sinn das eine soziale System vom andern. Die Grenze des Systems zur Umwelt ist der das System bestimmende Sinn. Das macht das eine System von dem anderen bzw. von seiner Umwelt unterscheidbar. Ein System steht in einer Beobachterperspektive zu sich selbst, die allerdings keine übergeordnete Werthaltung beinhaltet. Alles Beobachten ist wertfrei auf das Erkennen von Unterschieden gerichtet, im Unterschied von einem zum anderen wird der Sinn des einen gegenüber dem anderen deutlich. Das ist die Ordnung der Dinge, ihre Unterscheidbarkeit und Differenzierbarkeit, diese macht sie identifizierbar. Soziale Systeme sind autonom, aber nicht autark, das heißt, sie organisieren sich aus sich selbst heraus und beziehen sich nur auf sich selbst [s. Krüger, 1997]. Andererseits sind sie aber untrennbar mit ihrer Umwelt verbunden, indem sie mit ihr sinngebunden kommunizieren. Denn obwohl soziale Systeme gegen die Umwelt geschlossen sind, wählen sie entsprechend ihres Sinns Informationen aus der Umwelt aus, die sie in ihren Sinn aufnehmen. Der Sinn des Systems ist insofern nicht statisch, sondern immer in Bewegung. Zu den Auswahlleistungen gehört auch das Nein als Reaktion auf eine Information aus der Umwelt. Dieses Nein wird dabei in den Sinnbestand aufgenommen. Je komplexer die Strukturen eines Systems durch die entsprechende Kommunikation werden, desto flexibler kann es auf Informationen aus der Umwelt reagieren und desto mehr Anschlussstellen für weitere Kommunikation bestehen. Findet keine Kommunikation mehr statt, erlischt das soziale System. Kommen umgekehrt zu viele kritische Anfragen, ist das System ebenfalls gefährdet. Ist ein soziales System hoch komplex geworden, entstehen Teilsysteme, die weiterhin in einem Verhältnis zu dem System selbst und zu weiteren Teilsystemen stehen.

8.1.2 Die Lernorte Schule und Betrieb als Teilsysteme der Systeme Bildung und Beschäftigung

Systemtheoretisch betrachtet können Lernorte als Teilsysteme der Organisationssysteme Bildung und Beschäftigung angesehen werden. Sie sind mit den Systemen «Bildung» beziehungsweise «Beschäftigung» verbunden und tragen den entsprechenden Sinn in sich. Damit wird die «Eigensinnigkeit» der Lernorte deutlich. Sie können nur in ihrem eigenen Sinne sein und handeln. Sie sind, wie alle Systeme ausschließlich an ihrem eigenen Bestand interessiert. Das hat keine normativ-soziale Begründung, sondern dies Eigeninteresse ist sozusagen die «Lebensaufgabe» des Systems. Die Abschottung der Lernorte gegeneinander, die eine Kooperation erschwert, ist damit besser zu verstehen und wird in einen anderen Verstehenshorizont transportiert. Gleichzeitig, und das muss betont werden, ist den Lernorten die Auswahl von Informationen aus der Umwelt, in diesem Fall aus dem Lernort Betrieb, in Verantwortung zu stellen. Sie sind nicht statisch mit ihrem Selbstverständnis verhaftet, sie wählen aus Kommunikation aus und können ihren Sinn in Richtung einer Kooperation verändern und dazu die erforderlichen komplexere Strukturen aufbauen. Das Gleiche gilt umgekehrt für den Lernort Schule, der Informationen des Lernortes Betrieb aufnimmt oder ablehnt, Kooperationsstrukturen aufbaut oder nicht. Haben die Lernorte eine geringe Komplexität ausgebildet, können sie auf Anfragen aus der Umwelt, nämlich denen des anderen Lernortes oder der Lernenden, nur begrenzt reagieren, ja es kann sogar der weitere Bestand als Lernort gefährdet sein, weil er als solcher nicht mehr angefragt ist oder weil zu viele kritische Anfragen kommen, auf die er nicht vorbereitet ist.

8.1.3 Die Lernende, ein psychisches System

Nach Luhmann sind Personen psychische Systeme, die sich auf der Basis selbsterzeugender Bewusstseinsprozesse konstituieren. Psychische und soziale Systeme durchdringen sich gegenseitig. Jedes stellt Beiträge zum Aufbau des jeweils anderen zur Verfügung. Beide bestehen und entstehen fortlaufend auch durch das jeweils andere System. [Luhmann 1984, S. 140 ff. und 1990, S. 38; Hurrelmann, 1998, S. 46; Kneer und Nassehi, 1997, S. 71 ff.]

Bewusstsein des psychischen Systems und Kommunikation des sozialen Systems stehen in einem komplementären Verhältnis zueinander.

Nehmen die Lernorte keine ausreichende Notiz voneinander und haben sie keine Strukturen aufgebaut, so ist die Lernende das «psychische Bindeglied» zwischen beiden, sie hat die «Grätsche» zwischen dem einen und dem anderen System zu machen und deren Spezifika in den Zusammenhang ihrer Ausbildung zu bringen **(Abb. 8-1)**. Das ist dann eine Leistung der Lernenden. Sie ist in diesem Fall zwischen dem Sinn des Betriebes und dem der Schule hin- und hergerissen. Sie hat die notwendige Verknüpfung in ihrem Bewusstsein zu leisten, weil ihre Anliegen, Lernender in beiden Lernorten zu sein, nicht ausreichend in den beteiligten Lernorten kommuniziert ist und entsprechende Strukturen fehlen. Die Lernende kann jedoch nicht zuständig sein für eine Vernetzung der Lernorte, denn dazu müsste sie:

Psychisches System
Lernender

Organisationssystem   **Organisationssystem**

Bildung
Lernort Schule

Beschäftigung
Lernort Betrieb

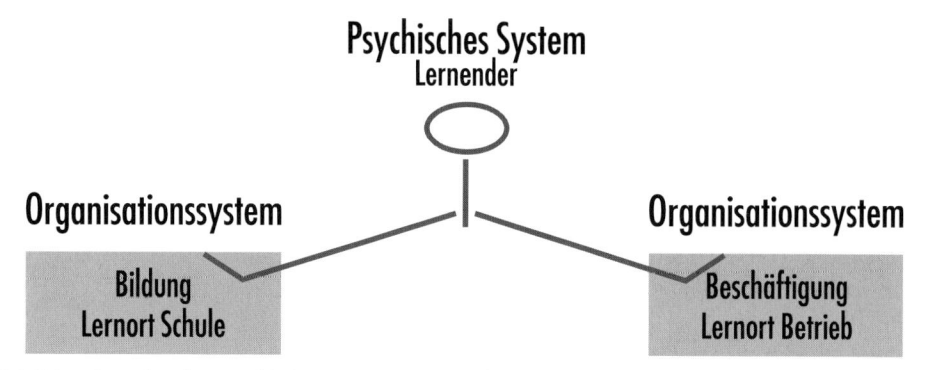

Abb. 8-1: Die «Grätsche» des psychischen Systems Lernender zwischen den Organisationssystemen «Bildung» und «Beschäftigung»

- einen Überblick haben über ihr eigenes sich im Prozess befindliche Lernen (jedoch kann sie nicht wissen, was sie lernen muss, weil sowohl der vor ihr liegende Anteil der Ausbildung, als auch das noch nicht erfahrene Handlungsfeld ihr noch verschlossen ist)
- wissen, wie Lernen geschieht, um sowohl theoretische als auch praktische Lernmöglichkeiten für sich erfassen und gestalten zu können, unter Umständen sogar eine Synthese daraus zu erstellen
- eine genaue Vorstellung von beiden Organisationssystemen haben, um zwischen beiden einen Interessenausgleich im Sinne einer Kooperation herbeiführen zu können.

Selbstverständlich kann nicht angenommen werden, dass die beiden beteiligten Lernorte ihre Vernetzung in die Verantwortung der Lernenden legen wollen. Faktisch erzeugen jedoch unausgestaltete Lernortbeziehungen solche Situationen, in der die Lernende entweder mit ihren Möglichkeiten die Situation gestalten oder zumindest aushalten muss.

8.1.4 Das Interaktionssystem der Beteiligten

Systemtheoretisch gesehen kann an Stelle des psychischen Systems, hier in Person der Lernenden, ein Interaktionssystem treten. Interaktionssysteme sind solche, die aus der Präsenz von Personen, bezogen auf eine für sie bedeutende Handlung, bestehen und auch nur so lange existieren, wie die Handlung von Bedeutung ist. Dieses Interaktionssystem besteht aus Personen, die den jeweiligen Lernorten zugeordnet sind. Es kann verschiedene Ebenen durchziehen:

- Vertreterinnen und Vertreter der ministeriellen Administration
- Vertreterinnen und Vertreter der Schulen, Weiterbildungsinstitute und Hochschulen
- Vertreterinnen und Vertreter der Arbeitgeber- und Arbeitnehmerverbände
- Lehrerin, Praxisanleiterin
- Schülerinnenvertretungen
- Vertreterinnen und Vertreter der Betriebe usw.

Auf der Anwendungsebene ermöglicht eine Interaktion von Schule und Betrieb bzw. Lehrerinnen und Praxisanleiterinnen Formen der Lernortkooperationen, die über informelle Kontakte hinausgehen [siehe Pätzold, 1997, S. 121 ff.] **(Abb. 8-2)**. Sie spannt den Bogen von gegenseitiger Wahrnehmung über den Austausch zum gegenwärtigen Verhältnis von Bildung und Beschäftigung bis zu den didaktisch-methodischen Fragestellungen.

Die Vernetzung zwischen den Lernorten findet somit nicht über die Person der Lernenden statt, sondern ist eine Aktivität der beteiligten

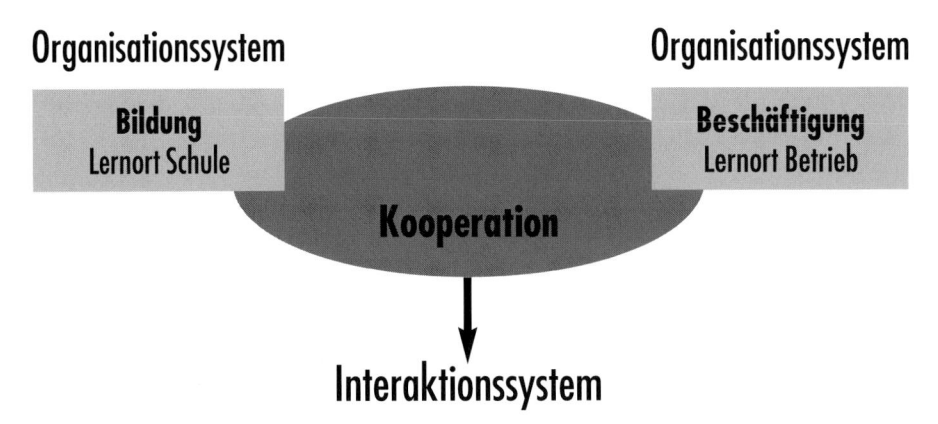

Abb. 8-2: Das Interaktionssystem gestaltet eine Kooperation zwischen den Organisationssystemen «Bildung» (Lernort Schule) und «Beschäftigung» (Lernort Betrieb)

Organisationen. Sie ist interaktiv bei den dafür ausgebildeten Personen in fachlicher Zuständigkeit aufgehoben und trägt zur Bestandsstabilisierung der beteiligten Teilsysteme bei.

8.2 Eine systemisch-praktische Gestaltung für die Pflegeausbildung

8.2.1 Das Interaktionssystem der an der praktischen Ausbildung Beteiligten

Alle am Interaktionssystem zwecks Lernortkooperation Beteiligten haben unterschiedliche Motive, Interessen und Erwartungen – entsprechend ihrer jeweiligen Deutungen, mit der sie in die Situation gehen.

Die verschiedenen Sichtweisen der Beteiligten im Interaktionssystem machen es notwendig, diese Verschiedenheit wahrzunehmen und anzuerkennen, Alternativen abzuwägen und Entscheidungen zu treffen (**Abb. 8-3**). Diese Situation charakterisieren Ulrich und Probst [1998] als Problemsituation. Die Problemlösungsmethodik wird im Weiteren beispielhaft für die Entfaltung und Entwicklung der vorgegebenen Problematik herangezogen. Hervorzuheben ist in ihr der Schritt der Wahrnehmung und Problematisierung, der Ausgangspunkt weiterer Lösungsschritte ist. Hierzu verständigen sich die Teilnehmerinnen und Teilnehmer über ihre jeweiligen:

- Bedingungen und
- Interessen, Ziele oder Intentionen (Problemanalyse).

Dieser Schritt ist wichtig, damit ein Verständnis und eine Akzeptanz für die anderen Partnerinnen erreicht werden kann. Zu bedenken ist hier die unterschiedliche Systemzugehörigkeit, die ein hohes Maß an gegenseitigen Verstehensbemühungen erfordert. Weil aus konstruktivistischer Sicht [Rusch, in: Schmidt, 1992, S. 214 ff.] das Gemeinte des einen Kommunikationspart-

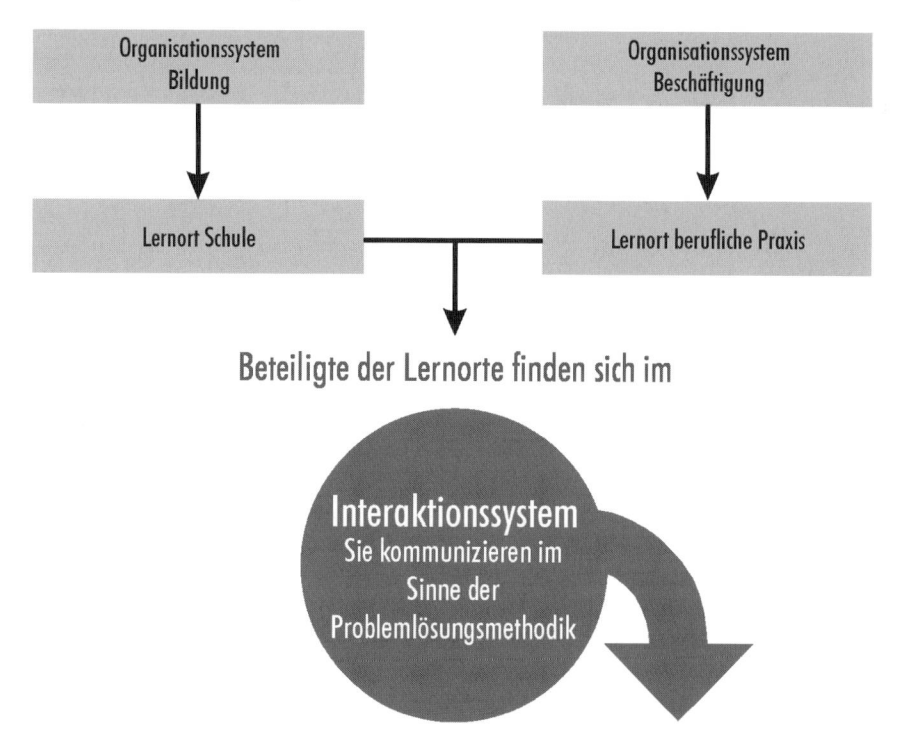

Abb. 8-3: Die Beteiligten der Lernorte «Schule» und «berufliche Praxis» befinden sich in einem Interaktionssystem und kommunizieren im Sinne eines Problemlösungsprozesses.

ners für den anderen letztlich verborgen bleiben muss, ist Verstehen ein fortdauernder und absichtsvoller Kommunikationsvorgang, um ein Abbild von dem Gemeinten des anderen zu entwerfen, bis dieser ein Zeichen von Verstandensein gibt. Der Prozess des Verstehens ist erst dann befriedigend abgeschlossen, wenn der zu Verstehende dies kundtut, nicht aber, wenn der Verstehende meint, verstanden zu haben. «Obwohl jedes der beteiligten Systeme nur innerhalb seines eigenen Kognitionsbereiches agiert, sind dennoch Interaktionen, d.h. Verzahnungen, Koordinationen der Verhaltens- bzw. Handlungsweisen der Systeme möglich.» [Rusch, in: Schmidt, 1992, S. 220]

Darauf aufbauend kann dann verhandelt werden (Lösungsmöglichkeit) über notwendige Innovationen, die einerseits den Auftrag zur Lernortkooperation im Blick haben, andererseits die Analyseergebnisse einbeziehen.

Dem folgt der Schritt der Bewertung sowie weiterer Perspektiven (Evaluation).

Die Beteiligten für die Pflegeausbildung sind **(Abb. 8-4)**:

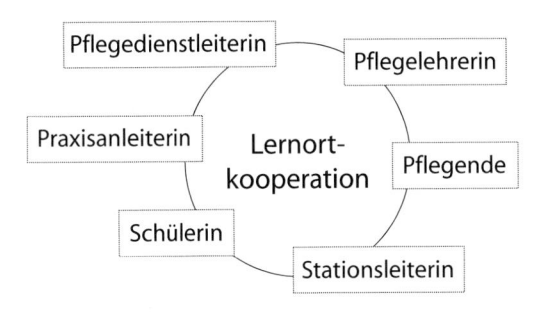

Abb. 8-4: Beteiligte des Interaktionssystems in der Pflegeausbildung

- Lehrerin für Pflegeberufe bzw. Pflegepädagogin (und andere Lehrerinnen der Ausbildungsstätte)
- Praxisanleiterin
- Pflegedienstleiterin
- Stationsleiterin
- Pflegende
- Schülerin.

Die Ergebnisse einer Studie sollen die individuellen und zum Teil divergierenden Sichtweisen der beiden Lernorte im Rahmen von Ausbildung in der Altenpflege verdeutlichen.

8.2.2 Problemaufriss – Ergebnisse einer explorativen Studie

Das Projekt «Lernen und Arbeiten, ein Spannungsfeld?» [Sieger und Schönlau, 1998, S. 372 ff.] hat stattgefunden im Rahmen einer Qualifizierung zur Praxisanleiterin unter Einbezug systemrelevanter Bedingungen. Ziel des Projektes war, die Qualifizierung zur Praxisanleiterin in den Kontext der Organisationsentwicklung zu stellen.

Dabei sollten:
- eine zielgerichtete Ausbildung gewährleistet sein
- Reibungsverluste zwischen den Beteiligten verringert und
- der Kommunikationsfluss verbessert werden.

Für die Analyse wurden exemplarisch in den pflegerischen Einrichtungen und Fachseminaren leitfadengestützte Interviews mit allen am Ausbildungsprozess Beteiligten geführt: Pflegedienstleitung, Bereichsleitungen, Pflegefachkräfte, Lehrende und Schülerinnen.

Lenkend bei der Erstellung des Interviewleitfadens waren folgende Annahmen:

- Während der klinischen Ausbildung erfahren die Schülerinnen und Schüler primär eine Eingliederung in den Arbeitsprozess.
- Somit wird es den Schülerinnen und Schülern erschwert, ihre Lernmöglichkeiten in den Pflegesituationen zu entdecken.
- Die Komplexität dieser Lernprozesse mit einer deutlichen Orientierung an den ausgewiesenen Berufszielen wirkt sich störend auf eine funktionelle Arbeitsorganisation aus.
- Pflegende, Lehrende und Lernende sind herausgefordert, über das Berufsverständnis und die Arbeitsform nachzudenken.
- Der situative Ansatz, der die individuellen Lern- und Pflegesituationen berücksichtigt, eröffnet neue Chancen für Lernende, Lehrende und Pflegende, für das Verständnis des

Ausbildungsprozesses und den fachlichen Austausch.

Die Interviews fanden im Zeitraum von 1996 bis 1997 statt und dauerten in der Regel zwischen 30 und 60 Minuten. Insgesamt wurden 18 Einzelinterviews sowie 2 Gruppendiskussionen mit Schülerinnen durchgeführt. Die mit Hilfe der qualitativen Inhaltsanalyse ausgewerteten Interviews wurden im weiteren Projektverlauf genutzt, «um den Prozess der Integration des Ausbildungsthemas in die Arbeit der Praxisanleiterinnen zu stützen» [Sieger und Schönlau, 1998, S. 374].

Die **Ergebnisse** dieser Studie belegen, dass differenzierte Vorstellungen von Lernvorgängen und Formen der Zusammenarbeit vorliegen. Von Pflegenden wird benannt, dass sie das Lernen der Schülerinnen bzw. die praktische Ausbildung nicht isoliert vom Arbeitsprozess betrachten, insbesondere könnten Beobachtung und Reflexion während des ganzen Arbeitstages stattfinden. Allerdings bestimmen Bewohnerinnen bzw. Patientinnen durch ihren Lebensrhythmus den Arbeitsablauf – und somit auch die Lernmöglichkeiten der Schülerinnen.

Auch wird betont, dass die Schülerinnen sich, um lernen zu können, sicher fühlen müssen, und dass sie keine Angst und keinen Lerndruck verspüren dürfen. Es wird versucht, eine Lernbegleitung anzubieten, die dies sicherstellt, wobei – nach Aussagen der Pflegenden – die Anwesenheit von Praxisanleiterinnen die notwendige vertrauensvolle Beziehungsebene am besten garantieren kann. Ihrer Ansicht nach benötigen Praxisanleiterinnen hierfür besondere persönliche Kompetenzen. Diese werden von den Pflegenden nicht spezifiziert.

Auch wenn einerseits die Anwesenheit von Schülerinnen und Praxisanleiterinnen in Bezug auf die personelle Besetzung eher als Belastung eingeschätzt wird, so wird andererseits festgestellt, dass die Anwesenheit von Schülerinnen für die eigene Reflexion der Arbeit wertgeschätzt wird, und dass man von den Schülerinnen lernen will. Die dafür notwendigen arbeitsorganisatorischen Konsequenzen, das hat die Studie verdeutlicht, werden allerdings nicht gezogen.

Von Seiten der Schülerinnen ist ferner bemerkenswert, dass sie innerhalb des Ausbildungsprozesses offensichtlich so sozialisiert werden, dass sie reale, sich bietende Lernchancen und -möglichkeiten nicht wahrnehmen und nutzen.

Ein wesentlicher Beitrag zum Gelingen der praktischen Ausbildung ist der Schule bzw. dem Fachseminar zuzuschreiben, welche/welches in den Ansprüchen an die praktische Ausbildung weit hinter dem gesetzlich verankerten Ausbildungsziel zurückbleibt. Diese Lernorte nehmen wahr, dass von der Schule keine einheitlichen Aussagen zur praktischen Ausbildung getroffen werden. Daraus resultieren Orientierungslosigkeit und Beliebigkeit. Auch den Schülerinnen ist nicht deutlich, welches Ausbildungsziel sie an welchem Lernort erreichen können. Erfahrungen aus den Praxisphasen werden zwar in der Schule thematisiert, doch eine curriculare Verankerung, innerhalb derer diese lernwirksam aufzubereiten wären, liegt nicht vor. Auch existiert bei den Lehrenden in den Schulen keine klare Vorstellung über spezifische Lernmöglichkeiten der Arbeitsbereiche, die somit nicht in die Gesamt- bzw. Einsatzplanung der Ausbildung einfließen können.

Für den Bereich der Kooperation zwischen den Lernorten wird deutlich, dass kein gemeinsames Lernverständnis existiert und eine gemeinsame Zielsetzung auch nicht angestrebt wird. Ein Interesse an Ausbildung ist vorhanden, aber die Erwartungen sind unterschiedlich oder dem jeweiligen Partner nicht bekannt.

Die Interpretation der Ergebnisse lässt folgende Schlussfolgerungen zu:
- Es gilt, dem Lernprozess der Persönlichkeitsstärkung der Schülerin im Sinne seiner emanzipatorischen Entwicklung einen Stellenwert einzuräumen, der in beiden Lernorten initiiert und unterstützt wird.
- Es bedarf einer differenzierten Betrachtung der tatsächlichen Lernmöglichkeiten in den jeweiligen Lernorten, die curricular verankert werden.
- Das Potential der differenzierten Vorstellung zum Lernen, wie es von Pflegenden im Lernort Praxis geäußert wurde, muss auf die Arbeitsorganisation Auswirkungen haben.

- Den Schülerinnen wird im betrieblichen Lernort ein Innovationspotential zugeschrieben, das auch von den Pflegenden erwünscht ist.
- Es müssen Kommunikations- und Kooperationsformen zwischen den Lernorten institutionalisiert werden – der jeweilige Nutzen solcher Formen muss herausgearbeitet werden.

8.2.3 Lernorte in der Pflegeausbildung

8.2.3.1 Zum Begriff Lernort

In den berufspädagogischen Diskussionen um die Bedeutung der Lernorte ist die Forderung nach Pluralität bereits seit den 70er Jahren bekannt. «Der Begriff Lernorte wurde von der Bildungskommission des Deutschen Bildungsrates im Rahmen der Bildungsreformdiskussion eingeführt. Als Lernorte werden im Rahmen des öffentlichen Bildungswesens anerkannte Einrichtungen (auch in privater Trägerschaft) verstanden, die Lernangebote organisieren.» [Pätzold, 1997, S. 285]

«Lernort tritt als Ortsbeschreibung für jede Art organisierter Wirklichkeitsbegegnung auf, deren meist vordringliches, zumindest aber beiläufiges Ziel das Lernen ist. Insofern beschreiben Lernorte:

- alle anerkannten öffentlichen Bildungseinrichtungen
- Plätze und Situationen, die durch Originalbegegnung mit der Wirklichkeit zum Lernen anregen (…)» [Köch und Ott, 1994, S. 441].

8.2.3.2 Der Lernort Schule

Die Lernenden entwickeln im Lernort Schule auf theoretischer Basis Kompetenzen für das zukünftige Berufs- und Arbeitsleben, einerseits unter der Perspektive der beruflichen Anforderungen und andererseits unter der Perspektive der personalen Entwicklung [u.a. Schmiel, 1976, S. 8 f.]. Die Lernenden werden gefördert «beim Auf- und Ausbau orientierungs- und handlungsleitender kognitiver Strukturen (…). Diese internen Wissenssysteme dienen als interne Strukturierungshilfen (…) als Hilfen zur Einordnung singulärer Phänomene in übergeordnete Zusammenhänge sowie als dynamische Modelle» [Achtenhagen et al., 1992, S. 6]. Im Lernort Schule werden weiterhin Einsichten in gesellschaftliche, berufspolitische, wirtschaftliche und rechtliche Zusammenhänge erworben und, er schafft Freiräume zur Reflexion betrieblicher Erfahrungen (vgl. Kap. 1).

8.2.3.3 Der Lernort Betrieb

Der Betrieb ist kein originärer Ort des Lehrens und Lernens. Als Lernort fordert er in der Lernsituation Lösungen, die sich bewähren und Erfolg versprechen (siehe z.B. von Glasersfeld [1997] zum konstruktivistischen Begriff des Passens). Lerntheoretisch haben Praxisaufenthalte einen hohen Stellenwert, denn Lernen erfolgt besonders nachhaltig in Anwendungszusammenhängen [siehe Siebert, 1996]. Bei den Lernenden kann die Motivation leicht erhalten bleiben, weil das Lernen in der Dynamik von Problemlösung stattfinden kann [Hartmann, Graevert und Schleyer, 1990, S. 232]. Die Schülerin kann sich als ganze Person in beruflichen Bezügen erleben und außerdem das untrennbare Verknüpftsein von fachlich-methodischem und persönlich-sozialem Handeln erfahren.

Die Chancen dieses Lernortes liegen insbesondere in der Schaffung von Lernsituationen zur:

- Entwicklung beruflicher Kompetenzen im Denken, Fühlen, Handeln in authentischen Berufssituationen und Routinisierungen
- Reflexion ethischer Haltungen
- personalen Auseinandersetzung in intra- und interberuflichen Bezügen.

8.2.4 Der Lernort Schule – Bedingungen des Interaktionspartners

8.2.4.1 Lehrerin für Pflegeberufe bzw. Pflegepädagogin

Die Lehrenden in der Schule haben unterschiedliche pädagogische Ausbildungen. Die Schulleitung der Kranken- und Kinderkrankenpflege untersteht unmittelbar dem Träger. Sie ist in Ausbildungsfragen unabhängig. «Als Lehrerin/Lehrer für Pflegeberufe werden Kranken-, Kinderkrankenschwestern/Kranken-, Kinderkrankenpfleger bezeichnet, die über eine einschlägige Weiterbildung von mindestens zwei Jahren oder über ein entsprechendes abgeschlossenes Studium verfügen.» [Mindeststandards, Landesfachbeirat Krankenpflege beim Ministerium für Arbeit, Gesundheit und Soziales des Landes Nordrhein-Westfalen, 1994]

Gleichermaßen legen z.B. die Altenpflegegesetze der Länder Saarland, Thüringen und Nordrhein-Westfalen die Anforderung an die Lehrenden anhand formaler Kriterien fest. Die Leitung eines Fachseminars für Altenpflege muss entweder über eine pädagogische Qualifikation, eine abgeschlossene Berufsausbildung im pflegerischen oder sozialpflegerischen Bereich und mehrjährige Berufserfahrung verfügen oder ein pflegepädagogisches Studium abgeschlossen haben [Ministerium für Arbeit, Gesundheit und Soziales, 1995, S. 19]. Darüber hinaus legt die Ausbildungs- und Prüfungsordnung die Qualifikation der Lehrenden für die jeweiligen Fächer auf hohem Niveau fest. So sollen an der Ausbildung in der Altenpflege die in der Altenhilfe tätigen Berufsgruppen beteiligt werden, wie z.B. Psychologinnen, Sozialpädagoginnen, Sozialarbeiterinnen, Medizinerinnen, Juristinnen, Pharmazeutinnen, Theologinnen etc. Diese Lehrenden müssen jedoch über keine ausgewiesene pädagogische Qualifikation verfügen.

8.2.4.2 Schülerin

Die Schülerinnen sind in der Regel durch die gemeinsame Trägerschaft von Schule und Krankenhaus sowohl Lernende als auch Arbeitnehmerin, was zu Konflikten führen kann (vgl. Kap. 1).

Ergebnisse der eingangs erwähnten Studie «Lernen und Arbeiten, ein Spannungsfeld?» (siehe Kap. 8.2.2) verdeutlichen:

- Einerseits soll die Schülerin selbständig arbeiten, und andererseits hat sie dazu auch Gelegenheit. Die Selbstständigkeit hat somit positive und negative Seiten.
- Ferner hat sich gezeigt, dass sie Widersprüche zwischen der Arbeitsausführung und dem schulisch gelernten Wissen empfindet.
- Qualitätsvolle Anleitung wird als positiv bewertet.
- Auch ist deutlich geworden, dass Altenpflegeschülerinnen sich im Lernort Krankenhaus als Schülerinnen zweiter Klasse erleben.

Entsprechend einer weiteren explorativen Untersuchung bei Krankenpflegeschülerinnen aus Nordrhein-Westfalen von Büssing und May [1997, S. 234 ff.] wird der vermehrte Unterrichtsausfall besonders vor dem Examen beklagt. Der dadurch bedingte Nachteil, zukünftigen Kompetenzanforderungen im Beruf nicht gewachsen zu sein, wird geäußert.

Schülerinnen halten sich für nicht gut auf den Beruf vorbereitet (58% von 13 interviewten Schülerinnen). Weiterhin stößt der «... inhaltliche Aufbau der theoretischen Ausbildung bei einigen Schülerinnen auf Unverständnis.» [Büssing und May, S. 234 ff.]. Im beruflichen Alltag und in der Ausbildung erleben sie, so die Autoren, die Abhängigkeit von der Medizin.

8.2.5 Lernort Schule – Interessen, Ziele oder Intentionen des Interaktionspartners

8.2.5.1 Lehrerin für Pflegeberufe bzw. Pflegepädagogin

Die Lehrenden initiieren Lernprozesse und sind, folgt man neueren theoretischen Entwürfen (Systemtheorie und Konstruktivismus), den Schülerinnen Begleiter und Berater. Die Selbststeuerung und Selbstorganisation des Lernens durch die Lernende [vgl. Heyse und Erpenbeck, 1999] selbst ist unabdingbar vor allem für personale und soziale Kompetenzentwicklung, so auch in der Berufsausbildung der Pflege. «Die Förderung von Selbstbestimmung, Selbstständigkeit in der Auseinandersetzung mit der Umwelt, Kritikfähigkeit, Selbstvertrauen, Kommunikationsfähigkeit und undogmatischen kreativen Denkens verlangt vom Lehrenden eine Um- bzw. Neudefinition seiner Rolle vom bloßen Wissensvermittler zum Lernhelfer, -organisator, -berater und -anreger.» [vgl. Deitering, 1995, in: Heyse und Erpenbeck, 1999, S. 122]

Die Lehrerin trifft damit Entscheidungen über ihre pädagogischen Maximen, sie trifft weiterhin berufsfelddidaktische Entscheidungen, entsprechend arrangiert sie das Lernen, welches beispielsweise die Auswahl geeigneter Lernorte und Abstimmungen mit dem Lernort Betrieb einschließt. Günstig ist es, aber nicht selbstverständlich, wenn ein Curriculum die Organisation der Gesamtausbildung, inklusive der praktischen Ausbildung, ausweist.

In der Pflegeausbildung ist die Gesamtverantwortung für die Ausbildung, die curriculare Planung, Umsetzung, Bewertung und Veröffentlichung vom Träger insbesondere an die Schulleitung delegiert worden. Soweit dies strukturell möglich und vorgesehen ist, wie beispielsweise in den Pflegeausbildungen, wirken die Lehrerinnen auf eine geeignete Gestaltung der Rahmenbedingungen für die praktische Ausbildung ein. [Kurtenbach, Golombek und Siebers, 1987, S. 113]

8.2.5.2 Schülerin

Die Schülerin ihrerseits möchte mit ihrem individuellen Lernstand und Lernweg im Kontext ihrer sozialen Beziehungen zu den anderen Schülerinnen akzeptiert und gefördert werden. Sie hat einen Anspruch darauf:

- auf das Berufsleben vorbereitet zu werden
- Lernmöglichkeiten im Lernort Betrieb vorzufinden
- auf die Lernanforderungen des betrieblichen Lernortes vorbereitet zu werden

- einen Rahmen für die Selbst- und Fremdreflexion der betrieblichen Erfahrungen vorzufinden
- Kongruenz zwischen schulisch Gelerntem und im Berufsalltag Erlebtem zu erfahren
- in der theoretischen sowie praktischen Ausbildung pädagogische Begleitung und Beratung zu erfahren und
- unter Einbeziehung aller Lernebenen (Denken, Fühlen, Handeln) kompetent zu werden.

8.2.6 Lernort Betrieb – Bedingungen der Interaktionspartner

8.2.6.1 Pflegedienstleitung

Die Pflegedienstleitung bestimmt Kraft ihrer Position durch entsprechende Strukturgebung den Betrieb als Lernort maßgeblich mit. Sie hat durch die Einsatzplanung der Schülerin Einfluss auf die Ausbildungssituation, sie entscheidet, welcher Schülerin welcher Lernort angeboten wird. Die Argumente für die Auswahl orientieren sich in der Regel an betrieblichen Interessen. Sie trägt die Ausbildungsverantwortung, solange diese nicht delegiert wird [Kurtenbach, Golombek und Siebers, 1987, S. 114].

8.2.6.2 Bereichs- und Stationsleitung

Auf der mittleren Organisationsebene sind Bereichs- und Stationsleitungen für die Erfüllung der Arbeitsziele verantwortlich. Entsprechend einem Pflegeziel – definiert in Leitbildern oder in pflegerischen Intentionen sichtbar – müssen Arbeitsabläufe geplant, organisiert und kontrolliert werden.

8.2.6.3 Pflegende

Pflegende gewährleisten entsprechend ihrem Pflegeverständnis die Pflege des Patienten. Manche Pflegende übernehmen, mehr oder weniger freiwillig, Anleitungsfunktionen. Nichtsdestotrotz liegt im beruflichen Alltag ein differenziertes Bild von Lernen vor. Auch bemühen sich die Pflegenden trotz eines hohen Arbeitsanfalls um eine individuelle Förderung der Schülerin im Arbeitsfeld (vgl. Kap. 8.2.2). Außerdem erkennen sie in der Begleitung der Schülerin für sich Lernmöglichkeiten. Entgegen den Annahmen der Fachseminare für Altenpflege sind die Pflegenden in der Lage, den Arbeitsalltag bewohnerorientiert zu gestalten. Diese Voraussetzungen sind ideal, um eine Arbeitssituation in eine Lernsituation umzuformen. Pflegende, die nicht mit Anleitungsaufgaben betraut sind, bewerten aufgrund ihrer berufs- und arbeitsbedingten Deutungsmuster, ob sich die Investition in die Anleitung für die Erfüllung der Arbeitsaufgaben gelohnt hat.

8.2.6.4 Praxisanleiterin

Die Umformung einer Arbeits- in eine Lernsituation bedarf pädagogischer Kompetenzen in Form der Analyse, Gestaltung und Reflexion. Die Praxisanleiterin versteht sich als eine pädagogisch weitergebildete Pflegefachkraft, wobei ihr keine genauen Qualifizierungsvorgaben vorliegen (mindestens 200 Stunden Weiterbildung ohne Spezifizierung der Lerninhalte, gemäß Mindeststandards [a.a.O.]. Die zeitlichen Rahmenbedingungen variieren von zufällig bis verbindlich in den Stellenplan festgelegten Freistellungen für ihre Anleitungstätigkeit.

8.2.7 Lernort Betrieb – Interessen, Ziele oder Intentionen des Interaktionspartners

Der Betrieb erklärt sich bereit, Lernort für die praktische Ausbildung zu sein. Die Vorstellungen dazu variieren sowohl auf individueller als auch auf struktureller Basis. Die Spanne reicht von der Einplanung der Schülerin als Arbeitskraft über vorgegebene Lernaufgaben bis hin zur Unterstützung beim Arrangement von Lernsituationen und -aufgaben.

8.2.7.1 Praxisanleiterinnen

Praxisanleiterinnen sind Ansprechpartnerinnen für alle Ausbildungsfragen der Praxis. Sie interagieren mit der Schule, häufig in Problemlagen, die die Lernsituation der Schülerin betreffen. Als Anleiterin übernimmt die Praxisanleiterin pädagogisch begründet die individuelle praktische Ausbildung, deren Strukturierung und Evaluation. Dazu:

- erhebt sie den individuellen Lernbedarf der Schülerin
- vereinbart sie mit der Schülerin Lernaufgaben unter der Prämisse des Pflegebedarfs der Patienten
- analysiert und kommuniziert sie die spezifischen Lernmöglichkeiten der Station.

Die Praxisanleiterin nimmt für die Schülerin zwei verschiedene Rollen ein: Pflegende und Anleiterin. Wenn diese Gleichzeitigkeit der beiden Rollen nicht in ausreichendem Maße strukturell geklärt ist, muss sie mit ihrer Person die systemisch bedingten Dissonanzen ausbalancieren. Somit ist sie nicht nur sowohl pflegerisch als auch pädagogisch tätig und verantwortlich, sondern befindet sich darüber hinaus per definitionem auf der Schnittstelle der beiden Systeme, die jeweils systemkonformes Verhalten erwarten können.

Durch die längere Ausbildung und Sozialisation tendiert sie eher zur Ausformung eines kollegialen, jedoch nicht pädagogischen Verhältnisses zur Schülerin.

8.2.7.2 Pflegedienst- bzw. Stationsleitung

Der Träger der Institution, die Pflegedienstleitung sowie die Stationsleitung schaffen geeignete Rahmenbedingungen, z.B. eine genaue Aufgaben- und Positionsbeschreibung darüber, welche Mitarbeiterinnen und Mitarbeiter in welchem Umfang mit der praktischen Ausbildung betraut sein sollen. Die Entscheidung, sich an Ausbildungsprozessen zu beteiligen, geht mit der Bereitschaft zur eigenen personalen und sozialen Veränderung einher.

8.2.7.3 Pflegende

Aus der Sicht der Pflegenden sollen die praktische Ausbildung und die Anleitungstätigkeit nicht zu Störungen im Arbeitsablauf ihrer originären Aufgaben führen. Konflikte mit der Anleiterin als pädagogischer Vertreterin sind nicht auszuschließen. Pflegende sind aber auch sensibel für die Lernsituation der Schülerin. Durch deren Anwesenheit werden die Reflexion eigener Arbeitsweisen und die Motivation zum eigenen Lernen als Gewinn gewertet.

8.2.8 Innovationsleistung im Lernort Betrieb

Der Problemlösungsmethodik folgend ist die Frage, wie im Anschluss an die Selbstdarstellungen der Interaktionspartner solche Innovationen in den beiden Lernorten umgesetzt werden, die zu einer Lernortkooperation führen?

Exemplarisch wird als Beispiel einer Innovationsleistung das Modell einer praktischen Anleitung nach Sieger zugrundegelegt [Knigge-Demal, Rustemeier-Holtwick, Schönlau und Sieger, 1993 und 1994], das einerseits auf systemtheoretischer Grundlage nach A. Kell und andererseits aufgrund von Erfahrungen und empirischen Befunden in der Weiterbildung zu Lehrerinnen für Pflegeberufe und Praxisanleiterinnen am ehemaligen Evangelischen Weiterbildungsinstitut für pflegerische Berufe in Münster/NRW entstanden ist.

Damit von einer Eignung als Lernort gesprochen werden kann, ist es ist erforderlich, dass alle Interaktionspartner die Rahmenbedingungen des jeweiligen betrieblichen Lernortes dahingehend prüfen, inwieweit ein Prozess der «Pädagogisierung des Arbeitsplatzes» umgesetzt ist beziehungsweise umgesetzt werden kann. Dabei bedeutet «Pädagogisierung des Arbeitsplatzes» [Knigge-Demal, Rustemeier-Holtwick, Schönlau und Sieger, 1993 und 1994] in dieser Zeit und an diesem Ort die didaktische Reduktion aus einer komplexen Arbeitssituation mit dem Ziel, daraus eine individuelle Lernsituation zu gestalten. Die Lernsituation wird dabei jedoch nicht von der Arbeitssituation isoliert. Es werden folglich Ausschnitte aus der Arbeitssituation lernbar gemacht. Dies geht mit der Gestaltung der Lernsituation unter pädagogischen Maximen einher, was z.B. ein zeitliches Herauslösen aus der Gesamtsituation oder ein Eingrenzen auf spezielle Aufgabenelemente bedeuten kann.

Eine Leistung des Teams im betrieblichen Lernort ist dabei, das spezifische Lernangebot unter der Frage «Was können die Schüler gerade hier besonders gut lernen?» zu eruieren. Der Hauptaugenmerk auf dem pflegerischen Schwerpunkt des Arbeitsbereiches fördert einerseits den Aufbau des beruflichen Selbstverständnisses der Lernenden und betont andererseits die Einmaligkeit dieses Lernortes, spezifische Lernmöglichkeiten zur Ausbildung beizutragen.

Damit der Betrieb zu einem Lernort werden kann, sind Qualifikationen derjenigen notwendig, die pädagogisch tätig werden. Eine Qualifikation, die eine Pädagogisierung ermöglicht, ist Reflexionsfähigkeit, die es im Vorfeld möglich macht, beispielsweise Betriebsstrukturen, Werthaltungen und Berufsvorstellungen zu hinterfragen. Die Fähigkeiten zur Reflexion und Analyse sind weiterhin notwendig, um den pädagogischen Prozess gedanklich vorwegnehmen zu können. Dies bedeutet das Erkennen lernhemmender Einflüsse, die in der Folge so weit minimiert werden sollen, dass in einem sanktionsfreien Raum Lernen ermöglicht wird. Hemmende Einflüsse sind u.a.:

- die Komplexität der Praxis
- Zeitmangel
- Funktionalität des Arbeitsprozesses
- Einfordern eines Arbeitsergebnisses.

Diese pädagogischen Prämissen muss die Praxisanleiterin in das Team der Mitarbeiterinnen einbringen, um so ein Lernklima zu etablieren. Die Frage, die hier beschäftigt, lautet also: «Wie kann es konkret gelingen, Lernsituationen in den Arbeitsalltag zu integrieren?»

8.2.9 Das Strukturmodell der geplanten, zielgerichteten praktischen Anleitung

In der Anleitungssituation sind Angehörige der Personengruppen Patientin, Praxisanleiterin und Schülerin beteiligt. Die Patientin erhebt einen berechtigten Anspruch auf eine angemessene

Pflege, die Schülerin muss entsprechend dem individuellen Lernstand gefördert werden. Die Praxisanleiterin übernimmt in dieser Situation sowohl die Verantwortung für den Pflegeprozess als auch für den Lernprozess. Diese Parallelität zwischen Lernsituation der Schülerin und Pflegesituation der Patientin muss konsequenterweise zu einem Überdenken des traditionellen Anleitungsverständnisses führen, das sich häufig ausschließlich auf die Lernende konzentriert. Um den Ansprüchen der Schülerin und der Patientin gerecht zu werden, müssen von der Praxisanleiterin die entsprechenden Bedingungen bedacht werden, die vor dem pädagogischen Hintergrund zu Entscheidungen über die Anleitungssituation führen.

Dementsprechend gliedert sich das Modell in die beiden großen Felder der Bedingungen und Entscheidungen, wie sie sich auch in dem handlungsorientierten Ansatz von H. Meyer und in den klassischen Modellen der didaktischen Schulen findet. Dieses Modell stellt ein Verfahren der Anleitung vor, das von einer ausgewählten und auf den punktuellen Lehr- und Lernbedarf ausgerichteten Ausbildungssituation ausgeht. Dabei bestimmt die jeweils spezifische Interessenlage der Beteiligten die Ausgangssituation für eine solche Anleitung.

8.2.9.1 Bedingungsebene

Die Analyse der konkreten Bedingungen soll die Faktoren klären, welche die Lernsituation bestimmen. Diese umfassen:

- den individuellen Lernbedarf
- die schulischen Erwartungen
- die tatsächlichen Lermöglichkeiten des jeweiligen Arbeitsbereiches
- den individuellen Pflegebedarf.

Alle diese Faktoren müssen erhoben, reflektiert und bewertet werden, um in die Anleitungssituation einfließen zu können.

Bei den Schülerinnen gilt es, den persönlichen Lernbedarf sowie die individuellen Lernvoraussetzungen, die sich in Neigungen, Werthaltungen, Interessen, Aversionen und Belastungen äußern können, zu entdecken. Gerade diesem Schritt ist eine hohe Bedeutung zuzuschreiben.

Erfahrungen im Umgang mit dem Modell bestätigen, dass erst durch die individuelle Erhebung der Lernbedingungen eine spezifische, auf die Schülerin zugeschnittene Lernsituation geschaffen werden kann, die deren Lernverhalten positiv beeinflusst. Die spezifischen Lernbedingungen der Schülerin werden u.a. auch im Kontakt mit der Schule geklärt – ebenso die jeweiligen Erwartungen oder Lernaufgaben, die seitens der Schule mit dem Einsatz in diesem Lernort verknüpft sind. Erfahrungen im Umgang mit dem Modell zeigen, dass nur die Sicht der Schülerin, nicht aber die bewertete Sicht der Lehrerin einfließt. Schulen sehen tatsächliche Lernmöglichkeiten in dem jeweiligen Arbeitsbereich teils unspezifisch. In der Regel werden funktionalisierte, auf Tätigkeiten reduzierte Lernziele beschrieben. Hingegen ermöglicht es das Strukturmodell der praktischen Anleitung, das Lernangebot in den Kontext der realen Pflegesituation zu stellen. So betrachtet ergibt sich eine neue Gliederung der Arbeitsschwerpunkte, die als Struktur für Einarbeitungskonzepte genutzt werden kann.

Die professionelle Erhebung des Pflegebedarfs ist Voraussetzung, um eine Pflegesituation zu extrahieren, die zum Lernbedarf der Schülerin passen soll. Erfahrungen mit dem Modell zeigen, dass im pflegerischen Alltag verschiedene Verfahren mit dem Pflegeprozess vorliegen. Das Primat «Der Pflegebedarf bestimmt die Lernmöglichkeiten» ist zwar einsichtig, doch ist das Vorgehen der Pflegebedarfserhebung in der Regel nicht gelenkt durch das Pflegeverständnis, das den Patienten als autonom einbezieht und ihn als Experten seiner Lebenssituation akzeptiert. Nach dem Erheben dieser Bedingungen folgen Reflexion und Bewertung unter der zentralen Frage: «Wie stellt sich der Lernbedarf der Schülerin dar und in welcher pflegerischen Situation kann dieser gedeckt werden?» Dies führt in der Verdichtung zu dem «Auslösenden Moment».

8.2.9.2 Entscheidungsebene

Was beispielsweise bei Roth [1967, S. 259] die «glückliche Position» als ein pädagogisch verdichtetes Moment des Lernenden zum Lerngegenstand bedeutet, ist bei dem Modell von Sieger das «Auslösende Moment». Dies ist, und das macht das Spezifische aus, ein eigentlich implementiertes Moment pädagogischen Wirkens in das System Betrieb hinein. Dem Sinn nach ist der Betrieb nicht mit pädagogischen Intentionen befasst, muss jedoch die Bereitschaft haben, zu kommunizieren.

Das «Auslösende Moment» leitet sich her aus den auf der Bedingungsebene erhobenen Determinanten. Unter der Perspektive des Lehranspruchs der Anleiterin kann es in unterschiedlicher Weise konstruiert werden:

- durch den Lernwunsch der Schülerin
- durch die Divergenz zwischen Lernwunsch und Lehranlass aus der Sicht der Anleiterin
- durch die spezifische Pflegesituation, die sich durch das besondere Lernangebot der Station ergeben.

Die Erfahrungen im Umgang mit dem Modell zeigen: Je sorgfältiger die Analyse der Bedingungen, desto leichter fällt die Entscheidung zum «Auslösenden Moment». Nicht immer ist der Lernwunsch der Schülerin bestimmend für die Themenwahl – oft liegt diese auch im Lehranspruch oder in der Divergenz zwischen Wunsch und Anspruch. Themen der Anleitung sind bewohnerinnen- bzw. patientinnenbezogene Pflegeanlässe, die sich mit der Auseinandersetzung der spezifischen Lebenssituation oder der Bewältigung von Einschränkungen beschäftigen. Die tätigkeitsorientierten Lernzielkataloge müssen um diesen Anteil erweitert werden

Die Gestaltung der konkreten Pflege- und Lernsituation liegt in der Verantwortung der Anleiterin. Sie nimmt die Parallelisierung von Pflege- und Lernsituation vor. Die Ziele für die Lernsituation werden mit der Schülerin besprochen, die Pflegeziele mit der Patientin bzw. Bewohnerin abgestimmt. Die Aktivitäten innerhalb der Pflegesituation müssen vereinbart und im Sinne der Ziele des Lernens festgelegt werden. In dieser Phase gilt besonders: Die aktuelle Pflegesituation der Patientin bzw. Bewohnerin entscheidet über die tatsächlichen Lernmöglichkeiten der Schülerin. Erfahrungen im Umgang mit dem Modell zeigen, dass fast alle Anleitungssituationen wie geplant verwirklicht werden konnten. In den meisten Fällen eröffnete die Situation einen neuen Blick für die Ressourcen der Patientin bzw. Bewohnerin. Die intensive Beschäftigung im Vorfeld mit dem Pflegebedarf sowie die ungeteilte Aufmerksamkeit gegenüber ihrer Lebens- bzw. Pflegesituation in der Anleitung führte häufig zu außergewöhnlichen Aktivitätsformen, die im Kontext des routinierten Pflegeablaufes so nicht entstanden wären.

Sowohl die Pflege- als auch die Lernsituation müssen durch den Reflexions- und Auswertungsschritt abgeschlossen werden. Erfahrungen wie Dissonanzen, Unsicherheiten oder Erfolge werden benannt, nächste Lernschritte vereinbart. Analog gilt dieses Verfahren für die Auswertung der Pflegesituation, die mit aktiver Beteiligung der Patientin bzw. Bewohnerin erfolgt.

Erfahrungen im Umgang mit dem Modell bestätigen die Notwendigkeit, diesen Schritt losgelöst vom Arbeitsablauf der Station durchzuführen. Die Lernerfahrung muss bewusst gemacht werden – sowohl als Lernerfolg als auch für weitere Ziele des Lernens. Die Stärkung der Eigenverantwortung von Schülerinnen und Patientinnen durch die aktive Beteiligung bei dieser Evaluation ist als Beitrag zur Persönlichkeitsstärkung und Emanzipation bzw. als Förderung der Autonomie zu werten.

8.2.10 Innovationsleistung im Lernort Schule

Lehrende benötigen als Berufspädagoginnen ein Bildungsverständnis, das eine reflektierte Einstellung gegenüber der Pflege beinhaltet. In der Auseinandersetzung mit der beruflichen Praxis wird es möglich, die Kooperation mit dem Lernort «Berufspraxis» zu gestalten. Formal sind Abstimmungsgespräche mit Praxisanleiterinnen sowie Praxisbegleitbesuche mit dem Ziel der pädagogischen und fachlichen Beratung der Praxisanleiterinnen vorgesehen. Gleichzeitig ermöglichen die Praxisbegleitbesuche den Lehrenden, die Entwicklung der einzelnen Schülerinnen in dem jeweiligen Handlungsfeld zu beobachten. Dabei sollten Bezüge zur theoretischen und fachpraktischen Ausbildung hergestellt werden, indem die Übertragung theoretischer Erkenntnisse in Form von Handlungskonzepten auf die erlebte Berufsrealität zum Gegenstand der Begleitungsgespräche wird.

Lehrende setzen Praxisaufgaben und Praktikumsberichte als ein Instrumentarium zu Vernetzung der Lernorte Schule und Berufspraxis ein. Praxisaufgaben bzw. Praktikumsberichte ermöglichen und unterstützen:

- die Übertragung von schulisch erworbenem Wissen auf die Berufspraxis
- die Reflexion beruflicher Erfahrungen
- eine fundierte Grundlage für die (weitere) theoretische Bearbeitung des Themas
- Kenntnisse über das Lernangebot des Lernortes Berufspraxis
- die Beschreibung der Strukturen im betrieblichen Lernort
- die Beschreibung pflegerischer Situationen.

In der Ausbildungs- und Prüfungsordnung des Altenpflegegesetzes von Nordrhein-Westfalen gehören Praktikumsberichte als strukturierendes Element verbindlich zur berufspraktischen Ausbildung und sind «jeweils nach Abschluss eines Abschnittes der berufspraktischen Ausbildung zu erstellen und durch die Praxisbegleiterin und den Praxisbegleiter zu beurteilen» [Ministerium für Arbeit, Gesundheit und Soziales, 1995, S. 7]. Die Praxisaufgaben und Praktikumsberichte werden mit den in Kapitel 8.2.5.2 ausgewiesenen Ansprüchen zu einem wichtigen Bestandteil der Ausbildung. Die Praxisaufgaben und Praktikumsberichte werden im Sinne einer Verzahnung der theoretischen und praktischen Ausbildung aus dem vorangegangenen Unterricht heraus entwickelt. Nach der Erarbeitung durch die Schülerin bieten sie sich als Ausgangspunkt für die Auswertung der Praxisphasen an. Damit werden Praxisaufgaben und Praktikumsberichte zu einem gestaltenden Element für den theoretischen Unterricht.

Zur Schaffung einer verbindlichen Struktur im Rahmen der praktischen Ausbildung eignen sich Zielvereinbarungsgespräche und Bewertungsgespräche, wie z. B. Planungs-, Verlaufs- und Abschlussgespräche [Sieger, Brinker-Meyendriesch und Wicker, Veröffentlichung vorgesehen]. Die Zielvereinbarungsgespräche basieren auf der Bedingungsanalyse der Praxisanleiterin (Beobachtung und Gespräch), in die die spezifische Lernsituation der Schülerin einmündet. Gleichzeitig findet hier die Verknüpfung zwischen dem Bildungs- und dem Beschäftigungssystem statt, da sowohl die seitens der Schule formulierten Lernziele für den Ausbildungsabschnitt als auch die spezifischen Lernmöglichkeiten der Station in die Zielvereinbarungen einmünden. Verlaufs- und Abschlussgespräch strukturieren die weitere Phase der praktischen Ausbildung, indem sie die auf der Basis der vereinbarten Ziele geplanten Lernsituationen flankieren und eine anschließende Bewertung des Lernens in dieser praktischen Ausbildungsphase vorsehen.

Der Reflexion der beruflichen Erfahrungen kommt vor dem Hintergrund des Deutungsmusteransatzes von Arnold eine besondere Bedeutung zu. Es gilt, in den Lernorten Schule und Betrieb Formen der Reflexion zu institutionalisieren. Neben den bereits beschriebenen Praxisbegleitbesuchen, -aufgaben und -berichten eignen sich in die Praxisphase eingestreute Reflexionstage (vgl. Kap. 4).

8.2.11 Evaluation und weitere Perspektiven

Dem Problemlösungsprozess folgend, ist die fortlaufende Evaluation der gegenseitigen Vorstellungen und der Ergebnisse der gemeinsamen Arbeit notwendig. Dadurch ist eine auf Verstehen gründende Zusammenarbeit sicherzustellen. Dies sollte möglichst in einer gegenseitig vereinbarten institutionalisierten Form umgesetzt werden.

8.3 Metaebene – Zusammenfassung

Das Konstrukt der Problemlösungsmethodik verlassend, nehmen wir noch einmal die Beobachterperspektive ein und fassen zusammen:

1. Die beiden sozialen Systeme Schule und Betrieb unterscheiden sich in Bezug auf ihren Sinn maßgeblich voneinander, jedoch verfügen sie als Lernorte über Anschlussstellen.
2. Einerseits besteht Anlass zum Optimismus hinsichtlich einer Lernortkooperation insofern, als der Lernort Betrieb in den Pflegeausbildungen ein differenziertes Verständnis zum Lernen zeigt, andererseits aber muss dies von den Schulen noch wahrgenommen und in eine konstruktive, curricular verankerte Form gebracht werden. Dies ist das Ergebnis der qualitativen Studie.
3. Eine Lernortkooperation zwischen schulischem Lernort und betrieblichen Lernorten kann unter beträchtlichem Aufwand umgesetzt werden. Im ersten Schritt geht es darum, das Anderssein des anderen Lernortes zu akzeptieren. Im zweiten Schritt dreht es sich darum, eine Kooperation eingehen zu wollen und dies in entsprechendes Handeln umzusetzen.
4. Eine Möglichkeit besteht darin, dabei im Sinne der Problemlösungsmethodik zu verfahren. Dieses Vorgehen ist in dieser Form ein Konstrukt der Autorinnen, seine Umsetzung müsste noch erfolgen und bewertet werden.
5. Für den Schritt der Innovation im Problemlösungsprozess hat sich bereits das «Modell der praktischen Anleitung» von Sieger [Knigge-Demal, Rustemeier-Holtwick, Schönlau und Sieger, 1993, 1994] bewährt, das sich gezielt mit der Umsetzung der praktischen Ausbildung im Lernort Betrieb beschäftigt. Dieses Modell integriert das schulische und praktische Lernen, allerdings mit Schwerpunkt auf dem praktischen Anteil der Ausbildung. Um eine Schnittstellenbeschreibung handelt es sich insofern nicht.
6. Um einer verfrühten Sozialisation im Lernort der betrieblichen Praxis entgegenzuwirken, müssen Schülerinnen im Lernort Schule in ihrer Position gestärkt, muss der Selbststeuerung und Selbstorganisation des Lernens in allen Lernorten Raum gegeben werden.

Literatur

Achtenhagen, F. et al.: Lernhandeln in komplexen Situationen. Neue Konzepte der betriebswirtschaftlichen Ausbildung. Wiesbaden, 1992

Buschfeld, D.: Lernortkooperation als Irrlicht? – Zwei Thesen zum Gegen-, Neben- und Miteinander im dualen System aus Sicht der kaufmännischen Ausbildung in kleineren und mittleren Betrieben. In: Arbeitsgemeinschaft Berufsbildungsforschungsnetz, Euler, D. (Hrsg.): Berufliches Lernen im Wandel – Konsequenzen für die Lernorte? Dokumentation des 3. Forums Berufsbildungsforschung 1997 an der Friedrich-Alexander-Universität Erlangen-Nürnberg. Nürnberg, 1998

Büssing, A., May, S.: Erwartungen und Kompetenzen von Pflegeschülerinnen im Vergleich USA – Deutschland. Eine explorative Untersuchung. In: Pflege, 10/1997, S. 234–239

Deutscher Bildungsrat: Empfehlungen der Bildungskommission zur Neuordnung der Sekundarstufe II. Stuttgart, 1974

Glasersfeld, E. von: Wege des Wissens. Konstruktivistische Erkundungen durch unser Denken. Heidelberg, 1997

Hartmann, M., Graevert, S., Schleyer, I.: Neue Varianten des Lernens in Betrieb und Schule, z.B. Leittextmethode und Fallstudie. In: Reetz, L., Reitmann, T. (Hrsg.): Schlüsselqualifikationen. Dokumentation des Symposiums in Hamburg «Schlüsselqualifikationen – Fachwissen in der Krise?», Bd. 3. Hamburg, 1990

Heyse, V., Erpenbeck, J.: Die Kompetenzbiografie. Strategien der Kompetenzentwicklung durch selbstorganisiertes Lernen und multimediale Kommunikation. Münster, New York, Berlin, 1999

Hurrelmann, K.: Einführung in die Sozialisationstheorie. 6. Aufl., Weinheim, Basel, 1998

Kaiser, F.-J., Pätzold, G. (Hrsg.): Wörterbuch Berufs- und Wirtschaftspädagogik. Bad Heilbrunn/Obb., 1999

Kneer, G., Nassehi, A.: Niklas Luhmanns Theorie sozialer Systeme: Eine Einführung. 3. unveränd. Aufl., München, 1997

Knigge-Demal, B., Rustemeier-Holtwick, A., Schönlau, K., Sieger, M.: Das Strukturmodell der praktischen Anleitung. Pflege, 3/1993 (Teil 1, S. 221–229) und 1/1994 (Teil 2, S. 33–47)

Köck, P., Ott, H.: Wörterbuch für Erziehung und Unterricht. 5., völlig neu bearbeitete Auflage, Donauwörth, 1994

Krüger, H.-H.: Einführung in Theorien und Methoden der Erziehungswissenschaft, Bd. 1. Opladen, 1997

Kruse, W.: Betriebliche Lernorte aus der Sicht der Auszubildenden. Bundesinstitut für Berufsbildungsforschung, Dortmund, 1984

Kurtenbach, H., Golombek, G., Siebers., H.: Krankenpflegegesetz mit Ausbildungs- und Prüfungsverordnung für die Berufe in der Krankenpflege. 2. überarb. Aufl., Köln, Stuttgart, Berlin, Mainz, 1987

Landesfachbeirat Krankenpflege beim Ministerium für Arbeit, Gesundheit und Soziales des Landes Nordrhein-Westfalen: Mindeststandards der Kranken- und Kinderkrankenpflegeausbildung nach dem Krankenpflegegesetz und Perspektive der Neuordnung dieser Ausbildung. April 1994

Luhmann, N.: Soziale Systeme. Grundriss einer allgemeinen Theorie. Frankfurt/M., 1991

Luhmann, N.: Die Wissenschaft der Gesellschaft. Frankfurt/M., 1990

Luhmann, N.: Soziale Systeme. Grundriss einer allgemeinen Theorie. Frankfurt/M., 1984

Luhmann, N.: Temporalisierung und Komplexität. Zur Semantik neuzeitlicher Zeitbegriffe. In: Gesellschaftsstruktur und Semantik. Studien zur Wissenssoziologie der modernen Gesellschaft, Bd. 1. Frankfurt/M., 1980

Ministerium für Arbeit, Gesundheit und Soziales (Hrsg.): Neuordnung der Altenpflegeausbildung des Landes Nordrhein-Westfalen. Essen, 1995

Pätzold, G.: Lernortkooperation – wie ließe sich die Zusammenhanglosigkeit der Lernorte überwinden? In: Euler, D., Sloane, P. F. E. (Hrsg.): Duales System im Umbruch. Eine Bestandsaufnahme der Modernisierungsdebatte. Pfaffenweiler, 1997

Reese-Schäfer, W.: Luhmann zur Einführung. Hamburg, 1992

Roth, H.: Pädagogische Psychologie des Lehrens und Lernens. 10. Aufl., Berlin, Darmstadt, Dortmund, 1967

Rusch, G.: Auffassen, Begreifen und Verstehen. Neue Überlegungen zu einer konstruktivistischen Theorie des Verstehens. In: Schmidt, S. J.(Hrsg.): Kognition und Gesellschaft. Der Diskurs des Radikalen Konstruktivismus. 1. Aufl., Frankfurt/M., 1992

Rustemeier-Holtwick, A.: Altenpflegeschulen. In: Bergener, M., Fischer, H., Heimann, M.: Managementhandbuch Alteneinrichtungen. Heidelberg, 1997 und 1998

Schmiel, M.: Berufspädagogik. Grundlagen. Trier, 1976

Siebert, H.: Bildungsarbeit konstruktivistisch betrachtet. Reihe: Wissenschaft in gesellschaftlicher Verantwortung, Bd. 41. Frankfurt/M., 1996

Sieger M., Schönlau, K.: Lernen und Arbeiten – ein Spannungsfeld, 1. internationaler Pflegetheorienkongress. In: Osterbrink, J. (Hrsg.): Erster internationaler Pflegetheorienkongress Nürnberg. Bern u.a., 1998

Sieger, M., Brinker-Meyendriesch, E., Wicker, E.: Die Schülerbegleitmappe. Der Rote Faden für die praktische Ausbildung in den Pflegeberufen. Bern u.a., vorauss. 2001

Ulrich, H., Probst, J. B.: Anleitung zum ganzheitlichen Denken und Handeln. Bern, Stuttgart, 1998

9 Schul- und Qualitätsentwicklung an Pflegeschulen

Dorothee Spürk

9.1 Problemlage

In einer Zeit, in der sich das Berufsfeld der Pflege sehr dynamisch verändert, rücken Fragen der Ausbildungsgestaltung erneut in den Mittelpunkt berufspädagogischer und berufspolitischer Diskussionen. Verantwortliche für die Pflegeausbildung, ganz gleich, ob es Pflegelehrerinnen, Schulleiterinnen, Pflegedienstleitungen oder berufspolitische Interessenvertreterinnen sind, stehen vor der Frage, welche Spielräume zur Veränderung und Innovation der Ausbildung genutzt und zukunftsweisend gestaltet bzw. neu geschaffen werden können.

Wie lassen sich gegenwärtige und zukünftige Anforderungen und Ziele einer Pflegeausbildung und die darin implizit und explizit geforderten Wandlungsprozesse einleiten und umsetzen? Wie können die nicht nur in diesem Buch formulierten Herausforderungen bewältigt werden? Zu diesen Herausforderungen gehört es z.B.:

- neue pflegerische Kompetenzen unter erwachsenenpädagogischen Gesichtspunkten zu vermitteln
- Lernen und Lehren mit Hilfe neuer Medien zeitgemäß und fachdidaktisch sinnvoll zu gestalten
- Lehrpläne und Curricula situations- und qualifikationsorientiert auszurichten und berufspädagogisch sowie fachwissenschaftlich begründet weiterzuentwickeln
- Unterrichtsmethoden im Kontext bildungs- und pflegetheoretischer sowie pflegepraktischer Anforderungen zu reflektieren und einzusetzen
- praktische Ausbildung zielgerichtet und theoriegeleitet, aber trotzdem praxisrelevant durchzuführen.

Wenn Pflegeschulen nicht Gefahr laufen wollen, dass sich die Kluft zwischen der Realität und den Erwartungen (neue Ausbildungsziele, -inhalte und -realitäten) ständig vergrößert, sind sie gezwungen, auf ihre spezifische Situation ausgerichtete pädagogische Handlungskonzepte zu entwerfen. Sie müssen sich intensiv mit ihren eigenen Vorstellungen von Schule, Unterricht und Ausbildung, aber auch mit neuen Ansätzen der Pflege- und Unterrichtsforschung beschäftigen, damit die Anpassung an veränderte Bedingungen geleistet werden kann [Schnaitmann, 1997, S. 9]. Empfehlungen, Verordnungen und Richtlinien zur Schulentwicklung und Qualitätssicherung für die Pflegeausbildung liegen nicht vor. Das bedeutet aber auch, dass Pflegeschulen als «Berufsfachschulen besonderer Art» (§ 26 KrPflG) in der Regel nicht an Unterstützungssystemen der Länder partizipieren. Somit stehen z.B. regionale und zentrale Fort- und Weiterbildungsangebote, Beratungsleistungen für die einzelnen Schulen oder finanzielle Mittel für Schulversuche und die Bildung von Netzwerken im Allgemeinen nicht zur Verfügung.

Im Gegenzug bietet die traditionelle Sonderstellung den Pflegeschulen viele Freiheiten und Möglichkeiten in der Ausbildungs- und Unterrichtsgestaltung, die erstmals durch den «Förderpreis Pflegeschulen» der Robert-Bosch-Stiftung bundesweit gefördert und sichtbar gemacht werden. Der Förderpreis zeichnet Pflegeschulen aus, die durch innovative Konzepte,

Ideen und Projekte die Pflegeausbildung zukunftsweisend gestalten. Die prämierten Projekte wurden in Dokumentationsbänden und Workshops vorgestellt.

Vor diesem Hintergrund werden im folgenden Kapitel die Ergebnisse einer empirischen Studie zu Strategien von Schulentwicklungsprozessen an Krankenpflegeschulen vorgestellt (Kap. 9.3), die im Rahmen einer Diplomarbeit [1999] gewonnen wurden. Zuvor werden in Kapitel 9.2 verschiedene Konzepte und mögliche Strategien zur Schulentwicklung, wie sie an allgemein bildenden Schulen Anwendung finden, beschrieben. Abschließend werden die Ergebnisse der Studie in Kapitel 9.4 hinsichtlich der in Kapitel 9.2 dargestellten theoretischen Bezugspunkte diskutiert.

9.2 Theoretischer Bezugsrahmen

9.2.1 Erläuterung der Begriffe Schule und Schulentwicklung

Die derzeitige Literatur bietet eine Fülle sehr unterschiedlicher Konzepte zur Schulentwicklung (SE) und eine ebenso reichhaltige Auswahl an Erfahrungsberichten von (allgemein bildenden) Schulen, die sich auf den Weg gemacht haben, um Veränderungs- und Entwicklungsprozesse zu initiieren und zu realisieren. Bevor auf die beiden Konzepte «Pädagogische Schulentwicklung» (PSE) und «Institutioneller Schulentwicklungsprozess» (ISP) eingegangen wird, sollen zunächst einige Aussagen zu den Begriffen «Schule» und «Schulentwicklung» gemacht werden.

9.2.1.1 Der Begriff Schule

Die Versuche, Schule zu definieren, sind vielfältig, zum einen, weil in unserem Bildungssystem eine Vielzahl von Schulformen und -typen existiert, und zum anderen, weil die verschiedenen Wissenschaftsdisziplinen unterschiedliche Aspekte von Schule benennen und eine integrative «Theorie der Schule» nicht besteht [Lenzen, 1993]. Die meisten Definitionen thematisieren den Bildungsauftrag der Schule und ihre gesellschaftliche Funktion als soziales System.

«Schule wird oft als Einrichtung zum Zwecke des Unterrichts verstanden. Unterricht ist die Organisation von systematisch (orientiert an der Komplexität der Lerngegenstände und der Lernvoraussetzungen …) aufgebauten, in der Regel von Ernstsituationen (zeitlich und räumlich) abgesonderten und in getrennten Zeitabschnitten für eine mehr oder weniger konstante Lerngruppe (…) geplanten Lernprozessen» [Lenzen, 1993, S. 1327].

Nach Lenzen [1993] hat eine Schule die Merkmale einer sozialen Organisation, nämlich eine starke innere Differenzierung und eine generalisierte Mitgliedsmotivation des professionalisierten Personals, wie z.B. ein gemeinsames pädagogisches Bildungsverständnis. Aber, obwohl Schulen als soziale Organisationen gelten können, sind sie dennoch solche «besonderer Art». Folgende Aspekte kennzeichnen die Besonderheit von Schulen:

- der Bildungsauftrag und die Vermittlung von Inhalten
- die emanzipatorischen, reflexiven, pädagogischen Ziele
- die begrenzte Technologisierbarkeit von Lernprozessen, stattdessen Dialog, Begegnung, Wissenstransfer und -konstruktion
- die lose, «gefügeartige» (fragmentale) Kooperation unter den Lehrern und Lehrerinnen
- das Fallverstehen und die Subjektorientierung als Grundlage pädagogischen Handelns
- die Lehrerinnen und Lehrer als weitgehend autonom und professionell Handelnde mit der Freiheit der Methodenwahl [Rolff, 1993, S. 125–134].

Darüber hinaus bestimmen noch weitere Faktoren, die in wechselseitiger Beziehung zueinander stehen, das Leben und Lernen in Schulen. Nach Dalin [1998, S. 32] sind dies:

- **Das Umfeld der Schule:** Dazu gehören z.B. die aufsichtsführende Schulbehörde, der Schulträger und die Infrastruktur der regionalen Umgebung.

- **Die Ziele und Wertmaßstäbe einer Schule:** Sie ergeben sich aus den Weltanschauungen, den Lern- und Erziehungstheorien ihrer Mitglieder und den in Richtlinien und Lehrplänen festgeschriebenen Zielen. Sie koexistieren oder konkurrieren und sind bewusst oder unbewusst vorhanden.
- **Die Strukturen:** Sie beschreiben den Aufbau und die Entscheidungswege einer Schule, die sich in formelle und informelle Wege unterscheiden.
- **Die Strategien:** Es sind Interventionstechniken, die Problemlösungs- und Entscheidungsprozesse bewirken.
- **Die Beziehungen:** Sie bestehen zwischen allen am Bildungsprozess Beteiligten und haben einen wesentlichen Einfluss auf die Qualität der Bildungsprozesse und die Atmosphäre in der Organisation.

Eine wichtige Aufgabe besteht darin, die Balance zwischen Werten, Strukturen, Beziehungen und der Umwelt der Schule als sozialer Organisation zu erhalten oder wiederherzustellen. Vor dem Hintergrund der neuen Systemtheorien werden Schulen als Organisationen betrachtet, in denen die Mitglieder selbst Analyseprozesse durchführen, gemeinsam kognitive Schemata und Deutungsmuster sowie Symbole und Rituale produzieren, Ziele klären, Entscheidungen eigenverantwortlich treffen und Handlungsspielräume nutzen [Rolff, 1993, S. 141]. All diese Merkmale sind auch auf Krankenpflege- und Kinderkrankenpflegeschulen sowie Fachseminare für Altenpflege zu übertragen, da sie wie alle anderen Schulen z.B. Einrichtungen mit Unterrichtszweck sind, eine innere Differenzierung aufweisen, eine spezifische Mitgliedsmotivation des professionalisierten Personals zeigen, Rituale produzieren und Gestaltungsspielräume nutzen.

9.2.1.2 Der Begriff Schulentwicklung

Schulen entwickeln sich wie alle Organisationen kontinuierlich, z.B. durch personelle Veränderungen, durch neue Aufgabenstellungen sowie durch Zunahme an Erfahrungen. Dieser natürliche «Wachstums- und Erneuerungsprozess» beschreibt Schulentwicklung aber nur unzureichend, denn mit diesem Begriff sind systematisch geplante und zielgerichtet gesteuerte Veränderungsprozesse gemeint. Es reicht nicht aus, zur Veränderung einige «pädagogische Farbtupfer» zu setzen, sondern Schulentwicklung bedeutet, über eine Verständigung aller Beteiligten einen neuen Gesamtansatz von Schule zu beschreiben und zu realisieren [Kleefass und Kniep, 1996, S. 41]. Der Prozess umfasst inhaltlich-curriculare, organisatorische, außerunterrichtliche, finanzielle, personelle, schulstrukturelle und auch rechtliche Aspekte [Fischer, 1997, S. 276]. Es geht um die Verbesserung der Schulkultur *und* der Schulstruktur. Es geht nicht um ein Entweder-oder, sondern um beides [Rolff, 1993, S. 120]. Schulentwicklung umfasst also einen bewusst vorangetriebenen, langfristigen, an definierten Zielen und Methoden orientierten Prozess einer gemeinsam getragenen Weiterentwicklung der verschiedenen Handlungsfelder von Schule [Schnaitmann, 1997, S. 12].

9.2.2 Gegenüberstellung der Konzepte «Pädagogische Schulentwicklung» und «Institutioneller Schulentwicklungsprozess»

Die nachfolgend beschriebenen Konzepte der Schulentwicklung gehen beide davon aus, dass effiziente Veränderungsprozesse nur als gemeinsame Aktivität aller Beteiligten erfolgreich gestaltet und durchgehalten werden können. Das Engagement und die Initiative einzelner Personen ist dabei wichtig, kann aber die zu bewältigenden Fragen, Bedürfnisse und Herausforderungen, die an eine Schule gestellt werden, nicht befriedigend und dauerhaft lösen.

Darüber, was den Kernbereich der Entwicklungsarbeit darstellen sollte, gehen die Meinungen auseinander. Während die Pädagogische Schulentwicklung die Erneuerung des Unterrichts als das eigentliche pädagogische Handlungsfeld in den Mittelpunkt stellt, versucht der Institutionelle Schulentwicklungsprozess, ein der Organisationsentwicklung nahe stehendes

Konzept, die Schulen über die Veränderung der Kommunikations- und Organisationsstrukturen zu einer effektiveren und humaneren Institution des Lernens zu gestalten. Bastian [1997, S. 8] weist darauf hin, dass beide Konzepte, auch wenn sie einander häufig kontrastierend gegenübergestellt werden, differenzierte Antworten auf Fragen der Schulentwicklung geben können, und dass es von der individuellen Ausgangssituation der einzelnen Schule abhängt, welches Konzept vor dem Hintergrund der eigenen Problemlage angemessen scheint.

9.2.2.1 Die Pädagogische Schulentwicklung

Pädagogische Schulentwicklung geht davon aus, dass das Hauptinteresse von Lehrerinnen und Lehrern in einer Verbesserung der Unterrichtskultur liegt und viele Bemühungen der Schulentwicklung sinnlos bleiben, wenn sie nicht zur Verbesserung des Unterrichts führen. Deshalb unterstützt sie Schulen bei der Veränderung des Unterrichts, bei der gemeinsamen Entwicklung von Methodenkompetenz und bei der Erprobung neuer Unterrichtsformen. Dabei werden die dafür benötigten institutionellen Bedingungen, die professionelle Kooperationen und erweiterte Handlungsspielräume ermöglichen, nicht aus den Augen verloren und im zweiten Schritt erarbeitet. Die Gefahr, in der Erneuerung des Unterrichts stecken zu bleiben und strukturelle, systemische Fragen aus dem Blick zu verlieren, ist nicht von der Hand zu weisen. Aber «Schulentwicklung ist kein Selbstzweck! Sie ist nur dann legitimiert, wenn sie den Schulalltag für alle humaner werden lässt» [Meyer, 1998, S. 2]. Deshalb setzt Pädagogische Schulentwicklung unmittelbar am Arbeitsalltag der Lehrer und Schüler, im Zentrum der Lehrtätigkeit, dem Unterricht, an und geht direkt «in medias res». Als Schwerpunkte der Pädagogischen Schulentwicklung ergeben sich daher:

- Erprobung offener und fächerverbindender Unterrichtsformen, wie z.B. Projektunterricht, Wochenplanarbeit oder Stationslernen
- Förderung von Selbstständigkeit und Eigeninitiative bei den Schülerinnen und Schülern, z.B. durch Methoden- und Kommunikationstraining oder Selbstlernteams
- Mut zu mehr Kommunikation auf allen Ebenen des Schullebens
- Mut zu mehr Kooperation mit allen am Unterricht Beteiligten, das bedeutet vom «Ich und meine Klasse» zum «Wir an unserer Schule»
- Weiterentwicklung der Lehrerrolle hin zum Moderator und Berater von Lernprozessen
- Öffnung der Schule nach außen, z.B. zu anderen Lernorten.

Um das Vorankommen im Veränderungsprozess durch individuelle und kollektive Lernprozesse zu stützen, wird daher auf Unterstützungssysteme von außen, wie z.B. Fortbildung, Beratung, Supervision oder Prozessmoderation zurückgegriffen. So gesehen bewegt sich die Pädagogische Schulentwicklung im interdependenten Wechselspiel zwischen Unterrichtsreform, Institutionsentwicklung und Selbstbildung der Beteiligten [Bastian, 1997, S. 6 ff.].

9.2.2.2 Der Institutionelle Schulentwicklungsprozess

Das Bezugskonzept des Institutionellen Schulentwicklungsprozesses ist das Konzept der Organisationsentwicklung (OE), die als ganzheitlicher Ansatz Entwicklungsbedingungen bewusst macht und Entwicklungsvorgänge systematisch und systemisch gestaltet. Organisationsentwicklung wird von der Gesellschaft für Organisationsentwicklung wie folgt begrifflich erfasst: «OE ist ein längerfristig angelegter, organisationsumfassender Entwicklungs- und Veränderungsprozess von Organisationen und den in ihnen lebenden Menschen. Der Prozess beruht auf dem Lernen aller Betroffenen durch die direkte Mitwirkung und praktische Erfahrung. Sein Ziel besteht in einer gleichzeitigen Verbesserung der Leistungsfähigkeit der Organisation (Effektivität) und der Qualität des Arbeitslebens (Humanität).» [GOE, 1983, zitiert in: Rolff, et. al., 1998, S. 26]

Erste Anwendungen von organisationsentwickelnden Maßnahmen in Schulen sind in

Europa seit den 70er Jahren bekannt. Damals entwickelte Dalin in Norwegen das Modell des «Institutionellen Schulentwicklungsprozesses». In Deutschland wurde es in den 80er Jahren von Rolff in Zusammenarbeit mit dem Institut für Schulentwicklungsforschung in Dortmund und dem Landesinstitut für Schule und Weiterbildung in Nordrhein-Westfalen erprobt und weiterentwickelt. Ziel des Institutionellen Schulentwicklungsprozesses ist die Veränderung der institutionellen Bedingungsfelder einer Schule, sodass die Schule als soziale Organisation zu einem lernenden System wird.

Kennzeichen des Institutionellen Schulentwicklungsprozesses ist sein idealtypisch dargestelltes Phasenschema. Die Phasen laufen in den einzelnen Schulen, in der Realität, natürlich nicht linear ab. Das Schema dient lediglich der Orientierung im Prozess und der Veranschaulichung der Differenziertheit des Prozesses. Der Ausgangspunkt des Institutionellen Schulentwicklungsprozesses ist eine grundlegende Analyse der Stärken und Schwächen einer Schule. Auf der Grundlage dieser Diagnoseergebnisse schließt sich die Zielklärungsphase an, in der es darum geht, gemeinsam Ziele zu formulieren und Prioritäten zu setzten und diese mit Hilfe von Projektgruppen in konkrete Aktionspläne zu überführen. Die Umsetzung der Ziele wird von Maßnahmen der Team- und Personalentwicklung flankiert. Ist die Implementierung der Maßnahmen abgeschlossen, folgt die Phase der Beurteilung und Prüfung der Prozessergebnisse. Den Schulen stehen als Hilfe im Entwicklungsprozess Prozessberater moderierend zur Seite. Ein zentrales Element sind die für den Prozess verantwortlichen Steuergruppen. Ihre Aufgabe ist es, einzelne Teams und Aufgaben zu vernetzen und zu koordinieren. In ihr sollten aus Gründen der Akzeptanz und des Gelingens des gesamten Institutionellen Schulentwicklungsprozesses alle Strömungen und Gruppen des Kollegiums vertreten sein. Steuergruppen passen allerdings nicht zu einer kleinen Schule. Hat das Team nicht mehr als 7 bis 10 Mitglieder, können alle direkt kooperieren [Dalin, Rolff und Buchen, 1998, S. 44 f. und S. 59; Rolff, 1996a, S. 216; ders., 1996b, S. 9 f.].

Die Stärke des Institutionellen Schulentwicklungsprozesses liegt in ihrer sehr gründlichen Problemanalyse und der differenzierten Bearbeitung der Faktoren Management, Kooperation und Kommunikation an einer Schule. Die Schwäche liegt darin, dass es sich um ein relativ abstraktes, langwieriges und aufwendiges Verfahren handelt, dessen Arbeitsaufwand neben dem Unterricht erbracht werden muss, ohne zwingend direkte Auswirkungen auf den Unterricht zu haben, weil es eher gute Randbedingungen für Unterricht schafft [Bastian, 1997, S. 9].

9.2.3 Strategien der Schulentwicklung

9.2.3.1 Der Begriff Strategie

Nachfolgend werden strategische Leitlinien für die Schulentwicklung skizziert. Die detaillierte Beschreibung der zur Durchführung dieser Leitlinien notwendigen einzelnen Arbeitsmethoden, wie z.B. Abhandlungen über Fragebogenaktionen, pädagogische Tage oder Zukunftskonferenzen, würde den Rahmen dieses Kapitels sprengen. Sie werden unter Angabe weiterer Literatur nur gestreift.

Die hier aufgeführten Strategien sind von entscheidender Bedeutung für den Schulentwicklungsprozess. Ein Anspruch auf vollständige Bearbeitung aller potenziellen Strategien wird jedoch nicht verfolgt. So wird z.B. die Strategie der externen Begleitung und Beratung nicht eigens behandelt, obwohl sie gerade im Institutionellen Schulentwicklungsprozess eine zentrale Rolle spielt [vgl. dazu Roes, 2000].

9.2.3.2 Entwicklungsstrategien

Die Entwicklungsstrategien im Überblick:

- das Schulprofil als pädagogisches Leitbild und Zielklärungsstrategie
- das Schulprogramm als Drehbuch und Umsetzungsstrategie
- die Lehrerfortbildung als Qualifizierungs-, Kommunikations- und Kooperationsstrategie

- die Schülerpartizipation als demokratisches Prinzip und Führungsstrategie
- die Evaluation als Bilanzierungs- und Reflexionsstrategie.

Entwicklungsstrategie Schulprofil als pädagogisches Leitbild
Ein Leitbild kann als «handlungsleitende Philosophie einer Schule» bezeichnet werden. Sie ist normativ, soll aber trotzdem die Kreativität nicht einengen. Die darin relativ abstrakt formulierten Leitlinien müssen auf der Handlungsebene konkretisiert werden. Leitbilder leben von dem Spannungsbogen zwischen Anspruch und Wirklichkeit. Wenn sie aber zu idealistisch geprägt sind und der Spannungsbogen zur unüberwindbaren Distanz wird, haben sie ihre Wirkung verloren. Ansatzpunkte für Zielformulierungen ergeben sich u.a. aus Wünschen der Lehrererinnen und Lehrer sowie der Schülerinnen und Schüler, aus der Schulforschung, aus der Weltanschauung des Trägers, aus der Tradition der Aufklärung oder aus der Betriebsphilosophie eines übergeordneten Betriebes [Meyer, 1998, S. 17].

Der Konsens über pädagogische Leitgedanken und Wertfragen im Kollegium nimmt eine Schlüsselstellung unter den Merkmalen für Schulqualität und Schulentwicklung ein. Zur Sicherung einer gewissen Einheit der Ziele, Inhalte, Methoden und Beurteilungskriterien von Unterrichtsaktivitäten und Leistungsmessungen bedarf es einer gemeinsamen Werthaltung im Kollegium. Sie ist Grundlage und Orientierungshilfe für die individuellen Entscheidungen der einzelnen Lehrerin und Ausbildungsverantwortlichen im Klassenzimmer und auf den Stationen. Das Leitbild hilft, pädagogisch verantwortbare Entscheidungen zu treffen und pädagogischen Freiraum zu nutzen [Bargel, 1996, S. 57]. Auf dem Weg zum pädagogischen Leitbild sollte nach Hinz [1996, S. 49] jeder Lehrer bzw. jede Lehrerin für sich und das Team als Ganzes fünf Leitfragen klären:

- Was möchten wir behalten und bewahren?
- Was möchten wir gerne verändern?
- Was bedroht uns, was befürchten wir, was gilt es zu verhindern?
- Welche Ziele ergeben sich aus dieser Analyse?
- Welche Vereinbarungen werden getroffen?

Als geeignetes methodisches Instrumentarium empfiehlt Hinz z.B. schriftliche Einzelbefragungen, das kollegiale Meinungsbild und verschiedene Gesprächs- oder bildhafte Mitteilungsformen. Weitere methodische Hinweise geben Rolff et al. [1998, S. 114]. Das Leitbild ist also der Anlass für einen pädagogischen Diskurs, an dessen Ende die Ausformulierung des pädagogischen Selbstverständnisses eines Kollegiums steht. Das wiederum bietet dann einen Maßstab für Prioritätenentscheidungen und vermittelt nach außen ein einheitliches Bild von den Arbeitsschwerpunkten und Entwicklungsrichtungen der Schule bzw. Ausbildung [Rolff et al., 1998, S. 112]. Bei der Erstellung eines Leitbildes sind folgende Aspekte wichtig:

1. Beschreibung der Ausgangslage, der Bezugspunkte (z.B. Krankenhausphilosophie) und Verbindlichkeiten (z.B. Krankenpflegegesetz)
2. Beschreibung des pädagogischen Selbstverständnisses, des Bildungskonzeptes, des Umgangs mit Heterogenität und des besonderen «Profils» der Schule
3. Möglichst nicht mehr als 3 bis 4 Seiten verfassen und den Text gliedern, z.B. in Leitsätze, Erläuterungen, Entwicklungsschwerpunkte und Zukunftsperspektiven [Rolff et al., 1998, S. 112].

Entwicklungsstrategie Schulprogramm
Schulprogramm ist der übergreifende Begriff für die Gesamtheit der bewussten Planung curricularer und extracurricularer Tätigkeiten einer Schule bzw. Ausbildungsstätte. Es ist Ausdruck der pädagogischen Zielsetzung, enthält aber gleichzeitig, und das ist das Entscheidende, einen Aktionsplan für die Realisierung der beschriebenen Ziele. So verstanden ist das Schulprogramm ein Instrument zur Transformation und Konkretisierung normativer Orientierungen (Leitbild) auf die situativen Bedingungen der Schule und Ausbildungsstätte [Dalin et al., 1998, S. 144].

Ein Schulprogramm ist ein Mittel, mit dem

ein vorher definierter Soll-Zustand, von der jeweils gegebenen Ausgangslage startend, erreicht werden soll. Es dient als Planungs- und Arbeitspapier, an dem sich die innere Entwicklung einer Schule orientiert. In diesem Dokument sind Entwicklungsziele, -schritte und -maßnahmen einer Schule schriftlich festgehalten. Es hat die Funktion, die curriculare Arbeit, «die Herausbildung von zukunftsorientierten pädagogischen Schwerpunkten systematisch voranzutreiben» [Maritzen, 1997, S. 71 f.]. In dem hier gemeinten Sinn hat es weder die Funktion eines Marketing-Instruments noch die Aufgabe der Rechenschaftslegung zu erfüllen, sondern es fördert die kollegiale Konsensbildung und Kooperation, das Sichtbarmachen von Ressourcen und die Verbindlichkeit von Initiativen und vereinbarten Maßnahmen.

Ein Schulprogramm enthält folgende sechs grundlegenden Elemente:

- grundlegende pädagogische Ziele (siehe Schulprofil/Leitbild)
- Bestandsaufnahme der Schwächen und Stärken, der Kompetenzen und Potentiale
- Beschreibung der konkreten Arbeitsvorhaben und -schritte, gegliedert in inhaltsbezogene und prozessbezogene organisatorische Maßnahmen
- Zeiten und Formen regelmäßiger, systematischer Zwischenbilanzierungen
- aktueller und zu erwartender Ressourcen-, Beratungs- und Fortbildungsbedarf
- Möglichkeiten des öffentlichen Erfahrungsaustausches (Netzwerkbildung).

Tipps und Methodenvorschläge für die Arbeit am Schulprogramm geben Fleischer-Brinkmann und Maritzen [1998, S. 9–14]. Sie berichten über Umfrageübungen, die Methode der Soft-Analyse und verschiedene Formen von Zeit- und Arbeitsplänen. Weitere Ausführungen dazu können in der Zeitschrift Pädagogik 11/99 mit dem Schwerpunktthema «Praxishilfen Schulprogramm» nachgelesen werden. Als Innovationsfunktionen, die von der Arbeit am Schulprogramm ausgehen sollen, erhofft man sich, dass:

- Schwerpunkte für die Arbeit einer Schule bzw. Ausbildungsstätte gesetzt werden
- zielgerichtetes Handeln gefördert wird
- Synergieeffekte erzeugt werden, weil alle dem gleichen Plan folgen
- Verständigungs- und Reflexionsprozesse gefördert werden
- es identitätsstiftend wirkt
- Transparenz und Verbindlichkeiten geschaffen werden
- es ein klares Bild von der pädagogischen Arbeit nach außen vermittelt.

Bei der Arbeit am Schulprogramm spielen unterschiedliche Interessen und Einflussgrößen eine Rolle. So haben nicht nur die Bedürfnisse der Lehrenden und Lernenden eine Auswirkung auf das Schulprogramm, sondern auch die gesetzlichen Rahmenvorgaben, die die Umsetzung des Bildungsauftrages garantieren sollen. Als weitere Einflussgröße werden Erwartungen der «Anspruchsberechtigten» genannt. Dies sind im Bereich der Pflegeschulen z.B. die Patientinnen und Patienten, die Stationen, das Krankenhaus als Träger der Schule oder als zukünftiger Arbeitgeber der Schülerinnen und Seminaristinnen [Schratz und Steiner-Löffler, 1998, S. 228]. Für das Gelingen des Schulentwicklungsprozesses bedeutet dies, dass Einflussfaktoren reflektiert und persönliche Kompetenzen und Interessen der Beteiligten genutzt werden müssen [Reißmann, 1997, S. 187–191].

Entwicklungsstrategie Lehrerfortbildung
Ergänzend zu den schulexternen Fortbildungen des freien Marktes gewinnt die Form der *schulinternen Lehrerfortbildung* (SCHILF) als sozusagen «maßgeschneiderte» Form der Qualifizierung zunehmend an Bedeutung. Ihr Vorteil liegt darin, dass die Fortbildungsangebote den einzelnen Entwicklungsschritten und Bedürfnissen der Lehrenden und der Schule gezielt angepasst werden können. Es nimmt nicht mehr der einzelne Lehrer oder die einzelne Lehrerin punktuell an Pauschalangeboten teil, sondern das gesamte Team partizipiert an kontinuierlichen Fortbildungsprogrammen, die mit dem Schulprogramm abgestimmt werden. Die Leitidee der

SCHILF ist, die pädagogische Praxis zu optimieren und den «kognitiven Bezugsrahmen der Schulkultur» zu erweitern [Schöning, 1996, S. 242]. SCHILF regt neben der Reflexion über die Unterrichtstätigkeit, z.B. im gemeinsamen Meinungs- und Erfahrungsaustausch im Kollegium, zu konkreten Überlegungen, zur Gestaltung von Unterricht bzw. Ausbildung *und* institutionellen Bedingungen an. Merkel umreißt den Begriff schulinterne Lehrerfortbildung wie folgt: «Der Begriff schulinterne Lehrerfortbildung wird in Abgrenzung zu eher zufälligen Formen des Lehrens und Lernens von Lehrerinnen und Lehrern für einen systematischen, organisierten und institutionalisierten Arbeitsprozess verwendet, der vornehmlich dann gegeben ist, wenn

- ein ganzes Kollegium oder dessen größter Teil
- hinsichtlich eigener Interessen und Probleme in der eigenen Schule
- nach fortbildungsdidaktischen Kriterien
- im Sinne von Selbst- und Mitbestimmung bzgl. Form und Inhalt der Fortbildung
- seine eigenen Arbeitsprozesse reflektiert sowie
- Veränderungen und Erneuerungen im Rahmen der eigenen Schule plant, durchführt und auswertet.» [Merkel, 1997, S. 12 f., Formatierung der Autorin]

Häufige Arbeitsformen von Lehrerfortbildungsinitiativen sind:

- pädagogische Konferenzen
- Fallbesprechungsgruppen
- Supervisionsgruppen
- Gruppen für Kommunikations- und Methodentraining
- gegenseitige Unterrichtshospitationen
- Exkursionen
- Fachkonferenzen.

Eine Aufzählung von Formen und Themen der schulinternen Lehrerfortbildung ist bei Miller [1996, S. 71] zu finden. Manche Lehrergruppen gehen so weit, dass sie ihre Unterrichtsentwürfe mit ihren zum Teil fachfremden Kolleginnen und Kollegen ausprobieren. Berg und Schrewe [1996, S. 170 f.] sprechen von der «Lehrwerkstatt». Es gilt, die eigenen Unterrichtseinheiten aufgrund der vielfältigen, anregenden Kritik und der reflektierten Erfahrungen umzugestalten, erneut auszuprobieren und zu perfektionieren. Quer durch alle Unterrichtsinhalte, -prinzipien und -formen wird Unterricht geübt und unter dem Blickwinkel der Schüler- und Institutionsorientierung bewusst gestaltet. Miteinander ausprobieren und einander helfen ist das Prinzip. Denn: «Qualitätsmerkmale einer Schule müssen sich letztendlich in der Qualität des Unterrichts und in den Lehr- und Lernverhältnissen zwischen Lehrern und Schülern im Klassenzimmer wiederfinden» [Bargel, 1996, S. 57]. Sozusagen als zweiter Effekt wird mit den Bemühungen der didaktischen Erneuerung ein gemeinsames Wir-Gefühl, eine gemeinsame Identität angestrebt.

So kann Fortbildung Reflexionsprozesse beim einzelnen Lehrer und bei der einzelnen Lehrerin sowie im Team anstoßen. Schratz [1996, S. 109] benennt vier unterschiedliche Reflexionsebenen:

- **Selbstreflexionsebene:** Nachdenken über das eigene Handeln
- **Prozessreflexionsebene:** Nachdenken über die Beziehung zu anderen
- **Sachreflexionsebene:** Nachdenken über den Unterricht
- **Kontextreflexionsebene:** Nachdenken über die soziokulturellen Bedingungen und den politischen Kontext.

Meyer [1998, S. 36] plädiert für eine verpflichtende, regelmäßige Teilnahme von Lehrerinnen und Lehrern an Fortbildungen. Die Voraussetzung dafür ist ein Fortbildungsplan, der individuelle und kollegiale Fortbildungen vorsieht und in Zusammenhang mit dem Gesamtkonzept der Schulentwicklung steht. Dieser Plan dient gleichzeitig als Grundlage für das Fortbildungsbudget. Fortbildung heißt für Meyer auch, regionale Netzwerke zu bilden und Qualifikationen zur Erforschung der eigenen Schulpraxis zu erwerben.

Entwicklungsstrategie Schülerpartizipation
Der Begriff Partizipation umfasst alle Formen der Beteiligung, vom «Mitwissen» über das «Mitwirken» bis hin zum «Mitentscheiden». Die Forderung nach Partizipation der Schüler kann aus dem Demokratieprinzip des Grundgesetzes und den daraus entstandenen gesetzlichen Mitbestimmungsrechten von Schüler-, Auszubildenden- und Mitarbeitervertretern abgeleitet werden. Partizipation im Sinne der Schulentwicklung geht weit über diese gesetzlich festgeschriebenen Formen der Beteiligung hinaus.

(Aus-)Bildung muss jedem ein Leben lang die Möglichkeit bieten, eine aktive Rolle in der Zukunftsgestaltung eines sozialen und/oder beruflichen Gefüges zu spielen. Deshalb hat jedes (Aus-)Bildungssystem die explizite und implizite Aufgabe, jede bzw. jeden auf diese Rolle vorzubereiten. Wenn Schülerinnen und Schüler über ihre Rechte und Pflichten aufgeklärt, ihre sozialen Kompetenzen durch Gruppenarbeit gefördert und ihnen Möglichkeiten geboten werden, Werthaltungen zu entwickeln, werden sie auf diese Rolle vorbereitet [Deutsche UNESCO-Kommission, 1997, S. 36].

Emanzipatorische Ziele fordern Transparenz bezüglich der Schul- und Unterrichtsziele und der Methoden ihrer Umsetzung. Das erfordert wiederum verbindliche, gemeinsam ausgehandelte Einfluss- und Mitbestimmungsmöglichkeiten für einen demokratischen Umgang miteinander. Das Ausmaß der Anstrengungen, die für die Schülerbeteiligung aufgewendet werden müssen, hängt von verschiedenen Faktoren ab. Entscheidende Faktoren sind das Alter der Schüler und Schülerinnen sowie das Rollenverständnis der Lehrenden. Dabei kommt es auf ein «kooperatives Arrangement» an, indem die Lernenden nicht nur «Mitspielende» in einzelnen Unterrichtsphasen sind, sondern aktiv Handelnde, die forschend Probleme identifizieren, Ressourcen auffinden und nutzen, Alternativen erdenken, Lösungen entwerfen und umsetzen. Sie erlangen durch die mitgestaltende Teilnahme am Unterricht individuelle Handlungskompetenzen. So lassen sich Erkenntnisse und Kompetenzen vom «Mikrobereich» des Unterrichts auf den «Makrobereich» von Institutionen übertragen [Schratz, 1996, S. 67].

Es ist sinnvoll, die Beteiligung der Schüler bei der Planung, Durchführung und Auswertung von Unterricht bzw. Ausbildungsprozessen zu etablieren, bevor eine Beteiligung an komplexen Aufgaben der Schulentwicklung erfolgt. Wurde dieses Stadium erreicht, ist es wertvoll, Schüler an den einzelnen Etappen der Schulentwicklung zu beteiligen. Sie sollten in Arbeitsgruppen mitarbeiten und ihre Anliegen aktiv einbringen. Schulen, die sich dazu durchringen konnten, Schüler über das übliche Maß (z.B. Gestalten von Festen) hinaus mitgestalten zu lassen, beschreiben, dass neben der positiven Identifikation mit der Institution und den darin agierenden Personen, Persönlichkeitsentwicklung im demokratischen Sinne ermöglicht wird [Förster, 1997, S. 126; Müller, 1996, S. 23].

Entwicklungsstrategie Evaluation
Der Begriff Evaluation kann mit folgender Aussage umschrieben werden: Evaluation ist der «Prozess der Beurteilung eines Wertes, eines Produktes, Prozesses oder Programms, was nicht notwendigerweise systematische Verfahren oder datengestützte Beweise zur Untermauerung einer Beurteilung erfordert» [Wottawa und Thierau, 1998, S. 13]. Bezogen auf den Bildungsbereich wird Evaluation definiert als «ein Prozess, bei dem Lehrkräfte ihre eigene Schule als eine Gruppe von Professionals in einer Weise diskutieren, die der Verbesserung der Qualität des Lernens dient» [OECD, 1989, S. 105, zitiert in Rolff, 1993, S. 194].

In diesem Sinne beschreibt Burkhard [1997, S. 236] Evaluation als ein Verfahren, um «unterschiedliche Sichtweisen einzuholen, Probleme oder Ursachen zu identifizieren, um festzustellen, was sich bewährt hat und was sich nicht bewährt hat, oder um festzustellen, inwieweit man Ziele erreichen konnte». Er charakterisiert Evaluation als sozialen Verständigungsprozess, als Prozess der gemeinsamen Suche nach der «Wahrheit über die Realität an der Schule». Evaluation an sich ist für Bildungseinrichtungen nichts Neues: Unterrichte werden evaluiert, Schülerleistungen eingeschätzt und «Kunden» nach deren Perspektive über Bildungsleistungen und -angebot befragt. Doch halten diese Formen der Rückmeldung den Kriterien einer soliden Evaluation nicht immer stand. Als gültige Kriterien einer guten Evaluation nennen Burkhard und Eikenbusch [1998, S. 268]:

- **Systematisches Vorgehen:** bewusst einleiten und schrittweise planen
- **Datengrundlage:** solide Datensammlung oder -auswertung garantieren
- **Bewertung:** eine bewertende Aussage über die untersuchten Bereiche formulieren
- **Kriterien:** Ergebnisse messen und sichtbar machen (vgl. dazu z.B. Bönsch [2000, S. 30–34])
- **Optimierung:** die aktuelle Situation verbessern. Ergebnisse als Planungs- und Entscheidungshilfe nutzen.

Für die Auswahl von Evaluationsmethoden gibt es kein allgemein gültiges Rezept. So vielfältig, wie die Ziele und Formen der Evaluation sind, so verschieden sind auch die Methoden. Sie müssen nicht jedes Mal neu erarbeitet werden, aber sie müssen dem jeweiligen Ziel, den vorhandenen Ressourcen und den vorhandenen Forschungskompetenzen und Evaluationserfahrungen der ausführenden Personen entsprechen. Eine Ideenlandkarte mit möglichen Verfahren bietet der «Methodenkoffer der Evaluation» von Eikenbusch [1997, S. 30].

Für das Gelingen einer schulinternen Evaluation spielt nicht nur die Methodenkompetenz der Akteurinnen und Akteure eine wichtige Rolle, sondern darüber hinaus sollten weitere wichtige Gelingensbedingungen beachtet werden [Eikenbusch, 1997, S. 6 ff.]:

- schulinterne Evaluation muss auch positive Seiten herausfinden und vorantreiben
- sie muss so angelegt sein, dass sie den Unterricht erreicht und die Arbeit an der Schule dauerhaft verändert
- sie erfolgt nicht mit allen, aber immer transparent für alle.

Evaluation ist kein Patentrezept. Häufig wird kritisiert, dass sie unbequem und mit Konfrontation verbunden sein kann, dass vieles entdeckt wird, aber noch keine Lösung auf der Hand liegt, dass sie zum Aktionismus werden kann, wenn nicht über Konsequenzen nachgedacht wird, und dass sie nicht nur Verständigungsprozesse initiiert, sondern auch unterschwellige Konflikte zu Tage bringen kann. Trotz des innewohnenden Spannungspotentials bietet Evaluation Orientierung bei der Weiterentwicklung von Veränderungsprozessen.

9.3 Eine explorative Studie zur Schulentwicklung an Krankenpflegeschulen

9.3.1 Fragestellung, Zielsetzung und Untersuchungsdesign

Zur Frage, wie Kranken- und Kinderkrankenpflegeschulen bzw. Fachseminare für Altenpflege und Lehrende den eingangs erwähnten Herausforderungen entgegentreten, gibt es kaum Untersuchungen und theoretische Konstrukte. Eine systematische Erforschung der Schulpraxis, -qualität und -entwicklung an diesen Schulen hat sich in der pflegewissenschaftlichen und pädagogischen Forschung noch nicht etabliert. Im allgemein bildenden Bereich dagegen liegen zahlreiche Erfahrungs- und Forschungsberichte zum Thema Schulentwicklung vor. Deshalb drängt sich die Frage auf, was Schulen für Pflegeberufe tun, um gezielt und kollegial Veränderungs- und Erneuerungsprozesse einzuleiten, und wie sie den Weg zu neuen Ausbildungszielen und -konzepten beschreiten. Im Rahmen einer Diplomarbeit [Spürk, 1999, S. 51] wurde dazu folgende Forschungsfrage formuliert: «Welche Strategien werden in Schulentwicklungsprozessen an Krankenpflegeschulen angewandt, halten den Entwicklungsprozess in Bewegung und bringen ihn voran?»

Die Studie entstand vor dem Hintergrund einer Projektarbeit der Autorin während des Pflegepädagogikstudiums, in der sie für die Entwicklung und Organisation des Förderpreises für Pflegeschulen der Robert-Bosch-Stiftung verantwortlich war. Der Förderpreis zeichnet Schulen für Pflegeberufe aus, die «Initiative, Engagement und Innovationen» auf dem Weg zu neuen Ausbildungszielen zeigen, die «Pflegeausbildung zukunftsweisend gestalten» und «erfolgreiche Schritte zur Verbesserung der Pflegeausbildung ergriffen» haben [Ausschreibungstext zum «Förderpreis Krankenpflegeschulen 1997» der Robert-Bosch-Stiftung, 3/97]. In den ersten drei Ausschreibungsjahren (1997, 1998, 1999) haben sich rund 210 Schulen für Pflegeberufe am Preisverfahren beteiligt, und 66 Preise sind vergeben worden. Das zeigt, dass in Schulen für Pflegeberufe erhebliches Entwicklungspotential vorhanden ist und bereits entfaltet wird.

Ziel der Arbeit war es, Strategien der Schulentwicklung an Krankenpflegeschulen anhand von Schulen, die bereits Entwicklungsprozesse eingeleitet und vollzogen haben, zu erheben, zu beschreiben und in Bezug auf bestehende theoretische Überlegungen zur Schulentwicklung zu reflektieren. – Für die Untersuchung wurde eine offene, explorative, erkundende Vorgehensweise gewählt, wie sie mit dem Paradigma der qualitativen Forschung beschritten wird. Einerseits verfolgte die Untersuchung der ausgezeichneten Projekte und Schulen das Erkenntnisinteresse, Gestaltungsmerkmale für Schulentwicklungsprozesse zu eruieren, zu beschreiben und zu generieren. Andererseits sollte aber der Einzigartigkeit und der Komplexität jedes einzelnen Projektes und jeder Schule als eigenständigem pädagogischen Handlungsfeld Rechnung getragen werden. Auf der individuellen Ebene sollte die unwiederholbare Einmaligkeit des Falles sichtbar bleiben, während auf der kollektiven Ebene Gemeinsamkeiten herausgearbeitet wurden. Daher schien der Ansatz der Einzelfallstudie geeignet. Als einzelner Fall galt das einzelne Veränderungsvorhaben, das beim Förderpreis eingereichte und ausgezeichnete Projekt.

Die Daten wurden mit Hilfe leitfadengestützter Experteninterviews an ausgewählten, mit dem Förderpreis ausgezeichneten Krankenpflegeschulen erhoben. Schulleitungen gelten in der pädagogischen Forschung als geeignete Informanten. Ihnen kommt daher eine Schlüsselposition bei jeder Art von Veränderung oder Verbesserung an der Schule zu. Gestaltung und Innovation hängen u.a. davon ab, wie die Leitungsperson sie vorstellt, vertritt und betreut [Bargel, 1996, S. 56]. Daher wurden Schulleitungen oder deren Stellvertreter bzw. Stellvertreterin zum Schulentwicklungsprojekt interviewt. Der Interviewleitfaden entstand vor dem Hintergrund des konkreten Forschungsgegenstandes, dem prämierten Projekt, und des Literaturstudiums zur Schulentwicklung. Die Fragen sollten dem Kontext und Charakter der Projekte gerecht werden. So wurden in den Interviews historische Bezüge hergestellt und soziale und personale Problemstellungen mit aufgegriffen. Konkret wurden folgende Aspekte angesprochen:

- die Projektidee und der Projektanlass
- die Schritte der Projektdurchführung
- die Projektbeteiligten
- das Konfliktmanagement
- die Ressourcen
- die Wirkungen des Projektes
- die Zukunftspläne.

An die Stelle der statistischen Repräsentativität tritt in der qualitativen Forschung das Kriterium der inhaltlichen Repräsentativität, «die über eine angemessene Zusammenstellung der Stichprobe erfüllt werden soll» [Merkens, 1997, S. 100]. Um das zu erfüllen, wies die Stichprobe dieser Studie folgende Eigenschaften auf:

- Die Schulen sind Preisträger des «Förderpreis Pflegeschulen».
- Sie haben alle die gleiche Zielsetzung, nämlich «Verbesserung der Pflegeausbildung» im Rahmen von Schulentwicklungsprozessen.
- Zur Begrenzung des Erhebungsaufwandes liegen sie ausschließlich in Baden-Württemberg, und die Zahl der Interviews wird auf sechs begrenzt.
- Es sind Krankenpflegeschulen mit verschiedenen Organisationsformen (Größe, Trägerschaft und Status) beteiligt.
- Es sollen gleich viele Projekte aus den Jahren 1997 und 1998 vertreten sein.
- Projekte aus allen Preiskategorien (1. bis 3. Preis) sind repräsentiert.
- Projekte aus verschiedenen Ausschreibungs-

Tab. 9-1: Struktur der Stichprobe

Merkmal	Verteilung/Anzahl der Schulen
Preisträger des Förderpreises aus Baden-Württemberg	6 Krankenpflegeschulen
Projektjahr	1997: 3 Projekte 1998: 3 Projekte
Organisationsformen und Trägerstrukturen	Organisationsform: • Regelschule (5) • Modellschule (1) Ausbildungsplätze: • weniger als 75 (4) • mehr als 75 (2) Träger: öffentlich-rechtlich (1) • freigemeinnützig (4) • sonstiger (1)
Preiskategorien	1. Preis: 4 Projekte 2. Preis: 1 Projekt 3. Preis: 1 Projekt
Ausgeschriebene Felder	Curriculum (1) Praxisnahes Lernen (1) Lernort Schule (1) Didaktik (3)
Themen umfassen sowohl die theoretische als auch die praktische Ausbildung.	Einführung in Pflegemodelle, Einführung in Pflegeprozess, Leitbildentwicklung, Umgang mit Leitbildern, Förderung von Methodenkompetenz, Praxisanleitung

kategorien (Lernort Schule, Praxisnahes Lernen, Curriculum, Didaktik, Lehr-/Lernmaterialien, Berufsfelder der Pflege, Methoden/Medien) und mit unterschiedlicher Thematik werden berücksichtigt.

Konkret ergab sich aus den oben genannten theoretischen und praktischen Überlegungen für die Sample-Struktur das in **Tabelle 9-1** skizzierte Bild.

9.3.2 Ergebnisse der Studie

Die Auswertung der Studie orientierte sich aufgrund der geforderten Kongruenz zwischen der Erhebungs- und der Auswertungstechnik in qualitativen Untersuchungen an dem von Meuser und Nagel [1991, S. 51 ff.; 1997, S. 489 f.] für Experteninterviews entwickelten Auswertungsverfahren. Es leistet eine Aufbereitung und Analyse des Textmaterials in sechs logisch aufeinander bezogenen Schritten:

1. Transkription
2. Paraphrase
3. Kodierung
4. thematischer Vergleich
5. Konzeptualisierung
6. Generalisierung von Aussagen.

Die nachfolgenden dargestellten empirisch ermittelten Strategien **(Tab. 9-2 bis 9-8)** der Schulentwicklung wurden mit den Strategien der Schulentwicklung, die der Literatur aus dem allgemein bildenden Bereich entnommen wurden (vgl. Kap. 9.2.), in Beziehung gesetzt. Aus der Gegenüberstellung von Empirie und Theorie ergeben sich Gemeinsamkeiten und Unterschiede,

Tab. 9-2: Strategie «Teamentwicklung voranbringen»

Teilaspekt der Strategie	Beispielhafte Zusammenstellung der Codes
Umgangsformen, Streitkultur etablieren	• Position beziehen, Rückmeldungen geben • Keine Angst haben, selbst in Frage gestellt zu werden • Keine Angst haben, andere zu hinterfragen • Durch Anerkennung und Verstärkung sich gegenseitig wertschätzen
Gemeinsame Basis entwickeln	• Den kleinsten gemeinsamen Nenner finden • Gemeinsam Unterrichtseinheiten gestalten • Diskrepanzen bearbeiten und Subjektivität professionalisieren • In unklaren Situationen durch Kriterien eine Orientierung haben
Fort- und Weiterbildung ermöglichen	• Möglichkeit zur theoretischen Reflexion, z. B. durch Auseinandersetzung mit Literatur oder durch Praktikantenbetreuung • Kollegiumsinterne Fortbildungen als Jour-fix-Termine ansetzen

Tab. 9-3: Strategie «Lehr- bzw. Lernformen gestalten»

Teilaspekt der Strategie	Beispielhafte Zusammenstellung der Codes
Adäquate Unterrichtsformen wählen und praktizieren	• Soziale Lernformen weiterentwickeln • Erfahrungsbezogene Lernformen anwenden • Schüleraktive Unterrichtssequenzen einbauen • Team-Teaching anwenden • Fächerintegrative Ideen zum Leben erwecken
Praxisanleitung und -begleitung strukturieren und etablieren	• Formen der Anleitung variieren, z. B. klinische Visiten, Gruppenanleitung oder punktuelle Anleitung anbieten • Präsenz der Lehrer in der Praxis ermöglichen, also u.a. in und mit der Praxis Lösungsansätze zur Theorie-Praxis-Verzahnung erarbeiten • Strukturen schaffen, z.B. durch die Einrichtung von Modellstationen und Mentorensystemen. Das heißt aber auch, Strukturen für eine individuelle, dem Ausbildungsstand entsprechende Lernbegleitung zu schaffen.

Tab. 9-4: Strategie «Pädagogisches Konzept entwickeln»

Teilaspekt der Strategie	Beispielhafte Zusammenstellung der Codes
Begründungsrahmen für Lehrpläne und Curricula-Module entwerfen	• Aus dem gesellschaftlichen, gesundheitspolitischen und beruflichen Kontext heraus Positionen zum Menschenbild, zum Pflegeverständnis und zum Bildungsverständnis formulieren
Bildungsziele benennen und operationalisieren	• Indikatoren der genannten Ziele festlegen (häufigstes Beispiel für Bildungsziele: kommunikative Kompetenzen)
Bildungsinhalte festlegen, aktualisieren, theoretisch fundieren	• Schwerpunkte und Akzente setzen • Exemplarizität beachten

Tab. 9-6: Strategie «Projektmanagement betreiben, prozessorientiert vorgehen»

Teilaspekt der Strategie	Beispielhafte Zusammenstellung der Codes
Ist-Zustand ermitteln	• Kontinuierliche Jahresauswertung mit den Schülern • Verschiedene subjektive Sichtweisen objektivieren • Motivationslage aller Projektbeteiligten zu Beginn des Vorhabens ermitteln
Ziele, Soll-Zustand festlegen	• Vorwärtsgerichtete Wirkung beachten • Kontinuität in der Zielsetzung beachten (nicht in allen Interviews benannt)
Maßnahmen planen und durchführen	• Stufenmodelle entwickeln • Instrumente praktisch ausprobieren
Ergebniskontrolle, Evaluation durchführen	• Jahresauswertungen durchführen • Erfahrungen von Kolleginnen und Kollegen auswerten und nutzen • Schriftliche und mündliche Befragungen • Analyse von Klausuren und Pflegedokumentationen • Beobachtungen in Praxisanleitungen

Tab. 9-6: Strategie «Betroffene beteiligen»

Teilaspekt der Strategie	Beispielhafte Zusammenstellung der Codes
Transparenz, Information (passiver Charakter)	• Worüber soll informiert werden? Was sind die Themen? (z.B. Lernziele, -inhalte, -methoden, -erfolgskontrollen, Beurteilungen) • Wer sind die Adressaten? (Prinzipiell alle an der Ausbildung Beteiligten, Vertreter sog. Schnittstellen)
Partizipation an Entscheidungen (aktiver Charakter)	• Wen soll man beteiligen? (s.o. unter Adressaten) • Woran kann jemand beteiligt werden? (z.B. Praxisanleitungen, Auslandsaufenthalte, Leitbilderstellung) • Was folgt daraus? (Verantwortung fordern, Lernende als Partner verstehen, Vereinbarungen treffen und festhalten)
Demokratischen Führungsstil leben	• Kontakte pflegen; Handlungsfreiheit und Rückendeckung geben: «Wenn Ideen kommen, muss man den Leuten freie Hand lassen, das funktioniert i.d.R. gut», setzt viel Energie frei.

Tab. 9-7: Strategie «Organisatorische Möglichkeiten Gewinn bringend einsetzen»

Teilaspekt der Strategie	Beispielhafte Zusammenstellung der Codes
Theorie und Praxis vernetzen	• Theorieblöcke und Praxiseinsätze abstimmen • Stellung der Praxisanleiterinnen und -anleiter klären, Aufgabenprofil beschreiben
Ressourcen erkennen, nutzen, erschließen	• Impulse von außen wahrnehmen • Zusammenarbeit mit Qualitätsbeauftragten, Organisationsberatern • Fachmännischen Rat einholen
Qualität sichern	• Auswahlverfahren für Bewerberinnen und Bewerber optimieren • Kursleitungen als Bezugspersonen einplanen
Institutionsübergreifend arbeiten	• Öffentlichkeitsarbeit und berufspolitische Arbeit intensivieren • Netzwerke bilden

Tab. 9-8: Strategie «Gemeinschaft fördern und ungewöhnliche Wege gehen»

Teilaspekt der Strategie	Beispielhafte Zusammenstellung der Codes
Gemeinschaft fördern	• Kontakt zu ehemaligen Schülerinnen und Schülern halten • Klassenübergreifende Veranstaltungen planen und durchführen • Feste feiern
Ungewöhnliche Wege gehen	• Experimentieren, ausprobieren • Den Sprung ins kalte Wasser wagen • Kreativ sein

aber auch kritische Fragen, die in Kapitel 9.3.3 diskutiert werden.

Bei der Auswertung der Interviews wurden folgende Strategien in Schulentwicklungsprozessen an Krankenpflegeschulen herausgefiltert:

- Teamentwicklung voranbringen
- Lehr- bzw. Lernformen gestalten
- Pädagogisches Konzept bzw. Leitlinien entwickeln
- Projektmanagement betreiben
- Betroffene beteiligen
- organisatorische Möglichkeiten einsetzen
- Gemeinschaft fördern
- ungewöhnliche Wege gehen.

9.3.3 Diskussion der Ergebnisse

9.3.3.1 Teamentwicklung voranbringen versus Lehrerfortbildung

Die empirisch ermittelte Strategie «Teamentwicklung» und die in Kapitel 9.2.3 genannte Entwicklungsstrategie «Lehrerfortbildung» haben das gemeinsame Ziel, Methoden- und Fachkompetenz zu vermitteln sowie Kommunikation und Kooperation unter den Lehrenden anzubahnen bzw. zu intensivieren. Der Unterschied besteht darin, dass im Sinne des SCHILF-Konzeptes (siehe Kap. 9.2.3.2) der programmatische und konzeptionelle Ansatz, der der Lehrerfortbildung innewohnt, keine Entsprechung in der Strategie der Teamentwicklung an den Krankenpflegeschulen findet. Daher stehen folgende Fragen im Raum:

- Gibt es an Krankenpflegeschulen einen Fortbildungsplan für das Gesamtkonzept der Schulentwicklungsaktivitäten?
- Inwieweit gibt es Möglichkeiten, Qualifikationen zur Erforschung des eigenen Unterrichts und der praktischen Anleitung zu erwerben?
- Werden Fortbildungen als Chance zur Vernetzung von Theorie und Praxis gesehen?
- Nehmen Praxisverantwortliche an Fortbildungsmaßnahmen und Maßnahmen zur Teamentwicklung teil?
- Sind Ausbildungsteams Gruppen, in denen konstruktives Feed-back üblich ist und in denen über Feed-back ein gemeinsames Bildungs- und Pflegeverständnis gefördert wird?
- Ist eine regionale Vernetzung vorgesehen?
- Gibt es in der Pflegebildung Ansätze systematischer Lehrerfortbildung?
- Welche Formen schulinterner und schulexterner Lehrerfortbildung könnten Landesinstitute, Hochschulstandorte und Lehrerverbände übernehmen und unterstützen?
- Wo könnte man «Lehrwerkstätten», fachdidaktische und curriculare Diskussionen etablieren?

9.3.3.2 Lehr- bzw. Lernformen gestalten

In der Literatur gehört diese Kategorie eher zum Inhalt und zu den Handlungsfeldern der Schulentwicklung, nämlich der Weiterentwicklung des Unterrichts, aber nicht zu den benannten Strategien. Es gilt also zu klären, worin das innovative und strategische Element dieser Kategorie besteht. Das strategische Moment könnte in der Art und Weise, wie Schulen, Praxiseinrichtungen und Ausbildungsträger neue Lernformen ausprobieren, etablieren und weiterentwickeln, bestehen. Sie könnten dieses z.B. in Form von Qualitätszirkeln und/oder Lernwerkstätten zur

Ausbildungsgestaltung praktizieren, um einen kontinuierlichen Verbesserungsprozess einzuleiten. Hier sollte auch der Lernort Betrieb mit in den Blick genommen werden. Fragen, wie Lernsituationen im beruflichen Alltag gestaltet werden können, sind zentral für die Pflegeausbildung. Das ergibt sich aus den gesetzlichen Anforderungen für die Krankenpflegeausbildung, die 3000 Stunden Ausbildung in der Praxis vorsehen. Den Bedarf zeigen aber auch Tagungen, wie sie im April 2000 in Bremen zum Thema «Wissenstransfer in der Pflege» stattfanden. In Bezug auf die Lehrerfortbildung seien folgende Fragen erlaubt:

- Wo und wie erwerben Pflegelehrerinnen und -lehrer das nötige Handwerkszeug, um neue Lernformen aus didaktischer und curricularer Sicht beurteilen und weiterentwickeln zu können?
- Welche Möglichkeiten haben sie, um sich selbst in der Umsetzung spezifischer fachdidaktischer Prinzipien zu erproben und sich mit anderen auszutauschen?
- Wo finden sie Foren zu Themen wie z.B. zum problemorientierten Unterricht in der Pflegeausbildung?
- Wo kann die Einbindung neuer wissenschaftlicher Erkenntnisse diskutiert werden?

9.3.3.3 Pädagogisches Konzept bzw. Leitlinien entwickeln versus Schulprofil oder -programm

Die empirisch ermittelte Strategie «Pädagogisches Konzept bzw. Leitlinien entwickeln» wird der in Kapitel 9.3.3 dargestellten Entwicklungsstrategie «Schulprofil» zugeordnet. Bei beiden geht es im Kern um die Entwicklung einer «handlungsleitenden Philosophie» für die Ausbildung. Das funktioniert nur, wenn sich die Beteiligten über ihr pädagogisches und pflegerisches Selbstverständnis, ihre zukünftigen Ziele sowie ihren «heimlichen» Lehrplan verständigen. Wenn die Befragten von der Entwicklung eines Begründungsrahmens für den Unterricht sprechen, dann ist das gleichzusetzen mit der Entwicklung eines Leitbildes, eines Schulprofils.

Aber, in wie weit waren Ausbildungsverantwortliche aus der Praxis daran beteiligt? Einer anderen Studie zur Lernortkooperation, die in Kapitel 8.2.2 beschrieben wird, ist zu entnehmen, dass es im Lernort Schule und im Lernort Betrieb kein gemeinsames Lernverständnis gab und eine gemeinsame Zielsetzung auch nicht angestrebt wurde. Genau das müsste geändert werden, wenn man für Pflegeschulen wirklich handlungsleitende Ziele entwickeln will. Denn diese sind bei allen curricularen und organisatorischen Entscheidungen von zentraler Bedeutung. Daher bedürfen sie, wenn sie bei der Umsetzung nicht auf der Strecke bleiben sollen, wie in Kapitel 9.2 erwähnt, der gemeinsamen Konsensbildung aller an der Ausbildung Beteiligten. Dazu gehört auch der Ausbildungsträger.

Was könnten Chancen und Schwierigkeiten bei der Formulierung des Leitbildes sein? Schwierig ist sicherlich, dass sich eine eigene Systematik und Didaktik im Fach Pflege noch nicht eindeutig herauskristallisiert haben und Lehrende auf keine gemeinsame pädagogische Sozialisation zurückblicken können. Die Chance besteht darin, dass dort, wo keine Vorgaben bestehen, Wertmaßstäbe im gemeinsamen Diskurs entwickelt werden können, was gleichzeitig identitätsstiftend wirkt. Wenn an Krankenpflegeschulen dazu übergegangen wird, Ziele zu operationalisieren, inhaltliche Ausbildungsschwerpunkte zu setzen und konkrete Handlungsvorschläge zu erarbeiten, dann sind sie auf der pragmatischen Ebene angelangt, dann ist der Übergang zwischen den Kategorien Schulprofil und Schulprogramm fließend. Das Schulprofil sollte jedoch eine konkrete Beschreibung des Endproduktes von Schulentwicklungsprozessen bleiben und nicht gleich mit Umsetzungsstrategien verknüpft werden. Das Schulprogramm ist als Planungsinstrument gedacht, das einzelne Schritte zur Umsetzung des pädagogischen Konzeptes festhält. Eine systematische Planung, welche Maßnahmen von wem, in welchem Zeitraum, mit welchen Ressourcen erbracht werden sollen, konnte in den Interviews hinsichtlich der Aussagen zum pädagogischen Konzept nicht herausgefiltert werden, deshalb wurde die Kategorie Schulprogramm dem Konzept Projektmanagement zugeordnet.

9.3.3.4 Projektmanagement betreiben versus Schulprogramm

Diese Strategie wurde, wie bereits oben erläutert, der Strategie «Schulprogramm» zugeordnet. Das Schulprogramm wird als Drehbuch und Fahrplan für die Entwicklungsmaßnahmen charakterisiert. Es ist ein Instrument, das Ressourcen und Verbindlichkeiten für die Umsetzung eines Vorhabens transparent macht, da es die einzelnen Arbeitsschritte, gegliedert in inhalts-, prozess- und organisationsbezogene Maßnahmen, ausweist. Dies leistet das beschriebene prozessorientierte und phasengesteuerte Projektmanagement der Krankenpflegeschulen. Ob aber Zeiten und Formen regelmäßiger und systematischer Zwischenbilanzierung eingeplant werden, ob der aktuelle und zu erwartende Beratungs- und Fortbildungsbedarf ausgewiesen wird und ob die Einflussfaktoren auf die geplanten Projekte mitbedacht und die Möglichkeit des öffentlichen Austausches in Erwägung gezogen werden, kann aufgrund der Aussagen aus den Interviews bezweifelt werden. Welche Form der Projektdokumentation die Krankenpflegeschulen vorsehen, bleibt ebenfalls offen.

9.3.3.5 Betroffene beteiligen versus Partizipation der Schülerinnen und Schüler

Partizipation im Sinne von Mitwissen, Mitwirken, Mitentscheiden und Mitverantworten hat in den befragten Krankenpflegeschulen einen hohen Stellenwert. Verschiedene Autoren, wie z.B. Heffels [1998, S. 13] und Borsi [1994, S. 188] fordern, dass Schülerinnen und Schülern ein Übungsfeld geboten werden muss, das es ermöglicht, am eigenen Leib mitzuerleben, was es bedeutet, gegen bestehende Strukturen erfolgreich zu intervenieren und Verantwortung zu übernehmen. Solche Veränderungserfahrungen fördern Konfliktfähigkeit und die Fähigkeit zu dialogischen Austauschprozessen, die in einer demokratischen Gesellschaft wichtig sind. Möglichkeiten der Mitwirkung von Schülerinnen und Schülern bestehen zum einen in Jugend- und Mitarbeitervertretungen, zum anderen bei jeder Form der Lernortkooperation. So wird die Anwesenheit von Schülerinnen, wie die Studie in Kapitel 8 zeigt, insbesondere für die Reflexion der Stationsarbeit wertgeschätzt. Notwendige organisatorische Konsequenzen werden aber nicht daraus gezogen. Da drängen sich folgende Fragen auf:

- Werden Schülerinnen und Schüler an patienten- und pflegebedarfsorientierten oder arbeitsorganisatorischen Entscheidungen beteiligt, und werden diese mit ihnen im Nachhinein reflektiert?
- Haben Schülerinnen und Schüler die Chance, Unterrichtsprozesse zu beeinflussen und ihr Lernen eigenverantwortlich zu gestalten?
- Werden die dazu erforderlichen Kompetenzen, wie z.B. Lerntechniken, am Anfang der Ausbildung vermittelt?
- Bieten die Handlungsfelder der Pflege und der Schulen für Pflegeberufe tatsächlich ein «partizipatives» Übungsfeld, eine Möglichkeit zur aktiven Beteiligung, zur Persönlichkeitsstärkung und Umsetzung emanzipatorischer Ziele?

9.3.3.6 Gemeinschaft fördern und ungewöhnliche Wege gehen

Wendet man den Begriff Strategie im Sinne einer umfassenden und langfristigen Interventionstechnik von Problemlösungs- und Entscheidungsprozessen an [Meyers Großes Taschenlexikon, 1998, Bd. 21, S. 122], dann sind sie nicht als eigenständige Kategorie haltbar. Trotzdem sind beides wichtige Aspekte, die in Schulentwicklungprozessen eine Rolle spielen. «Gemeinschaftsförderung» im Sinne der Kommunikations-, Kooperations- und Teamentwicklung können als Aspekte gelten, die allen anderen Strategien innewohnen. Auch die Kategorie «Ungewöhnliche Wege gehen» kann nicht als methodisches Element betrachtet werden. Aber sie ist Ausdruck eines kreativen Umgangs mit Herausforderungen, der es ermöglicht, neue Lösungswege zu finden. Beide Konzepte sind Ausdruck einer «Schulkultur», die eine Ausbildungsstätte zu dem Lebens- und Erfahrungsraum macht, der Lernbereitschaft erhält, Identität wachsen lässt und Innovationskräfte freisetzt. Ohne interaktive, gemeinsame Lernprozesse und Offenheit gegenüber «Ungewöhnlichem» wären Entwicklungsprozesse nicht denkbar.

9.3.3.7 Evaluation

Die Strategie «Evaluation» wird in Schulen für Pflegeberufe dem Projektmanagement untergeordnet, ist aber in der Literatur als eigenständige Strategie zur Sicherung von (Aus-)Bildungsqualität von entscheidender Bedeutung. Die Interviews lassen vermuten, dass verschiedene Formen und Methoden der Evaluation an Krankenpflegeschulen noch nicht bewusst geplant und eingesetzt werden. Hier wurde nach Meinung der Autorin ein «blinder Fleck» an Krankenpflegeschulen identifiziert.

Oetzel-Klöcker [1996, S. 91] formuliert für die Qualität der Krankenpflegeausbildung: «Qualität in der Krankenpflegeausbildung ist der Grad der Übereinstimmung zwischen den Zielen der Ausbildung und der wirklich geleisteten Praxis. (…) Die Qualitätssicherung ist der Vorgang des Beschreibens von Zielen in Form von Ausbildungsstandards und Kriterien, das Messen des tatsächlichen Ausbildungsniveaus und, falls erforderlich, das Festlegen und Evaluieren von Maßnahmen zur Ausbildungspraxis.»

Eine so verstandene Evaluation und Qualitätssicherung sollte jedoch nicht in Form fragmentarisch angewendeter Einzelmaßnahmen (Schülerbefragung, Jahresauswertung, Analyse von Klausuren) praktiziert werden, sondern systemisch im Sinne des Total Quality Managements die ganze Schule umfassen und durchdringen. Hier sind Ausbildungsträger gefragt, ihre qualitätssichernden Maßnahmen auf die Anwendbarkeit auf ihre Bildungseinrichtungen hin zu überprüfen und Ressourcen zur Erhebung und Entwicklung von Qualitätsstandards zur Verfügung zu stellen. Das wäre zur Wahrnehmung potentieller Handlungsmöglichkeiten und -erfordernisse sowie zur Optimierung von Schulentwicklungsprozessen sehr wichtig.

Schulen und Ausbildungsträger sind es den Patienten und Schülerinnen schuldig, über eine gute Pflegequalität zu einer guten Ausbildungsqualität beizutragen und über die Ermittlung und Verbesserung der Ausbildungsqualität zu einer guten Pflegequalität beizutragen. Die gegenseitige Abhängigkeit beider Qualitätsdimensionen zeigt sich dort, wo die Qualität der Pflege die Qualität der Ausbildung beeinflusst und wo ausgezeichnete Ausbildungsaktivitäten in der Pflegepraxis nichts verändern [Schwarz-Govaers, 1995, S. 23]. Aus dieser Verpflichtung heraus und aufgrund der Verknappung finanzieller Ressourcen werden sich Kranken- und Kinderkrankenpflegeschulen bzw. Fachseminare für Altenpflege daran gewöhnen müssen, ihre Leistungen transparent zu machen und deren Effizienz auszuweisen.

9.3.4 Zusammenfassung

Aufgrund der Studie ergibt sich folgendes «Bild» der Strategien und Gelingensbedingungen für die Schulentwicklung an Schulen für Pflegeberufe. Schulentwicklung vollzieht sich auf drei Ebenen:

1. der ideellen Ebene (Leitbild, pädagogische Konzeption)
2. der programmatischen Ebene (Schulprogramm)
3. der praktischen Ebene (Projektmanagement).

Die Maßnahmen und Prozesse, die sich auf allen drei Ebenen abspielen, setzen, wenn sie erfolgreich sein sollen, bei allen Beteiligten bestimmte Haltungen voraus, und zwar:

- Kooperationsbereitschaft und professioneller Teamgeist
- eine demokratische Haltung
- eine forschende Haltung im Sinne von Evaluations- und Qualitätsbewusstsein
- Kommunikationsorientierung und
- systemisches Verstehen.

Einerseits setzen Schulentwicklungsprozesse nicht nur Haltungen, sondern konkrete Handlungskompetenzen voraus. Andererseits bieten sie allen Beteiligten die Möglichkeit und den Anreiz, diese Kompetenzen durch mitgestaltende Teilnahme am Entwicklungsprozess zu erwerben. Zur Situation der Pflegeschulen lässt sich sagen: Schulentwicklungsprozesse

- folgen prinzipiell den gleichen Strategien wie an allgemein bildenden Schulen
- zeigen ein hohes Maß an Veränderungs- und Lernbereitschaft, das es zu nutzen gilt
- erfolgen eher aufgrund von Veränderungswünschen, weniger aufgrund von äußerem Druck, wie ihn z.B. amtliche Regelungen und Verordnungen erzeugen würden
- erfolgen aufgrund von Ausbildungsdefiziten und/oder Veränderungen der Schülerschaft und des pflegerischen Handlungsfeldes,
- sind auf dem Gebiet der Unterrichtsentwicklung am weitesten fortgeschritten (der Bereich der Organisationsentwicklung und Lernortkooperation wird noch zu sehr vernachlässigt)
- bewirken eine innere (zu Schülern, zum Krankenhaus) und äußere (zu anderen Lernorten, Arbeitsfeldern und Schulen) Öffnung der Schule.

Zum Entwicklungspotential der Kranken- und Kinderkrankenpflegeschulen bzw. Fachseminare für Altenpflege wurden folgende Annahmen formuliert: Schulentwicklungsprozesse an Pflegeschulen erfordern:

- eine Ausdehnung aller Schulentwicklungsstrategien auf den Bereich der Praxisausbildung
- Personen, die Schulentwicklung initiieren, koordinieren und systematisieren
- Unterstützung, Beratung und Begleitung
- eine langfristige Planung auf der Grundlage eines individuell ausgearbeiteten Schulprogramms
- die Koordination und Vernetzung von Einzelprojekten an einer Schule, sodass ein sinnvolles Gesamtkonzept daraus entstehen kann
- mehr Reflexivität und Qualitätsbewusstsein
- mehr methodische Kompetenzen und Instrumentarien zur Selbstdiagnose und -evaluation, zur kritischen Auseinandersetzung mit der eigenen Ausbildungspraxis
- Unterrichts- und Schulforschung, z.B. Fallstudien

- qualifizierte Lehrpersonen und gleichzeitig gute Kontextbedingungen
- eine bewusste Auseinandersetzung mit den Konzepten der Organisationsentwicklung, da der institutionelle und systemische Blick geschärft werden muss
- regionale Netzwerke, die wichtige Impulse geben könnten
- positive Beispiele, von denen man lernen und durch die man motiviert werden könnte.

Literatur

Bargel, T.: Ergebnisse und Konsequenzen empirischer Forschungen zur Schulqualität und Schulstruktur. In: Melzer, W., Sandfuchs, U.: Schulreform in der Mitte der 90er Jahre – Strukturwandel und Debatten um die Entwicklung des Schulsystems in Ost- und Westdeutschland. Reihe Schule und Gesellschaft, Bd. 8. Opladen, 1996

Bastian, J.: Pädagogische Schulentwicklung – Von der Unterrichtsreform zur Entwicklung der Einzelschule. In: Pädagogik 2/97, S. 5–11

Berg, Ch., Schrewe, H.: Wagenschein in Wetzlar – wie ging das eigentlich? – Lehrkunstwerkstätten als Beitrag zu einer Integrierten Unterrichts- und Schulentwicklung. In: Buhren, C., Rolff, H.-G. (Hrsg.): Fallstudien zur Schulentwicklung – Zum Verhältnis von Innerer Schulentwicklung und externer Beratung. Weinheim, München, 1996

Bönsch, M.: Kriterien für einen guten Unterricht. Pflegemagazin, 1/2000, S. 30–34

Borsi, G.: Das Krankenhaus als lernende Organisation – Zum Management von individuellen, teambezogenen und organisatorischen Lernprozessen. Heidelberg, 1994

Burkhard, Ch.: Evaluation – ein Werkzeug der Schulentwicklung. In: Grimm, A. (Hrsg): Loccumer Protokolle 1/97: «Betrieb Schule» – «Haus des Lernens» – Perspektiven und Probleme der Schulentwicklung. Loccum, 1997

Burkhard, Ch., Eikenbusch, G.: Das Schulprogramm intern evaluieren. In: Risse, E.: Schulprogramm – Entwicklung und Evaluation. Neuwied, 1998

Dalin, P., Rolff, H.-G., Buchen, H.: Institutioneller Schulentwicklungsprozess – Ein Handbuch. Schriftenreihe Lehrerfortbildung in Nordrhein-Westfalen. Bönen/Westfalen, 1998

Deutsche UNESCO-Kommission (Hrsg.): Lernfähigkeit: Unser verborgener Reichtum – UNESCO-Bericht zur Bildung für das 21. Jahrhundert. Berlin, 1997

Eikenbusch, G.: Der kleine Methoden-Koffer. In: Evaluation – Schulen erforschen ihre Praxis. Pädagogik 5/97, S. 30–34

Eikenbusch, G.: Schulinterne Evaluation – Ein Weg zur gemeinsamen Schulentwicklung. In: Evaluation – Schulen erforschen ihre Praxis. Pädagogik 5/97, S. 6–9

Fischer, D.: Schulentwicklung geht von Frauen aus. In: Grimm, A.: Loccumer Protokolle 1/97: «Betrieb Schule» – «Haus des Lernens» – Perspektiven und Probleme der Schulentwicklung. Loccum, 1997, S. 276–279

Fleischer-Brinkmann, W., Maritzen, N.: Schulprogramm im Schulalltag – Sieben Praxistips als Wegweiser. Pädagogik 2/98, S. 9–14

Förster, Ch.: Rezension zum Themenheft «Autonomie konkret» Pädagogik 1/96. In: «Schulprogramme» (Themenheft) Journal für Schulentwicklung 2/97, S. 123–128

Heffels, W.: Förderung von ethisch-moralischer Kompetenz von Pflegepersonen in Pflegebildungseinrichtungen. PflegePädagogik 2/98, S. 8–15

Hinz, H.: Organisations- und Schulentwicklung. In: Miller, R. (Hrsg.): Schule selbst gestalten. Bd. 1: Beziehungen und Interaktion. Weinheim, Basel. 1996

Kleefass, P., Kniep, B.: Schulentwicklungsprojekt Helene-Lange-Gymnasium Markgröningen. Landesinstitut für Erziehung und Unterricht Stuttgart (Hrsg.): Dokumentation Innere Schulreform (ISR) 1/1996

Lenzen, D. (Hrsg.): Pädagogische Grundbegiffe, Bd. 2. rowohlts enzykopädie. Reinbek bei Hamburg, 1993

Maritzen, N.: Im Spagat zwischen Hierarchie und Autonomie. In: Grimm, A. (Hrsg): Loccumer Protokolle 1/97: «Betrieb Schule» – «Haus des Lernens» – Perspektiven und Probleme der Schulentwicklung. Loccum, 1997, S. 47–83

Merkel, I.: Weiterentwicklung der regionalen Lehrerfortbildung – Intensivierte schulinterne Lehrerfortbildung als Beitrag zur Inneren Schulentwicklung. In: Pädagogische Hochschule Heidelberg (Hrsg.): Innere Schulentwicklung. Informationsschrift zur Lehrerbildung, Lehrerfortbildung und pädagogischen Weiterbildung, Heft 52. Heidelberg, 1997

Merkens, H.: Stichproben bei qualitativen Studien. In: Friebertshäuser, B., Prengel, A. (Hrsg.): Handbuch Qualitative Forschungsmethoden in der Erziehungswissenschaft. Weinheim, München, 1997

Meuser, M., Nagel, U.: ExpertInneninterviews – vielfach erprobt, wenig bedacht. In: Graz, D., Kraimer, K. (Hrsg.): Qualitative-empirische Sozialforschung: Konzepte, Methoden, Analysen. Opladen, 1991

Meuser, M., Nagel, U.: Das Experteninterview – Wissenssoziologische Voraussetzungen und methodische Durchführung. In: Friebertshäuser, B., Prengel, A. (Hrsg.): Handbuch Qualitative Forschungsmethoden in der Erziehungswissenschaft. Weinheim, München, 1997

Meyers Großes Taschenlexikon in 24 Bänden. 6. Aufl., Bd. 21. Mannheim, Leipzig, Wien, Zürich, 1998

Meyer, H.: Wege zur Lernenden Schule – Manuskript zum 6. Forum Realschulseminar Schwäbisch Gmünd. Schwäbisch Gmünd, 10/1998

Miller, R.: Schulinterne Lehrerfortbildung – Der SCHILF-Wegweiser. Weinheim, Basel, 1995

Miller, R.: Schilf – Schulinterne Lehrerfortbildung. In: Miller, R. (Hrsg.): Schule selbst gestalten. Bd. 1: Beziehungen und Interaktion. Weinheim, Basel, 1996

Müller, S.: Schüler an Schulentwicklung beteiligen. Pädagogik 1/96, S. 22–24

Oetzel-Klöcker, M.: Die Merkmale von Qualitätssicherung für die Ausbildung als Beitrag zur Professionalisierung. In: Bundesausschuss der Länderarbeitsgemeinschaften der Lehrerinnen und Lehrer für Pflegeberufe, Tagungsband. Bocholt, 1996, S. 91–93

Reißmann, J.: Thesen zur Schulentwicklung. In: Grimm, A.: Loccumer Protokolle 1/97: «Betrieb Schule» – «Haus des Lernens» – Perspektiven und Probleme der Schulentwicklung. Loccum, 1997, S. 186–194

Robert-Bosch-Stiftung: Förderpreis Krankenpflegeschulen, Faltblatt zur Ausschreibung. 1997/1998

Robert-Bosch-Stiftung: Ausschreibungstext zum «Förderpreis Krankenpflegeschulen 1997», 3/97

Roes, M.: Interne Prozessberatung im Kontext einer lernenden Organisation. Pflegemagazin, 1/2000, S. 6–13

Rolff, H.-G.: Wandel durch Selbstorganisation – Theoretische Grundlagen und praktische Hinweise für eine bessere Schule. Weinheim, München, 1993

Rolff, H.-G.: Interne Schulentwicklung mit externer Unterstützung. In: Buhren, C., Rolff, H.-G. (Hrsg.): Fallstudien zur Schulentwicklung – Zum Verhältnis von innerer Schulentwicklung und externer Beratung. Weinheim, München, 1996a

Rolff, H.-G.: Autonomie von Schule – Dezentrale Schulentwicklung und zentrale Steuerung. In: Melzer, W., Sandfuchs, U.: Schulreform in der Mitte der 90er Jahre – Strukturwandel und Debatten um die Entwicklung des Schulsystems in Ost- und Westdeutschland. Reihe Schule und Gesellschaft, Bd. 8. Opladen, 1996b

Rolff, H.-G., Buhren, C., Lindau-Bank, D., Müller, S.: Manual Schulentwicklung – Handlungskonzept zur pädagogischen Schulentwicklungsberatung (SchuB). Weinheim, Basel, 1998

Schnaitmann, G.: Schulentwicklung und Unterrichtsforschung – Grundlagen der Schulentwicklung und Beispiele ihrer empirischen Forschung. In: Lehren und Lernen. Zeitschrift des Landesinstitutes Erziehung und Unterricht (LEU). Stuttgart, 12/1997, S. 8–14 und 27–32

Schöning, W.: Lehrerfortbildung und Beratung für die lernende Schule. In: Scheufele, U. (Hrsg.): Weil sie wirklich lernen wollen – Bericht von einer anderen Schule – Das Altinger Konzept. Weinheim, Berlin, 1996

Schratz, M.: Gemeinsam Schule lebendig gestalten – Anregungen zu Schulentwicklung und didaktischer Erneuerung. Weinheim, Basel, 1996

Schratz, M., Steiner-Löffler, U.: Die Lernende Schule – Arbeitsbuch pädagogische Schulentwicklung. Weinheim, Basel, 1998

Schwarz-Govaers, R.: Bessere Pflegequalität durch verbesserte Ausbildung? PflegePädagogik 4/95, S. 20–26

Sieger, M., Schönlau, K.: Lernen und Arbeiten – Ein Spannungsfeld? In: Osterbrink, J. (Hrsg.): Erster internationaler Pflegetheorienkongress Nürnberg. Bern u.a., 1998

Spürk, D.: Schulentwicklung an Krankenpflegeschulen – Eine explorative Studie. Unveröffentlichte Diplomarbeit. Katholische Fachhochschule, Mainz, 1999

Wottawa, H., Thierau, H.: Lehrbuch Evaluation. Bern, Göttingen, Toronto, Seattle, 1998

10 Qualität der Ausbildung – Der Schlüssel, um sich am Bildungsmarkt zu behaupten?

Kerstin Schönlau

10.1 Problemlage

Der aktuelle Stand des Nachdenkens über Qualitätsmanagementsysteme bzw. Qualitätsentwicklung sowie über Qualitätssicherungsverfahren hat sich bereits im Aus- und Weiterbildungsbereich niedergeschlagen. Auch Schulen und Bildungseinrichtungen müssen sich der Qualitätsdiskussion stellen und verantwortlich Qualitätsmanagementsysteme und -verfahren auswählen, die im Sinne des Bildungsauftrags stimmig sind.

Zurzeit befinden sich Zertifizierungs- und Akkreditierungsverfahren auch für den Pflegebildungsbereich bereits in der Umsetzung. «Schulen werden an der Qualität ihrer Dienstleistung gemessen. Dabei ergänzen sich Effektivität und Effizienz, und das bedeutet, nur eine qualitative hochwertige Leistung ist bildungsökonomisch stabil» [Stöcker, 2000, S. 64]. Inwiefern diese Verfahren dem Dienstleistungsbereich der Bildung angemessen sind, gilt es zu prüfen. Schul- und Qualitätsentwicklung, so Dorothee Spürk in Kapitel 9 dieses Buches, werden durch krisenhafte Veränderungsimpulse in Gang gesetzt. Impulse dort entwickelter Strategien und Evaluationsverfahren werden bei der Suche nach einem geeigneten Verfahren zur Qualitätsentwicklung für den Bildungsbereich in der Pflege genutzt.

Ziel dieses Kapitels ist es, ausgehend von dem Stand der aktuellen Qualitätsdiskussion im Gesundheitswesen zu einer an pflegewissenschaftlichen und pflegepraktischen Ansprüchen gemessenen Positionsbestimmung zu gelangen, um anschließend die Verfahren der Qualitätsmanagementsysteme dahingehend kritisch zu bewerten, inwieweit sie auf die Ausbildung übertragbar sind oder ob der Bildungsbereich andere Anforderungen an qualitätssichernde Verfahren stellt.

10.2 Zur Bestimmung des Begriffs Qualität

Die Strömungen der Qualitätsdefinitionen und Qualitätsmanagementverfahren werden hier nicht abschließend erörtert (für eine vertiefte Auseinandersetzung siehe die Literaturangaben im Literaturverzeichnis). Vielmehr soll es gelingen, nach ausgewiesener pflegerischer Position ein Abstract der aktuellen Diskussion darzustellen.

10.2.1 Vom Allgemeinen zum Besonderen

Der Qualitätsbegriff leitet sich aus dem lateinischen Wort «qualitas», d.h. «Beschaffenheit» (eines Gegenstandes) her. So alt wie der Begriff selbst ist auch die Diskussion um seine Inhalte, die bis heute andauert und im Gesundheitswesen an Aktualität gewonnen hat. Der Begriff der Qualität wird mit der Beschaffenheit von Gütern und Produkten, mit der Art und Weise des Erbringens von Dienstleistungen sowie mit Inhalt und Präsentation kultureller Erzeugnisse in Verbindung gebracht. Dabei sind die subjektive Zufriedenheit, die Respektierung anerkannter, geltender Normen und Werte sowie die Einhaltung und Erfüllung vereinbarter Regelungen und erwarteter Standards von Bedeutung für die Qualitätsbewertung.

10.2.2 Dimensionen der Dienstleistungsqualität im Kontext der Pflege

Eine Differenzierung und Spezifizierung der Qualitätsdimensionen für die Pflege sind in der Literatur nicht explizit auffindbar. Die Veröffentlichungen zur personenorientierten Dienstleistung sind jedoch vielfältig und bieten wertvolle Anregungen für die Übertragung auf die Pflege. Die Frage, was das Besondere der personenorientierten Dienstleistung sei, welchen Stellenwert der Patientin zugeschrieben wird und inwiefern ihre Sichtweise die Qualitätsaspekte der Handlungen bestimmen, geben Hinweise auf den Unterschied zu produktorientierten Arbeitsabläufen.

«Die Qualität der Dienstleistungen hängt von der persönlichen Beziehung zwischen dem Erbringer der Dienstleistungen und dem Kunden ab.» [Büse, 1996, S. 13]. Das Besondere, insbesondere auch in der Pflege, liegt somit in der Ausgestaltung dieser Interaktionsbeziehungen. Im Kapitel 1 wird die professionelle Gestaltung der Interaktion zwischen Pflegebedürftigen bzw. Patientinnen und Patienten sowie Pflegenden als Kern pflegerischer Arbeit begründet. Erst die Gestaltung dieser Beziehung entscheidet über Qualität und Wirksamkeit der eingeleiteten Maßnahmen bzw. ist selbst Intervention.

Diese zwischenmenschliche Dimension erfordert professionelle Kompetenzen der Pflegenden und deren zielgerichteten Einsatz. In diesem Interaktionsprozess greift das Uno-actu-Prinzip, das heißt, Produktion und Konsumtion der Dienstleistung fallen zusammen. Die Patientin bzw. Bewohnerin ist immer gleichzeitig sowohl «Miterbringerin/Produzentin» der pflegerischen Handlung als auch «Empfängerin/Konsumentin». Das «Produkt» entwickelt sich im Interaktionsprozess und ist nicht in einer eindimensionalen Leistungskette zu erstellen. Die Pflegeleistung ist somit immateriell und intangibel [Bruhn, 1997]. Sie erfährt erst in Anwesenheit der Patientin ihre Realisierung und kann vorher nicht sinnlich wahrgenommen werden. Diese Dienstleistung wird für jede Patientin neu erstellt und erfüllt die Bedingungen der Individualität.

Den Patientinnen fällt eine aktiv gestaltende Rolle in diesem Prozess zu. Sie entscheiden selbstbestimmt, was sie als «gute Qualität» erlebt haben, was wirksam und eine hilfreiche Unterstützung war.

Hieraus ergeben sich wichtige Konsequenzen für Methoden der Erfolgsbewertung und Verfahrensverbesserung [vgl. Bobzien et al., 1996]. Eine ausschließliche Befragung nach der Zufriedenheit der Patientin kann dies nicht leisten.

Ergänzend zum Interaktionsaspekt kommen weitere Aspekte zur Qualitätsbeurteilung dazu, z.B. Pünktlichkeit, Zuverlässigkeit, Genauigkeit und Vollständigkeit der Dienstleistung. Diese Aspekte erhalten bei den Pflegeleistungen insbesondere im ambulanten Bereich einen neuen Schwerpunkt: Die von den Patientinnen wahrnehmbaren Variablen beziehen sich auf eben diese sowie auf Bedingungen der Leistungsabrechung und auf die dokumentierten Tätigkeiten. Eine Aktivitäten fördernde Gestaltung der Pflegesituation kann auf Unverständnis der Patientin stoßen, die sich ausschließlich als Konsumentin betrachtet. Das Bestreben, über die Pflegeversicherung die Autonomie der Pflegebedürftigen zu erhöhen, führt hier zu Diskrepanzen zwischen professionell eingeschätztem Pflegebedarf und subjektiv benannten Erwartungen. Der Empfängerin der Dienstleistung, d.h. der Patientin bzw. Pflegebedürftigen, allein das Urteil über die erlebte Qualität zu überlassen, wäre also eine Reduktion. Erst die professionelle Einschätzung von Bedarf, Zielen und Wirksamkeit der Interventionen vervollständigt die Evaluation der Pflegequalität.

Aus diesen Zusammenhängen folgt die Notwendigkeit, Qualitätsdimensionen für die Pflege zu bestimmen, die unabhängig von dem Ort der Leistungserbringung als Grundlage für die Entwicklung eines professionellen Verständnisses gelten können. Darin muss sowohl das subjektiv erlebte Qualitätsverständnis der Patientin, als auch die professionelle Bewertung des gesamten

Pflegeprozesses einfließen, der sich durch messbare Erfolgsfaktoren aus beiden Perspektiven speist.

Das Besondere der pflegerischen Beziehung, die in der professionellen Ausformung den Dialog in den Mittelpunkt stellt, besteht in der Gleichzeitigkeit der Situationserfassung und einer professionellen Bewertung mit anschließender Handlung, die teils anwaltlich für die Patientin bzw. mit ihr vorgeschlagen und durchgeführt wird. Dieser Zusammenhang erfordert spezielle Qualitätskriterien für den Bewertungsschritt und den Interaktionsprozess.

Im Vergleich zu den Qualitätsdimensionen in produktorientierten Zusammenhängen fällt auf, dass ein wesentliches Kriterium, das Preis-Nutzen-Verhältnis, in den Zusammenhängen der personenorientierten Dienstleistung nicht extra thematisiert wird. Es gewinnt allerdings zunehmend an Bedeutung und zeigt sich z.B. in der Ausgestaltung der Finanzierungsform im ambulanten Pflegebereich als entscheidendes Kriterium für eine Positionierung am «Pflegemarkt».

10.2.3 Verfahren des Qualitätsmanagements, die auf den Kontext der Pflege übertragbar sind?

Auf der Suche nach qualitätssichernden Verfahren, die im Gesundheitsbereich bereits zur Anwendung kommen, finden sich vielfältige Ansätze. Unterstützt durch normative Vorgaben sowohl im SGB XI und V als auch im BSHG ist die Entwicklung teils parallel gelaufen. Das Total Quality Management (TQM) kann als umfassendes Qualitätsmanagementkonzept bezeichnet werden.

Bei der Entwicklung dieses Ansatzes wird von dem Grundsatz ausgegangen, dass es zur Sicherung bzw. Verbesserung der Qualität von Produkten und Leistungen unabdingbar ist, dass Führungskräfte sowie Mitarbeiterinnen und Mitarbeiter auf allen Unternehmensebenen gemeinsam die Verantwortung für das Qualitätsmanagement übernehmen. «Total Quality Management ist eine auf der Mitwirkung aller ihrer Mitglieder beruhenden Führungsmethode einer Organisation, die Qualität in den Mittelpunkt stellt und durch Zufriedenheit der Kunden auf langfristigen Geschäftserfolg sowie auf Nutzen für die Mitglieder der Organisation und der Gesellschaft zielt.» [Bruhn, 1997, S. 118]

Die folgenden Qualitätsmanagementverfahren werden ohne Anspruch auf Vollständigkeit vorgestellt, doch die Grundprinzipien der wesentlichen Verfahren werden nach den zuvor hergeleiteten Kriterien der personenorientierten Dienstleistung bewertet:

- Welchen Stellenwert nimmt der Interaktionsprozess ein?
- Welche Positionierung wird der Patientin zugeschrieben? Welche Gestaltungsmöglichkeiten erhält sie?
- Worin misst sich der Erfolg?

10.2.3.1 Struktur-, Prozess- und Ergebnisqualität nach Donabedian

Die Begriffe der Struktur-, Prozess- und Ergebnisqualität sind auf Donabedian zurückzuführen und finden sich in allen normativen Qualitätsvorgaben wieder. Donabedian hat diese drei Qualitätsdimensionen auf der Grundlage qualitativer Datenerhebungen im Krankenhausbereich als Schlüsselbereiche identifiziert. Der Strukturqualität werden alle Rahmenbedingungen der Ausstattung, des Finanzflusses sowie der Personalqualität zugeschrieben. Die Prozessqualität wird in der ursprünglichen Fassung nochmals untergliedert in:

- «interpersonal quality», gemeint ist hier die Beziehungsstruktur zwischen den Beteiligten
- «technical quality», die sich auf den Standard der technischen Ausstattung bezieht.

Die Ergebnisqualität soll Effektivität und Effizienz nachweisen.

In der Umsetzung auf das SGB XI, § 80 und SGB V, § 132a findet eine weitere Ausdifferenzierung dieser Dimensionen statt. Auffällig bleibt, dass der Schwerpunkt der Strukturqualitäten betont wird, während dem Beziehungsaspekt bei der Prozessqualität keine sichtbare Bedeutung zugewiesen wird. In dem Entwurf der «MDK-

Anleitung zur Prüfung der Qualität nach § 80 SGB XI» vom April 2000 findet eine Verschiebung zu Gunsten der Prozess- und Ergebnisqualität statt. Ein detaillierter Erhebungsbogen stärkt die Position der Patientinnen bzw. Pflegebedürftigen, indem ihre Einschätzung zu Prozess- und Ergebniskriterien erhoben wird. Die Betonung der subjektiven Sichtweise der Patientin bzw. Pflegebedürftigen als Empfängerin der Dienstleistung Pflege ist begrüßenswert, doch kann sie nicht genügen und muss um die professionelle Perspektive erweitert werden.

10.2.3.2 Impulse aus der Normenreihe DIN EN ISO

Die Internationale Organisation für Normung (ISO) ist eine weltweite Vereinigung nationaler Normierungsinstitute. Alle 5 Jahre sollen Normen überarbeitet werden. Das zuständige Komitee hat aus weltweiten Umfragen eine Notwendigkeit zur Anpassung an neue «Kundenbedürfnisse» festgestellt. Starke Impulse, die Aktivitäten der Qualitätssicherung nicht nur der Endkontrolle zu überlassen, sondern sie in alle Geschäftsbereiche des Unternehmens im Sinne eines Qualitätsmanagements zu integrieren, gehen von der Normenreihe DIN EN ISO 9000 bis 9004 aus, die seit 1994 Geltung hat. Dabei bietet 9004 einen Leitfaden zur Entwicklung und Einführung von Qualitätsmanagementsystemen [Bobzien, 1996].

Die neue ISO 9001, die im Jahre 2000 eingeführt worden ist, orientiert sich an einem Prozessablauf für das Qualitätsmanagement und ist in vier Abschnitte gegliedert:

- Verantwortung der Leitung
- Management der Mittel
- Prozessmanagement
- Messung, Analyse und Verbesserung.

Die Inhalte der 20 Elemente aus der ISO 9001:1994 werden bis auf wenige Details übernommen.

In der Umsetzung bedeutet es neue Forderungen an das Management. Die Organisation muss diejenigen Prozesse festlegen und ausführen, die notwendig sind, um sicherzustellen, dass das Produkt den Forderungen der Kundin bzw. des Kunden entspricht. Als Mittel zur Einführung und Darlegung der festgelegten Prozesse muss die Organisation ein Qualitätsmanagementsystem aufbauen, das eingeführt, aufrechterhalten und verbessert wird.

Erste Erfahrungen mit der Einführung von DIN ISO bis hin zur Zertifizierung sowohl in stationären als auch ambulanten Pflegeeinrichtungen liegen bereits vor [Büse, 1996; Klie und Lörcher, 1995].

Der Erfolg in einem Unternehmen wird allerdings dadurch bestimmt, ob es gelingt, bei dem zu erwartenden Wettbewerb die Anforderungen und Bedürfnisse besser zu erfüllen als andere Anbieter. Die alleinige Dokumentation der Verfahrensanweisungen kann dabei nützlich und hilfreich sein, ist jedoch keine Garantie für den Erfolg.

Bezogen auf die Kriterien der personenorientierten Dienstleistung könnte der Interaktionsprozess unter dem zweiten Hauptabschnitt des Ressourcenmanagements subsumiert werden, doch ist nicht vorgesehen, dass die Patientin als Co-Produzentin (vgl. Kap. 10.2.2) im Sinne einer aktiven Mitgestaltung in den Prozess eingeht.

In dem dritten Hauptabschnitt – Prozessmanagement/Produktrealisierung – wird gefordert, die Kundenerwartungen zu ermitteln. Im übertragenen Sinne kann die Erhebung der Patientinnenerwartungen hier angesiedelt werden. Allerdings findet diese Erwartungsabfrage in der Logik der professionellen Gestaltung bereits Eingang in der Erhebung des Pflegebedarfs.

Unter dem vierten Abschnitt – Messung, Analyse und Verbesserung – sollen Maßnahmen zur Erhebung der Kundinnenzufriedenheit durchgeführt werden. Der ehemals lineare Prozess der Produkterstellung ist durch den prozessorientierten Ansatz zwar aufgehoben, doch die Kriterien bleiben in der Übertragung auf den Pflegebereich eher kontraproduktiv, da in allen Bereichen von der konsumierenden Kundin ausgegangen wird. Eine Differenzierung für den personenorientierten Dienstleistungsbereich erfolgt nicht.

10.2.3.3 Das EFQM-Modell für Excellence 1999

Die Gründung der EFQM (European Foundation for Quality Management) fand 1988 in Brüssel statt. Es handelt sich um eine gemeinnützige Organisation mit dem Ziel, europäischen Organisationen ein Instrumentarium zur Verfügung zu stellen, um überragende Leistungen miteinander zu vergleichen. In den Statuten wurden die Entwicklung und Förderung eines modellhaften europäischen Total-Quality-Management-Modells (TQM-Modell) als Ziel vorgegeben. Es sollte auf wirksame Art die Bedeutung des ganzheitlichen Qualitätsmanagements hervorgehoben werden.

Das Schlüsselkonzept beruht auf der Erkenntnis, dass die Zufriedenheit von Kundinnen und Mitarbeiterinnen sowie allgemein positive Wirkungen auf die Gesellschaft durch eine entsprechend verantwortliche Unternehmensführung gewährleistet ist. Diese Führung muss ihre Politik und Strategie offen legen, eine mitarbeiter- und mitarbeiterinnenorientierte Führungskultur leben und weitervermitteln, einen angemessenen Umgang mit Ressourcen gewährleisten und sich auf wertschöpfende Prozesse konzentrieren. So werden letztlich die Geschäftsergebnisse positiv beeinflusst.

Gemäß dieser Prämisse hat das Modell in zwei sich gegenseitig bedingende Seiten:

1. die qualitätsfördernden Faktoren – es geht auf dieser Seite darum, wie die Organisation ihre Hauptaktivitäten ausführt, und
2. die Ergebnisseite, die sich mit den erzielten Ergebnissen beschäftigt.

Innovation und Lernen werden in einem zirkulären Prozess durch die regelmäßigen Selbstbewertungen bewirkt. Unter Selbstbewertung ist eine umfassende, regelmäßige und systematische Überprüfung von Tätigkeiten und Ergebnissen des eigenen Unternehmens zu verstehen. Das Ziel der Selbstbewertung ist neben der Überprüfung der eigenen Leistung eine ständige Verbesserung der Unternehmensaktivitäten. Aus der Bestimmung von Stärken und Schwächen, kann ein Unternehmen Aktionspläne entwickeln.

Der Fortschritt des Unternehmens wird im nächsten Zyklus der Selbstbewertung sichtbar. So wird ein kontinuierlicher Verbesserungsprozess eingeleitet. Die Selbstbewertung kann darüber hinaus zur Vorbereitung auf die Bewerbung um den EQA (European Quality Award) genutzt werden.

Das EFQM-Modell hat sich in der Zwischenzeit auch im Gesundheitsbereich behauptet. Vielfältige Einrichtungen des Gesundheitswesens, wie z.B. Krankenhäuser, psychiatrische Einrichtungen sowie stationäre Altenpflegeeinrichtungen haben sich auf den Weg der kontinuierlichen Selbstbewertung gemacht. Erste Selbstbewertungsprozesse sowie Assessoren-Besuche sind abgeschlossen [vgl. EFQM, 1999]. Eine deutsche «EFQM Arbeitsgruppe Gesundheitswesen» arbeitet inzwischen an weiteren Spezifika für den Gesundheitsbereich, die im Umgang mit dem EFQM-Modell allgemeine Berücksichtigung finden sollen. Pira [1999] konnte in einer empirischen Studie nachweisen, dass das EFQM-Modell weitestgehend den Modellvorstellungen von Krankenhausmitarbeiterinnen und -mitarbeitern entspricht. Im Vergleich zum ISO-Modell bietet das EFQM-Modell im Bereich der Mitarbeiterinnenorientierung, der Ergebnisse und der gesellschaftlichen Funktion einen umfassenderen Ansatz. Das ISO-Modell ist zum EFQM-Modell aufwärts kompatibel, sodass nach einer ISO-Zertifizierung ein EFQM-Bewertungsverfahren angeschlossen werden kann [Selbmann, 1999].

Wie Erfahrungen bestätigen, eignet sich EFQM auch als Managementmodell, denn bei dem zu vertretenden Ansatz der Selbstbewertung ist eine hohe Verantwortung seitens der Mitarbeiterinnen und Mitarbeiter notwendig, und Transparenz sowie das Delegieren von Verantwortung tragen zu schlanken Führungsstrukturen und damit zum Abbau von Hierarchien bei.

Bewertet nach Kriterien der personenorientierten Dienstleistung postuliert das Modell durch seinen Aufbau die gegenseitige Abhängigkeit von Prozess und Ergebnis. Explizite Anteile zur Positionierung der Patientinnen als Kundinnen finden sich sowohl unter dem Kriterium

«Führung», als auch in der Umsetzung des Kriteriums «Politik und Strategie» und in den «Prozessen». Die Interaktion als Kernprozess pflegerischer Arbeit und die pflegerische Intervention könnten als Schlüsselprozesse extrahiert und mit einer konsequenten Strategie und entsprechenden Qualitätskriterien umgesetzt und evaluiert werden. Die Ergebnismessung, so wie sie in diesem Modell angelegt ist, bezieht sich u.a. auf kundinnen- und mitarbeiterinnenbezogene Kriterien. Die im Vergleich zum ISO-Modell als Erweiterung zu wertende Sichtweise der Ergebniskriterien erlaubt auch einen Rückschluss des Gesamtprozesses auf die Wechselwirkung zwischen Patientinnen bzw. Kundinnen und Pflegenden.

10.2.3.4 Kooperation für Transparenz und Qualität im Krankenhaus (KTQ)

Im Juni 1997 beschlossen die Bundesärztekammer und der Verband der Angestellten-Krankenkassen/Arbeiter-Ersatzkassen-Verband, gemeinsam Möglichkeiten des Qualitätsmangements von Krankenhäusern zu untersuchen, sowie unter Beachtung internationaler Vorbilder ein Verfahren zur Zertifizierung von Krankenhäusern zu entwickeln. Als Partner im Gesundheitswesen wurden z.B. die «Deutsche Krankenhausgesellschaft», der «Deutsche Pflegerat» und Vertreter eines Zusammenschlusses konfessioneller Krankenhäuser gewonnen. Alle beteiligen sich an den Beratungen. Zur Zeit wird das Verfahren mit Unterstützung des Bundesministeriums für Gesundheit erprobt. Nach dieser Pilotphase soll eine bundesweite Einführung des Zertifizierungsverfahrens dieses Vorgehen sichern, an dem durch unabhängige Zertifizierungsstellen ein noch zu bestimmender Zertifizierungszyklus umgesetzt werden muss. Ziel ist es, einen freiwilligen Bewertungsprozess zu etablieren, der mit beratendem Charakter durch externe, geschulte Fachkräften (Visitoren) aus anderen Krankenhäusern eine Verbesserung der Prozess- und Ergebnisqualität im Bereich der Patientenversorgung unter optimierten Arbeitsbedingungen gewährleistet. Das Zertifizierungsverfahren ist mit den Methoden der Selbstbewertung (KTQ-Katalog) und Fremdbewertung (durch Visitoren) ausgewiesen. Anhand des Kriterienkataloges werden zu den folgenden sechs Bereichen Bewertungsmerkmale festgeschrieben:

1. Patienten-/Patientinnenorientierung
2. Mitarbeiter-/Mitarbeiterinnenorientierung
3. Sicherheit im Krankenhaus
4. Informationswesen
5. Krankenhausführung
6. Qualitätsmanagement.

Im Rückschluss auf die eingangs genannten Kriterien zur personenorientierten Dienstleistung zeichnet sich dieses Verfahren dadurch aus, dass es eigens für den Gesundheitsbereich entwickelt wurde. Unter dem Kriterium der Patientenorientierung in der Krankenversorgung wird der Pflege- und Behandlungsprozess von der Aufnahme zur Ersteinschätzung, Planung der Behandlung, Durchführung der Behandlung, Entlassung bzw. Verlegung und Evaluation beschrieben. Bei all diesen Schritten ist die Patientin bzw. der Patient beteiligt. Die aufgeführten Fragen zu den Kriterien sind ausschließlich aus der Perspektive der Professionellen formuliert. Der Interaktionsprozess, z.B. in der Abstimmung des Behandlungsplanes, wird nicht explizit genannt. Die Bewertungsdimensionen – wie z.B. der Ausprägungsgrad und der Grad der Umsetzung in Analogie zum EFQM-Modell – werden nicht differenziert. Es wurde ein gesonderter Leitfaden zur Patientinnenbefragung nach Struktur-, Prozess- und Ergebnisindikatoren erarbeitet. Die Patientinnen sollen nach der Entlassung nach Zufriedenheitskriterien (Rating-Fragen) und Erfahrungen (Reporting-Fragen) befragt werden. Ob eine innere Kohärenz zwischen der Selbstbewertung in der Klinik und den Befragungen der Patientinnen bzw. Patienten vorliegt, bleibt offen.

10.2.3.5 Joint Commission

Seit 1951 widmet sich die Joint Commission in Accreditation for Healthcare Organizations (JCAHO) als unabhängige Non-Profit-Organisation der Verbesserung der Qualität im Gesundheitswesen in den USA. Es arbeiten etwa

500 fest angestellte Mitarbeiterinnen und Mitarbeiter für die JCAHO, somit ist sie die weltweit führende Organisation zur Zertifizierung von Einrichtungen des Gesundheitswesens. Aufgrund der zunehmenden internationalen Nachfrage nach standardisierten Bewertungsverfahren im Gesundheitswesen hat sich die Joint Commission entschlossen, einen internationalen Akkreditierungszweig, die Joint Commission International Accreditation (JCIA) zu gründen. Die Bewertungsmerkmale wurden durch ein internationales, interdisziplinäres Team entwickelt. Als Zielsetzung steht u.a. die Verbesserung der Qualität der Gesundheitsversorgung neben der Erhöhung der Vergleichbarkeit einzelner Einrichtungen und der Schaffung von Grundlagen zur Überprüfung der Qualität von Pflege und Behandlung sowie eine Kostenreduzierung und Anerkennung nach innen und außen. Zentrales Element des Akkreditierungsprozess ist die Begutachtung der jeweiligen Einrichtung, bei der u.a. Einsicht in die vorhandene Dokumentation sowie in Patientinnen- und Patientenakten genommen wird, funktionsbezogene Gespräche und solche mit Führungskräften geführt und Besuche der Behandlungseinheiten und eine Gebäudebegehung vorgenommen werden.

In Bezug auf die personenorientierten Kriterien wird die Bestimmung von Qualität in der Pflege in diesem Modell im Vergleich zu den Vorgenannten konkret durch 11 Faktoren vorgenommen. Neben der Zugänglichkeit, Wirksamkeit, Angemessenheit, Rationalität und Kontinuität stehen die Faktoren des Datenschutzes, der Schweigepflicht und der Beteiligung der Patientin bzw. des Patienten und/oder ihrer bzw. seiner Familie an der Pflege im Mittelpunkt. Bemerkenswert sind hier die Bereiche, die das Selbstbestimmungsrecht der Patientin bzw. des Patienten, die Eingebundenheit in den Prozess, fordern. Als patientenorientierte Merkmale werden ausgewiesen:

- Zugang und Kontinuität der Versorgung – access
- Patientenrechte – rights
- Patientenversorgung – assessment
- Aufklärung – education.

10.2.4 Eignung der Qualitätsmodelle für die Pflege

Der bisherige Umgang mit den skizzierten Verfahren liegt in einer direkten Übertragung auf die verschiedenen Arbeitsbereiche. Sowohl Handwerk, Industrie als auch Dienstleister von der Gastronomie bis hin zur Pflege unternehmen Anstrengungen, ein qualitätssicherndes Verfahren einzuführen. Die Frage, ob die vorliegenden Qualitätsmodelle für den jeweiligen Unternehmensbereich die richtigen sind, wird dabei offensichtlich nicht gestellt.

Im Pflegebereich muss die Positionierung der Patientinnen und Patienten besondere Berücksichtigung finden. Ohne dies bewusst zu reflektieren, werden die Modelle 1:1 auf den Gesundheitsbereich übertragen. Es wird nicht hinterfragt, ob die Positionierung der Patientin als Kundin angemessen ist. Die Situation der Pflegebedürftigen zeichnet sie als Hilfe suchend aus, sie ist zwar «kundig» für ihre Lebenssituationen, doch zur Entscheidungsfindung sind in der Regel professioneller Rat und Unterstützung notwendig.

Eine Übertragung der Ideen zur Kundenorientierung in den Gesundheitsbereich hat sich weiterhin als nicht unproblematisch erwiesen, da «Gesundheit» ein öffentliches Gut und das Gesundheitswesen in der Regel kein freier Markt ist, in dem Angebot und Nachfrage zwischen Kunden bzw. Kundinnen und Lieferanten Preis und Qualität regeln. Zum Beispiel stellen sich die im EFQM-Modell unter dem Kriterium «Kundenbezogene Ergebnisse» geforderten Erhebungen bei der «Kundinnengruppe» dementer, altersverwirrter Bewohnerinnen als sehr schwierig dar. Neben der methodischen Frage müssen gesundheitsspezifische Subkriterien sowie Leistungsfaktoren für Medizin und Pflege definiert werden.

Der Kern pflegerischer Leistungen wird als solcher nicht extrahiert und von messbaren Strukturkriterien überlagert. Eine Ausnahme stellt das Verfahren der JCAHO dar. Inwieweit sich ihr Einfluss positiv auf das endgültige KTQ-Verfahren auswirkt, bleibt abzuwarten.

10.3 Der Qualitätsbegriff im Bildungsbereich

In Analogie zur Annäherung an den Qualitätsbegriff in der Pflege wird hier eine Perspektiverweiterung gewählt, die gerade im Bildungsbereich, der durch so viele verschiedene Interessen geprägt wird, an Bedeutung gewinnt.

Kamiske [1995] weist auf die Notwendigkeit hin, sich auf eine gemeinsame Sichtweise des Qualitätsbegriffes zu einigen. Er unterscheidet:

- **Transzendente Sichtweise** – Qualität ist absolut und universell erkennbar.
- **Produktbezogene Sichtweise** – Qualität ist präzise und messbar, Qualitätsunterschiede werden durch bestimmte Eigenschaften oder Bestandteile eines Produktes auch quantitativ widergespiegelt.
- **Anwenderbezogene Sichtweise** – Qualität liegt im Auge des Betrachters und weniger im Produkt, individuelle Konsumenten haben unterschiedliche Wünsche und Bedürfnisse, wobei diejenigen Güter, welche diese Bedürfnisse am besten befriedigen, als qualitativ besonders hoch stehend betrachtet werden.
- **Prozessbezogene Sichtweise** – Qualität ist das Einhalten von Spezifikationen, jede Abweichung impliziert eine Verminderung, hervorragende Qualität entsteht durch eine gut ausgeführte Arbeit, deren Ergebnis die Anforderungen zuverlässig und sicher erfüllt.
- **Preis-Nutzen bezogene Sichtweise** – Qualität wird durch Kosten und Preise ausgedrückt, das heißt, ein Qualitätsprodukt erfüllt eine bestimmte Leistung zu einem akzeptablen Preis.

Diese Differenzierung der Perspektiven von Kamiske fordert zu einer kritischen Auseinandersetzung auf, die hier für den Bildungsbereich geleistet wird.

Bei den Vorgaben messbarer Qualitätssicherungsverfahren und überprüfbarer Standards wird offensichtlich von einer transzendenten Sichtweise ausgegangen. Wenn Qualität absolut und universell erkennbar sein soll, so ist das auf den Bildungsbereich nicht direkt übertragbar.

Berufliche Bildungsprozesse zeigen sich u.a. in einer Handlungsbefähigung, die erst im Handlungsvollzug und auch in der variablen Nutzung des erworbenen Handlungsrepertoires, das außerhalb der Bildungseinrichtung liegt, sichtbar wird.

Was dann das «Produkt» im Dienstleistungsbereich – zu dem sowohl Pflege als auch Pflegebildung zählen – sei, muss noch definiert werden. Da es sich nicht um ein einseitig erstelltes Produkt handelt, wie z.B. in Produktionsprozessen, in denen die Produktion zeitlich und räumlich von der Konsumtion getrennt ist, sondern in dem Produktionsprozess immer auch der bzw. die Lernende aktiv gestaltend eingeht, ist der «Produktbegriff» allein unzureichend.

Die dritte, anwenderbezogene Sichtweise, bei der die Konsumentinnen und die Konsumenten individuell über die erlebte Qualität des Gutes entscheiden, kommt einer adressatenorientierten Bildung sehr nahe. Übertragen bedeutet dies, dass die Beurteilung der Qualität des Bildungsprozesses dem subjektiven Urteil der Schüler und Schülerinnen bzw. den Lernenden zu überlassen ist.

Die von Kamiske als prozessbezogen beschriebene Sichtweise bietet eine Chance, Spezifikationen des Bildungsprozesses sowie erwünschte Ergebnisanforderungen festzulegen. Somit kann die rein anwenderbezogene, subjektive Sichtweise durch die pflegerische Bewertung erweitert werden.

Das Verhältnis von Preis und Nutzen bietet auch auf dem Bildungsmarkt einen relevanten Faktor. «Was nichts kostet, ist auch nicht viel wert» – diese Simplifizierung zwingt zu einer offensiven und nachvollziehbaren Preiskalkulation, die alle Leistungsfaktoren im Bildungsbereich beinhaltet. Erst dann stehen den Interessentinnen und Interessenten im Sinne von «Bildungsmarkt» vergleichbare Angebote zur Verfügung.

Die Mehrdimensionalität der Perspektiven muss also insbesondere für den Dienstleistungsbereich von Pflege und Bildung erhalten bleiben. Es gilt, eine weitere Spezifizierung der jeweiligen Perspektiven zu leisten. So kann eine Reduktion der Qualitätsdiskussion vermieden und die

Chance für einen weiterreichenden Qualitätsentwicklungsprozess eröffnet werden.

10.3.1 Qualitätsmanagementverfahren – Erfahrungen in Pflegeaus- und -weiterbildungen

Unter dem eingangs erwähnten Druck des «Bildungsmarktes» sind bereits vielfältige Qualitätsmanagementverfahren im pflegerischen Bildungsbereich zur Anwendung gekommen. Kennzeichnend für diese Umsetzung ist die konsequente Übertragung der im Qualitätssystem vorgegebenen Strukturen auf die Bildungseinrichtung. Qualitäts- und Evaluationskriterien, die im Bildungsbereich tragend sind, wurden nicht extra ausgewiesen. Bei der folgenden Bewertung lenken auch die Fragen:

- Wie oder wodurch findet der Lernprozess als Interaktionsprozess Berücksichtigung?
- Welche Position wird den Lernenden zugewiesen?
- Woran misst sich der Erfolg?

10.3.1.1 EFQM in Bildungseinrichtungen

Verschiedene Erfahrungen in der Anwendung von Qualitätsmodellen im Bildungsbereich des Gesundheitswesens wurden auf internationalem Niveau bei einer Fachtagung in Holzwickede (November 1999) ausgetauscht.

In einem Ansatz wird die bereits bekannte Struktur von Donabedian, mit Struktur-, Prozess- und Ergebnisqualitäten, auf den Pflegebildungsbereich übertragen und zusätzlich in die EFQM-Struktur gepresst. Das einzige Interaktionskriterium findet sich in der Prozessqualität unter «Interaktion Lehrende-Lernende», indem die aktive Teilnahme der Lernenden sowie Rückkopplungsmöglichkeiten spezifiziert werden. In Bezug auf die Ergebnisqualität wird sowohl der subjektiv eingeschätzte Lernerfolg als auch der objektiv gemessene Lernerfolg sowie eine Evaluation über die Zeit als Qualitätskontrolle gefordert, doch es fehlt an der Konkretisierung von Kriterien und Messinstrumenten dafür [Schüppel, 1999].

Die internationale Beteiligung erlaubte einen Blick in die Schweiz und nach Österreich. Im Ausbildungszentrum West in Innsbruck findet das EFQM-Modell bereits seit 1997 Anwendung. Als Pilotprojekt für die Einführung von EFQM [Draxel, 1999] im Bereich pädagogischer Akademien wurde es vom Bundesministerium in Österreich (Bundesministerium für Unterricht) gefördert. Es liegt ein Katalog selbst erstellter Subkriterien mit jeweils lenkenden Fragestellungen vor. Unspezifisch bleiben die Kriterien für die Umsetzung des Bildungsauftrages (Kriterium «Politik und Strategie») sowie für den konkreten Lehr-Lern-Prozess (Kriterium «Prozess»).

Die Erfahrung einer Krankenpflegeschule in Berlin, am Max-Bürger-Zentrum bestätigt die Dynamik, die sich aufgrund der Entscheidung für den EFQM-Selbstbewertungsprozess ergeben hat, z.B. Leitbildentwicklung mit Schülerinnen und Schülern und das Bewusstsein für die Vielfalt der Kernprozesse innerhalb der Schule [Telefonat am 12. Juli 2000 mit der Schulleitung]. Doch es entwickelt sich auch ein kritischer Blick auf die Kriterien der «Befähiger- und Ergebnisseite». Zum Beispiel sollen gemäß dem Ergebniskriterium gesellschaftsbezogene Ergebnisse gemessen werden. Die rechtliche Verankerung der Schulen, insbesondere der Krankenpflegeschulen an Krankenhäusern, bietet hier einen strukturellen und wertbeeinflussenden Rahmen, dessen Stärke nicht zu unterschätzen ist. Dieser müsste konsequenterweise durch messbare Kriterien bereits auf der «Befähiger-Seite» berücksichtigt werden.

Nachteilig in der Anwendung des EFQM für den Aus- und Weiterbildungsbereich ist der Versuch, die Subkriterien auf den Bildungsbereich zu übertragen. Es bleibt unklar, wie und woran gemessen werden soll, dass der gesellschaftliche Bildungsauftrag erfüllt ist, denn die Schulen existieren nicht zum Selbstzweck. Ebenso muss weiterhin problematisiert werden, was als «Prozesse» im Zusammenhang mit Aus- und Weiterbildung zu bezeichnen ist. Neben den Lehr-Lern-Prozessen ist z.B. der didaktische Zusammenhang, die Adressatenorientierung und die erreichte Handlungsbefähigung zu betrachten. Die Positionierung der Lernenden kann nicht in der einfachen Übertragung auf die Kundinnen- bzw. Kundenkriterien im EFQM-Modell liegen, sondern muss neu bedacht werden.

Wenngleich das EFQM-Modell für Excellence primär zur kontinuierlichen Verbesserung der Prozesse innerhalb der Institution genutzt werden soll, bleibt der Anspruch, durch eine Vergleichbarkeit der Ergebnisse mit anderen Bildungseinrichtungen eine eigene Positionierung auf dem Markt vorzunehmen. Im wettbewerbsorientierten Benchmarking-Prozess werden eigene Produkte, Dienstleistungen oder Prozesse mit den besten Wettbewerbern oder mit den anerkannten Marktführern verglichen. «Ziel des Benchmarkings ist es, aus dem Vergleich mit den Besten zu lernen, die wirkungsvollsten Methoden (best practice) herauszufinden, zu adaptieren und die Leistungsfähigkeit des eigenen Unternehmens zu steigern» [Kamiske, 1995, S. 11].

Noch gibt es keine Erfahrungen mit Benchmarking-Prozessen in Bildungsbereichen der Pflege. Die Planungsphase mit der Identifizierung des Benchmarking-Objektes, der Suche nach Vergleichspartnern und Festlegung von Methoden der Datensammlung ist erschwert durch die rechtliche Positionierung der Schulen. Träger- und bildungsökonomische Einflüsse sowie die Varianz an Curricula und deren Umsetzung fordern, dass zunächst ein Diskurs zum eigentlichen Benchmarking-Objekt zu führen ist. Die nachfolgenden Phasen der Analyse, Integration, Umsetzung und Reifung bieten die Chance, eine kontinuierliche Verbesserung der eigenen Prozesse im Bildungsunternehmen zu initiieren. Einschränkend ist jedoch festzuhalten, dass die lernende Umsetzung der Benchmarking-Prozesse eher vergangenheitsorientiert ist. Prospektive Anforderungen an den Beruf, z.B. die Kompetenzen der Pflegenden, müssen bereits in der Analysephase mitbedacht werden.

10.3.1.2 ISO

Berichte von Zertifizierungen nach DIN ISO 9001 für Bildungseinrichtungen liegen bereits vor. Im Beispiel des Vorgehens an der Krankenpflegeschule am Bürgerhospital in Frankfurt war die Voraussetzung für eine eigene Zertifizierung, dass die Schule eine eigene Organisationseinheit darstellt. Das Produkt des Prozesses: ein Qualitätsmanagementhandbuch und eine Zertifizierung. Das Handbuch soll formale Grundlage sowie Denk- und Handlungsvorlage für einen ständigen Verbesserungsprozess sein. Die Zertifizierung wird als eine vertrauensbildende Maßnahme gegenüber den Schülerinnen dargestellt. Ungelöst bei diesem Prozess – wie auch bei ähnlichen ISO-Zertifizierungsprozessen – bleibt die Spannung zwischen Kriterien, die den Bildungsprozess kennzeichnen, und der starren Aufbaustruktur im ISO-Handbuch, das bisher produktionsorientierten Kriterien folgte.

Ferner ist eine Einführungsberatung sowie der Prozess der Zertifizierung mit relativ hohen Kosten verbunden, die in der Regel von Bildungseinrichtungen allein nicht erwirtschaftet werden können. Wahrscheinlich werden dadurch kleinere Bildungseinrichtungen eine schlechtere Marktposition einnehmen, da sie sich den Prozess nicht leisten können. Es bleibt abzuwarten, inwieweit die neue ISO 2000 sich im Bildungsbereich bewährt und der Logik von Bildungsprozessen Raum lässt.

10.3.2 Positionierung der Bundeskonferenz der Pflegeorganisationen ADS und DBfK

Im Januar 2000 konnte ein von der Robert-Bosch-Stiftung finanziertes Projekt zu «Qualitätssicherung pflegerischer Weiterbildungsmaßnahmen» der Öffentlichkeit vorgestellt werden. «Sie [die Broschüre, Anm. d. V.] soll Bildungseinrichtungen dabei unterstützen, eine kritische Selbsteinschätzung ihrer Weiterbildungen durchzuführen und sich gegebenenfalls auf eine Fremdevaluation mit abschließender Zertifizierung vorzubereiten.» [Breckheimer, 2000]

Diese erarbeiteten Qualitätskriterien sollen als Rahmenordnung länderübergreifend und verbindlich für alle Weiterbildungsmaßnahmen in den Pflegeberufen verstanden werden. Die Fortschrittlichkeit dieses Beitrags im Diskussionsfeld zu Qualitätskriterien stellt die differenzierte Beschreibung von Bildungsinhalten vor dem Hintergrund pflegewissenschaftlicher Entwicklungen dar.

Die Rahmenordnung in Form von Zielformulierungen ist gegliedert nach:

1. inhaltlichen Anforderungen
2. pädagogischen Anforderungen
3. strukturellen Anforderungen
4. der Prüfungsordnung.

Qualitätskriterien sind jeweils diesen Bereichen zugeordnet und auf mittlerem Abstraktionsniveau formuliert.

In der Bewertung nach den eingangs formulierten Kriterien fällt auf, dass die strukturellen Anforderungen mit insgesamt drei Unterpunkten am umfangreichsten ausformuliert sind, während sich zu pädagogischen Anforderungen keine weitere Differenzierung ergibt.

«Die Qualität einer Bildungsmaßnahme wird sich deutlich ablesen lassen an dieser engen Verzahnung zwischen Theorievermittlung und Praxisgestaltung.» [ebd., S. 17] Die in der Einleitung postulierten Qualitätskriterien zu diesem Bereich werden allerdings in ihrer Ausformung nicht stringent verfolgt. «Die praktischen Anleitungen sind an den theoretischen Inhalten vorangegangenen Unterrichts ausgerichtet.» [ebd., S. 25]

Vor dem Hintergrund der Transfertheorien und der in diesem Buch beschriebenen Lernortkooperation kann dieses Zitat als mangelnde Verzahnung gewertet werden. Aus diesem Verständnis ist zu fordern, dass sich die praktischen Anleitungen an dem vor Ort vorfindbaren Lernangebot orientieren müssen, theoretische Anforderungen sind an den Anforderungen dieses Angebotes auszurichten.

«Die Qualitätskriterien dienen der internen Evaluation einer einzelnen Weiterbildungsmaßnahme in Form eines Selbstbewertungsverfahrens.» [ebd., S. 39 f.] Die Bundeskonferenz der Pflegeorganisationen plant ein externes Evaluationsverfahren mit dem Ziel der Zertifizierung, um dann zertifizierten Weiterbildungsstätten die Möglichkeit zu geben, in einen Wettbewerbsvergleich zu treten und eine Marktposition zu behaupten.

Es bleibt abzuwarten, inwieweit die Weiterbildungseinrichtungen die Chance zur internen Evaluation nutzen und inwieweit sich die vorliegenden Qualitätskriterien vom Abstraktionsgrad her in der Bildungspraxis eignen. Die Methoden zur Selbstbewertung sind nicht frei zugänglich, sodass sich hier ein neuer Markt öffnen wird. Im Sinne eines kontinuierlichen Verbesserungsprozesses müsste es möglich sein, eine Überarbeitung durch Differenzierung oder Ergänzung der Rahmenordnung und zugehöriger Qualitätskriterien zuzulassen. Weiter müssen die Form der externen Bewertung, die zur Zertifizierung führen soll, und die daraus resultierenden Konsequenzen kritisch verfolgt werden. Die Gefahr besteht, dass dem Zertifizierungsverfahren eine größere Bedeutung zukommt, als einem kontinuierlichen Verbesserungsprozess, der nur durch eine konsequente Durchführung von Selbstevaluation geleistet werden kann.

10.3.3 Qualitätsdimensionen für die Pflegeausbildungen

Die zwingende Notwendigkeit der Perspektivenvielfalt zur Beurteilung von Qualitätsdimensionen wurde eingangs hergeleitet. Die Erweiterung dort genannter «anwenderbezogener» und «prozessbezogener» Sichtweisen muss noch aufgrund der gesetzlich geforderten Pluralität von Lernorten geleistet werden. Die dort agierenden Personen des Interaktionssystemes (vgl. Kap. 8) sind Ausgangspunkt für weitere Überlegungen.

In **Abbildung 10-1** wird die Interaktion aller am Ausbildungsprozess direkt beteiligten Personen deutlich. Als «Kern von Bildungsprozessen» zeigt sich in der Interaktion der pädagogisch Tätigen mit der Schülerin aber auch das interaktive Verhältnis zwischen den Bildungszielen und den gesellschaftlichen Anforderungen. Erst die Überlegungen, welche innere Struktur der Gegenstand, den es mit Qualitätsmerkmalen zu erfassen gilt, aufweist, deckt die Besonderheiten, wie z.B. Interdependenzen, auf.

Im Folgenden wird eine Zuordnung von Qualitätskriterien zu den Interaktionsfeldern geleistet **(Abb. 10-2)**. Kriterien zur Schulentwicklung finden ebenso Berücksichtigung wie die Empfehlungen von Evaluationskriterien des

Berufsbefähigung und Persönlichkeitbildung

Schülerin

Praxisanleiterin ⇄ Lehrerin

Gesellschaft
Normative Vorgaben – Arbeitsmarkt –
Anforderungen an Ausbildung und Beruf

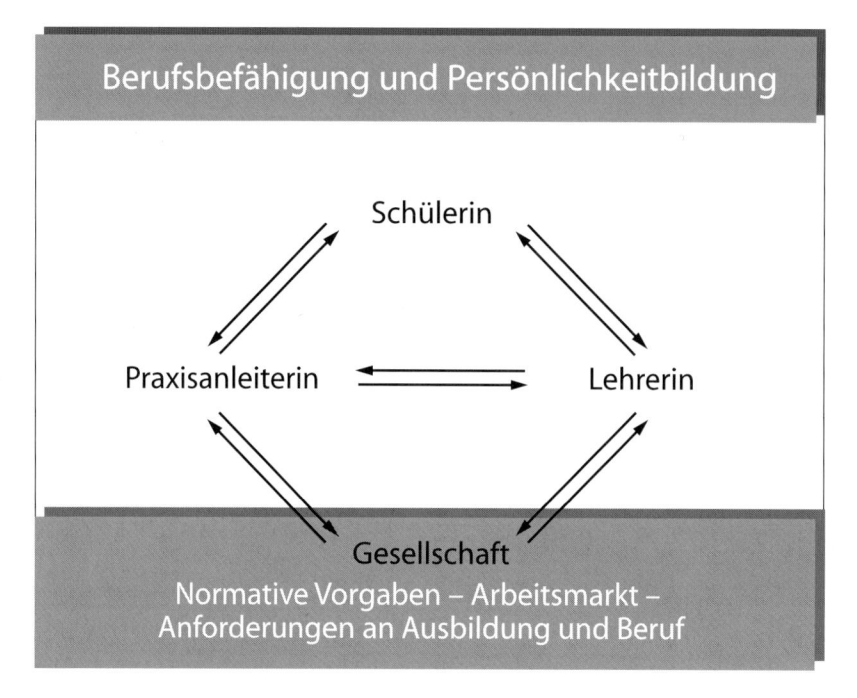

Abb. 10-1: Interaktionssystem der Pflegebildung mit seinen Wechselwirkungen

Bundesausschusses der Lehrerinnen und Lehrer für Pflegeberufe (BA e.V.) [1999]. Offene Fragestellungen eröffnen die Entwicklung von weiteren Indikatoren zu den jeweiligen Bereichen.

Zum methodischen Vorgehen sollte der Weg der Selbstbewertung im Sinne einer formativen Evaluation vorgezogen werden. Die Indikatoren können im Rückgriff auf bereits vorliegendes Material des Bundesausschusses und der Bundeskonferenz der Pflegeorganisationen genutzt und weiter spezifiziert werden.

Eine Öffnung im Vergleich zu anderen Bildungseinrichtungen im Sinne einer Fremdevaluation kann durch Benchmarking-Verfahren eingeleitet werden. «Vor-Ort-Besuche» einer unabhängigen Qualitätskommission wären die Komplettierung einer zweiphasigen Qualitätssicherung und müssten Einblick in Dokumente wie das Curriculum geben, Gespräche mit Schülergruppen, Lehrenden, Praxisanleiterinnen und Führungspersonen ebenso ermöglichen wie die Hospitation von Lehr- bzw. Anleitungs- und Lernsequenzen.

Ein besonderer Reiz dieses Vorgehens liegt in der Betrachtung der vielfältigen Lernorte, wodurch ein weiterer Schritt im Sinne der Vernetzung von Theorie und Praxis geleistet ist.

Ein Abschlussbericht, der in Analogie zum EFQM-Bewertungsverfahren zweidimensional sowohl den Ausprägungsgrad der jeweiligen Kriterien als auch den Grad der Umsetzung ausweist, kann dann Grundlage für eine Qualitätsentwicklung sein, die als Schulentwicklung im umfassenden Sinne zu verstehen ist und sich nicht auf ein Zertifizierungsverfahren begrenzt.

Literatur

Bundesausschuss der Lehrerinnen und Lehrer für Pflegeberufe e. V.: «Externe Evaluation der Ausbildungen in Kranken- und Kinderkrankenpflegeschulen». AG Zert Krankenhäuser in Vorbereitung der Sitzung der UAG Pflege. Unveröffentlichter Entwurf, Januar, 1999

Blonski, H. (Hrsg.): Qualitätsmanagement in der Altenpflege. Hagen, 1998

Berufsbefähigung und Persönlichkeitsbildung

Wie beurteilen Schülerinnen ihren Lernprozess? Worin zeigt sich die Befähigung für den Beruf? Welche Bildungsinhalte werden als bedeutsam erfahren?

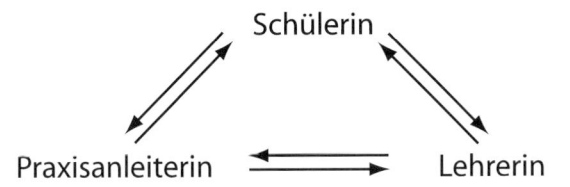

Schülerin ⇄ Praxisanleiterin ⇄ Lehrerin

Curriculum

Weist das Curriculum übergeordnete Bildungsziele aus? Wird der inhaltliche Zusammenhang von Unterrichtsangeboten deutlich? Wodurch ist die Verzahnung der Lernorte sichergestellt?

- **Pädagogisierung des Arbeitsplatzes**
  Stehen weitergebildete Praxisanleiterinnen zur Ausbildung an den Lernorten zur Verfügung? Liegt ein differenziertes Lernangebot vor, das die Spezifität des Arbeitsbereiches darstellt? Werden Arbeitsbedingungen geschaffen, die Lernen möglich machen? Wird Raum gegeben zur Reflexion von Lernerfahrungen? Wieweit wird der individuelle Lernstand der Schüler erhoben? Finden institutionalisierte Formen des Austausches mit an der Ausbildung beteiligten Personen statt?
- **Mitbestimmungsorgane**
  Sehen die Unternehmen eine Vertretung der Schülergruppe vor?
- **Gesellschaftliche Verantwortung**
  Worin zeigt sie sich?

- **Unterricht**
  Ist eine Interdepenz von Ziel, Inhalt und Methode erkennbar? Werden erfahrungs- und subjektbezogene Ansätze im Unterrichtsgeschehen genutzt?
- **Lehr- und Lernformen gestalten**
  Wie ist gesichert, dass kreative Weiterentwicklung möglich ist?
- **Prüfungspraxis**
  Was kennzeichnet die Prüfungspraxis? Welche Rolle wird den Pflegebedürftigen zugewiesen?
- **Gesellschaftliche Verantwortung**
  Worin zeigt sie sich?

- **Selbstverständnis der Bildungsstätte**
  Wie und wodurch ist es gekennzeichnet?
- **Teamentwicklung**
  Wodurch wird die Teamentwicklung vorangebracht?
- **Projektmanagement**
  Wie ist ein phasen- oder projektbezogenes Vorgehen eingeführt?
- **Partizipation**
  Wie werden Lernende aktiv in Entscheidungsprozesse einbezogen? Wie kann Gemeinschaft gefördert werden?
- **Führungs- und Entscheidungsstrukturen**
  Wie weit ist eine Budgetverantwortung vorhanden? Welche Strategien zur Qualitätsentwicklung werden verfolgt? Welche Maßnahmen werden zur Evaluation ergriffen?
- **Personalsituation/Personalförderung und -planung**
  Wodurch ist die Situation gekennzeichnet? Inwieweit findet eine strategische Personalentwicklung statt? Wie gestaltet sich die Lehr- und Prüfungsbelastung?
- **Gesellschaftliche Verantwortung**
  Worin zeigt sie sich?

Gesellschaft

Normative Vorgaben – Arbeitsmarkt – Anforderungen an Ausbildung und Beruf

Berufsgesetze – Finanzierung von Ausbildung – Absolventen im Arbeitsmarkt

Abb. 10-2: Annäherung an Qualitätskriterien für das Interaktionssystem Bildung in den Pflegeberufen

Bobzien, M. et al.: Qualitätsmanagement. Alling, 1996

Breckheimer, W.: Qualitätssicherung pflegerischer Weiterbildungsmaßnahmen. In (Hrsg.): Bundeskonferenz der Pflegeorganisationen. Kooperation von ADS und DBK auf Bundesebene. Göttingen, Eschborn, 2000

Bruhn, M.: Qualitätsmanagement für Dienstleistungen. 2. Aufl., Stuttgart, 1997

Büse, F.: DIN ISO für Heime. Hannover, 1996

DIN ISO 8402, Ausgabe 3/1992

Draxel. W.: EFQM in der Praxis. In: Tagungsband, Wickede, November 1999

EFQM: Das EFQM-Modell für Excellence. Brüssel, 1999

Giebing, H. et al: Pflegerische Qualitätssicherung. Bocholt, 1996

Joint Commission International Accreditation: Standards for Hospitals, 1st Edition, Prepublication Draft, Oakbrook Terrace, Illinois, 1999 (Deutsche Übersetzung: Asklepios Kliniken, GmbH, Abteilung Qualitätsmanagement und Benchmarking)

Kaltenbach, T.: Qualitätsmanagement im Krankenhaus. 2. Aufl., Melsungen, 1993

Kamiske, G. et al: Qualitätsmanagment von A-Z. München, 1995

Klie, T. et al.: Qualitätssicherung in der ambulanten und stationären Altenpflege. Freiburg, 1995

Klie, T., Lörcher, W.: Qualitätssicherung in der ambulanten und stationären Altenpflege. Einführung, Modelle, Maßnahmen. Östringen, 1995

Medizinischer Dienst der Krankenkassen: Konzept zur Qualitätssicherung in der Pflege nach SGB XI. Essen, 10/1996

Medizinischer Dienst der Krankenkassen: Anleitung zur Prüfung der Qualität nach § 80, Entwurf. Essen, 4/2000

Pira, A.: Total-Quality-Management im Spitalbereich auf der Basis des EFQM-Modells. Dissertation, Zürich, 1999. In: Selbmann, H. K.: EFQM – Ein Finales Qualitäts-Modell? Qualitätsmanagements aus der Sicht der Gesundheitspolitik. Krankenhaus Umschau, Sonderheft 9/1999, S. 4–8

Radtke, P. et al.: European Quality Award, Die Kriterien des EQA umsetzen. München, 1997

Reissert R. et al.: Praxis der internen und externen Evaluation, Hochschul-Informations-System (HIS). Hannover, 1998

Schemme, D.: Evaluierung in der Berufsbildung. In: Beyerl, W., Geiter, Chr.: Evaluation-Controlling-Qualitätsmanagement in der betrieblichen Bildung, (Hrsg). BIBB. Bielefeld, 1997

Selbmann, H.-K.: «EFQM – Ein finales Qualitätsmodell?» In: EFQM – Das Qualitätsmodell der European Foundation for Quality Mangement. Krankenhaus Umschau, Sonderheft 9/1999

Schreier, G. et al. (Hrsg.): Viel Lärm um nichts? Beiträge zur Hochschulpolitik 4/1999, Hochschul-Rektoren-Konferenz (HRK)

Sperl, S.: Qualitätssicherung in der Pflege. Hannover, 1994

Schüppel, R.: «Mehr Qualität in der Ausbildung mit EFQM». In: Tagungsband, Wickede, November 1999

Stöcker, G.: Qualitätsmanagement für die Schulen der Gesundheitsfachberufe. In: PR-Internet 3/00, S. 64 ff.

Weh, B. et al.: Pflegequalität. München, 1995

www.BSI.ORG.UK/ISO-TC176-SC2
www.efqm.org
www.ISO.CH
www.jcaho.de
www.ktq.de
www.Pr-Internet.com

11 Von den Bedingungen der Lehrerinnenbildung

Gertrud Stöcker

11.1 Identitätsbildung zwischen Pflegen und Lehren

In der berufsgeschichtlichen Entwicklung der Pflege ist nachzuvollziehen, dass die Identität der Pflege wesentlich durch den Willen zur Emanzipation angetrieben wurde. Im Kontext der Geschichte zeichneten sich drei Dimensionen ab, die zum Teil bis in die heutige Zeit wirksam sind:

1. karitative Tätigkeit
2. Mitarbeit bei Diagnostik und Therapie im Rahmen ärztlicher Aufgaben und Anweisung
3. unabhängige Erwerbstätigkeit, insbesondere für Frauen.

Berufliche Pflege suchte nach eigenen Kernkompetenzen und stand somit immer im Spannungsfeld zwischen der Herausbildung pflegespezifischer Verantwortungsbereiche und der Fremdbestimmung in der Assistenz und Zuarbeit für die Medizin. Sie war immer bestrebt, sich von etwas zu lösen, sich nicht vereinnahmen zu lassen und zugleich neue Ziele zu suchen (siehe Kap. 1).

Versteht man die Identitätsbildung als einen Prozess ständiger Wechselwirkung von natürlicher, persönlicher und sozialer Identität, Ausbildung, Wandel und Sicherung der Identität [Lenzen, Bd. 1, 1995, S. 439, und 9.1, S. 48–63, 70 ff. sowie 9.2, S. 682], so sind dies markante Festpunkte in der Konzeption der Persönlichkeit eines jeden Menschen. Das Persönlichkeitskonzept erfährt insbesondere durch den gewählten Beruf und die Einflüsse des Berufsfeldes neue Orientierungen. Mit jedem Wandel wächst die Klarheit der Ziele und erhöht sich die Komplexität in der Identitätsfindung.

11.1.1 Erstausbildung in der Pflege

Bezogen auf die professionell Pflegenden nahmen neben den politischen Vorgaben (Gesetze des Gesundheits- und Sozialwesens) gerade historisch institutionelle Rahmenbedingungen (z.B. das Krankenhaus als Betrieb) sowie das Berufszulassungsgesetz für die Berufe in der Krankenpflege (KrPflG) Einfluss auf den Grad der Identitätsfindung. Für die Pflegende galt es, sich damit auseinander zu setzen, inwieweit eigene Erwartungen an den Pflegeberuf und entsprechende Ideale mit den vorhandenen Gegebenheiten in Einklang zu bringen waren. Aufgrund dieser starken Einflüsse dominierte die institutionelle Prägung wirkungsvoller über den Arbeitsplatz, als die Entwicklung einer beruflichen Identität der Persönlichkeit der Pflegenden. Das hatte auch zur Folge, dass die inhaltliche Auseinandersetzung mit dem Berufsgegenstand nur durch den Filter der jeweiligen Institution bestimmt wurde. Dieser Filter eines der Medizin und ihrem Fortschritt verpflichteten Versorgungsauftrages bestimmte auch die pflegeberufliche Identität. Berufliche Pflege wurde immer nur als partieller, der Medizin nachgeordneter und assistierender Beitrag zur Genesung der Patienten und Patientinnen wahrgenommen. Pflegerisches Handeln im Zusammenhang mit der präventiven, rehabilitativen und palliativen Gesundheitsversorgung fand keine Beachtung. Von daher war es für die Pflegenden ungemein schwer, den eigenen Beitrag zum Genesungsprozess zu identifizieren, um so die eigene berufliche Identität wertschätzen zu können.

Erst durch die Reformgesetze der Krankenversicherung in den 90er Jahren und vor allem durch die Einführung der Pflegeversicherung (1995) ist ein äußerer Professionalisierungsschub der Pflege, gebunden an die berufliche Qualifikation, in Gang gekommen. Pflegefachkräfte (Altenpflegerin, Kranken- und Kinderkrankenschwester) werden explizit genannt und bekommen pflegespezifische Aufgabenbereiche zugewiesen. Gesetzliche Vorgaben der Fachgesetze der Sozialversicherung mit ihrem Anspruch machen Pflegeleistungen nach neuen Kriterien bewertbar und lassen diese bewerten, das heißt, eine pflegerische Dienstleistung wird als qualitativ hochwertig betrachtet, wenn sie die für sie geltenden Merkmale und Eigenschaften auf wirksame (effektive und bedarfsgerechte) und zugleich kostengünstige (effiziente und wirtschaftliche) Art und Weise erfüllt [Stöcker, 1997b]. Aufgrund jahrzehntelanger Diskussion ist innerhalb des Berufsstandes Pflege ein innerer Professionalisierungsprozess in Gang gekommen. Es findet eine wachsende qualitative Auseinandersetzung mit dem Beruf Pflege statt. Festzumachen ist dies an der sich vertiefenden Diskussion theoretischer Zugänge zur Pflege sowie an der kritischen Reflexion tradierter Handlungsmuster. Zugleich erfahren die Pflegenden tagtäglich, dass die Anteile des Erlebens von Kranksein und Gesundwerden sowie die Begleitung und Auseinandersetzung mit Krankheit und Leiden nur unzureichende Berücksichtigung finden. Demzufolge war und ist Pflege gefordert, ihre Berufsziele entsprechend den Erfordernissen der Begleitung, Beratung, Anleitung und Unterstützung im pflegerischen Handeln stärker als bisher auszuweisen. Die Entwicklung der Gesundheitspolitik fordert von Pflegenden heute genau diese Handlungsprofile ein, und es gilt, das Potenzial möglicher und tatsächlicher Pflegeerfolge auszuschöpfen. Grenzen liegen jedoch nach wie vor in den vielfältigen strukturellen Schwierigkeiten, die Pflege von Menschen in Problemlagen als professionellen Dienst gesellschaftlich anzuerkennen. Gleichzeitig gilt es, weiterhin die Auseinandersetzung mit der Wirksamkeit pflegerischen Handelns im Verhältnis zu dem Handeln der Medizin zu diskutieren. Zugleich muss aber auch deutlich gezeigt werden,

dass die politisch gewollte Zunahme von Laienpflege und Pflege durch Hilfskräfte den Anspruch an die professionelle Pflege nicht verwässern darf. Für die Lehrenden in ihrer Aus-, Fort- und Weiterbildungspraxis heißt das, die Chancen der Veränderung und Erweiterung der pflegerischen Handlungsfelder aufzunehmen und curricular sowie didaktisch zu besetzen. In der Diskussion um den Grad der Professionalisierung in den Pflegeberufen zeigt sich ein breites Spannungsfeld der Einschätzungen. Sie reichen von der Auffassung, die Pflege würde noch nicht einmal die Merkmale eines Berufes erfüllen, bis hin zu einer Sichtweise, die gerade in den letzten Jahren einen großen Fortschritt im Prozess der Verberuflichung wahrnimmt [Deutscher Pflegerat, 1998] (siehe Kap. 1).

11.1.2 Berufliche Weiterbildung in der Pflege

Pflegenden, die eine weitere Qualifikation anstrebten, bot sich in der Vergangenheit die Weiterbildung zur lehrenden und leitenden Pflegeperson an. Intentional war diese Qualifizierung eher gelenkt von der Vorstellung, für eine Leitungsfunktion ausgebildet zu werden, als geprägt von einer Bildungsdifferenzierung für die unterschiedlichen Handlungsfelder: Leiten eines Pflegedienstes oder pädagogische Zuständigkeit für die Pflegeausbildung. Erst in den 80er Jahren erfolgte in den westlichen Bundesländern eine deutliche Trennung. Vergleichsweise dazu war es in den östlichen Bundesländern bereits seit Anfang der 60er Jahre möglich, die Lehrbefähigung für die Ausbildung in Pflege- und Assistenzberufen an der Medizinischen Fakultät der Universität zu Berlin und später auch zu Halle/Wittenberg zu erwerben. Daneben wurde bis Ende der 80er Jahre eine zweite Qualifizierung zur Medizinpädagogin auf Fachschulebene angeboten. Umstritten blieb deren Gleichwertigkeit mit der 2-jährigen Vollzeitweiterbildung zur Lehrerin für Pflegeberufe. Der Zugang zur Weiterbildung war an eine pflegerische Erstausbildung und eine mehrjährige Bewährung in der Pflegepraxis gebunden. Somit absolvierten Pflegepersonen mit einer indifferenten, wenig gefestigten Berufsidentität eine Weiterbildung, die sich in ihren Inhalten und Zielen um eine Spezialisierung im Hinblick auf künftige Handlungsfelder bemühte. Die Strukturen der Weiterbildung hatten eher privaten Charakter und waren trägerspezifisch (Caritas, Diakonie, Deutsches Rotes Kreuz, später die Gewerkschaften) organisiert. Die Weiterbildung selbst stellte im Kontext der staatlichen Bildungsstrukturen ein singuläres System dar. Erst in späteren Jahren wiesen die Konzepte inhaltlich aus, dass die pflegefachliche Qualifikation für ausreichend empfunden wurde und die hauptsächlichen Akzente in der leitenden und/oder pädagogischen Qualifizierung lagen. Das fand für die Lehrenden auch seinen Ausdruck in der Entwicklung der «Berufsbezeichnung», einen Kombinationsbegriff aus Pflege und Unterricht zu machen: Schuloberin, Lehr-, Schul- oder Unterrichtsschwester. Zwar brachte diese Weiterbildung primär eine innerberufliche Statusverbesserung, in keinem Fall jedoch mehr Klarheit für die eigene berufliche Identität. Seit Anfang der 90er Jahre erfolgt eine zunehmende Verlagerung der Lehrerinnenbildung in den Hochschulbereich. Aus dem «Pflegenotstand» Mitte bis Ende der 80er Jahre resultierend wurde gleichermaßen ein Bildungsnotstand in der Pflege diagnostiziert [Bals, 1991; Bartholomeyczik, Mogge-Grotjahn und Zander, 1993]. Die Hauptbegründung für die – eher politische – Entscheidung der Verlagerung in den Hochschulbereich war, eine Karriereperspektive für das Berufsfeld Pflege zu eröffnen, um auf diesem Wege die gesamte pflegeberufliche Bildung zu reformieren.

11.2 Verberuflichung – Der Weg zur Pflegelehrerin

Eine einheitliche, systemisch geordnete Qualifizierung der Lehrerinnen für Pflegeberufe an Einrichtungen der Erstausbildung (Alten-, Kranken- und Kinderkrankenpflege- sowie Hebammenschulen), der innerbetrieblichen Fortbildung und der Weiterbildungseinrichtungen gibt es derzeit in Deutschland (noch) nicht. Der Sonderstellung pflegeberuflicher Ausbildung folgt die Sonderstellung der Lehrerinnenqualifizierung für diese Einrichtungen. Für den historisch gewachsenen Sonderweg staatlich anerkannter «Schulen», «Ausbildungsstätten» oder «Lehranstalten» erwerben die Lehrenden ihre Qualifikation über die berufliche Weiterbildung an Universitäten bzw. Fachhochschulen. Im Gegensatz zur Qualifizierung als Lehrperson für staatliche Schulen sind Strukturen und Standards der Lehrerinnenbildung nicht verbindlich vorgegeben, mit Ausnahme einzelner Landesgesetze für die Altenpflegeausbildung. Bedauerlicherweise beziehen sich die Vorgaben im neuen bundeseinheitlichen Altenpflegegesetzes (2000) lediglich auf die Qualifikation der Schulleitung. Hier fordert das Gesetz ein pflegepädagogisches Studium (§5 (2) 1.). Für alle weiteren Lehrkräfte sind keine differenzierten Qualifikationen ausgewiesen. Demzufolge stehen für den Arbeitsmarkt (siehe Kap. 10.2.4) der pflegeberuflichen Bildung Lehrende mit unterschiedlichen Qualifikationsprofilen zur Verfügung:

- «Lehramt an beruflichen Schulen – Fachrichtung Pflege»
- «Diplom-Pflegepädagoginnen (Uni)» bzw. «Diplom-Pflegepädagoginnen (FH)»
- «Lehrerinnen für Pflegeberufe (mit Weiterbildung)».

Hinsichtlich der Lehrbefähigung richtet sich die Frage nach der Zuerkennung von Fächern bzw. Unterricht bevorzugt nach internen Schulgegebenheiten, gesteuert von persönlicher und fachinhaltlicher Neigung. Für die fachwissenschaftlichen Fächer, wie z.B. die Natur- oder Sozialwissenschaften, werden akademisch qualifizierte Lehrkräfte ohne pädagogische Qualifizierung nebenberuflich eingesetzt.

Erst in den Bundesländern, wo bereits die Pflegeschulen als Berufsfachschulen bzw. Berufsschulen in das staatliche Schulrecht verortet worden sind, wird die Lehrbefähigung im Kontext des studierten Erst- und Zweitfaches der Lehrenden übertragen.

Die Diagnostik des «Bildungsnotstandes in der Pflege» führte dazu, dass die Erörterung der Fachentwicklung Pflege, der Qualifikation von

Lehr- und Leitungsfunktionen bis hin zur Entwicklung von Pflegewissenschaft sowie der fehlenden Durchlässigkeit im staatlichen Bildungssystem wieder aufgenommen wurde. Ergänzt wurden die soeben genannten bildungs- und berufspolitischen Bewegungen durch die Neubewertung bekannter pflegerischer Handlungsfelder sowie – infolge des Strategie- und Paradigmenwechsels im Gesundheits- und Sozialwesen – durch die Bestimmung neuer pflegerischer Handlungsfelder.

Diese Entwicklung antizipierend gilt es nun, die künftigen professionell Pflegenden in der Aus-, Fort- und Weiterbildung entsprechend zu qualifizieren. Das zwingt dazu, auch die Lehrerinnenbildung für die Qualifikation im Berufsfeld Pflege entsprechend zu gestalten. Der inhaltliche Auftrag schließt auch Akzente ein, die auf die zukünftige Entwicklung in der pflegerischen Ausbildung vorbereiten sollen. Die neuen Aufgabenfelder in der Pflege verlangen Lehrerinnen, die kompetent und innovativ den Herausforderungen begegnen.

Struktur und Inhalte der Lehrerinnenqualifizierung sind an der Orientierung der Spezialisierung und deren didaktischen Schwerpunkten sowie an der unterschiedlichen Verortung der Bildungseinrichtungen auszurichten und fallen demzufolge unterschiedlich aus. Die Vielfalt der Qualifizierungswege, wenn auch auf einer höheren Ebene, bedarf aber für den beruflichen Alltag einer Verständigung darüber, wie curriculare Prozesse zu gestalten sind und wer was unterrichtet. Zielgerichtete Bildung und berufliche Sozialisation werden danach gestaltet. Bildungsprozesse sind nicht durch die Gegebenheiten der Organisationsform der Bildung sowie in der curricularen und didaktischen Debatte, sondern ausschließlich durch die Art der Lehrerinnenqualifikation zu steuern und zu beeinflussen. Heutzutage sind in der Lehrerinnenpraxis immer nur vorläufige und schulspezifische Lösungen anzutreffen. Für die einzelne Lehrerin heißt es, sich zur Zeit noch auf diese Bedingungen einzustellen und nicht darauf zu warten, dass die Institution ihr die Lösung bringt. Nur durch den Einsatz ihres Wissens und Könnens sucht ihr Handeln die Lösung.

In Übereinstimmung mit der Einschätzung in «Pflege braucht Eliten» [Robert-Bosch-Stiftung, 1993] ist von einem Zeitraum von 20 Jahren auszugehen, bis es bundesweit flächendeckend hochschulqualifizierte Lehrerinnen gibt.

11.2.1 Berufliche Weiterbildung zur Lehrerin für Pflegeberufe

Die Ausbildung der Lehrenden an Pflegeschulen als spezifische Qualifikation für diesen Beruf gibt es seit 1943. Basis dafür war die Verabschiedung des Krankenpflegegesetzes von 1938, in dem zum ersten Mal die «Lehrschwester» erwähnt wird [Bals, Beier, Sieger, Stöcker und Wagner, 1996]. «Schwesternhochschulen» bzw. Weiterbildungsinstitute – in der Regel in privater Trägerschaft mit oder ohne staatliche Anerkennung – boten und bieten bis in die heutige Zeit diese Weiterbildungen an, unabhängig von einer Integration in das übliche Bildungssystem des Staates. Im Gegensatz zu den differenzierten und getrennt verlaufenden Erstausbildungen in den Pflegeberufen treffen in dieser Weiterbildung berufsübergreifend die Altenpflegerin, die Hebamme sowie die Kranken- und Kinderkrankenschwester zusammen.

Eine erste Abstimmung und damit Gleichartigkeit der Qualifizierung in Zielen, Inhalten und Dauer brachten:

- die Beratungsergebnisse der Konferenz der Weiterbildungsinstitute für lehrende und leitende Pflegepersonen [Dielmann, Friebe, Hundenborn, Sieger und Stöcker, 1992]
- die Weiterbildungsempfehlungen der Deutschen Krankenhausgesellschaft [1989] oder
- die Weiterbildungsgesetze einzelner Bundesländer [Rheinland-Pfalz, 1995 und 1998].

Die gesamte Qualifizierung für die Lehrenden gestaltete sich parallel zu der Entwicklung einer systematischen Erstausbildung in den Pflegeberufen. Zuletzt 1985 [Kurtenbach, Golombek und Siebers, 1998] knüpfte der Gesetzgeber die Besetzung der Leitung einer Pflegeschule an das Vorhandensein einer Unterrichtsschwester sowie einer in Relation zur Schülerinnenzahl angemessenen Anzahl weiterer Unterrichtsschwestern [Stöcker, 1997a].

In der Zeit des Umbruchs, da ein System der beruflichen Weiterbildung wegbricht, gibt es keine hoffnungsvolle Perspektive mehr, eine jetzt noch zu absolvierende berufliche Weiterbildung anzugehen, sondern es empfiehlt sich eher, eine der persönlichen Entwicklung angepasste Zugangsvoraussetzung in dem neuen System der Lehrerinnen- und Lehrerbildung an den Hochschulen zu suchen. Gerade angesichts des Wandels in der Lehrerinnenbildung sowie der systemischen, strukturellen und inhaltlichen Veränderungen für die pflegeberufliche Bildung ist es auch für die zur Zeit tätigen Lehrerinnen für Pflegeberufe mehr als sinnvoll, sich weiter zu qualifizieren. Die Hochschulgesetze in den Ländern machen dies, wenn auch in unterschiedlichem Maß, möglich. Unbeschadet davon bleibt die Besitzstandswahrung des Arbeitsplatzes erhalten. Nicht zu verschweigen sind mögliche Probleme im Hinblick auf einen zukünftigen Arbeitsplatzwechsel oder auf die Übernahme einer Schulleitung.

Darüber hinaus ist bereits jetzt festzustellen, dass die Institute ihre Angebote hinsichtlich der beruflichen Weiterbildung zur Lehrerin für Pflegeberufe zunehmend aufgeben. Umbruch bedeutet Wandel und ist auch getragen von der Verantwortung, das Risiko einzugehen, dass sich neue Berufsprofile entwickeln können, auch wenn noch nicht feststeht, welche Richtung diese Entwicklung nimmt. Unberechtigt ist die Kritik, die bisher geleistete Qualität der Weiterbildungsinstitute vordergründig abzutun und lediglich mit den Hinweisen auf fehlende Inhalte, nicht ausreichende Wissenschaftlichkeit in ihren Curricula und die Kürze der Weiterbildung zu begründen.

Es waren die Träger der Weiterbildungsinstitute, die frühzeitig und über 50 Jahre lang den Qualifizierungsbedarf sahen und handelten, obwohl die Zuständigkeit entsprechend der Kulturhoheit gemäß Grundgesetz der Bundesrepublik Deutschland bei den Bundesländern liegt. Die Einrichtung von Hochschulstudiengängen war primär eine politische Entscheidung, sekundär eine systemische Verlagerung, und es bleibt abzuwarten, inwieweit die noch junge Verwissenschaftlichung der Pflege inhaltlich in Deutschland greift und vor allem den geschlossenen Zirkel bereits anerkannter Wissenschaften überwindet. Allein die Verortung in den Hochschulbereich hat nicht automatisch die Professionalisierung der Pflege zur Folge.

11.2.2 Lehrerinnenbildung an Hochschulen

Für die Einrichtung von Studiengängen für Pflegeberufe haben sich zwei Entwicklungen günstig aufeinander zu bewegt, bzw. die Impulse beider Entwicklungen haben sich gegenseitig stimuliert. Auf der einen Seite steht die Professionalisierung im Beruf selbst, ausgelöst durch den ständigen Arbeitskräftemangel, dadurch eine erhöhte Belastung der Pflegekraft, die nur bedingt zu kompensieren war. Eine der Folgen war häufig ein viel zu früher Ausstieg aus dem Beruf. Auf der anderen Seite stieg der Bedarf an Pflege. Die pflegerische Versorgung war nicht mehr gesichert. Diese Krise des Berufes ist aus dem Beruf heraus auch als Bildungs- und Strukturkrise zu bewerten. Zugleich wurde den Fachhochschulen bzw. Universitäten vom Wissenschaftsrat [1991] empfohlen, unter Erweiterung des Studienangebotes dezidiert auf die Entwicklung von Studiengängen in den nichtärztlichen Gesundheitsberufen einzugehen.

An den Hochschulen kristallisierten sich drei Schwerpunkte in der Profilbildung der Studiengänge heraus:

- die Qualifizierung zur Lehre in der Pflege
- die Qualifizierung zur Leitung des Pflegedienstes
- die so genannte generalistische Qualifizierung.

Die Ordnungen für das Pflegepädagogikstudium sind neben der Studienberechtigung vorerst ausschließlich an eine pflegerische Erstausbildung gebunden. Die Parallelität der Entwicklung einer Novellierung der pflegerischen Erstausbildung und der Qualifizierungserweiterung der Lehrerinnenbildung wurde durch die Etablierung der Studiengänge verändert. Gleichgewichtig ist auch der Prozess der Professionalisierung in der Pflege und in der Lehre zu bewerten. Die Kultusministerkonferenz der Länder (KMK) hat 1995 die berufliche Fachrichtung Pflege vorgegeben und diese in ihre «Rahmenvereinbarung über die Ausbildung und Prüfung für ein Lehramt für die beruflichen Fächer der Sekundarstufe II oder für die beruflichen Schulen» aufgenommen. Weiterhin hat die Kultusministerkonferenz der Länder (KMK) – wenn auch mit zeitlichen Umwegen – entschieden, dass ein fachlich einschlägiges Studium vollständig auf das Studium der beruflichen Fachrichtung im Rahmen des universitären Lehrerinnenstudiums für die beruflichen Schulen anzurechnen ist. Diese Vernetzung mit den Universitäten ist in den Bundesländern noch weitgehend zu schaffen. Die Lehrerinnenausbildung an Hochschulen kann zum jetzigen Zeitpunkt als gesichert bezeichnet werden. Der Zugang zu den Hochschulen ist möglich entweder über den erforderlichen allgemein bildenden Schulabschluss (Abitur oder Fachhochschulreife) oder über eine gesetzlich geregelte Weiterbildung oder Einstufungsprüfung, wie z.B. in Nordrhein-Westfalen. Die bildungsstrukturelle Vorgabe der KMK erfährt allerdings in der Umsetzung bundesweit mannigfache Modifikationen. Gelenkt wird die Umsetzung einerseits von der Überlegung, die Lehrerinnenqualifizierung für das berufsbildende System in der Hochschullandschaft neu zu bewerten, und andererseits von der Bedingung einer bestehenden Integration der Schulen bzw. der Berufsausbildung in das staatliche Bildungssystem. Zu vermuten ist, dass eher der traditionelle Sonderweg der Schulen im Gesundheitswesen dazu geführt hat, die Pflegelehrerinnenbildung überwiegend an Fachhochschulen und weniger an Universitäten zu etablieren. Weniger greift das auch herbeigezogene Argument, dass die Pflegelehrerinnenbildung Vorreiter ist, um die Lehrerinnenbildung für berufliche Schulen grundsätzlich weg von den Universitäten zu den Fachhochschulen hin zu verlagern. Gerade diese Ausgangslage hat die Lehrerinnenbildung für das Berufsfeld Pflege an den Hochschulen zugunsten der Fachhochschulen maßgeblich bestimmt. Nicht aufgegriffen werden soll an dieser Stelle die neu entfachte Konkurrenzdiskussion über die Eignung zur Lehrerinnenbildung an Fachhochschulen oder an Universitäten. Die berufspolitischen und bildungssystemischen Forderungen jedoch, zugleich mit der Hochschulqualifizierung der Pflegelehrerinnen eine Vergleichbarkeit und Chancengleichheit zu Lehrerinnen an beruflichen Schulen und deren Qualifizierung zu erreichen, bleiben dabei noch unterschiedlich berücksichtigt. Die dadurch zurzeit bedingte Verortung der Pflegelehrerinnenbildung auf zwei Ebenen des Hochschulbereichs ist grundsätzlich positiv zu bewerten. Wesentliche Schritte sind damit getan:

- Pflege hat im staatlichen Bildungssystem Fuß gefasst
- Pflege hat den vertikalen Durchbruch in den tertiären Bildungsbereich erreicht
- Pflege ist Gegenstand wissenschaftlicher Betrachtung und steht im Diskurs mit anderen Wissenschaften.

Die «neuere» Lehrerinnenausbildung ist somit gekennzeichnet durch eine Differenzierung in der Lehrbefähigung, durch die Entwicklung einer fachdidaktischen Struktur und durch eine curriculare Struktur für die schulische und betriebliche Ausbildung in den Pflegeberufen. Davon unabhängig besteht noch immer der nicht nur berufspolitische Anspruch einer bildungssystemischen Integration, die eine Vergleichbarkeit und Chancengleichheit mit Lehrerinnen an beruflichen Schulen sichert. Die Forderung einer universitären Lehrerinnenbildung ist nach wie vor als angemessen über die Aspekte der systemischen Gleichwertigkeit hinaus zu verfolgen. Das geschieht nicht zuletzt im Hinblick auf die Perspektiven der beruflichen Laufbahn und auf die Selbstverwaltung in der Pflege. Hier ist insbesondere die Wahrnehmung hoheitlicher Aufgaben zu nennen, wie z.B. für den Prüfungsvorsitz bei den staatlichen Pflegeprüfungen zuständig zu sein. Die Kritik an der universitären Lehrerinnenbildung ist – wenn man die Berichte bzw. Bewertungen verfolgt – ernst zu nehmen. Es gilt, die Kritik zu antizipieren und bei der qualitativen Sicherung der Lehrerinnenbildung mitzuwirken. Hier sind insbesondere die Entwicklung pflegewissenschaftlicher Grundlagen und deren didaktische Ausformung zu nennen. Eine Arbeitsgruppe der Gesundheits-, Arbeits- und Sozialministerkonferenz unter dem Vorsitz der Kultusministerkonferenz [1997] hat sich mit den eingerichteten Studiengängen für ausgewählte Berufe im Gesundheitswesen, insbesondere in der Pflege, an Fachhochschulen und Universitäten befasst. Gemäß dem Bericht wird eine mehrheitliche Meinung für das Lehramt Pflege bei universitärer Ausbildung ausgewiesen. Mit ihrem Bericht würdigte die Arbeitsgruppe die Erfordernisse der universitären fachwissenschaftlichen Lehrerinnenausbildung und gewichtet sie als notwendiges Element im Kontext der Qualitätssicherung der Pflegebildung.

Erstmalig in der Geschichte der staatlichen Lehrerinnenbildung erfolgte ohne bildungssystemischen Bezug eine Regelung über die Kultusministerkonferenz der Länder. Dies geschah wohl eher im Vorgriff auf mögliche Perspektiven, die vorerst weder vom Berufszulassungsgesetz für die Berufe in der Krankenpflege verlangt werden, noch in einem gegenwärtig diskutierten Berufegesetz für die Pflegeberufe ihre Auswirkung zeigen. Selbst in den Bundesländern, in denen die schulrechtliche Verortung der Pflegeschulen in das Berufsfachschulsystem nach Landesrecht schon stattgefunden hat, wird keine universitäre Lehrerinnenbildung angeboten. Mecklenburg-Vorpommern partizipiert an den Studienangeboten anderer Bundesländer und versieht deren Abschlüsse mit Auflagen, wie z.B. einem Referendariat oder der Lehrbefähigung zur Praxislehrerin. Bayern regelt die fehlende universitäre Lehrerinnenbildung seiner Berufsfachschulen – Fachrichtung Pflege – mit dem Zusatz «besonderer Art» und erteilt demzufolge die Lehrbefähigung für das Unterrichtsfach Pflege an Lehrerinnen für Pflegeberufe. Pflege in der Ausbildungspraxis ist somit als Nicht-Theorie-Fach platziert. Die wissenschaftliche Fundierung des Unterrichtsfachs Pflege im Kontext der Natur- und Sozialwissenschaften wird damit ignoriert. Die Zuordnung der Unterrichtsfächer (Berufskunde oder Hygiene) erfolgt themenspezifisch. Die Fächer werden auseinander gerissen.

Niedersachsen zeigt sich insoweit konsequent und hat im Zusammenhang mit der schulrechtlichen Verortung der Altenpflegeschulen die universitäre Lehrerinnenbildung, zugleich aber als zweite Säule auch das Pflegepädagogikstudium an einer Fachhochschule eingerichtet.

11.2.3 Europäische Impulse für die Lehrerinnenbildung in Deutschland

Richtlinien der Europäischen Union (EU) ermöglichen die Freizügigkeit und Niederlassungsfreiheit für Hebammen (1980) sowie für Kranken- (1977) und Kinderkrankenschwestern (1992) in den EU-Mitgliedsstaaten. Für die Altenpflegerin ist ein solches Anerkennungsverfahren nicht vorgesehen. Für die Lehrerinnen im allgemeinen und beruflichen staatlichen Bildungssystem greift über das System der allgemeinen EU-Richtlinien die so genannte Hochschulrichtlinie. Das heißt, Hochschulabschlüsse mit einer mindestens 3-jährigen Studiendauer führen im Anerkennungsverfahren zur Freizügigkeit und Niederlassungsfreiheit. Die Qualifizierung der Lehrenden in der Pflege und deren Anspruch, gleichermaßen Freizügigkeit und Niederlassungsfreiheit zu erhalten, wurden dagegen bisher nicht diskutiert. Ein wesentlicher Grund dafür liegt sicherlich in der Vielfalt der Verortung der Erstausbildung in der Pflege in den Bildungssystemen der EU-Mitgliedsstaaten, sodass sich auch die Qualifizierung der Lehrenden vielfältig darstellt. Eine 1998 durchgeführte Analyse der Ausbildung von Lehrerinnen und Lehrern für Pflegeberufe in den Mitgliedsstaaten der EU [Rennen-Allhoff und Bergmann-Tyacke, 2000] ermöglicht einen Vergleich der pflegerischen Berufsstrukturen, der Erstausbildungen, der Ausbildungsorganisationen und der Qualifikationsniveaus der Lehrerinnenbildung sowie eine Bewertung der Verankerung im Bildungs- und Gesundheitswesen. Zugleich eröffnet sich damit auch ein Dialog über den Stand und die Entwicklung einer modernen Lehrerinnenbildung in der Pflege, der zur Förderung der inneren Berufsdifferenzierung der Pflege in Deutschland und Europa beiträgt. In der gegenwärtigen intensiven Reformdiskussion über die Qualifizierung der Lehrenden für berufliche Schulen allgemein und für die Pflegeberufe insbesondere (und hier einschließlich der Erstausbildung) sowie im Hinblick auf die «Globalisierung der Märkte» kann es hilfreich sein, über den eigenen Horizont zu schauen und die Verhältnisse in anderen Ländern zu kennen und zu berücksichtigen. Die Novellierung des Hochschulrahmengesetzes [HRG, 1998] schreibt die Erweiterung und Differenzierung des Systems der Studiengänge vor. Als besonders bedeutsam für die weitere Entwicklung des Wirtschafts- und Wissenschaftsstandortes Deutschland gilt dabei die Einführung gestufter Studiengänge und internationaler Abschlüsse nach dem Muster des Bachelors (B. A.) und Masters (M. A.). Der wachsenden Spannbreite der Ziele zwischen der Ausbildung für einen Beruf und dem Studium für die Wissenschaft sollten unterschiedliche Studien entsprechen. Der Vielfalt an Studienvoraussetzungen und -motiven folgt eine Differenzierung der Studiengänge. Mit dem Beschluss der Kultusministerkonferenz [1999] erfuhr die gesetzliche Vorgabe eine länderübergreifende Koordinierung, vordergründig zu formalen Fragen:

- Bezeichnung der neuen Abschlüsse
- Differenzierung nach Hochschulen oder Fächern
- Verhältnis der Fachhochschulen und Universitäten zueinander sowie
- Dauer der Studien und Zugang zu den Studiengängen.

Dabei wurde jedoch die starre Schwelle der Zugangsvoraussetzung Abitur nicht gebrochen. Allgemeine und berufliche Bildung erfahren also weiterhin keine Gleichwertigkeit in der Anerkennung. Es bleibt darüber hinaus die ausschließlich eigene Entscheidung der Bundesländer, die neuen Studienformen an den Universitäten und Fachhochschulen ihres Landes einzurichten. Weniger konzipiert sind derzeit spezifische Inhalte, Ziele und Studienformen der neuen Studienabschlüsse. Damit werden sich die zuständigen Gremien beschäftigen, angefangen von der Hochschulrektorenkonferenz bis hin zur Dekanekonferenz Pflegewissenschaft. Gerade die Vertreterinnen der Pflegewissenschaft signalisierten deutliches Interesse am Systemwechsel innerhalb der Hochschullandschaft. Für die noch junge Pflegewissenschaft in Deutschland mit ihrem Anspruch, in die eher starren Strukturen der Hochschulen politisch aufgenommen zu werden, gilt es, den Zirkel der traditionellen Wissenschaften zu überwinden und die Bedeutung einer akzeptierten Wissenschaft zu erlangen.

Die gesetzlichen Vorgaben mit gestuften Studienabschlüssen Bachelor (B. A.) und Master (M. A.) eröffnen neue Perspektiven, auch für die Pflegeberufe. In den vorliegenden Bildungskonzepten der Pflegeverbände [BA, 1994, 1996, 1997; DBR, 1994] sind berufsqualifizierende Abschlüsse im Sekundarstufe-II-Bereich und auf Hochschulebene ausgewiesen. Während der Weg der Erstausbildung an Fachhochschulen mittelfristig als alleinige Form der Erstausbildung für die rehabilitativ-therapeutischen Berufe [DVE und AG MTG, 1999] angestrebt wird, wird dies für die Pflegeberufe eher als zweiter Weg der Qualifizierung neben dem bisher üblichen Weg im Sekundarstufe-II-Bereich beruflicher Bildung gesehen. Zu begründen ist dies vor allem mit den wachsenden beruflichen Herausforderungen und nicht zuletzt mit den neuen gesundheitspolitischen Erfordernissen. Zugleich wird damit der langjährigen Forderung nach Durchlässigkeit bis in den Hochschulbereich und nach der Selbstverständlichkeit einer wissenschaftlichen Fundierung für die Ausbildung entsprochen. Diese Impulse hat die «Zukunftswerkstatt Pflegeausbildung» bei der Robert Bosch Stiftung aufgegriffen und von einer Gruppe ausgewiesener Experten ein innovatives Konzept zur Zukunft der Pflegeausbildung vorgelegt (2000). Dieses Konzept sieht eine Stiftung der Pflegeausbidlung vor von der berufbildenden Pflegeschule bis zur Qualifizierung im Hochschulbereich. Auch die fortwährende Diskussion um die «richtig zu treffende» Verortung pflegewissenschaftlicher Studiengänge, insbesondere die Ausbildung der Pflegelehrerinnen im Kontext zur Lehrerinnenbildung für berufliche Schulen, wird eine neue Richtung erfahren. Die deutsche Pflegebildung hat so nicht nur den Anschluss an europäische Standards erreicht, sondern leistet auch einen wesentlichen Beitrag zur Sicherstellung der Gesundheitsversorgung für die Bevölkerung.

Im Sommer 1999 konnte bereits den ersten Absolventinnen eines universitären pflegewissenschaftlichen Studiums [MSWWF-NRW, 1999] der Abschluss Bachelor of Nursing Science (BNSc.) verliehen werden. Das war zugleich eine doppelte Premiere, denn der Zugang zu diesem Studium ist ohne Abitur möglich. Allerdings entspricht dieser B. A.-Abschluss keiner Erstausbildung in der Pflege, sondern ist wie bei fast alle anderen pflegewissenschaftlichen Studiengänge auf der beruflichen Erstausbildung in einem Pflegeberuf aufgebaut. Und das Zulassungsverfahren aller privaten Hochschulen ist nicht an die zentrale Vergabe der Studienplätze durch die ZVS in Dortmund gebunden.

Es gilt, die zur Zeit günstige Entwicklung in den Hochschulen politisch zu nutzen und die neuen Studienabschlüsse auf den unterschiedlichen Ebenen forciert durchzusetzen, damit die Pflegeberufe mit Abschlüssen bis hin zum Erwerb akademischer Grade zukunftsweisender Befähigungen ihren beruflichen Herausforderungen begegnen können und die Professionalisierung und Akademisierung der Pflege gestützt wird.

11.2.4 Berufsbezeichnung

Berufsbezeichnungen dienen als Schlüsselinformation und treffen damit vielfach eine Aussage über Charakteristika der Abschlüsse einer Aus- oder Weiterbildung oder eines Studiums. Sie dokumentieren bei staatlichen Abschlüssen das besondere Interesse und die Verantwortung des Staates bzw. der Gesellschaft für die Art und Weise der Qualifizierung. Des weiteren sind die Berufsabschlüsse vor allem an Erwartungen hinsichtlich der Flexibilität und der Breite der Berufsfelder, sowohl horizontal als auch vertikal, geknüpft. Sie dienen auch der Darstellung des beruflichen Selbst- und Fremdbildes. Indifferente Abschlussbezeichnungen sowie fehlende Prägnanz und Eindeutigkeit der Termini können einerseits Identitätsprobleme der Absolventinnen auslösen, und anderseits lässt sich mit einer solchen Berufsbezeichnung schwer ein definiertes Einsatzfeld verbinden [Bals, 1995].

Die Bezeichnung «Lehrerin» ist nicht geschützt, sie kann genutzt werden und wird in Verbindung mit pädagogischer bzw. pädagogisch genutzter Vermittlung verwendet. Im öffentlichen Schulwesen wird die Bezeichnung als Amtsbezeichnung nur im Besoldungsrecht geschützt verwendet. Unabhängig davon gelten auch Lehrkräfte anderer Schulformen als Lehrerin, wobei die Bezeichnung zum Oberbegriff wird. Die eher theoretisch ausgerichtete Berufsbezeichnung «Lehrerin für Pflegeberufe bzw. Lehrerin für Hebammenwesen» lässt nicht zwingend auf eine zugrunde liegende einschlägige Lehrerinnenausbildung schließen. Sie hat sich aber ebenso als Sammelbezeichnung für die in der Alten- und Entbindungs- sowie in der Kranken- und Kinderkrankenpflegeaus-, -fort- und -weiterbildung tätigen Lehrenden durchgesetzt.

Die Umbenennung der Berufsbezeichnung von der «Unterrichtsschwester» zur «Lehrerin für Pflegeberufe» ist seit Anfang der 90er Jahre übliche Praxis geworden [BA, 1992]. Damit wurde die geforderte Anpassung der Lehrerinnenbildung auch an die Pflegeberufe dokumentiert und ein Prozess der neuen beruflichen Identifizierung mit der Lehrerinnenrolle gestartet. Die Nutzung der Berufsbezeichnung «Lehrerin» fördert auch die Diskussion um die Notwendigkeit der Neuordnung pflegeberuflicher Bildung bis hin zum Lehrfach Pflege. Die Berufsbezeichnung «Lehrerin für Pflegeberufe» z.B. ist in das derzeit laufende Novellierungsverfahren des KrPflG eingegangen und somit auch tarifrechtlich aufgegriffen worden. Weiterbildungsinstitute haben ihre Angebote bereits seit längerem entsprechend umbenannt. In den Inseraten der Fachzeitschriften erfolgt die Ausschreibung fast ausschließlich mit der Lehrerinnenbezeichnung. In Kontakten mit den Behörden auf Bundes- und Landesebene erweist sich die Verwendung der Bezeichnung als problemlos und selbstverständlich. Der noch gelegentlich zu hörende Vorwurf einer möglicherweise unberechtigten Verwendung oder gar des Missbrauchs der Bezeichnung «Lehrerin» ist nicht aufrechtzuerhalten. Die Beibehaltung der herkömmlichen Bezeichnungen «Unterrichtsschwester» oder «Unterrichtshebamme» ist vielmehr Ausdruck einer traditionell bzw. ideologisch geprägten Haltung und steht der aktuellen Entwicklung des Berufsfeldes Gesundheit und Pflege bildungs- und gesundheitspolitisch entgegen. Die Vergabe der Abschlussbezeichnungen (Titel) an Hochschulen geschieht in Abhängigkeit von der Struktur der Studiengänge. Beim Lehramtsstudium mit Staatsexamen steht die Frage nach der ein- oder zweiphasigen Lehrerinnenausbildung zur Diskussion. Gleichermaßen ist zu klären, inwieweit die Lehrerinnenqualifizierung zu differenzieren ist in Fachtheorie- und Fachpraxislehrerin. Die Abschlussbezeichnung Lehramt stellt sich im Vergleich zu den Diplom- oder Magisterexamen ohne akademische Graduierung dar. Ein Pädagogikstudium dagegen orientiert sich primär hinsichtlich der Erweiterung des beruflichen Tätigkeitsfeldes auf nichtschulische Bereiche, d.h. bezogen auf die Pflegepraxis für pflegepädagogische Aufgaben (Anleitung, Beratung) und nicht auf die Vermittlung einer berufspädagogischen Identität mit berufspädagogischer Qualifikation und Kompetenz. Nur so kann das Interesse der Universitäten und Fachhochschulen zu verstehen sein, die einen Studiengang Pflege- oder Medizinpädagogik anbieten, ohne in ihren Studienordnungen interne Lehramtsstrukturen auszuweisen. Vor allem das Studienangebot Pflegepädagogik an Fachhochschulen schreibt den bildungssystemischen Sonderweg für die Pflegeberufe weiterhin fest. Dazu wird künftig die Umsetzung des Hochschulrahmengesetzes von 1998 mit der Einführung der Bachelor- und Masterabschlüsse auch an deutschen Hochschulen hilfreich sein.

Unabhängig von der Art der Lehrerinnenqualifizierung ist die Identitätsbildung über «Lehrerinnensein» anzustreben und zu gestalten. Auf dem Arbeitsmarkt «Pflegeschulen», «innerbetriebliche Fortbildung», «Weiterbildungsstätten» oder «staatliche Schulen» führen die Angebote der vielfältigen Qualifikationsprofile verständlicherweise inhaltlich, vor allem aber systemisch zu kompletter Verwirrung. Künftige Arbeitgeber sollten aus dem Titel erkennen können, dass eine spezifische berufspädagogische Qualifikation erworben wurde. Für die Absolventinnen der Studiengänge zur Qualifizierung von Lehrkräften an Schulen des Gesundheitswesens sind Berufsbezeichnungen zu vergeben, aus denen sowohl die pädagogische Ausrichtung als auch der jeweilige Fachbezug hervorgehen. Der durch die unterschiedlichen Lehrerinnenausbildungswege entstandene Wettbewerb löst bei den traditionell weitergebildeten Lehrerinnen für Pflegeberufe die Frage aus: «Was wird aus uns Weitergebildeten?» Das ist ein durchaus verständliches Anliegen. Gefordert wird eine Nachdiplomierung. Dies ist bildungsstrukturell und rechtlich nicht möglich. Die Entscheidung, Studienordnungen im Sinne von Nachqualifikation anzubieten, liegt in der Zuständigkeit der Gesetzgebung der Länder und der einzelnen Universitäten und Fachhochschulen. Bundesweit ist dazu jedoch große Zurückhaltung festzustellen. Es werden Argumente wie fehlende Ressourcen, eine hohe Belastung durch Aufbauarbeit, aber auch ausreichende Studienbewerbungen mit Hochschulzugang angeführt. Für die Hochschulabsolventinnen gelten vor allem zu hohe Hürden der Berufseinmündung, bis die berufliche Weiterbildung zur Lehrerin für Pflegeberufe vollständig eingestellt, über Landesverordnungen die Art des Qualifizierungsprofils festgeschrieben und über Standards der Lehrerinnenbildung entsprechende Vergütungsmerkmale gesichert sind. Dies alles kann nur durch ein neues Konzept pflegeberuflicher Bildung und dessen gesetzlicher Verankerung sowie, daraus folgend, bildungssystemische Normalität und damit Schaffung der üblichen Rahmenbedingungen für die berufliche Bildung gestützt werden.

11.2.5 Bedingungsgefüge für das Alltagshandeln

Die angestrebte Identitätsfindung von Pflegelehrerinnen mit unterschiedlichen Qualifikationsprofilen trifft im Berufsalltag auf Ausbildungsbedingungen, die eine breite Gestaltung des Arbeitsalltages erlauben, zum Teil sogar infordern. Je nach Verortung der Pflegeschulen in das schulrechtliche System der Bundesländer wird demzufolge die Fachaufsicht allein von der obersten Landesgesundheits- oder Kultusbehörde, manchmal auch von beiden gemeinsam ausgeübt. Je nach zuständiger Landesbehörde können landeseinheitliche Erlasse bzw. Verordnungen mehr oder weniger offen vorgegeben werden. Unterstehen die Schulen einer Kultusbehörde, greifen vor allem Regelungen wie landeseinheitlicher Lehrplan, Schülerinnen-Lehrerinnen-Relationen, festgeschriebene Unterrichtsdeputate, zuerkannte Lehrbefähigungen und Standards für die räumliche und sächliche Ausstattung der Schulen. Unterstehen die Schulen der Gesundheitsbehörde, sind nur vereinzelte Rahmenvorgaben wie Besetzung der Schulleitung, Curriculum oder Ausstattung der Schulen vorzufinden. An diesen Schulen ist dagegen die Einflussnahme des einzelnen Schulträgers oft stärker als die Vorgaben der Fachaufsicht. Die häufig sehr eigenen Anforderungen der Schulträger an diese Ausbildungen stehen oft im Widerspruch zu den Erfordernissen des Ausbildungsziels und des Gestaltungsinteresses der Lehrenden. Die daraus resultierende Gratwanderung zwischen Ausbildungs- und Arbeitgeberinteressen für die Lehrerin sollte von ihr eindeutig zugunsten der qualitativen und quantitativen Sicherung der Ausbildung beeinflusst werden. Darüber hinaus unterliegt der Berufsalltag der Pflege einem ständigen Wandel der Gesundheitsgesetzgebung und Fortschritt im Gesundheitswesen, und das in der Regel mit hinterherhinkenden Ausbildungsstrukturen. Für die Lehrerinnen bedeutet dies, unter den Bedingungen von heute für den beruflichen Alltag von morgen auszubilden. Das Curriculum hat in der Regel schulspezifischen Charakter und wird in seinen Rahmenbedingungen durch die Handhabung der Ausbildungs- und Prüfungsverordnung des jeweiligen Berufszulassungsgesetzes sowie durch Vorgaben des Landes je nach zuständiger Fachaufsicht bestimmt. Die Chance der Curriculumerstellung ist darin zu sehen, dass die Lehrerinnen, basierend auf den gesetzlichen Grundlagen, die Ausformung vornehmen und darüber hinaus zu jeder Zeit die Möglichkeit besteht, erforderliche neue und zukunftsweisende Entwicklungen zu antizipieren und über die Bildungsziele auszuweisen. Da die Lehrerinnen für alle Lernorte verantwortlich zeichnen, greifen Anpassung und Aktualisierung der Wirkungsmöglichkeiten für die schulische und praktische Ausbildung zugleich. Ein weiterer Vorteil ist, dass der tradierte fächerorientierte Unterricht im Sinne einer fächerintegrativen Ausbildungsgestaltung zu realisieren ist. Die Anwendung eines solchen Curriculums ist auch im Kontext der Lehrbefähigung zu sehen. Die Vielfalt derzeitiger Wege der Lehrerinnenqualifizierung lässt vermuten, dass jede Lehrende ihre Vorstellungen und Ziele einbringt. Dies ist wesentlich geprägt von der jeweiligen Lehrerinnenidentität, und die zurzeit unterschiedlichen Qualifizierungswege führen verständlicherweise zu unterschiedlichen Interpretationen des eigenen Verständnisses von «Lehrerin sein». Das lässt sich feststellen in der Übernahme von Unterrichtsfächern oder zugeteilten Themen, in der Art und Weise, wie der Lehrenden für sich die Verbindung von schulischer und betrieblicher Ausbildung gelingt (organisatorisch, didaktisch und hinsichtlich der Begleitung bzw. Beratung der Schülerinnen) und wie sie den Dialog zwischen Wissenschaft, Schule und Praxis fördert.

11.3 Pflegelehrerinnen in der berufspolitischen Landschaft

11.3.1 Identitätsbildung und politisches Engagement

Die beschriebenen Einflüsse auf die Identitätsbildung der Lehrenden in der Pflege zeigen auch Hinweise auf das meist wenig ausgeprägte politische Engagement der Lehrerinnen. Gestärkt wird diese eher politische Abstinenz dadurch, dass es sich beim Pflegeberuf in all seinen Handlungsfeldern bis heute um einen so genannten Frauenberuf handelt. Die Berufswelt kennzeichnet Frauenberufe als ausführende, erziehende, betreuende und assistierende und somit als stark personenbezogene Berufe. Es gilt, sich dem Spagat zu stellen: Auf der einen Seite stehen unter dem Blickwinkel der Gesellschaft als professionalisierte Weiblichkeit die Fähigkeiten wie Geduld, Aufopferung und Fürsorge im Zusammenhang mit leiblichen und seelischen Bedürfnissen [Ostner und Krutwa-Schott, 1981, S. 96], auf der anderen Seite werden Fähigkeiten wie soziale und kommunikative Kompetenz als erlernbare professionelle Grundlage für die Pflegeberufe erwartet. Verstärkend kommt hinzu, dass der Pflege – in der Rubrik Frauenberufe – eine vorübergehend angelegte weibliche Berufstätigkeit zugeschrieben wird. Damit war Pflege lange Zeit im Zusammenhang mit der beruflichen Lebensplanung zeitlich, fachlich und finanziell begrenzt und vom gesellschaftlichen Status her gesehen kaum entwicklungsfähig. Das hatte auch zur Folge, dass eine inhaltliche und politische Auseinandersetzung mit dem Berufsgegenstand Pflege zu wenig stattfand. Damit mischen sich die tradierten Vorstellungen von der Frauenrolle mit den professionellen Merkmalen eines Berufes. Hinzu kommt, dass im hierarchischen Verhältnis zwischen der «männlichen Medizin» und der «weiblichen Pflege» diese Rollenzuschreibungen noch unterstrichen werden. Das heißt, will die Pflege sich als Beruf mit professionellen Merkmalen darstellen, kämpft sie auf zwei Ebenen:

- auf der Sachebene der Gleichberechtigung von Medizin und Pflege und
- auf der Beziehungsebene der Geschlechterkonstellation.

Doch gerade in den letzten Jahren ist festzustellen, dass die Kompetenz von Frauen in Berufswelt, Politik und anderen gesellschaftlichen Kontexten zunehmend Einfluss nimmt. Pflegelehrerinnen haben zumindest zwei Sozialisationsprozesse durchlaufen: einen z.B. als Krankenschwester und einen weiteren als Lehrerin für Pflegeberufe. Das bedeutet Spezialisierung und Karriere; zugleich erschwert es die berufspolitische Positionierung als Lehrerin. Die noch mehrheitliche Verortung der Pflegeschulen in den Betrieb Krankenhaus lässt die Lehrerinnen in Konflikte geraten. Das primäre Interesse an der sachgemäßen Versorgung steht vor dem Interesse, entsprechend dem Bildungsauftrag dem übergeordneten Ausbildungsziel zu folgen. Diese Ambivalenz setzt sich in der Frage des berufspolitischen Engagements fort. Misst man politisches Engagement an der organisierten Zugehörigkeit zu einem Berufsverband bzw. zu einer Gewerkschaft, so fällt ein geringer Organisationsgrad auf. Des Weiteren existieren Mehrfachmitgliedschaften in einem pflegerischen Berufsverband bzw. in einer Gewerkschaft bis hin zur spezifisch verbandlichen Organisation für Lehrerinnen. Durch die mehrfachen Mitgliedschaften fühlt die Lehrerin sich beiden Sozialisationsschritten ihrer Biografie verbunden und sichert ggf. noch ihre Arbeitsplatzbedingungen durch eine Gewerkschaftsmitgliedschaft ab. Unter Berücksichtigung und Wertschätzung jeder individuellen Berufsgeschichte sollte vor allem das politische Profil eines Verbandes für Lehrerinnen die Merkmale ansprechen, die der Einzelnen nicht nur Informationen sichert, sondern zugleich auch die aktive Mitgestaltung und Mitbestimmung in allen Belangen der pflegeberuflichen Bildung ermöglicht. Die Entscheidung der Lehrerinnen für ihr Engagement in der Bildungspolitik wird dann gestärkt, wenn sie auf Gleichgesinnte treffen und wenn die gemeinsamen Ziele auch für ihren Berufsalltag gelten und sich zugleich Lösungen ergeben. Denn «bislang ruht die Veränderung der Strukturen und Inhalte auf zu wenigen Schultern. Ein politisches Bewusstsein zu entwickeln, heißt zugleich, seine persönlichen Probleme hinter sich zu lassen, über den eigenen Tellerrand zu blicken und in anderen Dimensionen zu denken» [Hilde Steppe, Aussage anlässlich des Heidelberger Pflegekongresses, 1995]. So wirkt das politische Verhalten der Lehrerinnen ebenso auf das politische Interesse und die politische Begeisterung ihrer Schülerinnen.

11.3.2 Selbstverständnis der Berufspolitik

Das Gesundheitswesen ist gekennzeichnet von einer Vielzahl gegenläufiger Interessen und Intentionen, und demzufolge gilt es immer wieder, die Pflege ihrer zustehenden gesellschaftlichen Bewertung zuzuführen. Pflege war traditionell bedingt, lange ein Beruf, der durch Fremdbestimmung gekennzeichnet war. Diese nahm entsprechend häufig Einfluss auf die Gestaltung der pflegeberuflichen Bildung, und damit wurde der Pflege ein «Bärendienst» erwiesen. Pflege darf nicht nur auf die Interessen der Träger von Einrichtungen, in denen Pflege geleistet wird, und auf die Interessen der Kostenträger beschränkt sein. Zugleich ist Pflege auch nur begrenzt von den Interessen der Sozialpartner ausschließlich an den Arbeitsplatzbedingungen orientiert zu lenken. Ausgehend von den demokratischen Grundlagen des Staatssystems in Deutschland sind Verbände ebenso als demokratisch legitimierte Interessenvertretungen zu verstehen. Als solche sind auch für professionell Pflegende im jeweils historischen Kontext Berufsverbände entstanden. Demzufolge existieren eine Vielzahl und Vielfalt an Pflegeberufsorganisationen. Aufgrund des Föderalismus auf Bundes- und Länderebene strukturiert, zeigten und zeigen sich oft zerklüftete Landschaften der Pflege-, aber auch der Berufspolitik. Darüber hinaus konstituierten sich Fachverbände, um z.B. die Berufsgruppe der Pflegelehrerinnen mit ihrem spezifisch gesellschaftlichen Bildungsauftrag zu vertreten. International dagegen ist feststellbar, dass in vielen Ländern die organisierte Pflegeberufspolitik von einem nationalen Verband vertreten wird, der zugleich auch die unterschiedlichen Fachinteressen bis hin zur Tarifgestaltung abdeckt (z.B. Dänemark und Großbritannien). Gerade für die Regierungen in demokratischen Staaten ist es üblich, Sachverhalte und deren Lösungen im Konsens mit Regierung und Verbänden zu erarbeiten. Diese Form politischer Aktivitäten kennzeichnet ein System der Einflussnahme von Verbandsinteressen, das auch unter Lobbyismus zu subsumieren ist. Funktionsfähig ist ein Verband aber nur dann, wenn in seiner Organisation eine einheitliche Willensbildung möglich und diese nach außen mit einer Stimme vorzubringen ist. Verbände müssen sich ihre Ansprechpartner aussuchen und Ausdrucksmittel, Umfang und Intensität der Interessenvertretung grundsätzlich eigenverantwortlich entscheiden können. Die dazu gehörige Registrierung, z.B. über die Lobbyliste des Deutschen Bundestages, garantiert kontinuierlichen Informationsgewinn für beide Seiten. In der Art und Weise, wie Interessen eingebracht und durchgesetzt werden, zeigen sich die Machtpotenziale eines Verbandes und deren Intensität der Einwirkung auf politische Entscheidungen im Interesse bestimmter Wertvorstellungen. Die Art der politischen Instrumente bestimmen den Grad ihrer Einflussnahme, wie z.B. persönliche und institutionelle Kontakte, Stellungnahmen, Anfragen oder Anhörungen. Allen Verbänden sollte bewusst sein, dass sie weithin von den Bedingungen des gesamten Spiels der politischen Kräfte abhängig und gerade in letzter Zeit (GKV Reform 2000) sogar nicht selten Spielball der Tagespolitik sind. Der Berufsstand Pflege und dessen Verbände haben sich zunehmend ausdauernd und hartnäckig in die Politik auf Bundes- und Landesebene, bei den Parteien und Selbstverwaltungspartnern eingebracht. Die Macht geschichtlich gewachsener Vorstellungen und Gewohnheiten aller, die bislang über Pflege allein entschieden haben, hinderten zunächst daran, diese Sichtweise auf breiter Ebene zu etablieren. Von da rührt das Selbstverständnis her, auch für die Pflegeberufspolitik zunehmend gesetzlich eingebunden zu werden. Das bedeutet in der Konsequenz, dass auch die Interessen der Pflege neben den anderen Interessen im Gesundheitswesen gleich stark vertreten sein müssen. Dieser Prozess findet durch die Schaffung geeigneter Strukturen bis hin zur gesetzlich fixierten Beteiligung und Mitverantwortung des Gesundheitswesens Unterstützung. Die Gesundheits- und Sozialgesetzgebung setzt auf die Selbstverwaltungsorgane, die bisherige verbandliche Interessenvertretung der Pflege kann das bisher nur begrenzt wahrnehmen. Von daher wird immer stärker die Notwendigkeit einer berufsständischen Körperschaft gesehen und die Forderung erhoben, Pflegekammern gesetzlich zu institutionalisieren. Nur so sind alle Dimensionen der Mitwirkung bzw. Beteiligung in Gesetzgebungs- sowie in Gestaltungs- und Lenkungsprozessen der Gesundheits- und Sozialpolitik sowie berufsstandsbezogene Aufgaben wahrzunehmen.

11.3.3 Potenziale organisierter Bildungspolitik

Arbeitsgemeinschaften und Arbeitskreise für Unterrichtsschwestern gab es schon lange. Es fehlte ihnen aber die Verbindung untereinander. Sie spürten die Unzulänglichkeiten des Ausbildungssystems, hatten sehr viele Ideen für Veränderungen. Aber ihr Sachverstand war in den Beratungen zur Novellierung des Berufszulassungsgesetzes [KrPflG von 1985) nicht gefragt. Es fanden sich Lehrerinnen, die ein starkes Berufsbewusstsein hatten und bereit waren, Forderungen und Erfordernisse gemeinsam als Berufsgruppe zu tragen. Das war 1972 Anlass zur Gründung einer bundesweiten spezifischen Lehrerinnenvereinigung in der Pflege. Es war die «Geburtsstunde» des heutigen Bundesausschusses der Lehrerinnen und Lehrer für Pflegeberufe e.V. (BA). Organisatorisch entstanden in allen Bundesländern nach und nach die Landesarbeitsgemeinschaften. Mit ihrer Arbeit – und das selbstverständlich in ihrer Freizeit und ehrenamtlich – verfolgten sie die Prinzipien: Offenheit, demokratische Vorgehensweise und Rückkoppelung zu den Lehrenden in den Schulen. Vertreten werden sollte, was wirklich alle mittragen konnten. Mit viel Engagement bewirkten die Lehrenden ihre Einbindung in das langanhaltende Verfahren des Krankenpflegegesetzes und wirkten in entscheidender Weise mit. Für sich selbst haben sie relativ wenig getan, sie folgten eher der traditionellen Pflegeidentität und weniger einer möglichen Statusaufwertung durch Veränderung in der Qualifizierung oder gar beim Einkommen. Das politische Erwachen und die politischen Aktivitäten der Pflegelehrerinnen in den Anfangszeiten des BA haben einiges bewegt und erreicht. Allerdings war auch zu lernen, dass in der Berufspolitik erst übermorgen geerntet wird, was vorgestern gesät wurde, und dass manches ungeklärt bleibt (Lore Kroeker, Aussage 1987). Der Auftrag zur Berufsbildung in der Pflege steht nicht zur Disposition, von welchen gesundheitspolitischen Interessen auch immer ausgegangen wird. Das bedeutet: Ausbildung hat keinen politischen «Kann-Status», sondern einen «Soll-Status». Die rechtliche Normierung der Berufsausübung ist in den Ausbildungsgesetzen weiter zu entwickeln und zu regeln (direktes Berufsrecht) und das, was von größerer Bedeutung ist, in Fachgesetzen der Sozialversicherung (indirektes Berufsrecht) hinreichend zu bestimmen. Weiterentwicklung im Gesundheitswesen heißt auch immer Weiterentwicklung der Pflegeberufe, und das fokussiert immer den Blick auf Notwendigkeiten von Veränderungen in der pflegeberuflichen Bildung. Qualität erfordert Qualifikation. Darum musste der BA sich auch verändern, damit er bleibt, was er ist, nämlich die unüberhörbare und einzige Stimme, die sich konsequent für die Interessen der Bildung in der Pflege einsetzt. Im Jahre 1998 wurde er daher als eingetragener und freigemeinnütziger Verein gegründet. Er hat sich damit den neuen Herausforderungen gestellt und seine Struktur vom Vereins- zum Gesamtverband verändert. Der BA bleibt den Kernelementen seines bisherigen berufspolitischen Aufgabenprofils verpflichtet, nämlich der Förderung der Gesundheitspflege, insbesondere in der Aus- Fort- und Weiterbildung in den gesundheits- und sozialpflegerischen Berufen. Es gilt aber auch, die bisher ausschließlich ehrenamtlich geleistete Arbeit professioneller, effektiver und zeitnaher zu gestalten, um der Bedeutung der vielfältigen Aufgaben gerecht zu werden.

Mitglied in diesem Bundesverband kann jeder werden, der im Bereich der pflegerischen Erstausbildung, der innerbetrieblichen Fort- und Weiterbildung sowie im Hochschulbereich als Pflegelehrerin bzw. -lehrer tätig ist oder sich in der entsprechenden Qualifizierung befindet. Die neue Organisation bindet innovative Kräfte, und alle Lehrerinnen und Lehrer sind gefordert, sich einzubringen und aktiv mitzuwirken, um mit politischem Gespür künftige Bildungspolitik für die Pflege zu gestalten und durchzusetzen. Gemeinsam denken und handeln sind Chance und Strategie für die Zukunft pflegeberuflicher Bildung. Mit Gleichgesinnten gilt es, die Weiterentwicklung der pflegeberuflichen Bildung zu forcieren und dabei die Denkstrukturen anderer kennen zu lernen, Vorstellungen und Möglichkeiten im politischen Kontext einzuordnen und auf BA-Kriterien und -Ziele hin zu prüfen. Die Effektivität dieser berufspolitischen Arbeit sichern strukturell und funktional die BA-Organe.

Das Engagement des BA steht im Kontext der gewachsenen Ansprüche gesundheits- und sozialpolitischer Rahmenbedingungen und zu deren bildungs- und arbeitsmarktpolitischen Konsequenzen einschließlich tarifpolitischer Vorstellungen. So sind zur Zeit die Neuordnung der Pflegeberufe mit entsprechender Strukturreform der Ausbildung, die Sicherung bestehender Ausbildungskapazitäten und deren Finanzierung und die Umsetzung modulhafter Weiterbildungen sowie die Förderung der Pflegewissenschaft die Kernthemen seiner Arbeit. Dazu sind die Lehrerinnen als BA-Mitglieder in viele Gremien bis hin zur EU-Kommission in Brüssel eingebunden und erfahren eine hohe Wertschätzung ihrer Fachlichkeit, die zur Ausgestaltung politischer Entscheidungen unabdingbar ist. Lehrerinnen werden also bei Gesetzgebungsverfahren auf Bundes- und Länderebene angehört und befragt, wie z.B. bei der Etablierung von Pflegestudiengängen an deutschen Hochschulen oder bei der Entwicklung einer einheitlichen Strategie für die kontinuierliche Verbesserung der Qualität im Gesundheitswesen Deutschlands als Auftrag der Gesundheitsministerkonferenz der Länder (GMK). Der BA hat 1991 seine Position zur Aus-, Fort- und Weiterbildung für die Pflegeberufe verabschiedet und den Bildungsplan «Pflege mit System» [BA, 1997] veröffentlicht und damit bewiesen, die Interessen seiner Mitglieder zu einer einheitlichen Position zu aggregieren. Erkenntnisleitend bei seinem Bildungskonzept ist dabei die Notwendigkeit einer einheitlichen Pflegeausbildung mit nachfolgender Spezialisierung, um damit einen gemeinsamen beruflichen Sozialisationsprozess zu initiieren. Gelenkt vom WHO-Konzept der «General nurse» liegt es im Interesse der Europäischen Union, eine breiter angelegte Erstausbildung in der Pflege zu fördern, die alle Elemente der Gesundheitsversorgung – Vorbeugung, Behandlung und Wiederherstellung und alle Strukturen der Gesundheitsversorgung – ambulant, stationär und nachstationär umfasst. Die Spezialisierung nach Lebensalter, also pädiatrischer oder gerontologischer Pflege, ist demnach ebenso wie z.B. die psychiatrische Pflege Gegenstand der Weiterbildung. Europäische Länder, in denen in den letzten Jahren umfassende Ausbildungsreformen verwirklicht wurden, gehen ebenfalls den Weg der Vereinheitlichung der Pflegeberufe. Selbst die Hebammen haben oft vor ihrer Spezialisierung eine Krankenpflegeausbildung absolviert. Die konzeptionelle Neuorientierung der Ausbildung in der Pflege sollte darauf abzielen, die Gemeinsamkeiten der vorhandenen Ausbildungen zu bündeln, inhaltlich zu entrümpeln, zu reflektieren und in ein Konzept generalistischer Qualifizierung zu transferieren. Die zugleich anzustrebende systemische Verortung in das Berufsfachschulsystem nach Länderrecht garantiert für die Pflegeerstausbildung Normalität, Vergleichbarkeit und Durchlässigkeit bis in den Hochschulbereich. In einer so konzipierten Ausbildung ist die Identifikation eines Berufsbildes Pflege über die Gemeinsamkeiten zu erreichen. Gemeinsame Einstellungen und Verhaltensweisen werden bis hin zu einem einheitlichen pflegerischen Rollenverständnis internalisiert. Die innere Berufsdifferenzierung Pflege hat über Fort- und Weiterbildung bis hin zum Erwerb akademischer Grade zu erfolgen. Für den Berufsweg bedeutet das eine horizontale Vielfalt nach Neigungen und Angeboten sowie eine vertikale Entwicklung mit Karriere und Spezialisierung. Über die Bildungsfragen hinaus engagiert sich der BA auch im erweiterten berufspolitischen Spektrum des Berufsfeldes Pflege, beteiligt sich aktiv, gestalterisch und vorausschauend an dessen Fortentwicklung und leistet dadurch einen weiteren Beitrag zur Sicherung der pflegerischen Versorgung der Bevölkerung. Seine Arbeit stößt im bildungs-, gesundheits- und sozialpolitischen Bereich auf hohe Resonanz. Das geschieht oft im Zusammenwirken mit Institutionen, Behörden und einschlägigen Verbänden sowie über Mitgliedschaften und Kooperationen. Beispielhaft zu nennen sind:

- Die Mitgliedschaft des BA seit 1993 im Deutschen Bildungsrat für Pflegeberufe (DBR), gegründet von der Arbeitsgemeinschaft Deutscher Schwesternverbände und Pflegeorgani-

sationen e.V. (ADS) und vom Deutschen Berufsverband für Pflegeberufe e.V. (DBfK).
Es handelt sich hier um ein Diskussionsforum, um Fragen und Konzepte der beruflichen Bildung abzustimmen, weiterzuentwickeln und mit der sich verändernden Situation im Gesundheits- und Sozialwesen in Anpassung zu bringen. Der BA als Fachverband für pflegeberufliche Bildung trifft hier in der Zusammenarbeit auf zwei Berufsverbände. Die Arbeit gestaltet sich nicht immer unproblematisch. Zum einen geht es um die unterschiedlichen Prioritäten zum Thema Pflege und zum anderen um die Bewertung pflegeberuflicher Bildung im Bedingungsgefüge des Berufes.

- Die Mitgliedschaft des BA im Deutschen Pflegerat (DPR) seit dessen Gründung im Jahre 1998. Der DPR ist die Bundesarbeitsgemeinschaft der Pflegeberufsorganisationen und besteht zur Zeit aus 11 Mitgliedsverbänden. Die DPR-Gründung ist (aus heutiger Sicht) als recht erfolgreich zu bewerten und wurde im politischen Feld mit Erstaunen registriert. Die Zusammenführung unterschiedlicher Interessenvertretungen pflegerischer Handlungsfelder zur Spitzenorganisation des Pflege- und Hebammenwesens ist politisch von Vorteil: Die Mitgliedsorganisationen bündeln unter Wahrung ihrer spezifischen Verbandsprofile ihre berufspolitischen Kräfte zu zentralen Sachthemen, um diese wirkungsvoller in der Öffentlichkeit zu vertreten. Gemäß seiner Vereinbarung wird der DPR auch Strukturveränderungen und Anpassungsprozesse im Gesundheits-, Sozial- und Bildungswesen der Bundesrepublik Deutschland und innerhalb Europas mitgestalten. Zu grundsätzlichen Bildungsfragen wurden bisher keine Positionen beraten. Der DPR geht gesundheitspolitische Bündnisse ein, praktiziert interberufliche Kooperationen und bringt sich in den Dialog mit der Bevölkerung und mit der Politik ein. Er wird politisch gehört, um Stellungnahmen gebeten und zunehmend in Gremien und Gestaltungsprozesse, vornehmlich zur Gesundheits- und Sozialpolitik, eingebunden. Gegen die Pflege kann nicht mehr ohne die Pflege entschieden werden. Wesentliche politische Entscheidungen werden gemeinsam mit der Pflege getroffen.
- Der BA als Kooperationspartner im Bündnis Gesundheit 2000, einem Zusammenschluss nahezu aller Verbände der Gesundheitsberufe, initiativ hervorgegangen aus der schon seit über zehn Jahren bestehenden Konferenz der Gesundheitsfachberufe.
Noch nie in der Sozialgeschichte haben sich Ärzte, Apotheker, Pflegeberufe sowie Heilmittelbringer- und Assistenzberufe zusammengetan, um die Bevölkerung über die Konsequenzen der völlig übereilten und systemverändernden Strukturreform des Gesundheitswesens durch die Bundesregierung aufzuklären. Nach erfolgreichen Protestaktionen gegen eine geplante Gesundheitsreform, den Versorgungsbedarf der Patienten ausschließlich an ökonomischen Bezugsgrößen zu orientieren, hat das Bündnis Eckpunkte für ein patientengerechtes Gesundheitswesen entwickelt und damit erneut die Reformfähigkeit dieser konzertierten Aktion der Gesundheitsberufe dokumentiert. Es werden ganz konkrete Lösungswege zur Überwindung der Strukturprobleme im Gesundheitswesen aufgezeigt. Grundsätzlich geht es um die Sicherstellung und Verbesserung der Patientenversorgung. Dabei ist natürlich ein ganz zentrales Thema die Berufsqualifikation der Vertreterinnen der Gesundheitsberufe und somit auch die pflegeberufliche Bildung. Qualifikation ist das wirksamste Mittel für eine erfolgreiche Patientenversorgung und das Mittel, um Veränderungen im Gesundheitswesen mittragen und entwickeln zu können.

11.4 Fazit

Die eingangs beschriebenen Prozesse der beruflichen Identitätsbildung zeigen auf der Ebene der Persönlichkeitsbildung wie der des beruflichen Handelns das Spannungsfeld von Pflegenden und Lehrenden. Und dies zeigt sich spiegelbildlich auch in den berufspolitischen

Strukturen und Themen. Die vorausgesetzte berufliche Erfahrung einer Pflegelehrerin korreliert mit der Fähigkeit, dieses Wissen und Können in die Lehre zu übertragen. Diese Bedingung wurde höher bewertet als der Erwerb notwendiger curricularer und didaktischer Kompetenzen. Indessen wird das Profil der Lehrenden primär dadurch charakterisiert, diese Kompetenz lehren zu können. Unterstützung fand und findet diese Gewichtung durch nicht ausreichend vorhandene, der Bildungsarbeit angemessene professionelle Strukturen. In der beruflichen wie auch politischen Landschaft wirkt der Einfluss Dritter von daher noch viel stärker bei der Durchsetzung von Interessen. Hier ist die «Riesenlobby-Liste» der zu Beteiligenden, z.B. bei der Novellierung des Berufszulassungsgesetzes, ein sichtbares Kriterium für Einfluss und Macht. In Relation dazu nimmt die Liste der die Pflege unmittelbar vertretenden Vereinigungen einen sehr bescheidenen Raum ein. Die Konsequenz daraus ist, und diese lässt sich nur so erklären, dass es bis heute an der selbstverständlichen Integration pflegeberuflicher Bildung in das staatliche Bildungssystem fehlt. Dieses schreibt fest, dass das Verwertungsinteresse in jedem Fall vor dem Bildungsinteresse steht, und dies schreibt sich auch fort in allen inhaltlichen Folgen, von der Wissenschaftsentwicklung bis hin zur Lehrerinnenbildung sowie im Schülerinnenstatus und in der Verortung der Pflegeschulen. In letzter Konsequenz bedeutet das für alle solchermaßen in der professionellen Pflege Ausgebildeten eine Begrenzung ihrer Entwicklungsmöglichkeiten. Diese wie auch immer gewachsenen Bedingungen für Bildung und Pflege bleiben natürlich nicht ohne Wert. Indem die Pflegelehrerin die berufliche pflegerische Sozialisation mit allen Höhen und Tiefen selbst durchlaufen hat, wirkt sie in der Lehre gegenüber den Schülerinnen authentisch. Sie kann in ihrem Bildungsauftrag auf ihre pflegerische Berufspraxis zurückgreifen und somit eine direkte Verbindung zwischen Lehren und Handeln herstellen. Da ihr gemäß Krankenpflegegesetz die Verantwortung für die schulische und betriebliche Ausbildung obliegt, kann sie sich als Lehrende in beiden Lernorten bewegen. Sie hat so die optimalen Bedingungen, um ihrem Bildungsauftrag zu entsprechen. Die zu entwickelnde und zu gestaltende curriculare und didaktische Arbeit bedarf der Legitimation; in diesem Rahmen, gestützt durch den Diskurs mit ihren Kolleginnen, stehen ihr alle Möglichkeiten offen. In der Berufspolitik gibt es vielfältige Wege des Engagements, sich aktiv gestaltend und mitbestimmend für die Förderung der Bildung und damit auch für die Professionalisierung des Pflegeberufs einzubringen.

Ausgehend vom Begriffsverständnis der Identitätsbildung als ständiger Wechselwirkung von Wandel und Sicherung begleiten diese Dimensionen die Pflegelehrerin in die Zukunft. Der Wille zur Emanzipation muss von den tradierten Strukturen, Denkweisen und Gewohnheiten in die Dynamik des Reflektierens von Veränderungen überführt werden, um zugleich Bewährtes weiterzuentwickeln und sich auf Neues einzulassen. Diese Arbeit muss von jeder Pflegelehrerin insbesondere vor dem Hintergrund der persönlichen und beruflichen Entwicklung selbst geleistet werden. Keine Institution und niemand sonst wird diesen Beitrag ohne Wahrung eigener Interessen für den Beruf Pflege leisten.

Literatur

Bals, T.: Pflegewissenschaft und Lehrerbildung. In: Rabe-Kleberg, U., Krüger, H., Karsten, M. E., Bals, T. (Hrsg.): Dienstleistungsberufe in Krankenpflege, Altenpflege und Kindererziehung: Pro Person. Bielefeld, 1991

Bals, T., Beier, J., Sieger, M., Stöcker, G., Wagner, F. in: Bundesanstalt für Arbeit (Hrsg.): Blätter zur Berufskunde ‹LehrerIn für Pflegeberufe›. Bielefeld, 1995

Bals, T.: Abschlussbezeichnung universitärer Studiengänge für Lehrerinnen und Lehrer für Pflegeberufe, Gutachten i. A. des Bundesausschusses der Länderarbeitsgemeinschaften der Lehrerinnen und Lehrer für Pflegeberufe. Zeitschrift PflegePädagogik 2/95, S. 44

Bals, T., Beikirch-Korporal, E., Bischoff-Wanner, C., Gauss, U., Göpel, E., Huber, J., Igl, G., Kühnert, S., Sieger, M., Stöcker, G., Stolz, K. H., Wagner, F., Zegelin-Abt, A.: Bildung und Pflege, Bundesausschuss der Länderarbeitsgemeinschaften der Lehrerinnen und Lehrer für Pflegeberufe (Hrsg.). Stuttgart, 1997

Bartholomeyczik, S., Mogge-Grotjahn, H., Zander, C.: Pflege als Studium. Bochum, 1993

Bundesausschuss der Länderarbeitsgemeinschaften der Lehrerinnen und Lehrer für Pflegeberufe (BA): Grußworte, Referate und Statements der 5. Bundestagung. Beilage der DKZ – Deutsche Krankenpflege-Zeitschrift, Heft 9 und 10, 1992

Bundesausschuss der Länderarbeitsgemeinschaften der Lehrerinnen und Lehrer für Pflegeberufe (BA): Berufsbild der Lehrerinnen und Lehrer an beruflichen Schulen – Fachrichtung Pflege. Wuppertal, 1995

Bundesgesetzblatt v. 24.8.1998, Nr. 54 (I S. 2190) bzw. v. 19.1.1999, Nr. 3 (I S. 18), Hochschulrahmengesetz (HRG)

Bundesgesetzblatt: Gesetz über die Berufe in der Altenpflege (Altenpflegegesetz – AltPflG) sowie zur Änderung des Krankenpflegegesetzes, Bonn 2000

Deutscher Bildungsrat für Pflegeberufe (DBR): Bildungskonzept. Eschborn, Göttingen, Wuppertal, 1994

Deutsche Krankenhausgesellschaft (Hrsg.): Empfehlung zur Weiterbildung von Kranken- und Kinderkrankenschwestern für die Lehrtätigkeit an Schulen für Krankenpflegeberufe v. 5.6.1989. Das Krankenhaus, 1989, Jg. 81, S. 453

Deutscher Pflegerat (DPR) (Hrsg.): Pflegerischer Fortschritt und Wandel, Basispapier zum Beitrag «Wachstum und Fortschritt in der Pflege» im Sondergutachten des Sachverständigenrates für die Konzertierte Aktion im Gesundheitswesen, u.a. Wuppertal, 1998

Deutscher Verband der Ergotherapeuten e.V. (DVE): Bildungsplan 1999; Arbeitsgemeinschaft der Medizinalberufe in der Therapie und Geburtshilfe (AG MTG), Positionspapier: Medizinalberufe im Gesundheitswesen – Wege zur Professionalisierung. Frankfurt/M., 1999

Dielmann, G., Friebe, J., Hundenborn, G., Sieger, M., Stöcker, G.: Verordnung über die Weiterbildung zur Lehrerin für Pflegeberufe, unveröffentlichter Entwurf. Düsseldorf, 1992

Ev. Weiterbildungsinstitut für pflegerische Berufe e.V.: Studiengang zur Qualifikation als Lehrerin für Kranken-, Kinderkranken-, Alten- und Entbindungspflege, Positionspapier zum beruflichen Selbstverständnis und zur Berufsrolle von Lehrerinnen in Kranken-, Kinderkranken- und Altenpflegeschulen. Münster, 4/1994

Gesetz des Landes Rheinland-Pfalz über die Weiterbildung in den Gesundheitsfachberufen (GFBWBG) v. 17.11.1995, siehe Teil 10 der Landesverordnung zur Durchführung des Landesgesetzes v. 13.2.1998

Kultusministerkonferenz der Länder (KMK): Rahmenvereinbarung über die Ausbildung und Prüfung für ein Lehramt der Sekundarstufe II (berufliche Fächer) oder für die beruflichen Schulen. Bonn, 12.5.1995

Kultusministerkonferenz der Länder (KMK): Rahmenvereinbarung über Berufsfachschulen. Bonn, 28.2.1997

Kultusministerkonferenz der Länder (KMK): Beschluss v. 5.12.1997 über den Bericht der Gemeinsamen Arbeitsgruppe KMK/GMK/ASMK «Studiengänge im Tätigkeitsfeld Gesundheitswesen»

Kultusministerkonferenz der Länder (KMK): Beschluss über die Strukturvorgaben für die Einführung von Bachelor-/Bakkalaureus- und Master-/Magisterstudiengängen. Bonn, 5.3.1999

Kurtenbach, H., Golombek, G., Siebers, H.: Krankenpflegegesetz mit Ausbildungs- und Prüfungsverordnung für die Berufe in der Krankenpflege. Stuttgart, 1998

Lenzen, D.: Enzyklopädie Erziehungswissenschaft, Bd. 1. Stuttgart, 1995

Ministerium für Arbeit, Gesundheit und Soziales NRW: Empfehlungen zur Durchführung von Modellstudiengängen für Lehr- und Leitungsfunktionen. Düsseldorf, 1992

Ministerium für Arbeit, Gesundheit und Soziales NRW: Mindeststandards der Kranken- und Kinderkrankenpflegeausbildung und Perspektive der Neuordnung dieser Berufe. Düsseldorf, 1994

Ministerium für Schule und Weiterbildung, Wissenschaft und Forschung des Landes Nordrhein-Westfalen (MSWWF-NRW): Gesetz über die Fachhochschulen in NRW, 1995; Gesetz über die Hochschulen in NRW. Düsseldorf, 2000

Ministerium für Schule und Weiterbildung, Wissenschaft und Forschung des Landes Nordrhein-Westfalen (MSWWF-NRW): Anerkennung des Studiengangs Pflegewissenschaft mit den Abschlüssen Bachelor of Nursing Science (BNSc.) und Master of Nursing Science (MNSc.) an der Universität Witten/Herdecke, Az. 421-8034/146 v. 7.4.1999

Ostner, I., Krutwa-Schott, A.: Krankenpflege – ein Frauenberuf? Frankfurt, 1981

Rennen-Allhoff, B., Bergmann-Tyacke, I.: Ausbildung von Lehrerinnen und Lehrern für Pflegeberufe in den Mitgliedstaaten der EU. Robert-Bosch-Stiftung (Hrsg.), Basel, Bern, 2000

Robert-Bosch-Stiftung (Hrsg.): Pflege braucht Eliten, Beiträge zur Gesundheitsökonomie 28. Gerlingen, 1993

Robert-Bosch-Stiftung (Hrsg.): Plege neu denken – zur Zukunft der Pflegeausbildung, Stuttgart 2000

Stöcker, G.: Von der spezialisierten zur generalistischen Pflegeausbildung. In: Darmann, I., Wittneben, K. (Hrsg.): 11. Hochschultage Berufliche Bildung 2000. Fachtagung Gesundheit und Pflege: Ausbildung, Weiterbildung und Lehrerbildung im Umbruch. Bielefeld, 2000

Stöcker, G.: Die Entwicklung der Pflegeausbildung und der Lehrerbildung in der Pflege. PflegePädagogik 5/97, 1997a, Beilage

Stöcker, G.: Anforderungen an Pflege und professionell Pflegende vor dem Anspruch gesundheits- und sozialpolitischer Rahmenbedingungen. In: Broschüre des Institutes für Soziale Gerontologie und Altersmedizin e.V. Wuppertal, 1997b

Stöcker, G.: Die EG-Richtlinien und das deutsche Krankenpflegegesetz. In: Sinkkonen und Hornetz (Hrsg.): Kranken- und Gesundheitspflege in Finnland und Deutschland. Frankfurt/M., 1995

Stöcker, G.: Das Theorie-Praxis-Problem in der Ausbildung von Gesundheitsfachberufen. Kinderkrankenschwester, 13. Jg., 1994, Heft 7, S. 234–235

Wanner, B.: Lehrer zweiter Klasse? Historische Begründung und Perspektiven der Qualifizierung von Krankenpflegelehrkräften. Frankfurt/M., 1993

Wissenschaftsrat (Hrsg.): Empfehlungen zur Entwicklung der Fachhochschulen in den 90er Jahren. Köln, 1991

Verzeichnis der Autorinnen und Autoren

Inge Bergmann-Tyacke
Jahrgang 1955, Krankenpflegeexamen 1981 in Berlin, Abschluss des Weiterbildungslehrgangs Lehrerin für Pflegeberufe 1992 im Ev. Weiterbildungsinstitut Münster, MPhil 2000 in Cardiff, UK. Berufstätigkeit als Krankenschwester in Deutschland und New Jersey, USA. Berufstätigkeit als Lehrerin für Pflegeberufe in der Innerbetrieblichen Fortbildung in der Uniklinik Münster und in der Niedersächsischen Akademie Osnabrück sowie freiberuflicher, mehrmonatiger Studienbesuch in Dänemark. Mitarbeit in verschiedenen europäischen Projekten im Bereich Krankenpflegeausbildung.
Ich habe diesen Beitrag geschrieben, weil es angesichts der vielfältigen Veränderungen und Reformen im Gesundheitswesen, insbesondere im Bereich der Pflege, von höchster Bedeutung ist, die entsprechenden Situationen im europäischen Ausland zu betrachten. Dies erlaubt eine Erweiterung des eigenen Horizonts hinsichtlich dessen, was möglich ist, und hinsichtlich dessen, was für die Situation im eigenen Land wünschenswert oder aber auch nicht wünschenswert sein kann.

Elfriede Brinker-Meyendriesch
Jahrgang 1953, Krankenschwester, Pädagogin; als wissenschaftliche Mitarbeiterin im Studiengang Pflegepädagogik an der Fachhochschule Münster mit der Theorie-Praxis-Vernetzung beschäftigt.
Ich habe diesen Beitrag geleistet, weil ich ein Interesse an Theorie-Praxis-Vernetzung in ‹dualen› Ausbildungen habe, die Pflegeausbildungen dafür die geeigneten Strukturen beziehungsweise Spielräume aufweisen und es eine Bereicherung für mich ist, auch im Schreiben Theorie und Praxis miteinander zu koppeln.

Roswitha Ertl-Schmuck
Jahrgang 1954, Krankenschwester, Fachkrankenschwester für Intensivpflege und Anästhesie, Diplom-Pädagogin mit dem Schwerpunkt Erwachsenenbildung und Gerontologie. 14 Jahre Berufserfahrung in der Pflegepraxis. Von 1991 bis 1993 Leiterin des Weiterbildungsinstituts für Pflege in Bonn, Träger: Deutsches Erwachsenenbildungswerk e.V. Seit 1993 Dozentin in der Aus-, Fort- und Weiterbildung für Pflegeberufe. Promotion (Dr. phil.) an der Johannes Gutenberg-Universität Mainz, Fachbereich Philosophie/Pädagogik; Thema der Dissertation: Pflegedidaktik unter subjekttheoretischer Perspektive.
Arbeitsschwerpunkte: Pflegedidaktik, Erwachsenenbildung und Berufspädagogik, Geschichte der Pflege sowie Akademisierung der PflegelehrerInnen-Ausbildung.
Ich habe diesen Beitrag geschrieben, damit die Diskussion um veränderte Formen der Lernortkooperation zwischen Schule und Betrieb in der pflegeberuflichen Ausbildung neu belebt wird. Die Leittextmethode bietet hierzu Perspektiven, die gegenwärtig im System der pflegeberuflichen Ausbildung noch unzureichend diskutiert werden.

Wiltrud Gieseke
Jahrgang 1947, Studium in Oldenburg, Berlin und Münster. 1970 erste Lehrerprüfung in Oldenburg; 1973 Diplom in Erziehungswissenschaften in Berlin. Von 1973 bis 1980 wissenschaftliche Mitarbeiterin an der pädagogischen Arbeitsstelle des DVV (jetzt Deutsches Institut für Erwachsenenbildung) in Frankfurt/M.; 1980 Promotion in Münster. Von 1980 bis 1989 akademische Rätin für Erwachsenenbildung an der Universität Oldenburg. 1987 Habilitation in Oldenburg, 1989 Vertretungsprofessur für Politische Weiterbildung/Frauenbildung in Bremen. Seit 1992 Professur für Erwachsenenpädagogik an der Humboldt-Universität.
Forschungsschwerpunkte: Professionsforschung im Bereich Erwachsenenbildung qualitative Lehr- und Lernforschung in der Erwachsenenbildung/Begleitforschungskonzepte, Frauenbildung, Programmplanungshandeln.
Ich habe diesen Beitrag geschrieben, weil in der Medizin- und Pflegepädagogik Erwachsenenpädagogik als erziehungswissenschaftliches Fach zum Studiengang gehört.

Martina Harking
Jahrgang 1962, Ausweis zur Führung der Berufsbezeichnung Krankenschwester 1982, Weiterbildung zur Fachkrankenschwester für Anästhesie und Intensivpflege 1990, Weiterbildung zur Lehrerin für Pflegeberufe 1992. Berufliche Tätigkeit als Krankenschwester und als Fachkrankenschwester, seit 1992 tätig als Lehrerin für Pflegeberufe an einer Krankenpflegeschule, zur Zeit Studentin im Studiengang Pflege an der Ev. Fachhochschule RWL in Bochum.

Michael Isfort

Geboren 1970 in München. Nach abgeschlossenem Abitur und Zivildienst 1990 Ausbildung zum Krankenpfleger, anschließend zweieinhalb Jahre Arbeit auf einer interdisziplinären Intensivstation. 1995 Aufnahme des Studiums der Pflegepädagogik in Köln, begleitend als Lehrer an einer Krankenpflegeschule in Köln tätig. Seit Januar 2000 wissenschaftlicher Mitarbeiter am Deutschen Institut für angewandte Pflegeforschung e.V., Lehrbeauftragter für Pflegewissenschaft an der katholischen Fachhochschule in Köln und freiberuflicher Fort- und Weiterbildner in den Bereichen PC-Schulung, Pflegewissenschaft und Pflegepädagogik.

Ich habe diesen Beitrag geschrieben weil die fortschreitenden technischen Entwicklungen im Krankenhaus eine Realität sind, der die Ausbildungsstätten mit Veränderungsprozessen in Lehre und Medieneinsatz begegnen müssen. Dabei sind es vor allem pädagogische Grundfragen, die handlungsleitend für einen gewinnbringenden Einsatz von Computern sein müssen. Die Möglichkeiten, der Nutzen und die kritische Distanzierung bedürfen m. E. nach einer sorgfältigen Abwägung und der Einsatz von Computern in der Ausbildung einer ausgewiesenen pädagogischen Legitimation.

Barbara Knigge-Demal

Seit Juli 1996 arbeite ich als Professorin für Pflegewissenschaft mit dem Schwerpunkt Pflegedidaktik an der Fachhochschule Bielefeld im Studiengang Pflegepädagogik.

Ich bin Kinderkrankenschwester, Erzieherin und Diplom-Psychologin. Bevor ich 1977 an der TH in Darmstadt Pädagogische Psychologie, Soziologie und Organisationspsychologie studierte, war ich als Kinderkrankenschwester in Celle und Frankfurt am Main tätig. Schon während meines Studiums unterrichtete ich in den Pflegeberufen in der Aus-, Fort- und Weiterbildung Pflege, Psychologie, Pädagogische Psychologie, Organisationspsychologie und Soziologie, u.a. in der Agnes-Karll-Krankenpflege-Hochschule in Frankfurt am Main und im Ev. Weiterbildungsinstitut in Münster.

Mein besonderes Interesse gilt der LehrerInnenausbildung und der Konzeption eines Modells für die Pflegedidaktik.

Als Mitglied der Curriculumkommission des Landes Nordrhein-Westfalen zur Erstellung eines einheitlichen Curriculums für die Kranken- und Kinderkrankenpflegeausbildung als empfehlende Richtlinie, habe ich gemeinsam mit einer Kollegin ein fachdidaktisches Konzept entwickelt, aus dem ein fächerintegratives Curriculum ableitbar ist.

Ich habe diesen Beitrag geschrieben, weil Lehrerinnen/Lehrer für Pflegeberufe sowie Pflegepädagoginnen/Pflegepädagogen nach wie vor konfrontiert sind mit der Frage der curricularen Gestaltung von Aus-, Fort- und Weiterbildung. Entweder müssen sie vorliegende Curricula prüfen und Entscheidungen darüber treffen, ob sie diese für den eigenen Unterricht nutzen wollen, oder sie stehen vor der Aufgabe, selbst konzeptionell zu arbeiten. Für beide Aufgabenbereiche soll das vorliegende Kapitel Unterstützung anbieten. Das dargestellte curriculare Konzeptionsmodell nach Robinson und Siebert ist in der Zwischenzeit schon vielfach empirisch überprüft worden und kann auch zur Entwicklung von modularen Ausbildungskonzepten genutzt werden. Der Artikel soll die Lehrenden in der Pflege ermutigen, vorhandene Curricula zu analysieren und einzuordnen und/oder konzeptionell zu arbeiten, wo notwendige Revisionen erforderlich sind und entsprechend dem veränderten Ausbildungsbedarf anstehen.

Sabine Ried

Krankenschwester und Diplom-Pflegepädagogin. Während des Studiums der Pflegepädagogik an der Humboldt-Universität, Berlin, Mitarbeit am Institut für Erwachsenenbildung/Weiterbildung in Projekten zur Qualitätsentwicklung und Beratung im Bildungsbereich. Während der langjährigen Tätigkeit in der Altenpflegebildung und während der Diplomarbeit Auseinandersetzung mit Transferfragen. Seit 1998 am Institut für Medizin-/Pflegepädagogik und Pflegewissenschaft an der Humboldt-Universität, Berlin, im Bereich Pflegewissenschaft mit dem Arbeitsschwerpunkt Gerontopsychiatrie tätig.

Ich habe diesen Beitrag geschrieben, weil der Transfer in der Pflegebildung so unendlich viele Fragen aufwirft.

Anette Rustemeier-Holtwick

Jahrgang 1966, Ausweis zur Führung der Berufsbezeichnung Krankenschwester 1989, Studienabschluss Diplom Sozialpädagogin (FH) 1995, mehrjährige berufliche Tätigkeit als Krankenschwester, seit 1995 Leiterin des Fachseminars für Altenpflege an der Johanniterschule in Münster.

Ich habe diesen Beitrag geschrieben weil ich der Vernetzung der Lernorte Schule und Betrieb eine große Bedeutung beimesse, um die Ausbildungsziele zu erreichen und es mir notwendig erscheint, Erklärungen für die vorhandenen Spannungen und Interessenskonflikte zu finden, um in der Folge Wege der Zusammenarbeit aufzuzeigen.

Kerstin Schönlau

Jahrgang 1963, Krankenschwester, Lehrerin für Pflegeberufe, Beraterin für Organisationsentwicklung nach GOE, Assessorin nach EFQM. Seit 1997 im Institut PÄDEA, Bildung, Beratung und Forschung im Sozial- und Gesundheitswesen in Münster tätig.

Ich habe diese Beiträge geschrieben, weil ich in der Weiterbildung zur Lehrerin für pflegerische Berufe das Spannungsfeld mit seinen systemischen Zusammenhängen zwischen den Lernorten in der Pflegebildung entdeckt habe, und in vielfältigen Unterrichts- und Beratungszusammenhängen erfahren habe, dass im konstruktiven Austausch aller Beteiligten Lösungen liegen und im Zuge der strukturellen Entwicklungen im Gesundheitswesen die Diskussionen um und Forderungen nach Qualitätsentwicklung und -sicherung sich immer mehr aufdrängen.

Margot Sieger

Jahrgang 1944, Ausweis zur Führung der Berufsbezeichnung Krankenschwester 1965, Weiterbildung zur Lehrerin für Pflegeberufe 1971, Studium der Erziehungswissenschaft, Soziologie und Psychologie mit dem Abschluss: Diplom-Pädagogin Schwerpunkt Erwachsenenbildung. Berufliche Tätigkeit als Krankenschwester und als Lehrerin an einer Kranken- und Kinderkrankenpflegeschule. Seit 1974 als Dozentin für Pflege in Theorie und Praxis, für allgemeine Didaktik sowie einer fachspezifischen Didaktik Pflege in der beruflichen Weiterbildung zur Lehrerin für Pflegeberufe, seit 1989 berufspädagogische Leiterin des Ev. Weiterbildungsinstituts für pflegerische Berufe in Münster, seit 1995 Professorin für Pflegewissenschaft an der Ev. Fachhochschule RWL in Bochum. Mitglied der Curriculumkommission des Landes Nordrhein-Westfalen zur Erstellung eines einheitlichen Curriculums für die Kranken- und Kinderkrankenpflegeausbildung als empfehlende Richtlinie.

Dorothee Spürk

Jahrgang 1969, Ausweis zur Führung der Berufsbezeichnung Krankenschwester 1991, Studienabschluss Diplom-Pflegepädagogin (FH) 1999, berufliche Tätigkeit als Krankenschwester sowie im Programmschwerpunkt Pflege der Robert Bosch-Stiftung, Mitarbeiterin in Lehre und Forschung im Fachbereich Pflege und Gesundheit der Fachhochschule Bielefeld sowie tätig als Diplom-Pflegepädagogin an der Krankenpflegeschule im Nieders. Landeskrankenhaus Wunstorf.

Ich habe diesen Beitrag geschrieben, weil ich glaube, dass Pflegeschulen sich verändern müssen und verändern werden, wenn sie auf die momentanen dynamischen Entwicklungen des Berufsfeldes reagieren und ihre Ausbildungsziele, -inhalte und -strukturen auf die zukünftigen Anforderungen des Berufsfeldes ausrichten wollen. Anregungen, wie dieser Entwicklungs- und Veränderungsprozess aktiv gestaltet werden kann, bietet meiner Meinung nach das Konzept der Schulentwicklung. Auf diesem Hintergrund möchte ich Pflegeschulen anregen, über den Stand ihrer eigenen Entwicklungsprozesse nachzudenken und ihnen mögliche Entwicklungsrichtungen und -strategien vorstellen. Die empirische Studie zeigt, dass es Pflegeschulen gibt, die Entwicklungsprozesse eingeleitet haben, deren Erfahrungen genutzt werden können.

Und weil mich viele Personen, die von meiner Diplomarbeit auf Vorträgen gehört, Auszüge davon gelesen oder durch die Interviews zum Gelingen beigetragen haben, zur Veröffentlichung motivierten.

Gertrud Stöcker

Seit 1967 Krankenschwester und seit 1974 Lehrerin für Pflegeberufe. Nach 20-jähriger Tätigkeit in der Ausbildung zur Krankenpflege arbeitet sie heute freiberuflich als Lehrbeauftragte an unterschiedlichen Hochschulen, Dozentin im Bereich der Weiterbildung und Referentin auf Fachtagungen und Kongressen. Darüber hinaus engagiert sie sich pflegepolitisch, insbesondere seit Jahren als Geschäftsführender Vorstand des Bundesausschusses der Lehrerinnen und Lehrer für Pflegeberufe e.V. und seit 1998 als Gründungsmitglied im Deutschen Pflegerat. Aus diesen Tätigkeiten heraus war und ist sie z.B. Sachverständige bei Anhörungen in Gesetzesverfahren für die Pflegeausbildung, Mitglied des Beratenden Ausschusses für die Ausbildung in der Krankenpflege bei der EU-Kommission sowie Mitglied des Landesfachbeirates Krankenpflege beim Gesundheitsministerium in NRW und Mitglied im Arbeitskreis der Schulen für Pflegeberufe und der Gesundheitsämter in den Regierungsbezirken Arnsberg, Düsseldorf, Köln und Münster.

Ich habe diesen Beitrag geschrieben, weil ich mich, solange ich als Lehrerin für Pflegeberufe tätig bin, für die Anerkennung und Weiterentwicklung der Lehrerinnenbildung einsetze und damit jeder Lehrerin empfehlen möchte, sich neben der täglichen Aus- und Weiterbildungspraxis auch für die pflegebildungspolitischen Erfordernisse zu engagieren und jede Chance der Mitgestaltung zu nutzen. Es lohnt sich für den Berufsstand Pflege, und es lohnt sich für die eigene persönliche und berufliche Weiterentwicklung.

Sachwortverzeichnis

A
Aufstiegsbildung 15
Ausbildung/Qualität 207
Allgemeines/Besonderes 207
Begriffsbestimmung 207, 209
Dienstleistungsqualität/Dimensionen 208
EFQM_Modell 211, 215
Joint-Commission 212
KTQ-Zertifizierung 212
Literatur 218
Normenreihe DIN EN ISO 210, 216
Pflegeorganisationen/Positionierung 216
Problemlage 207
Qualitätsbegriff/Bildungsbereich 214
Qualitätsdimensionen 217
Qualitätsmanagement 209
Qualitätsmodelle/Eignung 213

B
Basiskompetenz 33
Berufsgesetze 25
– Altenpflege 26
Bildung/Perspektive 23
– Gesellschaft, multikulturelle 24
– Persönlichkeitsbildung 23
– Qualifikationserwerb 23
Bildung/Transferförderung 71
– Ansätze, traditionelle 72
– Ansätze/Lernen, situiertes 73
– Begriffserklärung 72
– Cognitive-Apprenticeship-Ansatz 74
– Deutungsmusteransatz 77
– Erklärungsansätze 72
– Fazit 78
– Literatur 79

C
Curricula 41
– Analysekriterien 52
– Anforderungen 43
– Begriffsbestimmungen 42
– Berufsbefähigung/Lernerfolg 51
– Geschlossen/offen 42
– Konstruktionsprozess 44
– Lehrplan/Richtlinie 42
– Literatur 54
– Problemabriss 41
– Theorie 42
Curricula/Konstruktionsprozess 44
– Berufsverständnis/Leitziele 44
– Disziplinen, wissenschaftliche 50
– Evaluation/Revision 52
– Handlungsfeld 47
– Lerneinheiten/Lernfelder 50
– Lernvoraussetzungen 50

D
Didaktik 81

E
Europa/Entwicklungen 17
– Berufsausbildungen 19
– Berufsstruktur 18
– Funktionen 22
– Harmonisierung 20
– Perspektive 23
– Pflege, allgemeine 21
– Pflegeprozess 22
– Tätigkeiten, pflegerische 22
– Zielsetzung, pflegerische 21

K
Konstrukt, transaktionales 34
Krankenpflegeschulen s. Schulen

L
Lehrerinnenbildung 221
– Alltagshandeln/Bedingungen 230
– Berufsbezeichnung 229
– Berufspolitik/Selbstverständnis 232
– Bildungspolitik/Potentiale 234
– Engagement, politisches 231
– Erstausbildung Pflege 221
– Fazit 236
– Hochschulen 225
– Identitätsbildung 221
– Impulse, europäische 227
– Literatur 237
– Verberuflichung 223
– Weiterbildung 222
Leittextmethode 154
– Arbeitsalltag, pädagogischer 162
– Grenzen 161
– Leitfragen 162
– Phasen 157
– Rahmenbedingungen 161
– Texterstellung 158
Lernortkooperation/Lernorte 167
– Anleitung/Strukturmodell 178
– Betrachtung, systemisch-theoretische 167
– Betrieb/Schule 168
– Evaluation 181
– Gestaltung, systemisch-praktische 171
– Interaktionssystem Beteiligte 170
– Interessenproblematik 167
– Lernende/System, psychisches 169
– Lernort/Betrieb 176, 180
– Lernort/Schule 174, 180, 186
– Literatur 182
– Metaebene/Zusammenfassung 182
– Perspektiven, weitere 181
– Problemaufriss/Studie 172

Sachwortverzeichnis

M
Medien 131
– Ausblicke/Grenzen 143
– Handlungs-/Situationsorientierung 137
– Lehrende/Rolle 142
– Lernen, selbst gesteuertes 140
– Literatur 145
– Wissenschaftsorientierung 134
Methoden 147
– Handeln, methodisches 148
– Handlungsmuster 150
– Implikationszusammenhang 151
– Klassifikation 149
– Leittextmethode 154
– Lernprozesse/Selbststeuerung 157
– Literatur 165
– Mitgestaltung/Möglichkeiten 159
– Perspektiven 164
– Probleme, terminologische 148
– Theorie/Praxis – Auswirkungen 153
– Theorie/Praxis – Vernetzung 157
– Zielsetzungen, pädagogische 157

O
Orientierung, didaktische 81
– Ausgangslage 81
– Didaktik/Definition 82
– Didaktik, neue 86
– Entscheidung, didaktische 89
– Entscheidungshilfen 95
– Fachdidaktik 82
– Handlungsbefähigung 90
– Handlungsorientierung 89
– Lehren/Lernen, exemplarisches 98
– Lehrerin/Alltagshandeln 123
– Lehrerin/Rolle 99
– Lernarrangements/Anforderungen 96
– Lernen, selbst gesteuertes 98
– Literatur 127
– Projektlernen 97
– Situationsbezogenheit 91
– Unterrichtsentwurf/Sauberkeit 99
– Wissenschaftsorientierung 93
– Zugang, spezifischer 88

P
Pflege 27
– Arbeit 28
– Koordination/Kooperation 30
– Organisation 31
– Patienten/Partnerschaft 29
– Ziele 27
– Zielgruppen 32

Pflegeausbildung 10
– Kompetenzen, relevante 32
– Kontext Deutschland 13
– Kontext Europa 15
– Literatur 37
Pflegende/Perspektiven 27
Prämissen, erwachsenenpädagogische 57
– Aus- und Weiterbildung 58
– Bedarfsermittlung 62
– Bedingungen 64
– Beratung am Krankenbett 58
– Berufsrollen, pädagogische 65
– Didaktik 64
– Geschlechterverhältnis 67
– Gruppen, altersheterogene 60
– Handeln, professionelles 65
– Hospitation 68
– Inhalte 60
– Lernen/Erfahrungen, Emotionalität 65
– Lernen/Institutionalformen 61
– Lernkulturen, demokratische 64
– Literatur 68
– Managementfähigkeiten 63
– Programmplanungskompetenz 63
– Transformation von Wissen 58

Q
Qualifizierung, pädagogische 15, 33
Qualitätsmodelle s. Ausbildung

S
Schulen/Lernorte s. Lernkooperationen
– Ausbildungsqualität 207
– Begriffserklärung 186
– Bezugsrahmen, theoretischer 186
– Evaluation 193
– Lehrerfortbildung 191
– Leitbild, pädagogisches 190
– Literatur 203
– Problemlage 185
– Qualitätsentwicklung 185
– Schülerpartizipation 193
– Schulentwicklung, pädagogisch/institutionell 187
– Schulentwicklung/Strategien 189
– Schulprogramm 190
– Studie, explorative 194
– Zusammenfassung 202
Spezialisierung, fachliche 15

W
Weiterbildungen 15
– Organisation, institutionelle 58